Dr. Chet B. Snow

Zukunftsvisionen
der Menschheit

*Apokalypse
oder spirituelles Erwachen
Wir haben die Wahl*

Ariston Verlag · Genf/München

Andere Werke aus unserem Verlagsprogramm
finden Sie am Schluß dieses Buches verzeichnet.

Die Deutsche Bibliothek — CIP-Einheitsaufnahme

SNOW, CHET B.:
Zukunftsvisionen der Menschheit:
Apokalypse oder spirituelles Erwachen —
Wir haben die Wahl/Chet B. Snow und
Erben nach Helen Wambach.
Aus dem Amerikan. übers. u. überarb.
von Helga Künzel. — Erstaufl. — Genf;
München: Ariston Verlag, 1991
Einheitssacht.: Mass dreams of
the future <dt.>
ISBN 3-7205-1671-7

Die amerikanische Originalausgabe erschien unter dem Titel
»Mass Dreams of the Future«
1989 bei McGraw-Hill Publishing Company, New York
Copyright © 1989 by Dr. Chet B. Snow und Erben nach Dr. Helen Wambach

Aus dem Amerikanischen übersetzt und überarbeitet
von Helga Künzel

Gestaltung des Schutzumschlages:
Atelier Höpfner-Thoma, GraphicDesigh BDG, München

Satz: Fotosatz Rudolf Schaber, Wels
Gesamtherstellung: Wiener Verlag, Himberg bei Wien
Erstveröffentlichung September 1991
Printed in Austria

ISBN 3-7205-1671-7

*Für meine Eltern, die mir die Chance zu leben
gaben, und für Dr. Helen Wambach
(1925—1985), die Mentorin, Kollegin und
Freundin, mit deren Weitblick und Pioniergeist es
nur ihr warmherziger Humor und ihre Liebe zur
Menschheit aufnehmen konnten.*

Inhalt

Zunehmend Verbreitung erfährt derzeit das Phänomen der Trancekundgaben (Channeling). Dr. Snow umreißt die Philosophie der »zeitlosen Weisheit«, die diesem Phänomen zugrunde liegt, eine Philosophie, deren Lehren die Unsterblichkeit der Seele, die menschliche Reinkarnation und die Karma-Doktrin umfassen. Außerdem behandelt er die Zukunftsvoraussagen des Edgar Cayce, des bekanntesten Sensitiven dieses Jahrhunderts, und er zeigt auf, wie Cayces Äußerungen über eine mögliche Verlagerung der Erdpole um das Jahr 2000 zum heutigen »apokalyptischen Geist« beitrugen.

In den Jahren 1980 bis 1984 und 1986 bis 1988 boten Dr. Wambach und Dr. Snow, zusammen mit Dr. Sprinkle von der Universität Wyoming, mehr als 2500 Amerikanern die Gelegenheit zu einer hypnotisch induzierten Progression in ein künftiges Leben, entweder um das Jahr 2100 oder um das Jahr 2300 n. Chr. Die Ergebnisse dieser Gruppenworkshop-Erfahrungen werden in den Kapiteln 5 bis 8 erörtert. Hier, in Kapitel 5, zeigt Dr. Snow auf, daß die Daten aus den Jahren um 2100 auf einen starken Bevölkerungsschwund im Vergleich zu heute verweisen und auf lediglich vier grundlegende soziale Lebensräume schließen lassen. Dann beschreibt er die ersten beiden dieser Lebensräume, in denen sich die Versuchspersonen befanden: entweder in Weltraumstationen oder in Gemeinden, die nach Ideen des Neuen Zeitalters gestaltet waren. Eingefügt sind lebendige persönliche Berichte der in die Zukunft versetzten Versuchspersonen über ihr zukünftiges Leben.

In der zweiten Hälfte seiner Analyse von in die Zukunft versetzten Workshop-Teilnehmern über ihre Erfahrungen ein- bis zweihundert Jahre nach uns präsentiert Dr. Snow Fälle, in denen die Versuchspersonen sich entweder in ultramodernen, künstlichen Lebensräumen einer High-Tech-Zivilisation aufhielten oder in isolierten Dörfern ein einfaches ländliches Leben führten. Auch zeigt er auf, inwieweit die Erfahrungen der Versuchspersonen mit den früher gesammelten Daten übereinstimmen. Er schließt mit einer Erörterung der Frage, auf welche Weise solche Visionen den heutigen »apokalyptischen Geist« widerspiegeln.

Dieses Kapitel führt die von Dr. Wambach, Dr. Sprinkle und Dr. Snow in Workshops durchgeführten Gruppenprogressionen fort. Hier analysiert Dr. Snow die Berichte all der Versuchspersonen, die eine künftige Existenz im Zeitraum von 2300 bis 2500 erlebten und sich entweder in einem künstlichen Weltraum-Ambiente aufhielten oder auf einem Planeten außerhalb unseres Sonnensystems in der Galaxis lebten. Wieder gliedert er ihre Erfahrungen nach Kriterien der von ihnen erlebten

Einleitung

Mein erstes Zusammentreffen mit der Psychologin Dr. HELEN WAMBACH aus Berkeley, Kalifornien, fand Anfang 1983 statt. Damals lag mir wohl nichts ferner als der Gedanke, ein Buch über Zukunftsvisionen, welcher Art immer, zu schreiben. Ich wohnte unweit von Berkeley, im Napa Valley, und arbeitete als Zivilangestellter für die US-Luftwaffe, indem ich mich um das Archiv kümmerte und Beiträge zur Militärgeschichte verfaßte. Verschiedene Umstände veranlaßten mich damals, fachliche Hilfe zu suchen. Ich litt unter chronischen Rückenschmerzen als Folge einer alten Verletzung und einer hartnäckigen Schreibblockierung, die meine berufliche Leistung beeinträchtigte. Ich hatte gehört, mit welch großem Erfolg Frau Dr. WAMBACH anderen geholfen hatte, die Ursachen gegenwärtiger Probleme in reinkarnationsbedingten Erfahrungen zu finden, und hoffte deshalb, daß sie auch mir würde helfen können, die Ursache meiner persönlichen Beschwerden zu finden.

Schon die Ergebnisse der ersten Hypnosesitzungen, die die Rückführung (Regression) in vergangene Leben zum Ziel hatten, befriedigten mich sehr. Auch entwickelte sich zwischen uns beiden gleich von der ersten Begegnung an eine herzliche Beziehung. Anfangs kreisten unsere Gespräche natürlich um die Schwierigkeiten, mit denen ich zu kämpfen hatte, und um das, was aus den Rückführungen gefolgert werden konnte. Da ich mich mühelos zu entspannen und die Kontrolle des Bewußtdenkens auszuschalten vermochte, konnte ich mir verschütteter Erinnerungen ziemlich leicht bewußt werden.

Auf Helens Vorschlag hin protokollierte ich von Anfang an tagebuchartig meine Regressionerlebnisse und brachte meine Protokolle jeweils zur nächsten Sitzung mit. Das half mir nicht nur, mich genauer an alles zu erinnern, was im Zuge einer Regression geschehen war, sondern es befreite mich auch zunehmend von meiner Schreibblockierung.

Eines Tages erzählte mir Helen auch über ihre Zukunftsforschungen. Ich wäre, erklärte sie mir, eine geeignete Versuchsperson, die einmal — anstatt einer Regression in die Vergangenheit — eine Progression »vorwärts« in die Zeit, in die Zukunft, versuchen könnte. Nach einer kurzen Erörterung dessen, was ein solches Abenteuer mit sich bringen könnte, erklärte ich mich bereit. Wir beschlossen, uns auf einen Zeitraum von etwa fünfzehn Jahren zu beschränken. In dieser Zeit mußten einerseits einschneidende Veränderungen in meinem Leben stattfinden, andererseits müßte, da ich erst achtunddreißig wurde, auch nicht damit gerechnet werden, daß sie meine Lebenszeit überschritt. Der Bericht über diese erste persönliche Progression in die Zukunft wird im ersten Kapitel des vorliegenden Buches geschildert.

Einige Zeit vor unserer Bekanntschaft hatte Dr. HELEN WAMBACH begonnen, ihre Erforschung der hypnotisch ausgelösten Erinnerung an vergange-

ne Leben und an die Zeit vor der Geburt durch eine Untersuchung zu ergän-
zen, mittels der sie erforschen wollte, wie Amerikaner ihre künftigen Le-
benserfahrungen sahen. Ihre Pionierarbeiten über vergangenes und pränata-
les Leben hatte sie in zwei Büchern zusammengefaßt: *Reliving Past Lives*
(New York 1978) und *Life Before Life* (New York 1979). Darin verglich sie die Berichte mehrerer hundert Versuchspersonen, die sich im Zustand einer während Gruppenworkshops eingeleiteten leichten Trance an
Zwischenfälle aus früheren Leben oder an pränatale Erfahrungen vor ihrer
Wiedergeburt erinnert hatten.[1]*

Nachdem HELEN WAMBACH demonstriert hatte, daß ihr Verfahren die
meisten Menschen befähigte, sich an die Vergangenheit zu erinnern, wollte
sie wissen, wie es funktionierte, wenn man es auf die Zukunft anwandte.
Deshalb begann sie 1980, der Zukunftserforschung gewidmete Workshops
abzuhalten. Ihre langjährige Freundin BEVERLY LUNDELL und Dr. R. LEO
SPRINKLE, Psychologe und Professor an der Universität von Wyoming, erklärten sich bereit, ihr zu helfen. Die beiden veranstalteten mehrere gleichgelagerte Zukunfts-Workshops, während derer die Teilnehmer mittels
Dr. HELEN WAMBACHS Methode mental in die Zukunft versetzt wurden,
und zwar in potentielle künftige Leben zwischen den Jahren 2100 und 2200
sowie den Jahren 2300 und 2500 unserer Zeitrechnung.

Dr. HELEN WAMBACH stellte 1983, als ich sie kennenlernte, somit bereits
schriftliche Daten aus diesen Workshops zusammen. Je mehr sich unsere
Freundschaft vertiefte, desto lebhafter interessierte ich mich für diese Untersuchung. 1984 dann bat sie mich, ihr bei der Beendigung der Forschung sowie bei der Analyse und Niederschrift des von ihr begonnenen Projekts über
künftige Leben zu helfen. Wir führten die Arbeit als Gemeinschaftsunter-
nehmen durch. Die Ergebnisse der Gruppenprogressionen in künftige Leben werden in den Kapiteln 5 bis 8 erörtert.

Als Folge meiner engeren Mitwirkung an ihrer Arbeit diskutierten wir
viele Stunden lang über das Verfahren der hypnotisch herbeigeführten Progression in die Zukunft und die Frage, wie die erhaltenen Daten zu interpre-
tieren seien. Wir erörterten die von ihr durchgeführten Einzelprogressionen
einiger Freiwilliger in die nahe Zukunft, das heißt in eine spätere Zeit ihres
gegenwärtigen Lebens, um zu prüfen, inwieweit deren Aussagen mit meinen Zukunftserfahrungen übereinstimmten. Anhand meiner Aufzeichnungen unserer Gespräche und ihrer persönlichen Notizen über ihre For-
schungssitzungen versuchte ich, ihre einmalige Methode der »inneren Zeit-
reise« ins richtige Licht zu rücken. Dieses Material wird in Kapitel 2 behandelt.

Wir machten zwar Fortschritte beim Sammeln von Daten und konnten
Ende 1984 mit der vorläufigen Analyse beginnen, aber 1985 führten dann

---

* Die hochgestellten Zahlen verweisen auf die Literatur- und Sachhinweise im Schlußteil des
Buches.

zwei Ereignisse zu einer Verzögerung der endgültigen Niederschrift und der Veröffentlichung des Manuskripts. Zum einen verschlechterte sich ihr Gesundheitszustand zusehends. Sie war körperlich nicht mehr in der Lage weiterzuarbeiten. Zum anderen hatte ich wegen meiner Sonderinteressen die Stellung bei der Luftwaffe aufgegeben, die Zulassung als Hypnotherapeut erlangt und eine Privatpraxis für Regressionstherapie eröffnet.

Überdies führte ich damals eine kulturübergreifende Untersuchung vergangener Leben durch, in deren Folge ich beträchtliche Zeit im Ausland verbrachte, besonders in Paris. Interessanterweise war dieser Auslandsaufenthalt 1983 in einer meiner persönlichen Zukunftsprogressionen vorausgesehen worden! So kam es, daß ich im August 1985 in Europa von Helens vorzeitigem Tod erfuhr — sie war einem plötzlichen Herzanfall erlegen. Ich kehrte zwar zu der Gedenkfeier, die bei der Jahrestagung der *Association for Past Life Research and Therapy* für sie veranstaltet wurde, nach Hause zurück, brachte es aber einfach nicht über mich, unser Gemeinschaftsprojekt der Untersuchung künftiger Leben gleich fortzusetzen. Darum lag es fast drei Jahre »auf Eis«.

Nun aber drängt es mich, der Welt diese wichtige Studie vorzustellen, denn viele der von mir und anderen Versuchspersonen vorausgesehenen Trends zeichnen sich jetzt bereits deutlicher ab. Angesichts der weltweiten Zunahme von Erdbeben und der Entdeckung tiefliegender, verborgener Verwerfungen in Gegenden, die man bisher für »sicher« gehalten hat, wirkt die in Kapitel 1 projizierte Szenerie nicht mehr so unwahrscheinlich wie noch vor einigen Jahren. Zweifel bestehen lediglich über den Zeitpunkt des »großen kalifornischen Bebens«.

Hinzu kommt, daß die globalen Wind- und Wettermuster immer extremer werden, statt sich zu beruhigen, wie es Mitte der achtziger Jahre allgemein vorausgesagt wurde. Wir scheinen hin und her zu schwanken zwischen der Gefahr einer neuen Eiszeit und dem vieldiskutierten Treibhauseffekt, als dessen Folge die Eiskappen der Pole schmelzen und weiträumige Überschwemmungen auftreten könnten. Auch die derzeitigen ökonomischen und politischen Entwicklungen sind alles andere als beruhigend. Eine weltweite monetäre Krise und ein internationaler Handelskrieg dürften in bedrohlichere Nähe gerückt sein denn je, und immer neue Dürreperioden treiben die Lebensmittelpreise stetig in die Höhe. Schließlich stellt Aids, das praktisch unbekannt war, als Dr. HELEN WAMBACH vor einem Jahrzehnt ihre Daten über künftige Leben zu sammeln begann, heute eine sehr ernste Gefahr für die kommenden Generationen dar; diese neue Seuche könnte im Lauf der nächsten hundertfünfzig Jahre zu dem signifikanten Bevölkerungsschwund beitragen, den unsere Daten über künftige Leben signalisieren.

Diese derzeit sichtbar werdenden Symptome der Veränderung stimmen mit den Vorhersagen der ehrwürdigsten religiösen und esoterischen Überlieferungen aller Kulturen überein, die fast einhellig verkünden, daß der Menschheit große Veränderungen bevorstehen. Ob man nun an die biblischen Weissagungen oder die Botschaften zeitgenössischer Sensitiver wie EDGAR CAYCE und anderer glaubt oder nicht, ihre Prognosen drastischer Veränderungen sind Bestandteil des heutigen »apokalyptischen Geistes«.

Dieser Geist wird sich zweifellos intensivieren, während wir uns dem Ende des zweiten Jahrtausends nähern, und wenn auch unser rationales Bewußtsein die Vorhersagen von »Düsternis und Untergang« oder von »Umwelt- und Lebensbedrohung« einfach abtut, so lauern doch unter der Oberfläche dieses unseres Bewußtseins apokalyptische Bilder, die sich im Lauf mehrerer Jahrtausende gemeinsamer menschlicher Kultur verstärkt haben und uns in einer Art und Weise beeinflussen, über die wir uns kaum klar sind, die wir bestenfalls bloß undeutlich wahrnehmen. Diese Archetypen unseres »kollektiven Unbewußten«, wie der berühmte Schweizer Psychologe CARL GUSTAV JUNG es nannte, bilden die Parameter, innerhalb derer unsere täglichen Entscheidungen getroffen werden. Es ist *jetzt* an der Zeit, daß wir uns einige der stets wiederkehrenden Bilder ansehen und ihre möglichen Auswirkungen auf unsere individuelle wie auch kollektive Zukunft untersuchen.

Dennoch (aus Gründen, die in den Kapiteln 10 und 11 erörtert werden) bleibe ich trotz der heutigen ominösen Trends und Vorzeichen optimistisch, was die Zukunft der Menschheit anbelangt. Und ich zögere keine Sekunde einzuräumen, daß die genaue zeitliche Festlegung individueller oder kollektiver künftiger Ereignisse bei weitem der unzuverlässigste Aspekt jedweder Präkognition, Prognose oder Prophezeiung ist. Außerdem habe ich als einer, der an die Willensfreiheit und an die Fähigkeit des Menschen zur Veränderung seiner persönlichen Lebensumstände glaubt, das sichere Gefühl, daß die heute Lebenden die Kollektivmacht besitzen, unser planetares Schicksal zu gestalten.

Doch diese Macht der Wahl läßt sich nur freisetzen, wenn die Menschen wissen, worauf es ankommt. Dr. HELEN WAMBACH und ich stellen die Zukunftsprognosen, wie sie von uns persönlich oder von Versuchspersonen ausgelotet wurden, keineswegs als gültige Bilder der Zukunft hin; wir haben die Wahl. Doch als stets wiederkehrende Bilder sind sie Bestandteil der Zukunftsvisionen, die Menschen von hier und jetzt aus dem Nährboden ihres Unterbewußtseins projizieren. Und als solche sind sie wichtige Vorboten dessen, was wir vielleicht morgen bewußt erleben.

1
Der Tag, an dem der Boden wegbrach

Der schneidende Wind schmerzte im Gesicht und drang mir bis auf die Knochen. Trotz meiner Matrosenjacke und der Skimütze zitterte ich, als ich die kleine Anhöhe hinaufstieg, von der man einen Blick über die öde Wüstenlandschaft hatte, die sich weithin erstreckte. Was tue ich eigentlich hier? fragte ich mich. Heute ist mein Geburtstag, es müßte Juli sein. Doch als ich das dachte, wußte ich auch schon die Antwort. Ja, heute war mein Geburtstag. Und es war Juli. Aber es war der Juli des Jahres 1998, und die Welt war aus den Fugen geraten — am »Tag, an dem der Boden wegbrach«.

Während mein Körper weiter den Hang hinaufstieg, »erinnerte« ich mich, daß ich hier draußen war, um nach den Pferden zu sehen und zu prüfen, ob der Corral, den wir aus altem Holz gebaut hatten, noch stand und zusammenhielt. So weit, so gut; die Pferde waren noch da, und ich entdeckte keine schadhaften Stellen an dem Gehege. Ein kalter Nieselregen verband den fast schwarzen Himmel mit den Bergen am Horizont. Einige vereinzelte Kandelaber-Kakteen sprenkelten nach wie vor die kärgliche Landschaft Arizonas, aber selbst jetzt, zur Mittagszeit, waren unter den tiefhängenden Wolken nur ihre Silhouetten auszumachen. Ich fror und hatte Hunger. Da mein Auftrag erledigt war, verschwendete ich keine Zeit mehr, sondern machte mich auf den Weg zurück zur Ranch und dem wärmenden Feuer.

»Gut, du bist jetzt in das Haus zurückgekehrt und willst zu Abend essen. Wo bist du?«

Die sanfte, dennoch fordernde Stimme meiner Freundin und Kollegin Dr. HELEN WAMBACH durchdrang die Kälte und Einsamkeit meines Tagtraums. Einen Moment lang spürte ich die Wärme der kalifornischen Sommersonne und Helens beruhigende Gegenwart. Ich wußte in diesem Augenblick, daß mein Körper bequem auf der Liege in einem Hypnosetherapieraum ausgestreckt war. Doch mein Bewußtsein weilte weit weg in Zeit und Raum, vorwärtsgetrieben in diese öde Gegend Arizonas des Jahres 1998.

Als ich ihre Frage beantwortete, befand ich mich wieder in Arizona, diesmal in einer geräumigen, holzgetäfelten Küche, wo ich meine Hände an einem dickbauchigen Ofen wärmte. Unweit von mir nahmen etwa zwölf Personen auf langen Bänken an einem rauhen Holztisch Platz. Ein Stuhl an einer der Schmalseiten des Tischs blieb für mich frei. Als meine durchgefrorenen Hände endlich wieder warm waren, gesellte ich mich zu den anderen. Jemand goß für mich ein heißes Getränk in einen Becher. Ein Krug voll frischer Milch stand da, doch zu meiner Überraschung sah ich auf dem Tisch weder Fleisch noch frisches Gemüse. Die anderen löffelten so etwas wie Hafergrütze oder Porridge aus einer dampfenden großen Schüssel. Der Brei sah nahrhaft aus. Sein warmer, würziger Geruch machte mich an, und ich griff mit den anderen zu.

»Jetzt ist das Essen vorbei, und du siehst dich in der Ranch um, die dein Zuhause ist. Was erregt deine Aufmerksamkeit? Gibt es dort irgend etwas, das jetzt vielleicht anders ausschaut oder dich auf besondere Gedanken bringt?«

Helens sanfte, doch eindringliche Stimme half mir, mich wieder auf meine Umgebung in Arizona zu konzentrieren. Während einige der anderen den Tisch abdeckten und das Geschirr zu spülen begannen, ließ ich meinen Blick umherschweifen. Fast zwanghaft zog es ihn zur Südwestecke der Küche. Ich bemerkte jetzt, daß sie teilweise beschädigt war und das Dach dort seltsam schräg herunterhing. Irgendwie wußte ich, daß der Schaden früher in diesem Jahr bei einem der heftigen Erdbeben eingetreten war, die das Gebiet heimgesucht hatten. Wir hatten das Dach notdürftig repariert, um den Wind abzuhalten. Ein eigenartiges Gefühl der Trauer überkam mich, als mir einfiel, daß einer aus unserer Gruppe — Jimmy hieß er, glaube ich — bei diesem Einsturz oder bei einem anderen Unglück während des Erdbebens den Tod gefunden hatte.

Die Erinnerung an Jimmys Unfall brachte mir zu Bewußtsein, daß ich vorhin am Eßtisch meinen Freunden nicht viel Aufmerksamkeit gewidmet hatte. Ich machte eine diesbezügliche Äußerung. Als Reaktion auf meine Bemerkung schlug mir Helen vor, in einen früheren Moment zurückzukehren, in dem ich mit einem meiner derzeitigen Gefährten über mein damaliges Leben in Kalifornien geredet hatte. Noch während sie sprach, wurde mir klar, daß ich damals keinen der Menschen hier gekannt hatte. Ich spürte deutlich, daß wir erst einige Jahre vor dem Juli 1998 zusammengekommen waren. Im allgemeinen vermieden wir es, über frühere Ereignisse in unserem Leben zu sprechen. Irgendwie schienen sie nicht wichtig zu sein. Seltsam, in der Tat. Und obwohl ich wußte, daß heute mein Geburtstag war und daß Helens ursprüngliche Suggestion gelautet hatte, ich solle zu diesem Tag vorausgehen, konnte ich mich nicht erinnern, daß er irgendwie gefeiert oder ihm anderweitige Beachtung geschenkt worden wäre. Es schien, als seien für uns nur der unmittelbare Augenblick und die nötigen Aktivitäten von Bedeutung.

Die Vorstellung, so sehr mit dem blanken Überleben beschäftigt zu sein, daß ich beinahe meinen Geburtstag vergessen hätte, verstärkte seltsamerweise die Trostlosigkeit dieser eigenartigen Zukunftsszene. Ich wollte rufen oder schreien oder irgend etwas tun, um meine persönliche Identität zu demonstrieren. Mein Atem wurde schwer, ich bekam kaum Luft. Meine Kehle war trocken und rauh. Mein nun in Verteidigungsbereitschaft angespannter Körper wand sich unruhig auf der Liege. Ich wollte weg von diesem unheimlichen, unbekannten Ort.

Noch bevor ich etwas sagen konnte, spürte Helen meine Verzweiflung.

Sie reagierte in ihrer üblichen warmherzigen, fürsorglichen Art und begann mich sofort von dort wegzuholen, wohin mich mein Unterbewußtsein gebracht hatte. Ihre Worte nahmen bald meine Aufmerksamkeit gefangen, und ich beruhigte mich, während ich ihrer Stimme lauschte.

»Es ist jetzt nach Einbruch der Nacht am gleichen Tag, an deinem Geburtstag im Jahr 1998, und du rüstest dich zum Schlafengehen. Strecke dich an der Stelle, wo du normalerweise schläfst, bequem aus. Entspanne dich geistig und körperlich, während du sanft wegdriftest. Und während du jetzt in Schlaf sinkst, vertieft sich deine Entspannung ... Alle körperlichen Spannungen und jedes emotionale Unbehagen verschwinden, während du immer tiefer nach innen gehst ... Du kannst jetzt sogar zu deiner warmen, sicheren, bequemen Wolke zurückkehren. Sie ist ein alter Freund und Reisegefährte ... Doch wie tief du auch wegsinkst, wie entspannt du auch sein magst, du erinnerst dich lebhaft, lebhaft an alle Szenen und Ereignisse, die du auf dieser Reise erlebt hast ...«

Helens kehlige Hypnosestimme lullte mich in einen angenehmen, entspannten Zustand, in den sie mich schon viele Male versetzt hatte. Die eben verspürte Beklemmung ließ nach. Als ich geistig in die vertraute Weichheit meiner bauschigen weißen Wolke sank, verblaßten die seltsamen Ereignisse und die Erinnerungen an den kalten, dunklen Tag, den ich als Tag des Jahres 1998 identifiziert hatte. Ich wußte, daß Helen mich bald ins »Hier und Jetzt« ihrer kalifornischen Wohnung und in die warme Sonne des Juli 1983 zurückführen würde. Ich seufzte, als ich mich in mein Wolkenkissen zurücklehnte und die Rückreise in die »normale« Wirklichkeit des Wachseins antrat.

Damit endete meine erste Erfahrung dessen, was als Progressionsverfahren bekannt werden sollte. Der Hypnotiseur versetzt die Versuchsperson in einen veränderten Bewußtseinszustand, um deren Bewußtsein in eine Zeit zu projizieren, die man üblicherweise als Zukunft wahrnimmt. Tatsächlich aber scheinen Ausdrücke wie »Vergangenheit« und »Zukunft« wenig Bedeutung in geistig-seelischen Realitäten zu haben, die außerhalb unserer bewußten Wahrnehmung der materiellen Erscheinungswelt liegen, in welcher wir leben und uns vergnügen. Mir ist klar, daß meine faszinierenden, lehrreichen Reisen in vergangene Leben mittels Regression und der geschilderte Schub in eine Zeit, die mein Verstand als greifbare Zukunft begriff, meine Meinung über das, was man »objektive Realität« nennt, sowie über Zeit und Raum ins Wanken gebracht haben.

Diese erste Reise in die Zukunft löste in mir größere Beunruhigung aus, als ich an jenem Nachmittag zugeben mochte. Von der restlichen Sitzung weiß ich nicht mehr viel. Helen suggerierte mir wie immer ein angenehmes Gefühl regenerierter Energie und persönlichen Wohlbefindens und sprach dann noch eine Weile mit mir — bis sie überzeugt war, daß ich mich wieder, wie sie sagte, völlig im »Hier und Jetzt« befand und imstande sei heimzufahren.

Ich hatte es mir von unserer ersten Regressionssitzung an zur Gewohnheit gemacht, genau aufzuschreiben, was ich im Zuge solcher Rückführungen erlebt hatte. Normalerweise schrieb ich meine Beobachtungen und Kommentare einige Tage nach der jeweiligen Sitzung mit der Schreibmaschine nieder und nahm sie dann in der folgenden Woche zur Erörterung in Helens Praxis mit. So vermochte ich meine Erinnerung an die im Zuge der Regression gemachten Erfahrungen zu verbessern. Ich erkannte auch, daß es eine ausgezeichnete Übung war, um die »Schreibblockierung« zu lösen, die mich — neben meinen von einem Arbeitsunfall herrührenden hartnäckigen Rückenschmerzen — ursprünglich bewogen hatte, Helen aufzusuchen.

Die Bilder, die ich an diesem Julitag empfangen hatte, wirkten jedoch so stark in mir nach, daß ich mit meiner Gewohnheit brach. Nach der Heimkehr setzte ich mich gleich hin, um alle Einzelheiten der in der düsteren Öde Arizonas durchlebten Erfahrungen, die in meiner Erinnerung haftengeblieben waren, zu Papier zu bringen.

Die Implikationen dieser Zukunftsvision waren verwirrend und beängstigend, zumal es ja nur ein kurzer »Hüpfer« rund fünfzehn Jahre voraus gewesen war, der dennoch Aussichten für die späten neunziger Jahre eröffnete, die ich mir nicht vorgestellt hätte.

Als ich später über die Sitzung nachdachte, fragte ich mich: Warum diese für mich so untypische heftige Reaktion? Vielleicht weil die späten neunziger Jahre nach unserer Zeitrechnung schon sehr nahe waren? Deshalb kommen uns Erkundungsausflüge des Bewußtseins in Zeiten, in denen wir voraussichtlich noch leben, gefährlicher vor als solche in eine in weiter Ferne liegende Zukunft. Unser logisches, analytisches Denken, das offenbar durch die linke Hälfte der Großhirnrinde gefiltert wird, leistet von Natur aus Widerstand gegen die Vorstellung nichtlinearer Zeit oder die der Zeitlosigkeit. Doch in geistig-seelischen Erfahrungen macht sich eine Wirklichkeit jenseits von Zeit und Raum geltend; es sind dies Bewußtseinserfahrungen, die uns von der rechten Hirnhälfte vermittelt werden, insbesondere während wir sogenannte veränderte Bewußtseinszustände erleben.

Dies gilt für die Erfahrung der Regression in frühere Leben und genauso für die der Progression in die Zukunft. Vielleicht aber kann unser Bewußtsein die Idee einer Rückschau in die Vergangenheit leichter akzeptieren, weil wir glauben, daß die Vergangenheit »bereits geschehen« ist. Folglich ist es weniger beunruhigend, Erfahrungen aus einem früheren Leben zu vergegenwärtigen, auch wenn diese schmerzlich oder dramatisch sein sollten, als etwas aus der nahen Zukunft zu erkunden. Nicht zu reden von den höherdimensionalen wahrscheinlichen Wirklichkeiten.

Doch kehren wir zu dem Ausblick auf die späten neunziger Jahre zurück ... Was hatte ich dort nicht alles erlebt, während Helen mich gekonnt durch den winterlichen Julitag des Jahres 1998 lenkte! Deutlich erinnere ich mich an das Gefühl, daß die plötzlichen drastischen Klimaveränderungen in der Region nicht von irgendeinem nuklearen Holocaust oder Kernkraftunfall herrührten. Die Symptome waren zwar ähnlich, aber der schwarze Himmel und der eisige Sturm erschienen mir nicht als der vielbeschworene »Nuklearwinter«, von dem CARL SAGAN und andere Wissenschaftler in den achtziger Jahren gesprochen hatten. Ich erinnerte mich nicht, auf der Ranch in Arizona eine Strahlenkrankheit gefürchtet zu haben.

Die meisten der Sorgen, die ich während der Progressionssitzung wahrnahm, bezogen sich auf das unmittelbare Überleben. Wir kümmerten uns nur um das Notwendigste wie die Beschaffung von Nahrung, und zwar möglichst vitaminreicher, um eine gesunde Ernährung sicherzustellen. Voll Besorgnis arbeiteten wir auch daran, unsere Stromerzeugungs- und Heizanlagen in Betrieb zu halten. Lebenswichtig war außerdem der Schutz unserer kleinen Viehherde. Wir hingen von unseren paar Kühen ab, was die Milchversorgung anging, und von den Pferden für Transporte auf der Ranch. Ich hatte übrigens nicht den Eindruck, daß wir uns weit von der Ranch entfernten.

Während eines großen Teils dieser ersten Zukunftsreise wohnte mir die unterschwellige Angst inne, wir könnten von anderen Menschen aufgespürt werden! Ich fühlte mich auf der Ranch ziemlich isoliert und gleichzeitig geschützt, aber in meinem Inneren wußte ich, daß wir, falls Außenstehende von unserer relativ sicheren Existenz auf der Ranch Wind bekamen, diese verteidigen oder fliehen mußten. Meine Einstellung war wohl ein bißchen egoistisch, doch ich kann nicht leugnen, daß mich der Gedanke an Selbsterhaltung antrieb.

Überlagert wurden all diese tagtäglichen Sorgen und Ängste allerdings von der Erkenntnis, daß unsere Gruppe zu einem besonderen Zweck zusammengekommen war; daß diese Situation für uns irgendwie eine Chance bedeutete, nicht nur zu überleben, sondern auch zu lernen, jenen zu helfen, die Hilfe brauchten und annehmen konnten. Angeführt wurde unsere Gruppe, wie fast selbstverständlich, von einer Frau. Ich erinnere mich, daß ich sie »Patsy« nannte, bin mir aber nicht sicher, ob sie wirklich so hieß oder ob vielleicht mein Unterbewußtsein auf diese Weise ihre Charakterzüge mit jenen einer früheren Freundin gleichsetzte, die diesen Spitznamen hatte. Ich wußte, daß es sich nicht um dieselbe Person, sondern nur um sehr ähnliche Persönlichkeiten handelte.

Die überaus intuitiv veranlagte Frau, die ich 1998 »kannte«, hatte den Ort ausgewählt, an dem ich mich lange vor den Ereignissen »aufhielt«, in deren Folge es zu weitreichenden Zerstörungen und Veränderungen kam. Obwohl ich vor der Progression im Juli 1983 nie an dem Ort gewesen war (und ihn auch bis heute, im Juni 1989, nicht besuchte), erkannte ich irgendwie, daß er nördlich von Phoenix in Arizona lag.

Anscheinend hatte Patsy eine Art präkognitives Wissen von den klimatischen und geophysikalischen Veränderungen gehabt und war zu dem Schluß gekommen, daß diese Gegend weitgehend verschont bleiben und daß unsere Gruppe dort in Sicherheit sein würde, sogar vor jenen Feinden, die offenbar nun unsere gefährlichsten waren: umherstreifende Banden halb verrückter Plünderer, wie Großstädte sie hervorbrachten. Ich wußte auch, daß sich unsere Gruppe an dem Wüstenort zusammengefunden hatte, um unsere parapsychischen Fähigkeiten zu entwickeln.

Das eben Beschriebene stellt die Summe dessen dar, was ich aus meiner ersten Progression in die Zukunft herauszuholen vermochte, als ich meine Erinnerungen daheim noch einmal durchging. Das Gefühl des Sinnvollen, das sie mir vermittelt hatte, hielt auch an, nachdem meine Aufzeichnungen fertiggeschrieben und, tags darauf, auf den Weg zu Helen gebracht waren.

Trotz meiner großen Neugier, was dies alles bedeutete, einigten Helen und ich uns darauf, eine weitere Zukunftsreise aufzuschieben, bis wir die Serie der Regressionssitzungen abgeschlossen hätten. Wir hatten beide den Eindruck, daß das Verständnis der Fragen, die ich gerade durcharbeitete, auch wichtig für die Deutung der Daten über die neunziger Jahre sein würde. Deshalb und wegen einiger Urlaubs- sowie Geschäftsreisen ließen wir mehrere Monate verstreichen, bevor wir eine zweite Reise vorwärts in der Zeit angingen.

Als es schließlich soweit war, beschlossen wir, uns auf die Periode zu konzentrieren, in der wir nach unserer Meinung feststellen konnten, welche die Ursachen der von mir während der ersten Progression erlebten dramatischen kulturellen und klimatischen Veränderungen gewesen waren. Die zweite Sitzung fiel auf den 31. Oktober 1983, auf Halloween.

»Deine Augen sind geschlossen, und du empfindest es als angenehm, die Augen geschlossen zu haben ... Deine Gesichtsmuskeln entspannen sich jetzt, und dein Atem ist ruhig und gleichmäßig ...«

Einmal mehr stimmte ich mich geistig auf Helens vertrauten, leicht heiseren Hypnoseton ein. Die Augen geschlossen, den Körper auf ihrer leicht durchgesackten Praxisliege ausgestreckt, konzentrierte ich mich auf ihre Stimme und ließ die Außenwelt allmählich weggleiten.

Dieses Mal stellte ich jedoch fest, daß mein Bewußtsein, anders als bei den vorausgegangenen Regressionen, aktiven Widerstand gegen das mir inzwischen vertraute Verfahren des Loslassens leistete. Es schwatzte innerlich, in meinem Kopf, unaufhörlich weiter, und ich verhaspelte mich in persönlichen Plänen und Sorgen, während ich Helens Entspannungsanweisungen lauschte. Es war fast, als wüßte ein Teil von mir, daß diese Erfahrung kein Genuß für mich würde. Vielleicht wollte ich auch nicht wissen, was mir in den späten neunziger Jahren bevorstand! Wie dem auch sei, ein Teil von mir argumentierte, die Zukunft sei noch nicht geschehen oder habe sich zumindest raumzeitlich noch nicht verwirklicht. Mein bewußtes, denkendes Ich, das durch meine halbwache linke Hirnhälfte sprach, störte ganz einwandfrei meine Bemühungen, mich zu konzentrieren und Vergangenheit und Gegenwart für eine Weile hinter mir zu lassen.

Dennoch, nachdem sich die Büchse der Pandora in Form der Zukunftsprogression einmal für mich geöffnet hatte, war ich entschlossen, dieses

Neuland weiter zu erforschen. Ich bemühte mich gezielt, mich vorwärtstreiben zu lassen und mich von bewußten Vorurteilen freizumachen.

»Während du jetzt vorandriftest und schwebst, völlig entspannt und
friedlich, kannst du rasch die Weite dessen durchqueren, was wir als Zeit
und Raum bezeichnen ... Und du kannst dich jetzt vorwärtsbewegen, über
1983 hinaus in die Zukunft ... Immer rascher läßt du dich durch die Zeit
vorantreiben ... Und während du dich vorwärtsbewegst, wirst du dir mit
zunehmender Deutlichkeit der Zeit um Weihnachten 1996 bewußt ... Du
hast dich jetzt durch die achtziger Jahre bewegt und über 1990 hinaus, und
es ist Weihnachten des Jahres 1996, und du bist dort, *jetzt*! ... Wo bist du?«

Endlich »eingestimmt« auf Helens Stimme und ihre beharrlichen Suggestionen, seufzte ich und gestattete meinem inneren »Beobachter«, sich zu
entspannen. Als ich das tat, tauchten flüchtige, gespenstische Bilder vor
meinem geistigen Auge auf. Ich erhaschte sie nur, während sie vorüberjagten. Es war etwa wie das irrlichternde Abrollen des Bandes eines auf
»Schnellauf« geschalteten Videokassettenrecorders.

Eines der Bilder blieb jedoch in meinem Gedächtnis haften. Ich sah klar
und deutlich den Eiffelturm. Sein Anblick war mir vertraut, denn ich hatte
einige Zeit in Paris gelebt und studiert. Der Turm verwandelte sich dann vor
meinen Augen in eine der riesigen Kandelaber-Kakteen, die es in der Wüste
Arizonas gibt. Während sich diese Verwandlung vollzog, wurde mir klar,
daß ich zwei Orte sah, an denen ich zwischen jetzt und meinem Zielort im
Dezember 1996 leben würde.*

Als diese Erkenntnis in mein Bewußtsein drang, verspürte ich eine Beruhigung, und die Bilder hörten auf, rasch vorbeizuflitzen. Ich befand mich
wieder auf der Ranch in Arizona, die ich bereits von meiner Zukunftsreise
ins Jahr 1998 her kannte. Nur kamen mir jetzt die Farben viel heller und
leuchtender vor. War alles frisch gestrichen?

»Oh, natürlich«, rief ich nach kurzem Nachdenken aus. »Heute scheint
die Sonne!« So war es. Als ich zum Fenster des Raumes, in dem ich stand,
hinausschaute, konnte ich sogar einen strahlend blauen Himmel sehen.
Die gelbbraunen Berge schienen nur einen Steinwurf entfernt zu sein. Was
für ein Kontrast zu dem dunklen, kalten Nebel, den ich für das Jahr 1998
wahrgenommen hatte! So gesehen, wirkte Arizona ausgesprochen schön.

An dem Punkt unterbrach Helen meine Träumereien, um mir weitere Anweisungen zu geben: »Jetzt ist Weihnachten 1996. Du wirst dich jetzt
sehen, wie du mit einigen anderen die Ereignisse des vergangenen Jahres erörterst oder dir vielleicht im Fernsehen einen aus Nachrichtensendungen
zusammengestellten Jahresrückblick anschaust.«

---

* Die erste Hälfte dieses präkognitiven Blicks auf die Zukunft hat sich bereits erfüllt: Aus
Gründen, die mit diesem Buch nichts zu tun hatten, übersiedelte ich 1985 aus dem kalifornischen Napa nach Europa, und dort schrieb ich schließlich auch den größten Teil des Manuskripts zu diesem Buch.

Trotz Helens Worten erlebte ich mich weiterhin völlig allein in dem Ranchgebäude. Vielleicht wehrte sich ein Teil meines Bewußtseins immer noch gegen die Kenntnis dessen, was vor mir lag. Ich »wußte« jedoch, daß es der Nachmittag des Heiligen Abends war und daß sich die anderen irgendwo in der Nähe aufhielten. Als Helen ihre sanften, aber beharrlichen Suggestionen wiederholte, sah ich mich schließlich hinausgehen zu dem Corral, wo Patsy und ein paar der Männer in eine hitzige Diskussion verwickelt waren.

»Nein, wir können zur Aufbewahrung der Lebensmittel keine Plastikbehälter verwenden«, hörte ich Patsy zu einem der Männer sagen. »Sie scheinen zwar tauglich zu sein, aber im Lauf der Zeit würde das Plastikmaterial den Inhalt kontaminieren. Es findet eine schwache chemische Reaktion statt, sie verändert die Vibrationen der Lebensmittel und letztendlich ihre Wirkung auf den Körper. Das spielt derzeit bei den meisten Menschen keine sonderliche Rolle, weil ihre Körper so gut wie gar nicht auf die universellen Vibrationen eingestimmt sind. Aber ihr wißt, daß es äußerst sensible Menschen gibt. Und bei dem, was uns bevorsteht, werden wir immer stärker von ihrer Sensibilität — und von unserer eigenen — abhängen, während sich das alles entfaltet.«

Als ich sie sprechen hörte, kam ich zu der Erkenntnis, daß die Frage der Lebensmittellagerung von entscheidender Bedeutung für unser künftiges Überleben war. Irgendwie wußte ich, daß Patsy intuitiv über das Wissen von der drohenden Knappheit wichtiger, besonders vitaminreicher Lebensmittel verfügte. Eines der Hauptziele unserer Übersiedlung an diesen Ort im Herzen Arizonas war die Errichtung einer Schule für die Entwicklung parapsychischer Kommunikationsfähigkeiten gewesen. Angesichts dessen, was uns offenbar in Bälde bevorstand, wollten wir erreichbar und dabei doch abgeschieden sein. Kinder und junge Erwachsene, die Patsy kannte, würden von unserer Schule angezogen werden, wenn sich die Weltlage verschlechterte, und faktisch die Vorboten des Neuen Zeitalters sein, das dann anbrechen sollte.

Bereits Ende 1996 hatte ich den Eindruck, daß es um weit mehr als bloßes physisches Überleben ging, auch wenn dieses natürlich wichtig war. Noch wichtiger war die Beschützung der Menschen, die die psychische Wandlung der Menschheit bewirken sollten, wenn die alte Ordnung zusammenbrechen würde und neue Formen des Denkens und der Kommunikation aufkämen.

Meine Aufmerksamkeit driftete wieder zu dem Gespräch, das auf der Ranch unter den Menschen rund um mich stattfand. Jetzt sprach einer der Männer: »Schön und gut, aber wenn wir keine Plastikbehälter verwenden können, wie sollen wir dann die Lebensmittel über einen langen Zeitraum vor dem Verderben schützen? Glasflaschen taugen nichts, wenn die Beben und Erdverwerfungen, die ihr ankündigt, hier in der Gegend stattfinden. Das Glas wird zerbrechen.«

»Ja«, sagte der andere Mann, »außerdem ist Glas schon viel teurer geworden. Wir werden kaum das Geld für Glasgefäße aufbringen. Und wo fände man denn so viele große Vorratsgefäße aus Glas?«

»Glaubt nicht, daß ich mir dieser Probleme nicht bewußt bin«, entgegnete Patsy, »aber es gibt bestimmt Alternativen, und wir haben noch Zeit, sie zu suchen. Das ist schließlich der eigentliche Grund, warum wir hier draußen sind, nicht wahr?«

»Hört mal!« Ich schaltete mich in die Diskussion ein: »Vielleicht könnten wir es mit einer Materialkombination versuchen. Wie wäre es, wenn wir die Lebensmittel zuerst in Papier- oder Pappbehälter gäben und diese dann in Plastik? So wären sie vor Feuchtigkeit oder Nagetieren geschützt und gleichzeitig auch vor etwaigen schädlichen Chemikalien. Was meinst du, Patsy?«

»Hm, könnte sein. Natürlich werden wir das Papier und den Karton vorher auf bei der Herstellung verwendete Chemikalien prüfen müssen. Aber ich weiß, daß sogar die Verwendung von handelsüblichem Papier weit ungefährlicher ist als langer direkter Kontakt der Lebensmittel mit Plastikeimern.«

»Wir sollten uns jedenfalls bald auf eine Methode einigen«, sagte einer der Männer. »Ihr wißt, wie sehr die Lebensmittelpreise bereits gestiegen sind. Ich habe gesehen, daß sich der Preis der gefleckten Feldbohnen, auf die ihr als wichtigste Proteinlieferanten setzt, allein in diesem Jahr verdoppelt hat. Die Inflation bei Lebensmitteln war in den vergangenen paar Jahren schon schrecklich, aber wegen der großen Trockenheit vorigen Sommer im Mittelwesten wird jegliche Nahrung bald noch teurer werden.«

»Das stimmt«, erklärte Patsy. »Laßt uns zusehen, daß wir so bald wie möglich herausfinden, welche Art von Behältern wir konstruieren können.«

Nun verschwanden die Stimmen und die Szene im Freien, denn Helens Stimme drang wieder in mein äußeres Bewußtsein: »Du bist jetzt ins Innere der Ranch zurückgekehrt, und es ist Zeit für die Abendnachrichten im Fernsehen. Du siehst sie dir zusammen mit einigen anderen an. Höre einen Moment zu und berichte mir, was der Sprecher sagt.«

Ihrer Suggestion folgend, ließ ich den Anblick eines Bildschirms in mein Bewußtsein treten. Der Präsident war kurz zu sehen, er sagte etwas von einem sicheren Plan zur Wiederbelebung der Wirtschaft, zur Wiederherstellung des Vertrauens und zum Abbau der Inflation. Das Gesicht kam mir bekannt vor, aber wer der Mann war, erkannte ich in dem kurzen Fernseh-Clip nicht. Ich hatte das Gefühl, er sei in den achtziger Jahren Senator oder ein prominenter Gouverneur gewesen, doch er gehörte nicht zu den Männern, die für mich ein Dutzend Jahre später als Präsident in Frage gekommen wären.

Der Sprecher ging dann zu einem Bericht über die Lage im Nahen und Mittleren Osten über. Ich gewann den Eindruck, daß eine radikale jüdische Gruppe in Israel alle arabischen Einwohner aus den von Israel besetzten Gebieten zu vertreiben wünschte, insbesondere aus Jerusalem, um das biblische Reich DAVIDS und SALOMONS wiederherzustellen. Ihr Plan, die Moschee beim Felsendom abzureißen und dort den jüdischen Tempel wieder zu errichten, verursachte heftige Kontroversen. Den wütenden Protesten mehrerer Araberstaaten war die neuerliche Androhung eines Dschihads, des heiligen Kriegs, gefolgt, falls dieser Plan je durchgeführt werde.

Das verrückt spielende Wetter war weiterhin ein wichtiges Nachrichtenthema, denn unberechenbare Stürme und Klimabedingungen führten zu neuen Hitze- und Kälte-, Dürre- und Regenrekorden in verschiedenen Regionen rund um den Erdball. Ich hatte den deutlichen Eindruck, daß es zur anhaltenden großräumigen Überflutung wichtiger Küstengebiete gekommen war, weil der Meeresspiegel stieg und die Stürme an Stärke zunahmen. Sogar in Arizona war das Winterklima kühler und feuchter als vor einem Dutzend Jahren.

Auch die Weltwirtschaft befand sich im Trudeln, und die von der Regierung getroffenen Maßnahmen schienen bisher nicht zu greifen. Vor allem die Lebensmittelpreise waren ins Astronomische gestiegen, und Kredite waren praktisch nicht zu bekommen. Handelskriege und Zollschranken untergruben die Bemühungen um internationale Zusammenarbeit zur Überwindung der Krise. Wahrlich kein schönes Bild zum Jahresende!

Während ich mir auf dem Bildschirm diesen Überblick über alles andere als erfreuliche Ereignisse anschaute, »erinnerte« ich mich, daß Patsy hier auf der Ranch das meiste dessen vorhergesagt hatte, was sich jetzt zutrug. Unter ihrer Führung, die sie nicht erzwungen, sondern die sich ganz natürlich ergeben hatte, entwickelten wir unsere intuitiven Fähigkeiten mittels Meditation und anderen spirituellen Übungen; außerdem arbeiten wir darauf hin, eine autonome Gemeinschaft zu werden. Jeder lernte ordentlich reiten, statt sich auf Autos zu verlassen. Zur Beförderung schwerer Lasten hatten wir noch einen Lkw; Benzin war zwar nicht rationiert, aber teurer geworden.

Unsere Gruppe war auf mehrere Dutzend Personen angewachsen. Einige betreuten Gemüsegärten, während andere sich um das Vieh kümmerten, die Schafe, Rinder und Pferde. Wieder andere fertigten kunsthandwerkliche Gegenstände zum Verkauf auf den örtlichen Märkten an. Auch hatten wir eine Spezialpumpe gekauft, mit deren Hilfe wir unsere Wasserversorgung sicherstellten (aus einer Quelle, die ein von uns nach dem Kauf des Geländes engagierter Rutengänger gefunden hatte). Ein paar der Männer arbeiteten an der Konstruktion eines windgetriebenen Notstromgenerators für den Fall, daß der Strom ausfiel.

Ich muß hier erwähnen, daß ich während dieser zweiten Progressionssitzung am Halloween-Abend 1983 sehr viel Zeit hatte, über die zukünftigen Umweltbedingungen und Möglichkeiten nachzudenken und mir Fragen zu stellen. Anders als unsere vorausgegangenen Hypnosesitzungen, die nur jeweils eine halbe Stunde dauerten und in denen Helen mich durch die Zeit bewegte, um möglichst viele Informationen zu erhalten, wurde diese

Abendsitzung durch ein regelrechtes Heer nicht abzuweisender Besucher immer wieder unterbrochen. Helen liebte Kinder seit jeher und wohnte deshalb in einem Appartement-Komplex, in dem es von Kindern wimmelte. Da sie den Sprößlingen ihrer Nachbarn, für kleine Gefälligkeiten oder auch nur weil sie die Gesellschaft der Kleinen genoß, oft Bonbons und Gebäck gab, war ihre Wohnung an diesem Halloween-Abend das wohl beliebteste Ziel in der Gegend! Folglich mußte Helen mich wiederholt in irgendeiner zukünftigen Szene »hängenlassen«, während sie an die Tür ging, um die kleinen Gespenster, Kobolde und andere lustige Gestalten zu begrüßen.

Es war eine neuartige Erfahrung für mich, die Vorbereitungen auf eine große Katastrophe in der Wüste Arizonas während der mittleren neunziger Jahre zu beobachten und gleichzeitig Helen zuzuhören, wie sie ruhig mit der Rasselbande von Nachbarskindern sprach, die 1983 an ihre Wohnungstür in Kalifornien klopften und um Süßigkeiten baten. Man könnte von einer Persönlichkeitsspaltung sprechen!

Helen suggerierte mir dann, ich solle mich zwölf Monate vorwärtsbewegen, zum Ende des Jahres 1997. Mein Eindruck war, daß das Leben auf der Ranch ziemlich gleich ablief wie im Jahr zuvor, mit der einen Ausnahme, daß wir inzwischen bereits viele Vorräte angelegt hatten und ein noch unabhängigeres, autonomeres Leben führten. In diesem Jahr war es schwieriger gewesen, Feldfrüchte heranzuziehen, und der Boden kam mir enttäuschend karg vor infolge des zunehmend schlechten, unvorhersehbaren Wetters. Wenigstens schien Patsy sich aber deswegen keine sonderlichen Sorgen zu machen. Unsere Schule entwickelte sich langsam. Wir hatten sogar mit kleinen Experimenten Erfolg und standen mit ähnlich eingestellten Gruppen im Norden Amerikas telepathisch in Kontakt. Trotzdem aber galt unser Hauptaugenmerk den internen Vorbereitungen auf die bevorstehenden Veränderungen.

Wenn ich über diese Halloween-Sitzung, die 1983 stattfand, nachdenke, verblüfft mich noch immer, wie vertraut mir die Ereignisse vorkamen, über die an dem Dezemberabend 1997 im Fernsehen berichtet wurde. Sie glichen den derzeitigen Nachrichten-Schlagzeilen ungeheuer. Die wirtschaftlichen Probleme, die sich jetzt, während der achtziger Jahre, zu zeigen begannen, blieben ein unser Leben in den Jahren 1996 und 1997 mitbestimmender Faktor. Die Wettersituation verschlechterte sich gegenüber 1983 ebenfalls, denn extreme Bedingungen waren immer mehr an der Tagesordnung. Der Nahe und Mittlere Osten blieb weiterhin eine Brutstätte von Spannungen und potentieller Gewalt.

Trotzdem, für uns Amerikaner zumindest, ging der Alltag des Lebens weiter seinen gewohnten Gang. Alles kostete mehr, und einiges bekam man nur schwer; die Mittel für Privatkredite waren knapp und die Arbeitslosenzahlen hoch. Aber noch immer flogen über uns Flugzeuge, noch immer verstopften Autos zur Stoßzeit die Straßen der Städte, noch immer standen wir über Telefon und Fernsehen in Kontakt mit dem Rest der Welt.

Von der »Normalität«, die ich noch Ende 1997 wahrnahm, war nichts mehr auszumachen, als Helen mich von neuem zeitlich vorwärtslenkte, diesmal über meinen Geburtstag im Juli 1998 hinaus und ans Ende dieses schicksalhaften Jahres. Ganz im Gegensatz zu 1997 hatte es jetzt den Anschein, als sei die Welt zusammengebrochen und als sei alles, was zuvor wichtig gewesen war, nun belanglos. Irgendwie war ich deprimiert, denn ungeheuer viel schien verlorengegangen zu sein. Doch eines war mir klar. Wir hatten gewußt, daß diese Veränderungen kommen würden, und als sie schließlich über uns hereinbrachen, empfanden wir fast so etwas wie Erleichterung. Wir waren einfach erleichtert, überhaupt noch zu leben.

Dieses Mal, im Dezember 1998, gab es keinen Nachrichtenrückblick, weil wir keinen Fernseher mehr hatten. Bloß Rundfunkprogramme aus Phoenix und Santa Fe empfingen wir noch, sie hielten uns in Kontakt mit dem restlichen Land oder vielmehr mit dem, was davon noch übrig war. Ich wußte sofort, daß große Teile der ehemaligen Westküste im Pazifischen Ozean versunken waren; mehrere Erdbeben und Vulkanausbrüche hatten die Grenzgebiete des »Feuerrings« rund um die pazifische Kontinentalplatte verheert. Richtiger müßte man vielleicht sagen, das Meer sei in die kalifornischen Täler geschossen, nachdem der Boden an den Schlüsselverbindungen der Küste infolge der seismischen Erschütterungen weggebrochen war. Das Wasser drang weit landeinwärts vor, bis Nevada und Arizona.

Offensichtlich hatten 1998 dramatische Ereignisse das Auseinanderbrechen von Krustenplatten vollendet, dessen erste Anzeichen bereits in den achtziger Jahren an steigenden Meeresspiegeln und kleineren Erdeinstürzen zu erkennen gewesen waren. Was EDGAR CAYCE und viele andere Sensitive vorausgesagt hatten, war nun geschehen. Zunächst wußte ich nicht genau, wann im Jahr 1998 die Katastrophe passiert war, auf jeden Fall aber vor meinem Geburtstag im Juli, und zwar in mehreren Phasen. Sogar jetzt, im Dezember, bebte die Erde noch oft. Bei einem der Nachbeben war unsere schon zuvor beschädigte Ranch völlig eingestürzt, was uns bewogen hatte, ein Stück wegzuziehen.

Als ich in jenem Dezember auf Helens Suggestionen hin »Boden unter die Füße« bekam, lebten wir in Zelten aus gelbem Plastikmaterial, die wir nahe an einigen Felswänden aufgestellt hatten. Sie glichen Pyramiden und waren offenbar so plaziert, daß wir uns auch in die Felswände graben und Höhlen bauen konnten. Wieder einmal hatte Patsy ein geradezu unheimliches Vorauswissen über das drohende Unheil gehabt. Ich glaube zwar nicht, daß einer von uns, einschließlich Patsy, gedacht hätte, daß das ganze Haus einstürzen würde, aber dank ihrer Voraussicht waren wir vorbereitet gewesen.

Als Folge der verheerenden Naturkatastrophen war die örtliche Regierungsgewalt an die Nationalgarde übergegangen. Der Präsident und der Kongreß trugen weiterhin die Verantwortung im Lande, doch in unserer Gegend sorgte nur noch die Nationalgarde für die Einhaltung der Gesetze. Un-

be, es hat mit meiner Stimme zu tun. Ich benutze sie, ja, das ist es … Ich benutze sie als Instrument, um den Menschen zu helfen, sich psychisch zu öffnen. Irgendwie bringt ihnen die Tonlage oder die Klangfarbe, mit der ich
meine Worte äußere, ein neues Bewußtsein ihrer selbst als Gesamtwesen.
Anscheinend kann ich dazu beitragen, daß die Menschen sich besser auf ihre natürliche Gabe der außersinnlichen Fähigkeit einstimmen. Jedenfalls
möchte diese Gruppe dort in Westkanada, daß ich im Rundfunk zu gleich-
gesinnten Gruppen spreche. Mich freut der Gedanke daran und an den Beitrag, den ich vielleicht leisten kann.

Wir sind zu sechst und reisen zu Pferd. Ich glaube, wir müssen es insge-
heim tun, denn wir reiten offenbar vorwiegend in der Dämmerung. Ich habe
den Eindruck, daß die amerikanische Regierung eine Bewegungsfreiheit außerhalb begrenzter örtlicher Gebiete nicht gutheißt, außer zwecks ›offiziel-
ler‹ Unternehmungen. Vermutlich wünscht man, daß sich die Menschen,
dort, wo sie sind, auf den Wiederaufbau konzentrieren. Uns kümmert das
wenig; wir halten uns von der Obrigkeit fern, dort in Arizona.«

»Sehr schön«, schaltete Helen sich ein, um mich aufzufordern, von neuem vorwärtszugehen: »Du bist jetzt an deinem Bestimmungsort angelangt.
Es ist deine erste Woche dort. Du schaust dich in der Gegend um. Kannst du
beschreiben, was du siehst?«

»Ja, ich bin irgendwo in dem Gebiet, das früher Alberta hieß, ich glaube,
nördlich von Edmonton, in einer neuen Siedlung. Es ist überraschend warm
hier. Man hat mir gesagt, das Klima habe sich in den letzten Jahren stark
verschoben, so daß diese Gegend jetzt gemäßigter ist. Vielleicht ist das eine
Folge neuer Meer- oder Windmuster … irgend etwas in der Art beeinflußt
das Wetter. In dem Tal hier leben mehrere tausend Menschen. Von einer
Stadt würde ich nicht sprechen, aber das Tal ist ziemlich dicht bevölkert.
Vor allem gibt es hier nur wenige feste Bauten, und bei diesen handelt es
sich um erdbebensichere Kuppelkonstruktionen. Fast alle leben in leichten,
zerlegbaren Gebäuden, die nur ein Stockwerk hoch sind. Sie bestehen aus
Kunststoff- oder Synthetikgewebe, das um Aluminium- oder Holzpfosten
gespannt ist, je nachdem wie hoch sie sind. Eine Art mongolischer Jurten,
würde ich sagen. Die Kuppelgebäude sind mit einer Metallhaut aus Alufolie
bedeckt. Sie dienen hauptsächlich als Vorratslager, hat man mir gesagt. Ich
war noch in keinem.

Die Leute hier konnten sich einen ziemlich hohen technologischen Stan-
dard bewahren, es gab hier weniger Schäden als im Süden. Ich glaube, einige pendeln in die größeren Städte wie Calgary und Edmonton, wo vor allem
Baumaterialien hergestellt werden. Wir haben auf unserer Reise hier herauf
die großen Städte gemieden, es kann also sein, daß sie ebenfalls teilweise
zerstört sind oder unfreundliche Regierungen haben. Wie ich erfuhr, fanden
hier 1998 eine Zeitlang auch ziemlich starke Erdbewegungen statt. Nichts
im Vergleich zu dem, was wir im Südwesten erlebten, das ist klar, aber immerhin war es so, daß die meisten Menschen lieber in diesen jurtenähnli-

chen, zerlegbaren Bauten wohnen, die zusammenfallen können, ohne sonderlichen Schaden anzurichten.

Man bereitet hier eine Sendereihe für den Rundfunk vor, die in ein paar Monaten ausgestrahlt werden soll. Ich habe einige der hiesigen Kommunikationseinrichtungen gesehen, die sind spektakulär. Meine Gastgeber sagen, daß sie von meiner Arbeit dank der Kontakte wissen, die wir aus der Ranch in Arizona geknüpft hatten. Daraus schließe ich, daß ich ihnen helfen soll, isolierten Gruppen, die Funkbotschaften empfangen können, spirituelle und psychische Unterweisungen zu geben. Das hängt mit ihrem Plan zusammen, unter uns eine allgemeine Übereinstimmung zu schaffen, die an die nächste Generation weitergehen soll.«

»In Ordnung«, schaltete sich Helen ein. Ich wußte intuitiv, daß sie die Sitzung nicht zu lange ausdehnen wollte.

»Ich möchte, daß du nun vorwärtsgehst, zu dem Tag, an dem du in dieser Lebenszeit stirbst ... Du wirst keine körperlichen Schmerzen verspüren und keine Angst haben. Dein Bewußtsein wird durch dieses Wissen nicht beunruhigt werden ... Es ist für dein Bewußtsein nicht wichtig zu wissen, wann oder auch nur wo dieses Ereignis stattfindet. Aber ich möchte, daß du dich auf die Ursache des körperlichen Todes konzentrierst ... Laß die Bilder auch jetzt wieder erscheinen wie in einem Traum, einem lebhaften Traum, einem Traum ohne Schmerzen und ohne Angst ... Jetzt bricht der Tag deines körperlichen Todes an ... Was empfindest du? Was passiert?«

Plötzlich fühlte ich mich überwältigend mutlos. Es war, als sei wieder der feuchtkalte Tag da, den ich im Zuge der ersten Progressionssitzung erlebt hatte. Aber ich wußte, daß ich weder nach Arizona noch ins Jahr 1998 zurückgekehrt war. Ein Gefühl der Lethargie und großer Müdigkeit erfaßte mich, freilich ohne Schmerzen, ohne Angst. Mühsam rang ich darum, meine Empfindungen in Worte zu fassen.

»Ich liege, in einem Bett, glaube ich. Meine Gelenke schmerzen, und mir ist kalt, schrecklich kalt. Wie ich diese feuchte Kälte verabscheue!« Zweifellos machte ich eine zum Ende führende Erkrankung durch, vermutlich waren die Atemwege betroffen, denn meine Lunge schmerzte.

Helen schaltete sich erneut ein, dieses Mal, um mich über den Punkt des physischen Abschieds hinauszuführen: »Du bist jetzt gestorben und hast diesen Körper verlassen, diese Person, die du als Chet Snow gekannt hast. Du schwebst einfach über dem Schauplatz ... Was denkst du jetzt? Was empfindest du?«

»Es ist wunderbar!« Ich flüsterte fast vor Ehrfurcht. »O Gott, was für eine Erleichterung, aus der Trostlosigkeit von Zeit und Raum draußen zu sein!«

Das war meine Reaktion, nachdem ich die jetzige Lebenszeit dort in der Zukunft verlassen hatte, irgendwann in den ersten Jahrzehnten des einundzwanzigsten Jahrhunderts. Doch Worte werden meinen Gefühlen der Freude und Befreiung nicht gerecht. Ach, war ich froh, diesem Körper enthoben zu sein, weg zu sein aus diesen Verhältnissen! Ich gewahrte mehrere Men-

schen, die unter mir um mein Bett standen, aber ich zögerte noch einen winzigen Augenblick, bevor ich dieser düsteren materiellen Welt entschwebte,
hinauf in das schönste weißgoldene Licht, das ich je gesehen hatte.

Was für ein Unterschied zu einigen der anderen körperlichen »Tode«, die
ich im Zuge meiner jüngsten Regressionen in vergangene Leben erfahren
hatte. Dieses Mal war ich einfach überwältigend glücklich, frei zu sein von
den materiellen Zwängen der Erscheinungswelt. Alles dort erschien mir in
dem Moment völlig fern. Ich wünschte, das nun dauere ewig. Umgeben
von einem goldenen Nebel solch reiner Liebe, daß ich sie nicht beschreiben
kann — es gibt einfach keine Worte dafür —, fühlte ich mich hinausgetra-
gen über all die Kämpfe und all die Schmerzen; ich entließ dies alles restlos
ins Universum, während ich »heim«flog. Falls die Menschen, die »Nahtodeserfahrungen« machten, Ähnliches erfahren haben, wundert es mich
nicht, daß sich so viele betrogen fühlten, als man sie in ihr körperliches Leben zurückholte. Hätte ich wählen können, wäre ich keinesfalls mehr ins
»Hier und Jetzt« zurückgekehrt!

Helen war jedoch wie üblich mehr an Fragen der Forschung interessiert
als daran, sich meine Versuche einer Beschreibung des raumzeitlosen Universums anzuhören: »Nachdem du jetzt gestorben bist und diesen Körper
verlassen hast, möchte ich, daß du den Sinn deiner Überlebenserfahrung als
Chet Snow ergründest… Warum war es wichtig für Chet Snow, daß er derart drastische Veränderungen durchlebte? Und zu welchem Zweck sind die
anderen Überlebenden am Leben geblieben? Welchem höheren Ziel dient
diese irdische Erfahrung?«

Als habe sie einen nachträglichen Einfall, fügte sie hinzu: »Du kannst die
Wesen fragen, die dich im Augenblick umgeben. Sie können dir helfen, diese
Fragen zu beantworten. Los, bitte sie um ihren Rat — *jetzt*.«

Erst als ich ihre Worte vernahm, wurde mir bewußt, daß sich in dem
Licht um mich körperlose Wesen befanden. Vermutlich waren sie die ganze
Zeit über da gewesen und hatten geduldig darauf gewartet, daß ich ihre Gegenwart bemerke. Sie schienen ein wenig amüsiert über mein verwundertes
Staunen über die funkelnde Schönheit des Ganzen, gaben sich aber auch un-
endlich liebevoll und fürsorglich. Beruhigt wandte ich mich an sie, um Helens Fragen zu wiederholen. Doch noch während ich den Blick hob, flossen
ihre Antworten mir zu.

Was die Wesen mir mitteilten, war ebenso amüsant wie ernüchternd.
Meine Sitzungen mit Dr. HELEN WAMBACH haben mich unter anderem eines
gelehrt: Die körperlosen Wesen — Schöpfungen des Unbewußten oder der
Quelle, die ich in dem veränderten Bewußtseinszustand um Informationen
»anzuzapfen« schien, was oder wer immer es ist — verfügen über viel Humor, und die Einhaltung konventioneller Anstandsregeln ist kaum gefragt!

Auf Helens philosophische Fragen über den Zweck des Überlebens bekam ich nämlich die triviale Antwort, nach dem »Wechsel« würden im
Grunde zwei Kategorien übrigbleiben: der »Müll« und die »Müll-Leute«!

Diese Antwort wurde mir zudem nicht nur telepathisch übermittelt, sondern auch olfaktorisch — ja, über die Riechnerven! Und ich muß sagen, es roch abscheulich!

So stand es also um das menschliche Leben und die schöne Vision von einem »Neuen Zeitalter« mit einer spirituellen Entwicklung der Menschheit nach der »Reinigung« des Planeten. Ich vermute: Einmal Lehm, immer Lehm — was das Körperliche anbelangt, »Asche zu Asche ...«

Doch nach ihrem nonverbalen Scherz im Stil eines Hinterhofwitzes wurden die Wesen ernster. Sie erklärten, die Erde gleiche einem riesigen Gartenprojekt und in einem materiellen Sinne sei jetzt eine Periode des Brachliegens oder der Kompostierung überfällig. Anscheinend liefern wir Menschen in unserem Drang, die Naturschätze unseres Planeten abzubauen und auszuplündern, Müll, nichts als Müll! Doch ab und zu benötigt der Garten Erde eine Erneuerungsperiode. Deshalb versinken, wobei die Naturkräfte von menschlichen Machenschaften wie Offshore-Ölbohrungen und unterirdischen Atomexplosionen unterstützt werden, die am stärksten ausgebeuteten Gebiete für eine Ruhepause ins Meer. Zum Ausgleich steigen dann Teile des Meeresbodens als fruchtbare neue Landgebiete empor.

Während solcher, am Ende langer Naturzyklen auftretender Zeiten sorgen die einen Überlebenden dafür, daß es, statt Müll, Kompost gibt, um das fruchtbare Land neu zu bepflanzen und die Erde zum Blühen zu bringen. Für sie gäbe es an dem Punkt ihres Wachstumsplans keinen anderen Ort, an den sie gehen könnten.

Die anderen Überlebenden sorgen dafür, daß alles aufgeräumt wird und daß das neue Land von der neuen Menschheit, die erscheint, um es zu bevölkern, nutzbringend, aber nicht räuberisch genutzt wird. Sie — recht eigentlich Gärtner — helfen auch, wichtiges spirituelles und intellektuelles Wissen zu bewahren, nicht so sehr für die nahe Zukunft, sondern eher für später kommende Generationen. Diese werden dereinst den blühenden Garten erben. Sie werden auch mithelfen, das urchristliche Bewußtsein jedweder Schöpfung, nicht nur dieser Erde oder dieses materiellen Universums, zur Entfaltung zu bringen. Denn mit jedem ablaufenden irdischen Zyklus werden Fortschritte in Richtung auf eine Vereinigung alles körperlich und geistig Existierenden sichtbar. Anscheinend ist guter, gründlich bearbeiteter Boden nötig, wenn man Ernten höherer Qualität einbringen will.

Auch auf meine eigene kleine Rolle in diesem großartigen Gesamtplan kamen meine körperlosen Freunde zu sprechen; ich könnte mein Wort als Mittel zur Unterstützung des Recycling-Prozesses einsetzen und anderen erläutern, daß scheinbare Kalamitäten nicht das Ende menschlichen Fortschritts signalisieren. Offenbar werde ich etwas zu sagen haben und auch über die Mittel verfügen, es zu sagen. Das versicherten sie mir. Auch trösteten sie mich, es werde gar nicht so schrecklich lange dauern, bis ich meine körperliche Erfahrung abgeschlossen hätte und weitergehen, erneut in dieses wunderbare, regenerierende Licht eingehen könne.

Bevor mich meine körperlosen Freunde mit einem »Auf Wiedersehen und viel Glück!« verabschiedeten und mein Bewußtsein in den Zustand völligen Wachseins versetzten, noch ehe Helen die entsprechenden Anweisungen gegeben hatte, empfing ich einen letzten Gedanken dessen, was sie mir offenbar bedeuten wollten: »Jetzt ist wieder eine Zeit der Vorbereitung und vielleicht auch des Neubeginns. Denn dies ist die Zeit, um die Werkzeuge zu schärfen und Gartenkulturen zu begründen. Die Ernte bleibt dem Morgen vorbehalten.«

2
Von der Regression zur Progression

Seit undenklichen Zeiten ist der Mensch von dem Versuch fasziniert, die Zukunft vorauszusagen. Weise und Propheten, Seher und Wahrsager praktizierten im Lauf der Jahrhunderte, mit mehr oder weniger Erfolg, die unterschiedlichsten Rituale, um zu erfahren, was morgen sein würde. Einige von ihnen gingen als große Propheten in die Weltreligionen ein. Andere, wie Michel de No(s)tredame, der im sechzehnten Jahrhundert in Frankreich lebte und besser bekannt ist als NOSTRADAMUS, verwirren noch immer Gläubige und Skeptiker gleichermaßen mit ihren geheimnisvollen Vorhersagen, zumal diese viele Jahrhunderte, nachdem sie gemacht worden waren, auf bedeutsame Ereignisse von großer Tragweite zuzutreffen scheinen.

Heute, da die Menschheit darum ringt, ihre Selbstvernichtung durch atomaren Holocaust oder ökologischen Suizid zu vermeiden, und wir uns dem Ende des zweiten christlichen Jahrtausends nähern, sind Spekulationen über die Zukunft gängiger denn je. Selbsternannte Wissende, angefangen von Protagonisten des »wiedergeborenen« Christus wie HAL LINDSEY über die Adepten unzähliger indischer Gurus bis zu den Anhängern von aus dem Jenseits sich manifestierenden Wesenheiten wie »Ramtha the Ram« oder »Mafu«, verkünden ihre persönlichen Visionen von der demnächst bevorstehenden Apokalypse. Hinzu kommt, daß unheilverheißende Prophezeiungen dieser Machart zwar außerhalb des Hauptstroms zeitgenössischen westlichen Denkens liegen, daß aber viele angesehene Wissenschaftler und Historiker die Meinung vertreten, ein zufälliger oder absichtlicher Abwurf thermonuklearer Bomben könnte einen »nuklearen Winter« auslösen und möglicherweise die Zerstörung jedweden entwicklungsfähigen intelligenten Lebens auf unserem Planeten verursachen. Doch selbst wenn eine solche endgültige, von Gewalt gekennzeichnete »Inszenierung« ausbleibt, erzeugen doch das unkontrollierte Bevölkerungswachstum und die fortgesetzte, weitreichende Verschmutzung und Verschwendung der Schätze unserer Natur weltweit große Probleme auf Jahrzehnte hinaus.

Unsere Welt ergeht sich in anhaltenden Spannungen nicht nur zwischen West und Ost, sondern auch zwischen Nord und Süd, in internationalem Terrorismus und Drogenhandel, in der Bevölkerungsexplosion und in Massen-Hungersnöten in Afrika und Asien, in der sich weltweit ausweitenden Aidsepidemie und immer extremeren Wetterbedingungen mit Rekordwerten, was die Winde, Regenfälle und Dürreperioden in weiten Bereichen der Erdoberfläche anbelangt. Die drohende Gefahr eines finanziellen Zusammenbruchs und einer wirtschaftlichen Rezession macht den Führungspersönlichkeiten der Welt nach wie vor Sorgen. Sogar unser unerschütterlicher Glaube an neue Technologien litt schwer, als 1987 das Challenger-Unglück passierte und als sich die weitgehende Untauglichkeit der kostspieligen amerikanischen *Star-Wars*-Militarisierungspläne im Weltraum herausstellte. Natürlich ist in unserer heutigen Welt nicht alles zum Schlechtesten bestellt, wie etwa die individuellen und internationalen Versuche zur Sicherung eines dauerhaften Friedens bezeugen, aber die derzeitigen überwiegend gefährlichen Trends sollten uns innehalten und nachdenken lassen, während wir uns dem Ende dieses krisenreichen Jahrhunderts nähern. Was wird geschehen? Haben die religiösen Fanatiker und Künder der Apokalypse recht? Ist der Zeitpunkt für das Ende der Welt gekommen? Warten wir nur noch auf die Ankunft des vierten Reiters, bevor Armageddon eintritt?

Das Studium vergleichbarer Bedingungen in früherer Zeit und des überkommenen Erbes der Menschheit an prophetischen Voraussagen veranlaßte Dr. HELEN WAMBACH bereits Anfang der achtziger Jahre zu ersten Untersuchungen der Mechanik von Zukunftsvorhersagen. Die klinische Psychologin aus Kalifornien hatte sich mit ihrer bahnbrechenden Erforschung der Rätsel der Reinkarnation einen Namen gemacht, und als Folge dieser Untersuchungen war ihr Interesse am Zukunftsthema erwacht. Ihre vorausgegangene Arbeit hatte ihr beispielsweise gezeigt, daß sich die meisten Menschen in einem Bewußtseinszustand leichter Trance, den sie vermöge ihrer speziellen Hypnosemethode herbeiführte, ohne sonderliche Mühe an Ereignisse aus früheren Leben zu erinnern vermochten. Tatsächlich gelang dies fast neunzig Prozent der Versuchspersonen. Außerdem waren sie fähig, alltägliche, aber statistisch verwertbare Fragen in bezug auf frühere Leben zu beantworten wie: Sind Sie ein Mann oder eine Frau?, Was essen Sie zum Abendessen?, Was für Kleider tragen Sie?, Welche Art von Geld benutzen Sie, um Vorräte zu kaufen? In einer Erhebungsauswahl von etwa tausend Fällen erwies sich, daß die Antworten ihrer leicht hypnotisierten Versuchspersonen mit wichtigen bekannten Fakten wie Bevölkerungskurven, Verhältnis der Geschlechter, Rassenverteilung und Nahrungsquellen übereinstimmten. Die erhaltenen Antworten und ihre Analyse bildeten die Grundlage für HELEN WAMBACHS erstes Buch, *Reliving Past Lives,* das 1978 erschien.[1]

Beim Zusammenstellen des Materials für das Buch bemerkte sie auch, daß fast sechzig Prozent der Teilnehmer an ihren Forschungs-Workshops berichteten, sie seien, während sie sich in dem leichten Trancezustand befanden, den von ihr gestellten Fragen sozusagen »voraus« gewesen. Bald wurde klar, daß viele Menschen im Zustand des »träumenden Geistes«, wie sie es nannte, die linearen Aspekte von Zeit und Gedächtnis umgehen konnten. Im Zustand hoher Theta-Hirnwellen, die im Elektroenzephalogramm (EEG) aufgezeichnet wurden, aktivierten ihre Versuchspersonen offenbar latente telepathische Fähigkeiten. So kam sie dann auf die Idee, daß man diesen die außersinnliche Wahrnehmung (ASW) begünstigenden Zustand für Versuche benutzen könnte, um Antworten nicht nur über die Vergangenheit, sondern auch über die Zukunft zu erhalten. Sie sagte mir einmal: »Wäre es nicht interessant, auszuziehen und Tausende von Menschen zu hypnotisieren, um festzustellen, was sie über die Zukunft vorherwissen? Warum sich nur an einen einzigen Sensitiven halten, wenn man es auf demokratische Art machen und die Meinung aller erhalten kann?«

Kurz nach der Veröffentlichung ihres zweiten Buches, das pränatale Erinnerungen und Wahlmöglichkeiten kurz vor der Geburt ins gegenwärtige Leben behandelt (*Life Before Life*[1]), begann sie deshalb Workshops zu veranstalten, in denen sie die Möglichkeit zu einer Progression in die Jahre 2100 oder 2300 n. Chr. sowie zu einer Regression in ein vergangenes Leben bot. Wie zuvor, so bestand auch diesmal ihre Technik darin, die Versuchspersonen bei bleibender Wachheit in eine leichte Trance zu versetzen und ihnen dann Routinefragen zu stellen, die sich statistisch auswerten ließen. Weil die Zukunft noch nicht stattgefunden hat — zumindest nicht für das Wachbewußtsein —, konzentrierte sie sich auf die Ermittlung von Daten, mit denen eine signifikante Zahl der Workshop-Teilnehmer einverstanden war. Sie betrieb, wie sie sich ausdrückte, »eine Art Gallup-Meinungsforschung beim Unterbewußtsein«.

Wie bereits erwähnt, lernte ich Dr. HELEN WAMBACH Anfang 1983 kennen und ihre Arbeit in mehreren privaten Regressionssitzungen schätzen. An eine Progression in die Zukunft dachte ich damals nicht im Traum. Als ich dann später meine erste Progression in die späten neunziger Jahre durchlebte, schockierte es mich, da ich im Grunde ein optimistischer Mensch bin, daß mein Unterbewußtsein mich in eine so kalte, trostlose Szenerie projizierte! Ich war noch nie in jenem Teil Arizonas gewesen, und selbst heute, mehrere Jahre danach, da ich diese Zeilen schreibe, bringe ich nicht den Mut auf, die Landschaft zu inspizieren, die sich meinem Gedächtnis so lebhaft eingeprägt hat. Vorläufig zumindest tendiere ich dazu, meine mögliche »Zukunft« in den späten neunziger Jahren sich selbst zu überlassen!

Dennoch, als sich in den Jahren 1984 und 1985 zwischen Helen und mir eine engere berufliche Verbindung entwickelte, sprach ich mit ihr auch ausführlich über ihre Arbeit. Wie hatte sie ihre einmaligen Techniken entwickelt, mit deren Hilfe sie in ihren großen Gruppen-Workshops statistisch vergleichbare Daten erhielt? Wie vermochte sie Einzelpersonen in zukünftige Jahre zu progressieren? Hatte noch jemand anderer Ergebnisse bekommen, die ähnlich verhängnisvolle Entwicklungen ankündigten, wie ich sie für 1998 vorweggenommen hatte? Das nachfolgende Material stellt eine Zusammenfassung dessen dar, was ich über HELEN WAMBACHS Ansichten bezüglich dieser und dem verwandter Themen erfuhr, die mit ihrer Odyssee von den Regressionen in frühere Leben bis zu den Progressionen in die Zukunft zusammenhingen.

Ausführlich erörterte sie mit mir das Wesen der Hypnose und hypnotischer Bildersprache. Die meisten Menschen halten den Hypnosezustand für ungewöhnlich, möglicherweise sogar gefährlich. Diesen Zustand würden, denken sie, Bühnenmagier leichtgläubigen Personen aufzwingen, um sie zu veranlassen, Unsinniges zu tun, ohne daß sie sich ihres Handelns bewußt sind. Oder sie meinen, es sei eine Art künstlicher Schlaf, den Ärzte und Zahnärzte benutzen, um kleinere chirurgische Eingriffe ohne Betäubungsmittel durchführen zu können. In dem einen wie dem anderen Fall wird mit Hypnose ein vorübergehender Verlust des Bewußtseins und der Kontrolle in Verbindung gebracht, auf den gewöhnlich eine Erinnerungslücke in bezug auf das folgt, was während der Hypnosesitzung stattfand. Beide Erfahrungen gibt es natürlich, aber sie veranschaulichen nur einen Bruchteil der mentalen Prozesse, die bei der Hypnose im Spiel sind.

Die meisten psychotherapeutischen Anwendungen der Hypnose finden in einem Zustand des Halbbewußtseins statt, in dem sich der Hypnotisierte seiner Umgebung weitgehend bewußt bleibt, die Aufmerksamkeit sich jedoch auf innere Bilder und Impressionen konzentriert, die aus dem Unterbewußten aufsteigen, gewöhnlich als Reaktion auf Fragen des Therapeuten und nicht auf äußere Reize. Hinterher erinnert man sich ziemlich leicht an das, was das »innere Auge« offenbarte, besonders wenn man als Versuchsperson eine positive Suggestion zur Stärkung der bewußten Erinnerung erhalten hat. In solcher leichter Trance ähnelt die Erfahrung also stark einem Wachtraum, sowohl mental als auch physiologisch, wie sich an der Hirnstromaktivität nachweisen läßt, die durch ein Gerät, den Elektroenzephalographen, überwacht wird.

HELEN WAMBACH betonte immer, daß ihre Versuchspersonen im Zuge der Regressionssitzungen direkte Vorstellungsbilder empfingen, die als Reaktion auf die von ihr gestellten allgemeinen, meist alltäglichen Fragen aus dem Unterbewußtsein der Versuchsperson hochkamen. Dank dem Zustand geistiger Konzentration, der in solcher leichter Trance erreicht wird, steigen die Antworten der Versuchspersonen aus verborgenen Erfahrungswirklichkeiten auf, anscheinend unbehindert von den Einengungen durch Raum und Zeit, denen das Bewußtsein unterliegt. Die in diesen Bildern enthaltenen Informationen werden vom Gehirn dann in Begriffe und Wörter übersetzt, die der Außenwelt mitgeteilt werden können, entweder in gesprochener oder in geschriebener Form. Helen nimmt daher an, daß das Gehirn als eine Art Reduzierventil fungiert, das den Erfahrungen nichtbewußter Wirklichkeitswelten gestattet, an die Außenwelt zu gelangen.

Es ist nur natürlich, daß bei diesem Vorgang der Reduzierung dessen, was das Unterbewußtsein während der Hypnose aufsteigen läßt, die Reaktionen der Versuchsperson gefiltert und von ihren sonstigen Erfahrungen angefärbt werden, auch von allen nichtbewußten Erfahrungen. Dies gilt insbesondere, wenn die wieder in Erinnerung gebrachten Informationen an etwas Emotionales rühren, etwas, das Schmerz oder Vergnügen verursachte oder von dem man ahnte, daß es zu Leid oder Freude führen würde. Und wenn die Worte, die man spricht, von einem anderen Menschen gehört werden, filtert das Gehirn des Zuhörers sie ebenfalls gemäß der Gesamtsumme seiner Erfahrungen, denn auch er »hört« durch seine Gefühlsmuster.

Folglich wirkt das Gehirn, das die mental produzierte direkte Erfahrung auf ausdrückbare Wörter reduziert, sowohl für den Sprecher als auch für den Zuhörer als Puffer. Es trennt uns von einer Wirklichkeit, die für uns emotional überwältigend sein könnte. Das Gehirn verbindet somit den Geist (als Summe alles Geistig-Seelischen), der tatsächlich alles erlebt und erfährt, mit unserem Wachbewußtsein, das nur einen ausgewählten Teil dessen empfängt, was unser Geist in seiner Gesamtheit weiß. Wörter reduzieren die persönlichen Erfahrungen zusätzlich und lösen sie von einem Menschen zum nächsten weiter von der Person ab, selbst wenn sie allgemein akzeptierte Symbole beinhalten.

Es leuchtet ein, daß der Unterschied zwischen dem, was unser Geist uns aus dem Fundus des Unterbewußtseins offenbart, und dem, was »erinnert« und in Worte gefaßt wird, besonders groß ist, sobald wir uns mit der Zukunft befassen. Aber warum ist das so? Nun, vor allem engagiert sich unser bewußtes Erleben, das des Bewußtseins, sehr stark für unsere individuelle Zukunft, genau wie unser Gefühlsleben. Zusammen geben sie ständig vor, was wir Tag für Tag sagen und tun, um uns in irgendeiner gegebenen Situation möglichst viel Angenehmes und Lustvolles und möglichst wenig Leid und Schmerz zu bescheren, und zwar entlang den komplizierten Regeln der Gesellschaft, in der wir leben. Funktioniert das konform mit den Regeln, dann sprechen wir von »normalem Verhalten« oder »geistiger Gesundheit«. Die Psychologie soll den Menschen helfen, auf diesem geraden, schmalen Pfad zu bleiben, denn sobald wir davon abweichen und unser Verhalten oder unsere geäußerten Meinungen gemäß den von der Gesellschaft festgelegten Normen nicht »vernünftig« sind, gelten wir als exzentrisch, als neurotisch oder, wenn wirklich etwas schiefläuft, als psychosekrank. Und wir alle wissen, wohin das führt!

Deshalb ist in die umfassende Erfahrung unseres Geistes durch Zeit und Raum hinduch das Interesse an der Zukunft eingebaut. Die Qualität unseres derzeitigen Lebens und das Überleben der Inhalte bewußter Wahrnehmungen, von SIGMUND FREUD als das »Ich« bezeichnet, hängen davon ab, wie gut unser Gehirn mit dem umgeht, was unser Bewußtsein als die Gegenwart ansieht, während unser Geist gleichzeitig in der Zukunft heimisch ist.

Als Folge davon sind wir Menschen von dem Gedanken fasziniert, die Zukunft vorauszuwissen. Auch können wir, aufgrund der zwei Hemisphären unseres Gehirns, auf zwei völlig unterschiedliche Arten bewußt ausdrücken, was unser Geist weiß, und das gilt auch für Zukunftsvorhersagen. Wir entwickeln entweder »rechtshirnige« sensitive und prophetische Zukunftsvisionen, oder wir sammeln auf rationale »linkshirnige« Art möglichst viele Sinnesinformationen über Vergangenheit und Gegenwart, die wir ordnen und vergleichen, um dann anhand der Korrelationen zwischen den Daten Zukunftsvorhersagen zu machen. Heute unterscheiden wir zwischen Zukunftsprognosen, die »parapsychisch«, das heißt aufgrund außersinnlicher Wahrnehmung in die Zukunft (Präkognition) zustande kamen, und den wissenschaftlichen »Vorhersagen« von Zukunftsforschern. In der Vergangenheit hatten beide Arten andere Namen, doch im Endeffekt kommt es nur darauf an, ob wir uns auf die Leistungen der rechten oder der linken Hemisphäre des Gehirns verlassen, wenn wir Antworten einholen.

Auf ihrer Suche nach Wegen zur Erforschung der Zukunft begann Dr. Helen Wambach damit, einerseits die Zukunftsvorhersagen so rational orientierter »Denk-Pools« wie dem *Hudson Institute*, der *Rand Corporation* und den *World Futurists* zu studieren und sich andererseits in das zu versenken, was nach parapsychologischen Kriterien Sensitive prophezeiten. Zu ihrer anfänglichen Überraschung gelangte sie zu dem Schluß, daß zwar die einen wie die anderen bei der Voraussage von Trends, die in naher Zukunft bevorstehen, mehr Fehlschläge als Erfolge erzielten, daß aber der »Trefferdurchschnitt« bei den Sensitiven eher höher war als bei den Zukunftsforschern! Dies schien besonders zu gelten, wenn die Prophezeiungen der Sensitiven wenig persönliche Relevanz hatten, also kaum persönliche Aspekte enthielten. Es hat den Anschein, als schalte sich das Bewußtsein oder das Ich bei dem, was vorausgesagt wird, stärker ein, wenn es das Gefühl hat, es könnte persönlich betroffen sein.

Die rationalistischen linkshirnigen Zukunftsvorhersagen sind weniger zuverlässig als das Vorauswissen Sensitiver, weil sie ausschließlich Leistungen des Bewußtseins darstellen und sich in ihnen das persönliche Engagement für die Zukunft verheerend auswirkt. Es wirken sich soziale Bedürfnisse, Umgebung und gemeinsame Erwartungen »kontaminierend« aus. Trotz ständiger gegenteiliger Behauptungen ist die wissenschaftliche Zukunftsvorhersage alles andere als objektiv. Helen war überzeugt, daß alle auf der Grundlage bewußter Analysen gemachten Vorhersagen, ob sie nun wirtschaftliche Trends, politische Entwicklungen oder technologische Fortschritte betreffen, zu stark unter dem Einfluß vorherrschender sozioökonomischer Interessen und Glaubensüberzeugungen standen, die übergroßen Wert auf Stabilität und nur schrittweise Veränderung legen. Alle Zukunftsforscher haben ein legitimes Interesse daran, eine Zukunft vorauszusehen, die eng mit der unmittelbaren Vergangenheit verbunden ist und die Belange der gegenwärtigen Eliten begünstigen.

Deshalb beschloß sie, die Vorhersagen wissenschaftlicher Zukunftsforscher zwar nicht zu ignorieren, aber, um ein ausgewogeneres Bild zu erhalten, sich nachhaltiger mit den Inhalten zu befassen, die dem Unterbewußtsein einer großen Zahl gewöhnlicher Sterblicher entsteigen, speziell im Zustand einer hypnotisch induzierten leichten Trance. Zweifellos ist das Entäußern von Zukunftsinformationen in Trance, in der über das Unterbewußtsein direkte Vorstellungsbilder empfangen werden, der parapsychischen Präkognition oder den Visionen großer Seher näher als Vorhersagen

aus einem Denk-Pool. Infolge ihrer Erfahrung als Forscherin suchte Dr. HE-
LEN WAMBACH aber trotzdem einen Weg, die beiden Methoden zu kombi-
nieren. Indem sie große Menschengruppen leicht hypnotisierte und allen
Beteiligten die gleichen Fragen stellte, wollte sie herausfinden, ob die Antworten in den unmittelbar nach jeder Sitzung ausgefüllten Fragebogen sinnvolle Übereinstimmungen ergaben. Es interessierte sie, alltägliche Dinge zu
vergleichen wie zukünftig gegessene Lebensmittel, getragene Kleidungsar-
ten und bevorzugte Wohnstile. Die Antworten auf solche und ähnliche Fragen konnten anschließend verglichen und statistisch ausgewertet werden
und vermittelten dann ein Bild davon, wie unsere künftige Gesellschaft vielleicht aussehen würde. Außerdem konnten übereinstimmende Antworten
auch auf von einzelnen Versuchspersonen wie beispielsweise von mir gelie-
ferte Informationen hin überprüft werden.

Die mehr oder weniger übereinstimmenden Inhalte des in Trance zutage
geförderten Materials, sei es vergangenheits- oder zukunftsbezogen, faszinierten Helen. Sie sagte oft zu mir, eine der wichtigsten Lektionen, die ihr
Leben als klinischer Psychologin sie gelehrt habe, laute: »Worte sind Schall
und Rauch.« Die wirkliche Kommunikation, erklärte sie, finde telepathisch
statt, hinter dem verbalen Austausch. Sie findet statt, wenn man plötzlich
»weiß«, was jemand während eines persönlichen Gesprächs als nächstes sagen wird. Sie findet statt, wenn die Freude und Erregung oder die Angst
und der Schmerz eines Menschen aus dem Bildschirm heraus- oder in einer
Unterredung von Angesicht zu Angesicht überspringen. Sie findet statt,
wenn man in der Lebensgeschichte eines anderen Menschen die tiefsten eigenen Gefühle erkennt und weiß, daß man trotz oberflächlicher Unterschiede die gleiche grundlegende menschliche Erfahrung oder Emotion durchlebt
hat. Und sie findet in den einem »Wachtraum« ähnelnden Erfahrungen im
Hypnosezustand statt, den Helen sowohl bei ihren Gruppen- als auch bei
ihren Einzelregressionen in vergangene und Progressionen in zukünftige Leben herzuführen vermochte.

Helen betrachtete die im Zuge ihrer Workshops angefallenen Beweise dafür, daß mindestens die Hälfte ihrer hypnotisierten Versuchspersonen Gedanken und Gefühle telepathisch auffangen konnte, als eine der größten
Entdeckungen ihrer gesamten Forschungstätigkeit. Wenn sie ihre Workshop-Teilnehmer wieder ins Wachbewußtsein zurückgeholt hatte, fragte sie
immer sogleich, ob jemand bemerkt habe, daß er, kurz bevor er ihre Fragen
hörte, bereits Antworten empfangen habe, sei es in Bildern oder Impressionen. Jedesmal bestätigten dies zwischen fünfzig und sechzig Prozent der
Teilnehmer. Auch reagierten die meisten keine Spur überrascht auf diese
Leistung, obwohl das Phänomen, Fragen zu beantworten, bevor sie gestellt
sind, normalerweise für völlig unmöglich gehalten wird.

Helen führte die »sachlich-nüchterne« Einstellung der Versuchspersonen
zu ihren präkognitiven Fähigkeiten gern als Beispiel dafür an, daß die meisten von uns, obwohl wir uns im Bewußtleben als logische, vernünftige

Menschen verstehen, unterschwellig mühelos mit präkognitiven Fähigkeiten umgehen, wie mit der Kenntnis von Antworten, bevor die Fragen gestellt werden, und wir auch unsere Intuition und unsere Ahnungen zu nutzen wissen. Die meisten von uns sind auch mit »parapsychischen« Vorhersagen der Zukunft, zumindest der unmittelbaren, viel vertrauter, als uns bewußt ist. Unsere scheinbare Unfähigkeit, unter normalen Umständen entfernteres Zukünftiges vorauszusehen, resultiert vielleicht einfach daraus, daß der Verstand sich weigert, so etwas für möglich zu halten. Und diese Verstandesbarriere mag auch eine Schutzmaßnahme des individuellen Ich sein. Wir *meinen*, daß wir die Zukunft kennen wollen, unbewußt aber wollen wir es nicht. Unser Verstand hat ein Interesse daran, unseren Glauben aufrechtzuerhalten, daß er nichts Unverantwortliches zuläßt!

Deshalb dachte Helen 1980 nicht an Progressionen ihrer Versuchspersonen in die Zukunft ihrer mutmaßlichen Lebenszeit. Vielmehr plante sie eine Untersuchung möglicher künftiger Existenzen in fernerer Zukunft. Sie bot den Teilnehmern an den Gruppen-Workshops die Wahl zwischen fünf Perioden, verbunden mit der Bitte, ihr Unterbewußtsein sollte sich für eine dieser Perioden entscheiden, um dort ihr Leben zu erforschen. Zu den fünf Perioden zählten drei aus der Vergangenheit, die jüngste davon war 1900, und zwei in der Zukunft, um 2100 und um 2300 n. Chr. Eine völlig dem Zufall überlassene Wahl hätte folglich zur Entscheidung zu 60 Prozent für vergangenes Leben und 40 Prozent für zukünftiges Leben führen müssen. Angesichts der Bevölkerungsexplosion, zu der es in den vergangenen zwei Jahrhunderten weltweit kam und die sich unkontrolliert fortsetzt, hätte man erwarten können, daß mehr als die Hälfte der Versuchspersonen die Zukunft wählen würde. Außerdem ließen 62 Prozent der Workshop-Teilnehmer, als ihnen vor der Hypnosesitzung die Wahlmöglichkeit erläutert wurde, ihr bewußtes Interesse an einem Blick auf ein zukünftiges Leben erkennen.

Doch schon in den allerersten Workshops zeichnete sich ein völlig anderer Gesamttrend ab. Zwar gaben etwa 90 Prozent der ersten beiden Teilnehmerrunden in den nach der Sitzung ausgefüllten Fragebogen an, es sei ihnen gelungen, in eine andere Lebenszeit zu gelangen, aber nur 5,5 Prozent berichteten, sie hätten in der Periode um 2100 n. Chr. gelebt, und nur 11 Prozent hatten sich in der Periode um 2300 gesehen. Helen überprüfte die ersten paar hundert Ergebnisse wieder und wieder, der Beweis jedoch war einwandfrei: Der hypnotische Prozeß funktionierte, aber nur eine Handvoll Versuchspersonen progressierte in die Zukunft. Die nächsten Gruppen bestätigten diesen Trend. Er konnte unmöglich mit reinem Zufall erklärt werden.

Verwirrt durch diese Entwicklung, bat Helen ihren Freund und Kollegen Dr. R. Leo Sprinkle, Professor an der Universität von Wyoming, in seinem Umfeld gleichgelagerte Workshops zu veranstalten. Er kannte ihre Technik bereits aus Regressionssitzungen. Helen war froh, daß er sich auch bereit erklärte zu prüfen, ob möglicherweise trotz ihrer Vorsichtsmaßnahmen ihr eigenes Unterbewußtsein den Prozeß telepathisch beeinflußte und die Versuchspersonen daran hinderte, sich in die Zukunft progressieren zu lassen. Sie sagte sich, daß vielleicht ihre angegriffene Gesundheit (sie litt an Herzstörungen und Diabetes) oder eine ihr unbekannte Angst, die eigene Zukunft zu sehen, ihre Versuchspersonen zurückhielte. Die Ergebnisse widerlegten ihre Befürchtungen: Dr. Sprinkles statistische Auswertungen ergaben genau das gleiche Bild wie die ihren. Etwa 6 Prozent seiner Versuchspersonen wählten 2100, 13 Prozent 2300 n. Chr.

Und so ging es auch weiter. Jeder in den USA veranstaltete Workshop erbrachte ähnliche statistische Ergebnisse. Besonders interessant fand Helen die Tatsache, daß kein merklicher Unterschied zwischen kalifornischen Versuchspersonen, jenen aus Dr. Sprinkles Gruppen in Colorado und Wyoming sowie den Teilnehmern an mehreren im Mittelwesten und an der Atlantikküste abgehaltenen Workshops bestanden. Überall erlebten zwischen 5 und 7 Prozent der Versuchspersonen eine Lebenszeit um 2100 und 11 bis 15 Prozent um 2300 n. Chr. oder darüber hinaus. Sogar eine große Gruppe (300 Personen), deren Mitglieder die Zukunftsprophezeiungen des bekannten amerikanischen Sehers EDGAR CAYCE kannten und sich logischerweise dafür interessierten, ob sich diese bis zum Jahr 2100 verwirklicht haben würden oder nicht, bestätigte die statistischen Zahlen.

Diese Resultate beunruhigten Helen. Vor allem erschien es danach nahezu unmöglich, mehr als zweitausend Fälle der Erforschung der Zukunft zu erhalten. Wenn nur etwa zwanzig Prozent der Teilnehmer sich in ein Leben in einem der beiden zukünftigen Zeiträume versetzen lassen wollten, dann mußte man rund zehntausend Versuchspersonen hypnotisieren, um dieses Ziel zu erreichen. Dafür brauchte man Zeit und Geldmittel, die Helen nicht hatte. Immerhin hypnotisierten Helen und ihre Helfer zwischen 1980 und 1985 etwa 2500 Amerikaner. Sie und ihre Assistentin, Mrs. BEVERLY LUNDELL, veranstalteten über sechzig Gruppen-Workshops, Dr. LEO SPRINKLE trug ein paar Dutzend weitere bei. Auch ich hielt 1984/85 einige ab, dann wieder von 1986 bis 1988. Die Ergebnisse dieser Forschungsarbeit werden in den Kapiteln 5 bis 8 erörtert.

Als Helen sich aufgrund der ermittelten Ergebnisse mit einem möglichen Rückgang der Weltbevölkerung um bis zu 95 Prozent innerhalb einiger Generationen konfrontiert sah, war ihr erster Impuls, das Projekt abzubrechen. Die Durchsicht der Berichte jener Versuchspersonen aus dem ersten Dutzend Workshops, die in die Zeit um 2100 n. Chr. versetzt worden waren, vermittelte ihr ein ziemlich negatives Bild vom Leben in dieser Periode. Das Ganze deprimierte sie derart, daß sie am liebsten sofort aufgehört hätte. Wenn sich alle nur noch verbrannte Erde, verödete Felder, eine verschmutzte und von Katastrophen heimgesuchte Welt vorzustellen vermochten, wollte sie niemandem mehr Fragen stellen!

Natürlich konnte sie das nicht tun. Ihre wissenschaftliche Neugier war erregt. Also beschloß sie, sich an einige sachlich-nüchterne Bekannte, deren psychischem Gleichgewicht sie trauen konnte, zu wenden. Sie fand schnell geeignete Freiwillige, stieß jedoch auch mit ihnen auf Schwierigkeiten. Sie mußte feststellen, daß die ersten acht Personen, die sie einzeln hypnotisierte und ins einundzwanzigste Jahrhundert sandte, alle den Eindruck hatten, »zu schweben«, sich »leicht und frei zu fühlen«. Wie Helen aus ihren Regressionen in vergangene Existenzen wußte, bedeuteten diese Symptome, daß die Versuchspersonen ihre Körper bereits verlassen hatten, daß sie gestorben waren. Keine von ihnen fand sich physisch »lebendig« in dieser Periode wieder. Daraufhin beschloß Helen, das Risiko einzugehen, einer ihrer guten Versuchspersonen zu suggerieren, sie gehe vorwärts zu einem bestimmten Datum Ende der neunziger Jahre. Doch sie mußte die Versuchsperson rasch wieder in die Gegenwart zurückholen, denn in der Progressionserfahrung befand sich die junge Frau in einer großen schwarzen Wolke, die sie erstickte. Sie rang sogar noch nach Luft, nachdem sie aus der leichten Trance erwacht war. Ein Erlebnis, das weder sie noch Helen wiederholen wollte.

Als erfahrene klinische Psychologin glaubte Dr. HELEN WAMBACH an das Allgemeinprinzip, daß man nichts tun sollte, was einem Patienten schaden könnte. Das gleiche gilt natürlich für Versuchspersonen bei Forschungsarbeiten. Also begann sie ganz vorsichtig mit einigen geschulten Medien zu arbeiten, die dank ihrer speziellen Fähigkeiten weniger anfällig für Schocks waren, wenn sie plötzlich feststellten, daß sie die materielle Welt verlassen hatten. Helen bewegte sie langsam vorwärts, fast Jahr um Jahr, in dem Bemühen, die Ursachen der vermuteten Katastrophen zu ermitteln. Es war eine mühselige, ermüdende Arbeit, besonders weil Helen nicht Gefahr laufen wollte, die Medien unabsichtlich in den Augenblick ihres Todes zu projizieren.

Auch kam es zu einer Sitzung mit dem bekannten Hellseher und Autor ALAN VAUGHAN, der die Ermordung ROBERT F. KENNEDYS und MARTIN LUTHER KINGS richtig vorausgesagt hatte. Diese Arbeiten fielen in die Jahre 1981 und 1982 und wurden durch Helens angegriffene Gesundheit unterbrochen. Sie mußte sich mehreren Krankenhausaufenthalten wegen Herzinsuffizienz und einer Bypass-Operation unterziehen. Als Folge davon besaß sie keine geordneten Forschungsnotizen über diese Sitzungen. Eines erzählte sie mir jedoch über ALAN VAUGHANS Reise in die Zukunft, nämlich daß in der Zeit vor dem Jahr 2000 sein Zuhause eine rustikale Hütte in einer Waldgegend des Bezirks Mendocino war, weit nördlich von San Francisco. Das überraschte ihn, denn er war immer eher ein Stadtmensch gewesen!

HELEN WAMBACH fand allerdings schnell heraus, daß die meisten professionellen Medien, die sie in die nahe Zukunft projizierte, unbefriedigende Versuchspersonen waren. Sie hatten von Berufs wegen ein bewußtes Interesse an Zukunftsprophezeiungen. Ihr Ich engagierte sich, weil sie mit ihren Aussagen die Treffsicherheit ihrer angeblichen medialen Fähigkeiten beweisen wollten! Sie waren aufgrund ihrer sozialen Lage und ihrer Erwartungen fast ebenso mental »kontaminiert« wie die Zukunftsforscher der wissenschaftlichen »Denk-Pools«. Deshalb warteten die meisten von ihnen mit widersprüchlichen Allgemeininformationen auf, sie ignorierten oft Fragen über ihre eigene Person und darüber, was sie in den kommenden Jahren tun würden; statt dessen redeten sie über Ereignisse, die in irgendeiner Weise mit Berühmtheiten zu tun hatten. Abgesehen von der Sitzung mit ALAN VAUGHAN fand Helen ihre Beiträge enttäuschend.

Deshalb entschloß sie sich, als sie wieder gesund genug für die Fortsetzung ihrer Forschungsarbeit war, ausschließlich mit Amateuren weiterzumachen, die höchstens durchschnittliches Interesse an der Zukunft hatten. Sie begann mit zwei normalen, aber psychisch stabilen Versuchspersonen, einer Studentin und einer Hausfrau, und hypnotisierte sie einzeln, wobei sie von den Geburtstagen der beiden ausging. So verfuhr sie schon seit längerem, denn sie hatte festgestellt, daß sich das Unterbewußtsein ihrer Versuchspersonen auf wichtige persönliche Ereignisse wie Geburtstage oder auf bedeutsame Feiertage wie Weihnachten oder Neujahr leichter konzentrierte als auf unpersönliche Zeitvorgaben.

Bei ihrer Arbeit mit professionellen Medien hatte Helen herausgefunden, daß es nicht gut war, Fragen über spezifische zukünftige Ereignisse zu stellen, die die gegenwärtige Ich-Persönlichkeit entweder beunruhigen konnten oder sie zu übermäßigem Engagement veranlaßten. Fragen wie »Wann stirbt Ihr Körper?« oder »Gibt es eine bestimmte Zeit, zu der Ihr Zuhause zerstört wird?« oder »Müssen Sie plötzlich umziehen?« verursachten wegen ihrer emotionalen Belastung des Bewußtseins sofort eine Blockierung des parapsychischen Informationsflusses. Wenn Helen ihre Versuchspersonen hingegen von Jahr zu Jahr oder von Feiertag zu Feiertag vorwärtsbewegte oder sie zu einem bedeutungsvollen Tag in der Zukunft brachte, beispielsweise zum Geburtstag 1999, erreichte sie nach ihrer Erfahrung, daß die Versuchspersonen das Geschehen direkt beschrieben und die Ich-Beeinflussung wesentlich geringer war.

Außerdem hatte sie als vorteilhaft erkannt, wenn sie ihre Versuchspersonen am Anfang der Sitzung in ein glückliches oder zumindest neutrales Erlebnis versetzen konnte. Sehr wichtig war, daß vermieden wurde, mit einem emotional bedrückenden Ereignis zu beginnen. Helen versuchte zudem, spezifische Fragen zu stellen, die einfache Antworten herausforderten, denn damit kam das auf wörtliche Auslegung eingestellte Unterbewußtsein am besten zurecht. Je spezifischer die Frage und je unwichtiger die Antwort für das bewußte Ich war, desto genauere Auskünfte erhielt sie in der Regel. Die nachstehende Einleitungssuggestion beispielsweise hatte sich als gut erwiesen:

»Es ist jetzt die Adventszeit in zehn Jahren, von heute gerechnet. Sie bereiten sich auf die Festtage vor, indem Sie, einige Tage davor, Einkäufe machen. Sie befinden sich in einem Lebensmittelgeschäft. Gehen Sie zur Fleischtheke und schauen Sie sich die Fleischpreise an. Sagen sie mir jetzt, was ein halbes Kilo Schweinekotelett kostet.«

Nur wenige Menschen beunruhigt der Gedanke an Weihnachten oder an einen anderen Feiertag, und das Einkaufen in einem Lebensmittelgeschäft wird auch nicht als bedrohlich empfunden. Aber gewöhnlich erinnern sie sich daran, was sie an Feiertagen taten und wo sie sie verbrachten. Also begann Helen oft damit, ihre Versuchspersonen zu einem besonders bedeutungsvollen Datum in der Zukunft zu führen, auf das ein größerer Feiertag oder der Geburtstag der Versuchsperson fiel. Deshalb auch hatte sie mich in meinen schicksalsträchtigen Geburtstag im Juli 1998 projiziert.

Wenn Helen jemanden in die nahe Zukunft versetzte, erfragte sie in der Regel Preise und Ernährungslage. Beides sind grundlegende Indikatoren unserer Zivilisation. Natürlich beantworteten die Versuchspersonen nicht nur diese Fragen, sondern schilderten auch andere Erfahrungen. Anschließend wurden sie in andere Perioden geführt und bekamen ähnlich detaillierte Fragen gestellt. Als geeignet erwies sich auch der Vorgriff auf künftige TV-Nachrichtenrückblicke, in denen die Höhepunkte des vergangenen Jahres gesendet werden. Also fragte sie hypnotisierte Versuchspersonen, ob es ihnen möglich sei, sich selbst aufzuspüren, während sie an einem Neujahrstag der Zukunft ein solches Nachrichtenprogramm anschauten. Einigen gelang es. Dies war eine der Strategien, die Helen, wie geschildert, auch im Zuge meiner Progression anwandte.

Selbstverständlich wußte sie, daß sie wie bei jeglicher Arbeit mit Hypnose sorgfältig auf die richtige Wortwahl achten mußte, wenn sie Suggestionen gab oder Fragen stellte. Das Unterbewußtsein nimmt alles absolut wörtlich. Und natürlich kommt es auch vor, daß das Unterbewußtsein etwas nicht offenbaren mag. Es gibt immer mehrere mögliche Gründe, warum eine hypnotisierte Versuchsperson bestimmte Antworten meidet oder umgeht.

Wenn aber beunruhigendes Material auftauchte, wie es in den Hypnosesitzungen, die Progressionen in die nahe Zukunft gewidmet waren, oft geschah, gab Helen dem Unterbewußtsein ihrer Versuchspersonen immer sofort Suggestionen, um die Wirkung abzumildern. So beendete sie beispielsweise, als ich die Erdbeben in Arizona im Jahr 1998 durchmachte, diese Reise mit den Worten: »Das Material wird dich nicht beunruhigen. Du wirst eine neutrale Einstellung dazu haben und daran denken wie an einen Traum.« Das half meinem bewußten Ich, sich keine übermäßigen Sorgen aufgrund meiner als lebensbedrohlich empfundenen Zukunftserfahrung zu machen. Ähnliche Techniken wandte Helen bei allen ihren einzeln hypnotisierten Versuchspersonen an.

Als Helen mit ihren beiden Freiwilligen, der Studentin und der Hausfrau, zu arbeiten begann, lief anfangs alles ziemlich glatt. Im Zuge der Projektion in Lebensmittelgeschäfte vor verschiedenen Feiertagen berichteten die beiden Versuchspersonen von steigenden Preisen, doch bis etwa ein Jahrzehnt voraus von keinen dramatischen Erhöhungen. Die eine sagte, sie habe Schwierigkeiten mit ihren Kreditkarten, wisse aber nicht, ob es sich dabei um ein allgemeines oder ein persönliches Problem handle. Als jedoch die beiden in getrennten Sitzungen der Gegenwart etwa fünfzehn Jahre voraus waren, sprach jede plötzlich von dem Gefühl angenehmen »Schwebens«, das Helen nur zu gut kannte und mit der Erfahrung des Unterbewußtseins nach dem Tod in Verbindung brachte. Beide schilderten Empfindungen der Befreiung, als seien sie glücklich, ihre Körper und Umgebungen verlassen zu haben. Über die Todesursachen aber kam nichts durch.

Helen hatte, so gestand sie mir später, den Verdacht, daß in nicht ferner Zukunft irgendein großes Unglück geschehen würde, denn drei relativ junge Menschen (die beiden Versuchspersonen und die junge Frau, die nach Luft ringend und hustend erwacht war) starben ihren Aussagen zufolge vor dem Jahr 2000 n. Chr. Natürlich kannte Helen die Prophezeiungen, einschließlich jener von EDGAR CAYCE, die dramatische Veränderungen auf der Erde für die Jahrhundertwende ankündigten. Doch worauf liefen sie hinaus? Ihr fehlte jegliche zusammenhängende Aussage über die Ursachen, die zu einer drastischen Verminderung der Erdbevölkerung führen könnten.

Etwa ein Jahr später hatte sie bei einem ihrer vielen Krankenhausaufenthalte selbst einen lebhaften Traum, der als außerkörperliche Erfahrung (AKE) gelten kann, durchlebt. Darin war sie selbst in der Luft »geschwebt« und hatte eine zukünftige Szene beobachtet, die sich fünfzehn oder zwanzig Jahre später abspielte. Sie beschrieb mir ihr Erlebnis folgendermaßen:

»In dem Traum sah ich das Bild meiner Lieblingsnichte, die ein ziemlich mystisch veranlagtes Wesen ist. Sie war jetzt eine junge Frau von Ende Zwanzig oder Anfang Dreißig. Deshalb wußte ich, daß ich mich in der Zukunft befand, denn zur Zeit meines Traums war sie noch ein Teenager. Wie dem auch sei, sie trug einen langen gelben Regenmantel und war an Bord, meine ich, eines Forschungsschiffs; dieses stellte Messungen der Tiefe des Wassers an, das an der Küste von New Jersey, knapp südlich von New York City, Teile des Landesinneren überflutet hatte. Ich betrachtete die Meßvorrichtung, die nicht anders war als das, was wir jetzt haben; sie zeigte 9,6 — ich weiß nicht Fuß oder Faden — an. Das Ganze war eine dem Unterbewußtsein entstiegene Bilderwelt, wie sie auch bei Nahtodeserfahrungen wahrgenommen wird. Mir kam gar nicht in den Sinn, über Maßeinheiten nachzudenken; ich akzeptierte einfach, was ich sah.

Einer Sache bin ich mir sicher, nämlich daß ich den Schauplatz der Messungen klar erkannte. Er war an der Stelle, wo sich die Ocean-Port-Rennbahn befunden hatte, nicht weit von dort, wo ich in Rumson, New Jersey, gelebt hatte. Ich sagte zu mir: ›Ach das ist schön; Jennie ist noch hier.‹ Und dann: ›Die Ostküste ist bei weitem nicht so mitgenommen wie der Westen.‹ An dem Punkt wurde ich von den Schwestern und den Ärzten geweckt, die mir stimulierende Mittel spritzten und mich in meinen Körper zurückholten.«

Helen erklärte auch, sie sei sich in diesem Traumerlebnis im klaren darüber gewesen, daß sie den Auftritt ihrer Nichte von außerhalb irgendeiner physischen Form wahrnahm, was nahelegte, daß sie selbst nicht mehr da sein würde, wenn sich ihre Vision dereinst verwirklichen würde. 1984, nur ein gutes Jahr vor ihrem verfrühten Tod, sagte sie zu mir, dieses Wissen beunruhige sie persönlich absolut nicht. Es hatte sie einfach glücklich gemacht zu sehen, daß ein geliebter Mensch in zehn oder zwanzig Jahren noch lebte. Als herausfordernd empfand sie aber die Tatsache, daß sie nicht wußte, was in ebendieser Zeitspanne an Umwälzungen geschehen würde.

Einige Monate nachdem Helen mit ihren beiden Versuchspersonen in die Sackgasse geraten war, fand, wie bereits berichtet, unsere erste Begegnung statt, und in der Folge kam es dann zu den geschilderten Regressions- und, später dann, Progressionssitzungen, die mich durch die neunziger Jahre und schließlich, irgendwann nach dem Beginn des nächsten Jahrhunderts, zum Zeitpunkt meines Sterbens, offenbar als Folge einer Erkrankung der Atemwege, führten. Helen und ich hielten es für gut, den Zeitpunkt meines Todes in diesem Leben nicht zu kennen. Das Unterbewußtsein weiß zwar, daß wir unsterbliche Geister sind, deren Existenz über den leiblichen Tod hinaus weitergeht, aber das bewußte Ich und der Körper wissen, daß sie sterblich sind. Helen sagte einmal mit einem herzlichen Lachen: »Deine Leber will schließlich leben!«

Als sich meine Lebensgeschichte in der Wüste Arizonas vor Helen entfaltete, hatte sie endlich das Gefühl, über ein ziemlich detailliertes Bild Amerikas, wie es um die Jahrhundertwende aussehen würde, und einen ungefähren Zeitplan für die vorhergesehenen Veränderungen zu verfügen. Ausgehend von diesen Informationen, führte sie dann Einzelsitzungen mit fünf anderen Freiwilligen durch: einer weiteren Studentin, zwei Hausfrauen, einem Lehrer und einem Koch. Sie waren entweder als Patienten zu Helen gekommen oder weil sie ihre Bücher gelesen beziehungsweise ihre Vorträge über ihre Forschungsarbeit gehört hatten.

Helen arbeitete mit dieser kleinen Schar Freiwilliger vor allem aus persönlicher Neugier darauf, was die nahe Zukunft bringen würde, und war natürlich auch gespannt, ob die Aussagen dieser Einzelversuchspersonen mit meinen Erfahrungen übereinstimmen würden. Ihr Hauptinteresse jedoch galt weiterhin dem größeren Gruppen-Forschungsprojekt, bei dem Hunderte Menschen in leichter Trance durch geeignete Suggestionen in Lebenszeiten der Perioden um 2100 und 2300 n. Chr. projiziert wurden. Mit den fünf Freiwilligen begann Helen einmal mehr den mühsamen Vorgang, die Versuchspersonen einzeln, nacheinander, fast Jahr um Jahr in die Zukunft zu progressieren. Und langsam, aber sicher zeichnete sich in den Einzelaussagen der fünf ein Muster vager Übereinstimmung ab. Es bestätigte in den Grundzügen die von mir gemachten Aussagen, wich aber in vielen unbedeutenderen Punkten davon ab. Für Helen und mich war an diesem Aspekt ihrer Zukunftsforschung folgendes signifikant: Einzelne Versuchspersonen präsentierten in getrennten Sitzungen ein ähnliches Muster an Ereignissen. Der Zeitpunkt des Auftretens dieser Ereignisse stimmte nicht immer überein. Auch das Ausmaß der Veränderungen schwankte von Versuchsperson zu Versuchsperson. Der persönliche Aufenthaltsort und die individuellen Erfahrungen waren natürlich ebenfalls verschieden. Dennoch bleiben grundsätzlich analoge Übereinstimmungen bestehen, einschließlich der Tatsache, daß sämtliche Versuchspersonen ihren Körper mit Freuden verließen, lange bevor ihre Lebensspanne nach heutiger Lebenserwartung hätte abgelaufen sein sollen.

Welches sind die wichtigsten Punkte in diesem Muster? Alle Aussagen enthalten den Hinweis auf einen inflationären Anstieg der Lebensmittelpreise, besonders bei Fleisch und Frischwaren. Dies paßt zu den Aussagen über ungewöhnliche Wetterbedingungen, die sich verheerend auf Ackerbau und Viehzucht auswirken. Eine Frau registriert lange Dürreperioden im Mittelwesten und in Texas, wogegen eine andere von eisigem Regen und schweren Winterstürmen im pazifischen Nordwesten spricht. Eine andere sagt, daß nach einer ungewöhnlichen mehrjährigen Trockenheit in einem Teil Südkaliforniens »der Boden schlecht wird«. Der gemeinsame Nenner scheint eine Klimaverschiebung hin zu extremen Wetterbedingungen zu sein, so daß entweder trockene Hitze oder feuchte Kälte herrschen. Verheerende Winde verweisen auf die Möglichkeit, daß diese Wetterbedingungen in breiten Frontensystemen abwechseln. Das scheint der Ausgangspunkt für schwerwiegendere nachfolgende Störungen auf der Erde zu sein.

Als nächstes ist festzustellen, daß mehrfach persönliche Finanz- oder Kreditprobleme erwähnt werden. Der Aktienmarkt bietet keine sicheren Anlagemöglichkeiten mehr, die Kurse schwanken wilder als je zuvor. Die Finanzkrisen nehmen zu, und die Bankkonkurse häufen sich. Einige der Versuchspersonen sprechen von Schwierigkeiten mit den Kreditkarten, die nicht mehr so vielseitig benutzt werden können oder ihre Gültigkeit überhaupt verlieren. Eine zunehmende Geldknappheit und die Rückkehr zum Tauschhandel bei kleinen persönlichen Geschäften machen sich breit. Dies trifft offenbar besonders auf jene Versuchspersonen zu, die sich in ländlichen Gegenden oder in Kleinstädten befinden. Interessanterweise berichten fünf der sechs Versuchspersonen, daß sie im Lauf des nächsten Jahrzehnts aus der Gegend um die Bucht von San Francisco wegziehen werden; bevorzugt werden weniger städtische Siedlungsräume wie Iowa, Arizona oder der Staat Washington. Zwei Versuchspersonen sagen, daß sie im Rahmen einer von der Regierung während der neunziger Jahre durchgeführten Währungsreform neues amerikanisches Papiergeld erhalten.

Schwerwiegende Veränderungen der Erde selbst, einschließlich einer gesteigerten Vulkantätigkeit und mehrerer starker Erdbeben rund um den Globus, sind ebenfalls Bestandteil dieses Musters. Sie unterbrechen die Kommunikationswege und erhöhen den Inflationsdruck. Benzin ist im ländlichen Kalifornien machenorts knapp. Zwei der Versuchspersonen haben, wie ich, Medienberichte über bedeutende Plattenverschiebungen im Gebiet des Pazifischen Ozeans gehört, in denen von Seebeben, Vulkanausbrüchen

und dem Untergang ganzer Landstriche die Rede war. Der gesamte Bereich
rund um Japan wird als äußerst instabil gesehen. Erdstöße am Mount Sha-
sta in Kalifornien deuten vielleicht auch dort auf neue vulkanische Aktivität
hin, doch von einem tatsächlichen Ausbruch ist nicht die Rede.

Kaum überraschen dürfte, daß die politischen Spannungen weltweit hoch
bleiben, während die Völker sich abmühen, ihren Lebensstandard zu halten. Der Nahe und Mittlere Osten bleibt ein Unruheherd, eine der Aussagen
verweist auf Kämpfe in Jerusalem im Umkreis des Tempelbergs. Eine andere
Versuchsperson sieht Nachrichtensendungen über einen fünften arabisch-is-
raelischen Krieg. Auch in Europa nehmen die politischen Probleme zu, es
kommt zunehmend zu Streiks und sozialen Zerwürfnissen. Nur eine der
sechs Versuchspersonen stirbt laut ihrer Aussage bei einer Atomexplosion,
und zwar 1999 in Europa. Sie ist die einzige von den sechsen, die zur Zeit
ihrer Progressionserfahrung im Ausland lebt. Interessanterweise scheint es
sich um einen einzelnen Zwischenfall zu handeln und nicht um einen Kern-
waffeneinsatz unter Gegnern oder um den Beginn eines Dritten Weltkriegs.

Schließlich zeichnet sich ab, daß mehrere der obenerwähnten Trends zu-
sammenwirken und verbreitete Verwüstungen verursachen, in deren Folge
sich die Versuchspersonen aus ihrem Körper und ihrer unerfreulichen Umgebung befreit sahen. Es hat den Anschein, als würde eine Kombination aus
Naturkatastrophen und vom Menschen verschuldeten Katastrophen binnen
relativ kurzer Zeit große Teile der Bevölkerung auslöschen. Die sechs Versuchspersonen sind sich nicht einig über den genauen Zeitpunkt dieser allgemeinen Katastrophe; vielleicht ereignet sie sich schon in den späten neunziger Jahren. Jedenfalls lebt keine der Versuchspersonen weit über das Jahr
2000 hinaus.

Die schrecklichen Erfahrungen der Versuchspersonen, aus denen sich eine
Bestätigung der Vorhersagen eines stark entvölkerten Planeten im einundzwanzigsten Jahrhundert folgen ließ, wirkten bedrückend auf Helens normalerweise überschäumendes Temperament. Sie quälte sich mit Überlegungen, ob sie die Ergebnisse dieses Forschungsprojekts veröffentlichen
sollte oder nicht. Die zustimmende Reaktion ihrer Versuchspersonen gab
vielleicht den Ausschlag für ihren Entschluß, mich an dem Projekt zu beteiligen und dessen Veröffentlichung in absehbarer Zeit sicherzustellen. Wie
sie einmal zu mir sagte: »Seltsamerweise verursachten die Ergebnisse meinen Versuchspersonen weit weniger Unbehagen als mir. Der Grund ist vielleicht, daß allen ganz wunderbare Gefühle der Befreiung beim Verlassen ihres Körpers zuteil wurden. Ich weiß, daß KENNETH RING diese Szenerie als
›Gang durch die Hölle‹ beschreibt, aber meine Versuchspersonen erleben
das anders.«

Danach erzählte mir Helen die Geschichte einer ihrer Versuchspersonen,
jener jungen Frau, die ihrer Progressionserfahrung zufolge bei einer Atomexplosion in Europa starb. Sie erlebte im Zuge der Sitzung ihren Tod als er-
stickendes Gefühl in der Lunge, die von den Flammen versengt wurde. In

dem Moment jedoch, da sie ihren Körper verließ, erschien auf ihrem Gesicht ein breites Lächeln. Verwundert über die Veränderung, fragte Helen sie: »Sind in Ihrer Umgebung viele verwirrte Seelen?« Angesichts eines Atom-Holocausts war dies eine logische Vermutung.

Die Versuchsperson antwortete jedoch: »Nein. Es sind viele hier um mich, aber wir sind nicht verwirrt, sondern glücklich und erleichtert. Und wir sind frei!«

Das stimmt mit den Gefühlen überein, die Helens andere Versuchspersonen bei ihrem Todeserlebnis schilderten. Ich erinnere mich an die Freude, mit der ich Chet Snows Körper hinter mir ließ, als ich in der Zukunft in dem kanadischen Bett dort starb. Die Erfahrung deckt sich auch mit jener, die viele andere hypnotisierte Versuchspersonen bei der Beendigung eines vergangenen oder zukünftigen Lebens machten. Menschen, die aus einer Nahtoderfahrung zurückkehrten, in der ihr Körper für kurze Zeit klinisch tot war, berichten ebenfalls von starken Gefühlen der Liebe und Wärme, wenn sie den Punkt der Entscheidung erreichen, jenseits dessen es keine Rückkehr des Bewußtseins in den derzeitigen Körper mehr gibt.

Helen gestand mir, daß sie sich oft frage, warum positive Gefühle beim Todeserlebnis im Hypnosezustand derart vorherrschend sind, zumal bei Versuchspersonen, die in Katastrophen den Tod finden. Sie fand, sagte sie mir, den mutmaßlichen Grund darin, daß die bei Katastrophen umkommenden Menschen schnell sterben. In der Regel werden mit ihnen auch alle Angehörigen sterben. Unsere intellektuelle Auffassung vom Tod als etwas Schrecklichem beruht auf der Angst vor dem Verlust unseres leiblichen Körpers. Vielen Menschen ist jedoch klar, daß man den Menschen, der stirbt, nicht zu bedauern braucht, sondern daß vielmehr diejenigen leiden, die ihre geliebten Angehörigen oder Freunde verlieren. Bei solch großen Katastrophen, wie sie offenbar von Helens Versuchspersonen und von einigen zeitgenössischen Sehern vorausgesehen werden, bleiben bestimmt nicht viele trauernde Verwandte übrig.

Doch es wird natürlich Überlebende geben. Unter Helens Workshop-Teilnehmern sagten einige aus, sie hätten sich für eine Geburt in unsere Zeit entschieden, um angesichts der Veränderungen unserer Erde und des Übergangs dieser Welt in ein Neues Zeitalter nach Kräften zu helfen. Anscheinend ist die Serie von Katastrophen ein Teil des Übergangsprozesses. Die Überlebenden wissen das offenbar im voraus, und manche bereiten sich schon auf die kommenden schweren Zeiten vor. Ein Zeichen dafür wird mit den derzeit neu entstehenden autarken ländlichen Siedlungen gesetzt. »Mutter Erde« muß schließlich gepflegt werden: So muß es Krankenschwestern und Ärzte für sie geben, weil sie nicht einfach verschwinden wird.

Neben den hoffnungbringenden Aussagen über die Begrenztheit des Todes in Raum und Zeit war wohl die positivste Information dieser Versuchspersonen über die nahe Zukunft die, daß das Leben auf unserem Planeten nicht völlig ausgelöscht wird. Ein weltweiter Atomkrieg, wie ihn Zukunftsforscher aus den »Denk-Pools« fürchten, wird von Helens und meinen Versuchspersonen nicht vorausgesehen. Die Erde scheint vielmehr in eine Periode großer evolutionärer Veränderung einzutreten. Offenbar wissen manche Menschen schon vor ihrer Geburt, daß der Sinn ihres gegenwärtigen Daseins wesentlich darin besteht, die Wahrheit über die Unsterblichkeit der Seele zu verbreiten oder Überlebende zu werden und das Neue Zeitalter im nächsten Jahrhundert hier auf Erden zu verwirklichen.

Natürlich gibt es unter den heute lebenden Menschen auch viele, die von den künftigen Errungenschaften des kommenden Neuen Zeitalters nichts wissen wollen — nichts von spiritueller Evolution, von psychischer Energie oder der Fähigkeit der außersinnlichen Wahrnehmung (ASW), nichts von all dem und vielem Faszinierenden mehr. In unserer Gesellschaft herrscht zur Zeit ein derart krasser Materialismus, daß solche Phänomene des Lebens für viele Menschen offensichtlich angsterregend sind. Man muß sich sorgen um die Menschen, die so in ihr der Materiewelt verhaftetes Ich eingeschlossen sind, daß sie sich nicht einmal Geist oder Bewußtsein als etwas vorstellen können, das von der materiellen Wirklichkeit unabhängig ist und sich, materieller Körperlichkeit enthoben, durch Raum und Zeit bewegen und auch den Tod überleben kann. Manche von ihnen fürchten den Tod derart, daß sie auf den Fortschritt der modernen Technologie setzen und mit deren Hilfe versuchen, ihren Körper um jeden Preis am Leben zu halten, und sei's mit Hilfe erhoffter Kunstherzen oder Mehrfachtransplantationen.

Helen sagte oft, nach ihrer Ansicht seien solche Menschen die Beute einer unterbewußten Angst, die in unserer zeitgenössischen Kultur weit verbreitet ist, verbunden mit der Vorahnung, daß der Tod in Bälde kommen und reiche Ernte halten wird, und es sei gerade so, als würden viele Menschen deshalb ihren letzten geistigen Widerstand mobilisieren. Sie nannte diesen Widerstand, der sich in einer frenetischen Verfolgung rein materialistischer Ziele und in der Jagd nach sofortiger Befriedigung ausdrückt, den »apokalyptischen Geist« unserer Zeit. Es ist beinahe, als stecke unsere Kultur derzeit fest zwischen der heftigsten Angst vor dem Tod, die Menschen je hatten, und einer entgegengesetzten, fast unterschwelligen Entwicklung: der wachsenden Erkenntnis, daß wir mehr sind als bloß unser Körper, daß wir unvergängliche, geistige Wesen sind. Wir stehen heute zweifellos an einer Kreuzung, die uns grundlegende Entscheidungen im Hinblick auf die rasanten und gefährlichen Entwicklungen in unserer Welt abnötigt.

Die Ergebnisse von Dr. HELEN WAMBACHS Zukunftsforschungen zeigten zwar Trends auf, erbrachten aber keinen deutlicheren Hinweis darauf, warum die Erde gerade jetzt auf so drastische Veränderungen zusteuern sollte oder warum im Netzwerk unseres Unterbewußtseins gerade jetzt apokalyptische Vorahnungen vorherrschen sollten. Ja — warum? Solche und ähnliche Fragen belasteten Helen in ihren letzten Lebensjahren.

Dabei war sie fasziniert zum Beispiel von der wachsenden Zahl wissenschaftlicher Beweise der modernen Physik und Chemie, daß alle lebenden materiellen Organismen von unsichtbaren Ausstrahlungen umhüllt sind. Dies ist etwas, das Mystiker der fernöstlichen und abendländischen Religionen schon lange behaupten. Die Stichwörter sind die »Aura« oder der »Heiligenschein«. Alte esoterische Überlieferungen verknüpfen die Stärke und Intensität der Aura eines Menschen mit seinem körperlichen und seelisch-geistigen Wohlbefinden als einem Zustand der Harmonie. Die Aura verbindet uns angeblich mit nichtkörperlichen Energien, die in einer Wechselbeziehung zu unserem materiellen Körper stehen. Hinduistischer Lehre zufolge wird diese über sieben spezifische bioenergetische Übertragungspunkte entlang der Wirbelsäule hergestellt; diese Zentren sind unter ihrer Sanskritbezeichnung als *Chakras* bekannt, einem Wort, das »Rad« bedeutet und vermutlich als verbales Symbol für die spiralförmige Kreisbewegung der Energie aufzufassen ist.

Bis vor kurzem tat unsere materialistische Wissenschaft solche Vorstellungen als abergläubische oder unbegründete metaphysische Spekulationen ab. Heute kann das elektromagnetische Feld um lebende Objekte mittels Techniken wie der Kirlian-Fotografie tatsächlich aufgespürt und gemessen werden. Bei diesem Verfahren wird Hochfrequenzstrom durch ein Objekt geleitet, das zwischen zwei flächigen Elektroden vor einem unbelichteten Film plaziert ist. Während der Strom in und um das Materieobjekt fließt, wird dessen Interaktion mit der unsichtbaren Energieentladung als Bild auf dem Film registriert. Für solche »Fotografien« ist keine Kamera vonnöten. Die Technik wurde in den sechziger Jahren von dem sowjetischen Ehepaar SEMJON und WALENTINA KIRLIAN entwickelt, doch die ihr zugrunde liegenden Prinzipien stammen bereits aus der Mitte des neunzehnten Jahrhunderts.

Die verblüffendste Feststellung der Kirlians über diese Energiefelder, die jedwede lebende Materie einschließlich des Menschen umgeben, war die, daß sie als Reaktion auf emotionale Reize ihre Form und Farbe verändern. So verändern sich beispielsweise die Entladungsmuster um die Hand einer entspannten Person, wenn diese Person sich ärgert oder in Erregung gerät. Außerdem entdeckten westliche Erforscher der Kirlian-Fotografie wie Dr. THELMA MOSS, emeritierte Professorin der Universität von Kalifornien in Los Angeles, daß bestimmte Personen (vor allem erfahrene parapsychische »Heiler«) tatsächlich Energie aus ihrem eigenen Feld auf das einer anderen Person übertragen können, indem sie diese berühren. Wissenschaftlich kontrollierte Experimente bewiesen, daß nach einer therapeutischen Behandlung die Entladungsmuster des Heilers vorübergehend blasser waren, wogegen jene des Patienten sich ausdehnten und heller wurden. Versuche normaler »Kontroll«-Versuchspersonen, den Vorgang zu wiederholen, schlugen fehl.

Andere Experimente zeigten, daß man Krankheiten als Anomalien im Entladungsmuster (oder der Aura) eines Organismus aufspüren kann, bevor sich bei Untersuchungen des Körpers, und sei es mit Hilfe von Elektronenmikroskopen, physische Symptome feststellen lassen. Die Kirlians demonstrierten, daß das Energiefeld um ein Blatt einer scheinbar gesunden Maispflanze, die neben eine brandige Pflanze gestellt worden war, mehrere Tage vor dem Auftreten sichtbarer äußerer Zeichen eines Brandbefalls deutlich schwächer wurde. Und als man von dem gesunden Blatt ein Stück abschnitt, blieb das Bild des Energiefeldes auf der fotografischen Platte noch lange danach unverändert ganz. Dies könnte zur Erklärung dessen beitragen, was Chirurgen als »Phantomglied«-Syndrom bezeichnen, bei dem Amputierte weiterhin Gefühle in einem nicht mehr vorhandenen Arm oder Bein haben: Vielleicht behalten die Menschen nach der Amputation von Gliedteilen in ihrer elektromagnetischen »Aura« einen unversehrten Körper. Die Wirkung ist anders als bei dem langsamer verlaufenden Krankheitsprozeß, der an Schwachpunkten unseres Energiefeldes einsetzt und die natürlichen Abwehrkräfte schwächt, so daß Bakterien, die im Körper regelmäßig vorhanden sind, zu einer Gefahr für die Gesundheit werden.

Was hat die Kirlian-Fotografie mit unseren »Zukunftsvisionen« und dem in unserer heutigen Kultur offenbar vorherrschenden apokalyptischen Geist zu tun? Nach meiner Meinung ist zweierlei augenfällig. Erstens zeigt unsere Raumzeitalter-Technologie uns auf Gebieten, die mit Wechselbeziehungen zwischen materiellen und nichtmateriellen Realitäten zu tun haben, daß viele »unwissenschaftliche« Vorstellungen aus altüberlieferten und esoterischen Quellen Vorgänge vorwegnehmen, die heute erst wissenschaftlich entdeckt werden und die tatsächlich unser körperliches und seelisch-geistiges Wohlbefinden beeinflussen. Deshalb lohnt es sich auch, solche Quellen im Hinblick auf unsere unmittelbare Zukunft zu nutzen. Meine Untersuchung bekannter Prophezeiungen erbrachte, daß der Großteil für das nächste Vierteljahrhundert bedeutsame Veränderungen ankündigt.

Zweitens weist die Erforschung des Kirlian-Materials darauf hin, daß sich unser körperliches Wohlbefinden in der Vitalität unseres unsichtbaren Energiefeldes (der Aura) um den menschlichen Körper widerspiegelt. Dieses Energiefeld wird von unseren verhaltensten Emotionen beeinflußt. Wenn das aber für Einzelpersonen gilt, könnte es sehr wohl auch für die Menschheit als Spezies gelten und sogar, analog, für den ganzen Planeten. Das ist weniger weit hergeholt, als es auf den ersten Blick scheint. Unsere Vorfahren betrachteten die »Mutter Erde« oder die »Mutter Natur«, wie das Wort sagt, lange als ein lebendes Wesen. Den heutigen Astrophysikern ist klar, daß die Erde von einem unsichtbaren elektromagnetischen Feld umgeben wird, das unser Klima und andere lebenerhaltende Bedingungen steuert. Biologen und Ökologen erkennen immer deutlicher die ganzheitliche, ineinandergreifende Natur allen Lebens auf diesem kleinen Globus, der durch den Raum saust wie ein raketengetriebenes Luftschiff. Zeitgenössische Theoretiker wie JAMES LOVELOCK (*The Ages of Gaia*, Norton, 1988) und PETER RUSSELL (*The Global Brain*, BM Noetics, 1988) behaupten, die Erde stelle einen einzigen lebenden Organismus dar, von dem wir Menschen lediglich ein winziger Teil seien. Ihre »Gaia-Hypothese« stellt den Planeten, auf dem wir leben, als ein Wesen hin, das sich gemäß seinen eigenen ökologischen Bedürfnissen und Prioritäten entwickelt.

Wenn es tatsächlich ein Spezies- oder Planetenbewußtsein geben sollte, so könnten die unterbewußten Vorahnungen drohender Katastrophen, wie sie sich in Helens und meiner Forschungsarbeit abzeichnen, die unausgesprochene Kollektivangst widerspiegeln, daß nur drastische Veränderungen die vielen schwierigen Probleme unserer derzeitigen Weltordnung zu lösen vermögen. Schlimmer noch: Die unerforschte Existenz dieses verborgenen apokalyptischen Massengeistes könnte uns tatsächlich ohne unser Wissen auf eine zukünftige Krise zutreiben, deren Vermeidung die meisten von uns gezielt versuchen würden, wären sie sich des Vorgangs bewußt. Das ist einer der Gründe, aus denen ich es für wichtig halte, die Ergebnisse unserer Forschungsarbeit jetzt möglichst vielen Menschen nahezubringen, solange vielleicht noch Zeit bleibt, etwas zu unternehmen. Nur wenn wir uns unseren tiefverwurzelten Katastrophenängsten stellen und uns bewußt für hoffnungsträchtigere Alternativen entscheiden, können wir unser kollektives menschliches Gesamtenergiefeld stärken und die prophezeiten notwendigen Veränderungen der Bedingungen auf unserem Planeten in gesünderer und aufbauender Weise vollziehen.

Helens Ansicht zufolge werden übrigens viele der umwälzenden Naturkatastrophen, wie sie von mir und ihren anderen Versuchspersonen vorausgesehen wurden, die Folge einer Beschleunigung der Schwingung des Energiefelds der Erde sein, einer Beschleunigung, auf die weder materielle noch geistige Aktivitäten der Menschheit einen Einfluß haben. Deshalb müssen diese bevorstehenden Umwälzungen erkannt und akzeptiert werden. Die Menschheit kann aber zur Minderung des materiellen Schadens beitragen, indem sie sich vorbereitet und den am unmittelbarsten Betroffenen dann tatkräftig hilft.

Helen behauptete, daß sich die Erde und das Sonnensystem spiralförmig durch Zeit und Raum bewegen, und zwar in weiten Kreisbahnen, von denen jede 25 000 bis 26 000 Jahre dauert. An zwei einander gegenüberliegenden Punkten der Spiralkreise gelangen wir in einen Sektor materieller Realität. Dieser ist in kosmische Strahlen getaucht, die das Potential der elektromagnetischen Energie der Erde steigern, sobald wir mit den genannten Punkten in Berührung kommen. Der Prozeß ist kumulativ, und es dauert mehrere Jahrzehnte, bis er sich bemerkbar macht. Eine seiner ersten Auswirkungen wird jedoch die Erwärmung des Magnetkerns der Erde sein, was zu einer Zunahme geophysikalischer Umwälzungen infolge von Vulkanausbrüchen und Erdbeben führen wird. Sie werden die gefürchteten Weltkatastrophen verursachen, die eine Verringerung der Erdbevölkerung mit sich bringen. Schließlich wird diese Energieverschiebung zu dem hin, was Helen als »jenseits des Ultravioletts« bezeichnete, die Energiefelder aller lebenden Organismen der Erde, einschließlich der Menschheit, verändern und die

Entfaltung parapsychischer Fähigkeiten und Kräfte begünstigen. Nur Organismen, die sich an derartige höhere Schwingungswerte anpassen können, werden in materieller Form überleben.

Dr. HELEN WAMBACH gab offen zu, daß sie keine wissenschaftlichen Beweise zur Erhärtung ihrer Aussagen über dieses Zukunftsszenarium hatte, doch nach ihrem Gefühl begann es sich bereits zu verwirklichen. Sie sagte mir, die meisten dieser Einsichten seien ihr während ihrer Bypass-Operation an den Herzkranzgefäßen in Nahtodeserfahrungen parapsychisch zugekommen. Sie war auf dem Operationstisch zweimal klinisch »gestorben«. Im Zuge dieser außerkörperlichen Erfahrung und später bei Meditationen um zwei Uhr morgens in ihrem Heim in Pinole, Kalifornien, bekam sie Energien »vorgeführt«, die mit größeren Geschwindigkeiten als die Ultraviolettstrahlung auf die Erde gelangen.

Helens ziemlich phantastische Vorstellung, daß eine progressive planetare Energieverschiebung heute bereits im Gange sei, ließe sich leichter ignorieren, würden nicht andere Quellen Ähnliches signalisieren. Wie Sie in Kapitel 3 sehen werden, bildet die Auffassung, daß sich die Humangeschichte in weiten Zeitkreisen mit einer Dauer von jeweils etwa 26000 Jahren bewegt, die Basis für die älteste bekannte Wissenschaft der Menschheit: die astronomische Astrologie. Unsere Altvorderen waren sich dessen bewußt, was wir als »Präzession« (Vorrücken der Tagundnachtgleichen) bezeichnen, und maßen offenbar einer Reihe von Katastrophen, die sich vor etwa 12500 bis 13000 Jahren ereigneten, also ungefähr in der Hälfte des sogenannten »großen tropischen Jahres«, ganz besondere Bedeutung bei. Diese Periode war auch von dem geprägt, was nach Ansicht heutiger Wissenschaftler das Ende der jüngsten Eiszeit der Erde darstellte. Und einige Paläontologen behaupten, neue Beweise für zumindest lokale prähistorische Katastrophen gefunden zu haben, die sich vor etwa 26000 Jahren zutrugen, ungefähr in der Periode, in welcher der moderne Mensch, der Cro-Magnon-Mensch, seinen Neandertaler-Vetter verdrängte.[2]

Zeitgenössische parapsychische Quellen, die Helen sicher weitgehend unbekannt waren, führen den gegenwärtigen Eintritt unseres Sonnensystems in neue Energiefelder ebenfalls als einen der Gründe für die vorhergesagte Polverlagerung innerhalb der nächsten Jahrzehnte an. Der faszinierendste Bericht darüber (in *Through the Curtain*) ist Dr. SHAFICA KARAGULLAS Schilderung einer Reihe erzieherischer außerkörperlicher »Nachtkurse«, die ihre enge Freundin Dr. VIOLA PETITT NEAL in den sechziger Jahren absolvierte. Wie die erfahrene Neurologin und Psychiaterin berichtet, erinnert sich die Philosophiedozentin Neal, daß sie an mehreren »Seminaren« außerkörperlicher Erfahrung teilnahm, die körperlose Geister während ihres Schlafs abhielten. Der Themenbereich reichte von der Entwicklung außersinnlicher Fähigkeiten wie Telepathie und Hellsehen bis zur Kernphysik. Ein großer Teil des Materials betraf Zukunftsvoraussagen.[3]

Nach und nach schulte sich Viola Neal in der Aufrechterhaltung eines doppelten Bewußtseinszustandes im Schlaf. Sie konnte dann den Inhalt jedes Kurses laut zusammenfassen, während ihr Bewußtsein außerhalb ihres Körpers blieb. Dadurch war Dr. Karagulla in der Lage, mehrere Berichte ihrer Freundin auf Band aufzunehmen, und fügte dem Niederschriften erinnerter Zusammenfassungen anderer, ähnlicher »Nachtkurse« hinzu. In einigen dieser 1962/63 aufgezeichneten, aber erst 1983 (nach Helens Nahtodeserfahrung) veröffentlichten Sitzungen wurden bevorstehende Veränderungen auf der Erde mit verblüffend ähnlichen Ausdrücken erörtert, wie Helen sie gebrauchte, als sie mir von ihrer außerkörperlichen Erfahrung erzählte. Das nachstehende Zitat aus einem »Kurs« vom 16. November 1963 über »Kosmische Energien und ihre Wirkung auf den Planeten Erde« bietet eine Zusammenfassung der grundlegenden Geschichte:

»Zu dieser Zeit bewegt sich das Sonnensystem durch einen neuen Raum, wo große kosmische Ströme und Gezeiten die Sonne und alle Planeten beeinflussen, zuallererst auf der physischen Ebene. Dies ist vor der Zeit von Atlantis passiert, etwa vor 25 000 Jahren. Diese Veränderungen erfolgen in Zyklen von ungefähr 24 000 Jahren [sic]. Es ist eine kosmische Spirale und ist ein kosmischer Zyklus, für den Menschen schwerlich erkennbar, weil er nicht fähig war, in seinem Bewußtsein derart weitreichende Zeitintervalle zu umspannen ... Diese Strahlungen werden die Frequenz des Planeten anheben und das Bewußtsein beeinflussen. Die tatsächliche Substanz, die materielle, astrale und mentale, wird sogar im gegenwärtigen Augenblick angehoben. Das bedeutet, daß die Ausdrucksmittel für die Menschheit notwendigerweise aus Substanz einer höheren Frequenz geschaffen werden. Deshalb werden die Egos — oder Seelen — mit einem niedrigeren Entwicklungsstand der Reinkarnation unfähig sein. Das bedeutet, daß für mehrere Jahrtausende nur die höherentwickelten Seelen zu Geburten kommen werden, vielleicht für den Rest dieser planetaren Lebenswelle.«

Man muß nicht jede Einzelheit von HELEN WAMBACHS oder VIOLA PETITT NEALS Berichten akzeptieren, aber die weitgehende Übereinstimmung ist insofern verblüffend, als die eine von der Existenz der anderen nichts wußte. Ich selbst lernte das Buch *Through the Curtain* erst im Juli 1988 kennen, als mich ein bemerkenswerter junger amerikanischer Heiler aus Hawaii in Paris besuchte. Den gleichen Grundgedanken, nämlich daß die Erde derzeit in eine neue »Energiezone« gelangt, brachte in den siebziger Jahren schon »Seth«, die Trancepersönlichkeit der Sensitiven JANE ROBERTS, zum Ausdruck und in jüngerer Zeit KEN CAREY in *The Starseed Transmissions*.[4] Dabei handelt es sich zweifellos um eine Vorstellung, die Bestandteil der derzeitigen Zukunftsvisionen vom bevorstehenden Heraufdämmern eines Neuen Zeitalters auf der Erde ist, einer Ära, die voll Hoffnung und Furcht erwartet wird.

3
Zukunftsvorhersagen aus Uraltquellen der Überlieferung

Der Wunsch, die Zukunft verstehen, vorhersagen und kontrollieren zu können, beseelt die Menschheit seit Anbeginn der Geschichte. Aus einer Zeit lange vor der Einführung schriftlicher Aufzeichnungen blieben uns mündliche Überlieferungen und Bilder an Höhlenwänden erhalten, die von den Versuchen unserer Vorfahren künden, den Geheimnissen der Zukunft auf die Spur zu kommen.

Es bleibt ein Bedürfnis und ein Privileg der Menschen, Fragen nach ihren Ursprüngen und ihrem Schicksal zu stellen. Zu allen Zeiten der Geschichte dachten Männer und Frauen aller Kulturen der Welt über die Natur der Schöpfung, über Ursprung, Sinn und Zweck des Lebens und über unseren Planeten und das Universum nach. Und seit Anbeginn schauten sie bei der Suche nach Antworten zum Himmel auf. Die alten spirituellen Autoritäten vermuteten ebenso wie die heutigen Astrophysiker, daß Ereignisse, die unser gegenwärtiges Schicksal beeinflussen, zu geschehen begannen, lange bevor unser Planet entstand, dieser von uns als Heimat geliebte Winzling aus kosmischem Staub. Und für die einen wie die anderen ist das Verständnis der Vergangenheit eine Voraussetzung für ein intelligentes Erfassen der Zukunft.

Wie also begann alles? Wenn wir bedenken, daß die Erde lediglich ein sehr kleiner Planet ist, der um einen so gewöhnlichen Stern wie die Sonne in einem nur kleinen Raum unserer riesigen Galaxis namens Milchstraße kreist, die selbst wiederum lediglich eine von Milliarden anderen, mit phantastischer Geschwindigkeit durch das Universum rasenden Galaxien ist, können wir nur Ehrfurcht empfinden angesichts der unglaublichen Tatsache, der wir unser Leben verdanken.

Ist die Existenz unseres Planeten nur ein Ergebnis des Zufalls, der zufälligen Vereinigung zahlloser Teilchen autonomer Materie zu einem Muster der »Dinge, wie sie sind«? Begann es damit, daß Stoffliches ziellos durch Zeit und Raum trieb? Oder sind unser Planet und wir Menschen vielmehr Teil eines größeren Plans, einer höheren Ordnung?

Akzeptieren wir den Gedanken, daß ein so ineinandergreifendes Ordnungssystem wie der von uns bewohnte Planet und das materielle Universum wohl kaum Zufallsprodukte sind, drängen sich uns unweigerlich weitere Fragen auf. In welchem Kontext findet die Entwicklung des Dramas statt, das wir als Zeit oder Geschichte kennen? Spielen die Akteure eine unabhängige, mitgestaltende Rolle? Oder sind sie eher Marionetten, deren Gedanken und Handeln die Führung an unsichtbaren Fäden widerspiegeln? Und

hat dieses Schauspiel einen festgelegten, endgültigen Schluß? Ist die Zukunft vorausbestimmt, relativ oder absolut, oder gar nicht? Oder geht diese
Geschichte, als Gesamtwerk, über die Grenzen von Zeit und Raum hinaus,
innerhalb derer sich das ganze materielle Drama abspielt?

Derartige Fragen führen zur Vorfrage: Was ist Zeit? Was ist *die* Zeit? Ist
sie linear, bewegt sie sich von einer unwandelbaren Vergangenheit in eine
unbekannte Zukunft? Oder ist sie irgendwie zirkulär, kehrt sie in sich selbst
zurück, so daß sich alles in einer »ewigen Wiederkehr« wiederholt? Die für
jede Erörterung von Zukunftsvorhersagen unerläßliche Klarstellung der Natur der Zeit beschäftigt seit Jahrtausenden die Philosophen und heute auch
Physiker und Parapsychologen, weil sie tiefe Auswirkungen darauf hat, wie
die Menschheit sich selbst und ihre Rolle in der Entwicklung des Universums sieht.

Unser täglicher Umgang mit der Zeit läßt einen unmißverständlich linearen Charakter sichtbar werden, zumindest was die unmittelbare Zukunft
anbelangt. Kein intelligenter Mensch glaubt, daß er alles, was er tut, zu irgendeiner Zeit in gleicher Weise wieder tun wird. Wir alle erwarten, daß das
Morgen anders ist als das Heute, und planen entsprechend. Die Tatsache,
daß wir morgen Neues erleben, ist eine Quelle der Hoffnung für alle, die
von der Zukunft etwas Besseres als ständige Wiederholung erwarten. Unser
gesunder Menschenverstand lehnt auch die Vorstellung ab, daß bestimmte
historische Ereignisse sich wiederholen. Niemand rechnet damit, daß eine
Kopie GEORGE WASHINGTONS irgendwann noch einmal den Amerikanischen
Freiheitskrieg ausfechten muß.

Doch auch wenn wir eine Wiederkehr vergangener Ereignisse ausschlie-
ßen, bleiben wir doch Tag für Tag von einer zirkulären Zeit abhängig. Ohne
zu überlegen, nehmen wir die Wiederholung fundamentaler kosmischer und
physikalischer Phänomene als gegeben an, wie beispielsweise die des Um-
laufs der Erde um die Sonne, der Regulierung der Gezeiten durch den
Mond und des Effekts der Schwerkraft. Unsere Zukunftspläne erfordern die
Berechenbarkeit der fundamentalen Naturkräfte. Wäre alles von Augenblick zu Augenblick immer völlig neu und anders, würde das Universum im
Chaos versinken. Ein Leben, wie wir es kennen, wäre unmöglich.

Deshalb leben wir dank der Weisheit unseres gesunden Menschenver-
stands in einer zwitterartigen Zeit. Uns offenbart sich die Zeit als zyklisch,
aber mit linearen sowie zirkulären Eigenschaften. Psychologisch gesehen erfüllt uns das Erleben der Zeit als kreis- oder spiralförmige Bewegung mit
Hoffnung, denn es verknüpft zukünftige Konsequenzen mit der gegenwärtigen Aktivität. Zyklisch gesehen gibt es ohne die Zeit die Ursache und Wirkung nicht, diese Grundlage jedweder menschlichen Moral. Ursache und
Wirkung, in »New Age«-Kreisen unter dem Sanskritwort *Karma* bekannt,
kann es nur geben, wenn sich die Zeit in einer vorwärts gerichteten Spiral-
bewegung dreht. Sofern nicht alles unter der Sonne neu ist, sondern irgendwie auch von dem bestimmt wird, was bereits geschah, dürfen wir hoffen,

unsere Zukunft vermöge unseres gegenwärtigen Handelns günstig beeinflussen zu können. Falls die Vergangenheit in der Zukunft wiederkehrt, nicht in unveränderter Weise, sondern in einer auf dem zwischenzeitlichen Geschehen bestehenden veränderten Form, werden wir Sterblichen, wir vergänglichen Akteure auf dieser irdischen Bühne, plötzlich wichtiger. Wir werden verantwortlich für unsere Zukunft, denn sie ergibt sich aus unserer Vergangenheit und unserer Gegenwart.

Große Prophezeiung geht immer von dieser Verknüpftheit aus, denn sie dient immer der Warnung. Die biblischen Propheten zeichneten stets das Bild einer Zukunft, die verändert werden kann, wenn gegenwärtige Unzulänglichkeiten korrigiert werden, oder einer Zukunft, die unausweichlich ist, weil ergangene Warnungen nicht rechtzeitig befolgt worden sind.

Der Prophet JESAJA beispielsweise sagt HISKIA, dem schwachen, todkranken König von Juda, dessen Reich bereits einmal vor dem Zugriff der Assyrer gerettet wurde, einen baldigen Tod voraus. Doch nach der aufrichtigen Reue und den Gebeten des Königs zu Jahwe revidiert der biblische Prophet seine Vorhersage und verkündet, HISKIAS Lebenszeit würden weitere fünfzehn Jahre hinzugefügt. Kurz darauf jedoch zeigt der selbstzufriedene König den Gesandten eines anderen potentiellen Feindes, des Königs von Babel, prahlerisch seine große Sammlung von Gold- und Silberschätzen. Der unangebrachte Stolz HISKIAS veranlaßt JESAJA erneut, den Niedergang Judas vorauszusagen. Dieses Mal ist keine Berufung gegen die prophezeite Strafe möglich, doch die Vollstreckung wird bis zur nächsten Generation aufgeschoben (Jesaja 38—39).

Die großen Propheten des klassischen Altertums warnten die Menschheit ebenfalls mittels Deutungen der Zukunft. Auch ihre Prophezeiungen verweisen auf den allzu menschlichen Charakterzug vermessenen Stolzes, aus dem heraus die meisten Mahnungen zur Besserung ignoriert werden. Für den altgriechischen Dichter HOMER lag die Tragödie der trojanischen Prophetin KASSANDRA darin, daß ihre unheilverkündenden Voraussagen immer stimmten, daß aber niemand ihr zuhörte, während noch Zeit war, das Unheil abzuwenden. Ihre Warnungen nahmen deshalb den Charakter unerbittlicher Schicksalsfügungen an.

Die vielleicht berühmteste Prophezeiung der Antike, die sich als nur allzu richtig erwies, aber wohl abzuwenden gewesen wäre, stammte von dem römischen Wahrsager SPURINNA VESTRITIUS. Er eröffnete JULIUS CÄSAR, ihm drohe um die Iden des März (15. März 44 v. Chr.) »eine große Gefahr«. Laut dem römischen Geschichtsschreiber SUETON machte SPURINNA seine Voraussage einige Zeit vorher, als Warnung an den ehrgeizigen Staatsmann. Später dann, an dem schicksalhaften Tag, begegneten sich die beiden Männer auf der Straße. Ein höhnischer CÄSAR verspottete den Weisen und sagte, die Iden des März seien gekommen, und es gehe ihm gut.[5]

»Ja«, soll SPURINNA geantwortet haben, »aber sie [die Iden des März] sind noch nicht vorbei.« Kurz darauf wurde der vermessene CÄSAR auf den Stufen des Forums von seinen angeblichen Freunden CASSIUS und BRUTUS ermordet. Auch er hatte es versäumt, die prophetische Warnung zu beachten.

Die wohl beste Beschreibung der zyklischen Zeit verdanken wir dem deutschen Philosophen GEORG W. F. HEGEL.[6] Er schilderte die menschliche Wahrnehmung der Zeit als diejenige einer Person, die langsam einen gewundenen Bergpfad hochsteigt. Man solle sich einen kegelförmigen Berg vorstellen, der sich aus einer Ebene erhebt. Ein spiralförmiger Pfad windet sich vom Fuß des Berges zu seiner Spitze empor. Während man hinaufsteigt, kehrt man zwangsläufig immer wieder auf die gleiche Seite zurück, doch jedesmal auf einem etwas höheren Niveau. Der Wanderer, dessen Blick sich auf die Ebene unten richtet, wird dieselben markanten Landschaftspunkte immer wieder ins Blickfeld kommen sehen, Kreisrunde um Kreisrunde, während der Wanderer, der nur gerade voraus auf den Pfad zu seinen Füßen schaut, ständig neuen Boden vor sich sehen wird. Beim Wandern mit Blick auf die Ebene kann es vielleicht Generationen bis zu der Erkenntnis dauern, daß zwar immer wieder dieselben Landschaftspunkte erscheinen, diese aber jedesmal aus einer neuen, höheren Perspektive gesehen werden, woraus hervorgeht, daß Zeit progressiv ist und sich nicht wiederholt. Jener, der nur den Boden des Weges vor sich sieht, erkennt vielleicht nie, daß immer wieder ein ähnlicher, nur durch die Perspektive sich unterscheidender Ausblick möglich wäre. Ein weiser Mensch wird begreifen, daß er seine Fortschritte beim Besteigen des Berges voraussagen und fördern kann, indem er sowohl die periodische Wiederkehr der markanten Landschaftspunkte unten als auch die Beschaffenheit des im Augenblick beschrittenen Weges beobachtet.

Das gleiche trifft natürlich auf jemanden zu, der Zukunftsvoraussagen untersucht. Während man sich der Neuheit jeder Voraussage bewußt bleibt, sollte man überprüfen, was die Weisen früherer Tage richtig vorhersagten, und ihre markanten Punkte mit denen vergleichen, die derzeit im Blickfeld sind. So kommt einem klar zu Bewußtsein, wie zyklisch die menschliche Geschichte trotz aller Beweise kulturellen Fortschritts ist.

Unsere fernsten Vorväter waren sich der zyklischen Natur der Zeit deutlich bewußt. Die Ruinen der astronomischen Observatorien aus dem Altertum zählen zu den ältesten erhaltenen Überresten der Menschheitsgeschichte, einige sind älter als fünftausend Jahre. Die über die ganze Erdoberfläche verstreuten neolithischen Steinmonumente zeugen von der großen Bedeutung, die unsere Altvorderen den Stern- und Planetensystemen beimaßen. Englands berühmter Stonehenge-Kreis, vom Altertumskenner JOHN MITCHELL in *The New View Over Atlantis* auf ein Alter von fast viertausend Jahre geschätzt, ist das Relikt eines dieser astronomischen Observatorien der fernen Urzeit.[7]

Alle alten Kulturen ehrten die nach den Sternen schauenden »Weisen«, die als erfahrene Astronomen das Auftreten bestimmter Himmelsphänomene vorhersagen und als Astrologen deren Einfluß auf die Menschen deuten

konnten. Sogar die Bibel, die vor Astrologie oder Zukunftsschau und deren
heidnischer Anwendung warnt, führt die Ankunft der drei Weisen in Bethle-
hem als Beweis für das Übernatürliche der Geburt Jesu an.

Beweismaterial aus zahlreichen alten Kulturen zeigt klar auf, daß dieses
Interesse am Himmel nicht rein meteorologischer Art im Hinblick auf das
Pflanzen und Ernten von Feldfrüchten war. Die Alten glaubten vielmehr,
daß die Planeten und Sterne göttliche Kräfte verkörperten, die in die
menschliche Geschichte eingriffen. Kein Wunder daher, daß sie den wichtigsten Planeten den Namen von Göttern gaben — römische Namen zwar,
aber deren Grundbedeutung geht auf die griechische Mythologie zurück —
und Methoden zur Aufzeichnung und bildlichen Darstellung des Gesche-
hens am Gestirnshimmel ersannen. So wurde der Sonnenlauf in zwölf Bild-
abschnitte aufgeteilt, dem die zwölf Zeichen des »Zodiakus« oder Tierkreises entsprechen. Der Ursprung des Tierkreises verlor sich in der Dämmerung der Vorzeit. Verschiedene Experten schrieben seine Erfindung bestimmten alten Kulturen zu, an Beweisen fehlt es. Fest steht jedoch, daß
nicht nur Griechen und Römer den Tierkreis kannten, sondern vor ihnen
auch schon die Phönizier, die Chaldäer, die Ägypter, ja sogar die Inder und
Chinesen ähnliche Tierkreise hatten. Auch in sämtlichen präkolumbianischen Kulturen Nord- und Südamerikas herrschte der Glaube an die göttliche Macht der Gestirne, und es gab ausgeklügelte zirkuläre Tierkreis- sowie
Kalenderkarten, wenngleich sich ihre Zeichen von den uns heute bekannten
unterschieden.

Der Ausdruck »Zodiakus« kommt von dem altgriechischen Wort *zodia-
kos*, was »ein Kreis kleiner Tiere« bedeutet. Einige Forscher führen den Ausdruck weiter zurück: auf zwei frühägyptische Wurzeln, *zo* und *on*, was »Leben« und »Sein« oder »Wesen« bedeutet und auch nicht unpassend wäre.[8]

Die Sternbilder, aus denen der Tierkreis besteht, nehmen eine bestimmte
Zone des Firmaments ein, die sich, von der Erdoberfläche aus gesehen, um
unseren Planeten zu drehen scheint. Mißt man diese Zone astronomisch,
beginnt man bei der scheinbar terrestrischen »Umlaufbahn« der Sonne. Dieser sich uns am nächsten befindende Stern beschreibt eine riesige Ellipse um
die Erde, und zwar in einem Winkel von 23 Grad 27 Minuten zum Gürtel
des Erdäquators. Seine Kreisbahn wird »Ekliptik« genannt. Alle bekannten
Planeten des Sonnensystems beschreiben ihre scheinbar terrestrischen Umlaufbahnen innerhalb einer Zone, die sich zu beiden Seiten der Sonnenum-
laufbahn erstreckt. Sie ist 17 Grad breit und wird eben als »Tierkreis« bezeichnet. Sämtliche Sternbilder, die von Menschen- und Tiergestalten
versinnbildlicht werden, sind in dieser 17 Grad breiten Zone um die Son-
nenumlaufbahn zu sehen.[9]

Der Tierkreis wird traditionellerweise in zwölf Abschnitte von je 30 Grad
unterteilt, so daß ein Kreis von 360 Grad entsteht. Jedem Abschnitt ist eines
der zwölf »Zeichen« des Tierkreises zugeordnet. Während sich die Erde um
die Sonne bewegt, folgen die zwölf Zeichen einander am Nachthimmel.

Weil die Ekliptik des Tierkreises jedoch im Verhältnis zum Äquator der Erde geneigt ist, decken sich die beiden Ebenen nur zweimal im Jahr. Diese beiden Punkte, an denen die scheinbare Umlaufbahn der Sonne den gleichen Abstand zum nördlichsten und zum südlichsten Himmelspol der Erde hat, sind bekannt als Tagundnachtgleiche beziehungsweise Äquinoktialpunkte, weil sie die Stellen markieren, an denen die Sonne genau im Westen untergeht und die Stunden des Tageslichts genau jenen der Dunkelheit entsprechen. Der Frühlingspunkt (21./22. März) ist der Beginn des Frühlings, in dem auf der Nordhalbkugel die Tagesstunden wieder jene der Nacht überwiegen. Sein Symbol ist der Widder, und er galt den alten Astrologen als Ausgangspunkt jedes Tierkreisjahres.

Die Umlaufbahn der Erde um die Sonne ist nicht ihre einzige große Kreisbewegung. Die Erde vollzieht auch die tägliche Rotation um ihre himmlische Nord-Süd-Achse. Würde einer dieser beiden sich ständig wiederholenden Zyklen aufhören, könnte hier ein Leben, wie wir es kennen, nicht fortbestehen. Die Rotation der Erde ist jedoch nicht völlig symmetrisch. Unser Planet torkelt um seine Achse, was zu einem zirkulären Kippen im Verhältnis zum Himmel führt. Diese Unregelmäßigkeit der Rotationsbewegung erzeugt einen weiteren bedeutenden irdischen Zeitzyklus, nämlich das Vorrücken der Tagundnachtgleiche, gewöhnlich als »Präzession« bezeichnet.

Von der Erdoberfläche aus gesehen durchläuft die Sonne auf ihrer jährlichen Umlaufbahn die zwölf Zeichen des Tierkreises und kehrt an jedem Frühlingspunkt zum Ausgangszeichen zurück. Weil jedoch die Erdrotation die nord-südliche Himmelsachse unseres Planeten in eine eigene langsame Drehbewegung kippt, ähnlich einem torkelnden Kreisel, schafft die Sonne es nicht ganz, in einem einzigen Solarjahr einen vollständigen Kreis von 360 Grad zu beschreiben. Als Folge davon kreuzt sie an jedem Frühlingspunkt den Äquator ein Stückchen hinter der Stelle im Tierkreis, an der sie ihn im Vorjahr überquert hat. Folglich sieht es an jedem Frühlingspunkt so aus, als hätten sich die Positionen der Tierkreiszeichen leicht nach hinten bewegt. Die Tagundnachtgleiche scheint sich langsam entgegen der Richtung der Sonnenbahn durch die zwölf Zeichen des Tierkreises zu bewegen, also einen gegenläufigen Kreis zu beschreiben. Der Kreis markiert die langsame, aber unaufhaltsame Verlagerung der nord-südlichen Erdachse, des Rückgrats unseres Planeten gewissermaßen, von einem Polarstern zum anderen.

Diese Kreisbewegung ist äußerst langsam, es dauert ungefähr 72 Jahre, bis der Rückstand der Sonne einen Grad beträgt. Da jedes Zeichen des Tierkreises 30 Grad umfaßt, vergehen etwa 2160 Jahre, bis sich die Tagundnachtgleichen von einem Sternbild oder Tierkreiszeichen zum vorausgegangenen verschieben. Ein ganzer Umlauf um den Tierkreis, also eine komplette »Torkelrunde« unserer rotierenden Erde in Relation zu den Sternbildern, währt somit fast 25 920 Jahre. Anders ausgedrückt: Etwa 26 000 Jahre vergehen, bevor die in irgendeiner gegebenen Nacht von der Erde aus zu beobachtenden Sternbilder in einer Nacht gleichen Datums wieder genau die gleichen Positionen einnehmen.

Dieses majestätische Rad der Zeit, von DANE RUDHYAR, einem der angesehensten Astrologen unseres Jahrhunderts, als »Großer Kreis« bezeichnet, ist bekannt als das »große tropische Jahr«. Andere Quellen geben 25 827 Jahre für die Umlaufzeit oder 2152 Jahre pro Sternbild an. Wegen kleiner periodischer Schwankungen in der Erdrotation ist keine genaue Zahl bekannt. Die am häufigsten gebrauchten Zahlen sind 2160 Jahre für jedes Sternbild und 25 920 Jahre für das große tropische Jahr.[10]

Die zwölf Perioden von je 2160 Jahren, während derer die Frühlings-Tagundnachtgleiche innerhalb eines jeden der einzelnen Zeichen auftritt, stellen die »Erdzeitalter« dar. Althergebrachten astrologischen Gepflogenheiten zufolge unterscheidet man die Zeitalter anhand der charakteristischen Merkmale der Tiere, die die Tierzeichen symbolisieren. Schon die Sterndeuter des Altertums sagten bedeutsame Veränderungen in der menschlichen Geschichte für die Zeiten voraus, da die Frühlings-Tagundnachtgleiche die Grenze zwischen zwei Zeichen überschreitet. Diese Veränderungen werden mit dem Näherrücken der Grenze offenbar immer deutlicher sichtbar. Deshalb schreiben die Astrologen gewöhnlich jedem Zeitalter Perioden der »Dämmerung« und des »Zwielichts« zu, von denen jede etwa zehn Prozent der Gesamtdauer des Zeitalters umfaßt, also etwa 216 Jahre. Die Grenzperioden, oft »erster Eintritt« genannt, werden häufig als Zeiten des Konflikts zwischen den Eigenarten der beiden Zeitalter beschrieben, weil einige charakteristische Merkmale beider Zeitalter in derselben Periode zutage treten.

Wie jeder Kreis hat das große tropische Jahr keinen natürlichen Anfangs- oder Endpunkt. Wie könnte man sagen, wo ein Kreis beginnt? Es könnte jeder Punkt sein. Darum ist der Beginn des großen tropischen Jahrs das Produkt eines willkürlichen Auswahlprozesses, genau wie der des Sonnenjahrs, den die meisten westlichen Länder auf den ersten Januar legen, oder wie der des Tierkreises, der für die Astrologen althergebrachterweise auf die Frühlings-Tagundnachtgleiche fällt. Esoterische Traditionen, die von alten griechischen und ägyptischen Quellen ausgehen, legen den Beginn des Großen Kreises auf jenen Punkt, an dem das Sternbild des Löwen die Frühlings-Tagundnachtgleiche der Nordhalbkugel der Erde markierte, was vor etwa 12 500 bis 13 000 Jahren der Fall war. Die genauen Gründe für diese Wahl sind zwar in Vergessenheit geraten, aber zweifellos sind mit dem Ereignis beeindruckende kosmologische Umstände zusammengefallen, die sich unseren Altvorderen so nachhaltig einprägten, daß sie die Überlieferung viele Generationen hindurch lebendig hielten.

Nach dem Alchimisten JULIUS MATERNUS hat der griechische Gott Hermes (Merkur) enthüllt, daß das Zeichen des Löwen die Erschaffung der Welt markiere. Dies verblüfft besonders, wenn man weiß, daß die planetare Verkörperung des Löwen die Sonne ist, ohne die es kein Leben auf der Erde gäbe. Zudem stellt die älteste bekannte astrologische Himmelskarte, die

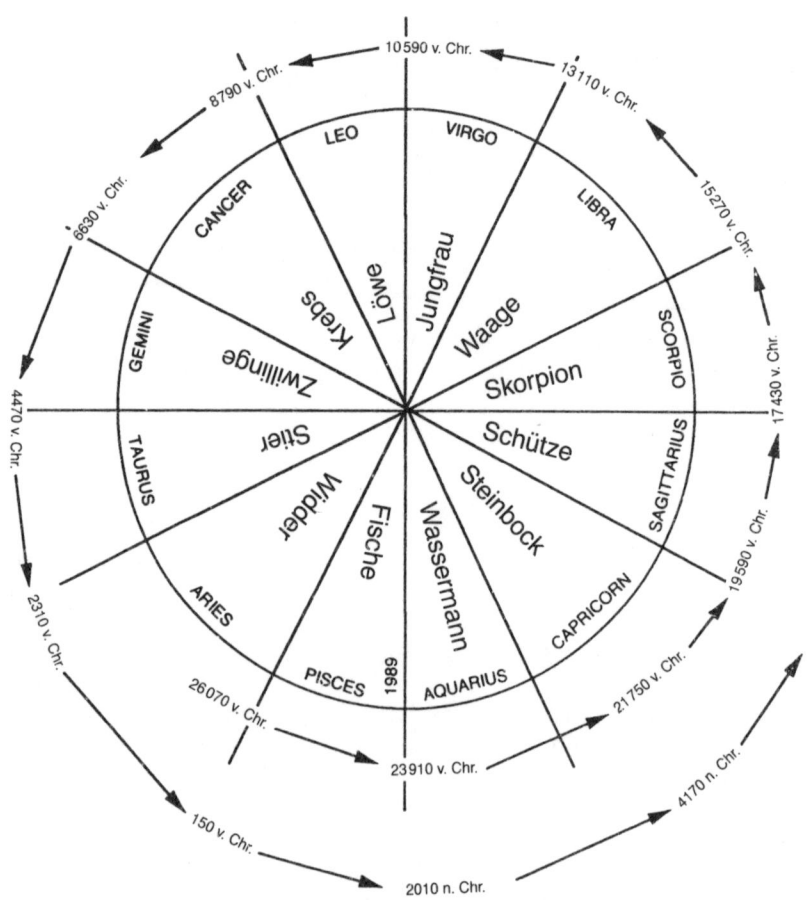

Das »große tropische Jahr« und der Tierkreis.

etwa im dritten Jahrhundert v. Chr. von der Decke des ägyptischen Tempels zu Dendera kopiert wurde, das Himmelsgewölbe so dar, wie es vor etwa 12 500 Jahren aussah, als der Löwe die Frühlings-Tagundnachtgleiche auf der Nordhalbkugel markierte.[11]

Könnte diese Periode folglich das verlorene Goldene Zeitalter gewesen sein, das Zeitalter der Götter? Und sofern es das war, welche Relevanz hat es für die alte und die heutige Zukunftsprophezeiung?

Wer sich mit Astrologie befaßt, der weiß, daß der Einfluß des Himmelsgewölbes stets durch gegensätzliche Paare wirkt. Wenn also das Geburtshoroskop wichtige planetare Einflüsse im Zeichen des Widders offenbart, wird sich ein erfahrener Astrologe sofort auch das um 180 Grad gegenüberliegende Zeichen, die Waage, im Hinblick auf zusätzliche Daten ansehen.

Astrologen wiederum, die rein heliozentrisch orientiert sind, berücksichtigen bei ihren Vorhersagen nicht die scheinbare Rotation des Himmels um die Erde, sondern die Tatsache, daß unser Planet die Sonne umkreist, und sie nehmen als sicher an, daß ungeachtet dessen, in welchem Zeichen die Sonne augenblicklich stehen mag, von der Erde aus gesehen, ihre *tatsächliche* astronomische Position *gegenüber* der Erde sich genau 180 Grad entgegengesetzt befindet, also im entgegengesetzten Zeichen. Die Ursache hierfür liegt in der Kreisförmigkeit der Erdumlaufbahn um die Sonne. Die Stelle, an die wir die Sonne am Firmament, von der Erdoberfläche aus gesehen, plazieren, befindet sich tatsächlich genau (180 Grad) gegenüber jener Stelle, an die ein Beobachter auf der Sonne die Erde im gleichen Augenblick plazieren würde. Eine heliozentrische astrologische Berechnung geht davon aus, daß man das Firmament von unserem Stern und nicht von unserem Planeten aus beobachtet. Dies sind nur zwei grundlegende Beispiele für eine bekannte astrologische Wahrheit: Die Einflüsse des Sternenhimmels auf menschliche Angelegenheiten wirken wie Spiegelbilder.[12]

Wie betrifft dies die Zukunft? Derzeit, da wir uns dem Ende des zwanzigsten Jahrhunderts nähern, steht der Übergang der Frühlings-Tagundnachtgleiche aus dem Tierkreiszeichen der Fische in das vorausgegangene, nämlich den Wassermann, kurz bevor. Weil die Grenzen der Sternbilder, welche die 30 Grad umfassenden Tierkreiszeichen charakterisieren, willkürlich sind und weil das Anfangsdatum des Großen Kreises in Vergessenheit geraten ist, können die Astrologen das genaue Jahr, in dem wir am Frühlingspunkt die Fische verlassen und null Grad des Wassermanns erreichen, nur annähernd bestimmen. DANE RUDHYAR schätzt, daß es im Jahr 2060 n. Chr. geschehen wird. Andere zu Rate gezogene Astrologiebücher nennen die Jahre 1950, 1999, 2030 und 2112 n. Chr. als Überquerungszeitpunkt.[13] Wissenschaftler des angesehenen französischen *Institut Géographique National* erklären, das Jahr 2012 n. Chr. bringe den tatsächlichen astronomischen Übergang.[14] Dieses Datum kann als das genaueste angesehen werden. Immerhin sind sich alle zeitgenössischen Astrologen darin einig, daß wir uns, welches auch immer der tatsächliche »Null-Grad«-Punkt sein mag, bereits weit in der »Zwielicht«-Periode des Fische-Zeitalters befinden und das Wassermann-Zeitalter in Bälde zu dämmern beginnen wird.

Was hat dies mit dem Goldenen Zeitalter des Löwen, mit der Sonne zu tun? Nicht mehr und nicht weniger, als daß der Wassermann jenes Zeichen ist, das auf dem Tierkreis 180 Grad vom Löwen entfernt ist. Das Wassermann-Zeitalter ist somit das himmlische Gegenüber des Löwen-Zeitalters. Deshalb sind die beiden, der Astrologie zufolge, sehr eng miteinander verknüpft. Das ist der Grund, warum Esoteriker und Künder des Neuen Zeitalters seit langem beharrlich auf den radikalen Charakter der Veränderungen verweisen, die mit der »Dämmerung des Wassermann-Zeitalters« kommen werden. Das nahende Wassermann-Zeitalter soll das Spiegelbild — auf welche Weise, das wissen wir noch nicht — des sagenhaften untergegangenen

Goldenen Zeitalters der Sonne sein. Und wenn sich dieses Zeitalter vor zwölf- bis dreizehntausend Jahren mit so furchteinflößenden himmlischen und irdischen Geschehnissen ankündigte, daß die Menschheit die Erinnerung daran in ihren ältesten Mythen und mündlichen Überlieferungen bewahrte, so müssen wir mit allerhand rechnen, während wir dem in nur wenigen Jahrzehnten stattfindenden Ereignis, die Mitte der Kreisbahn des Großen Jahres zu überqueren, zugehen.

Bevor wir uns dem zuwenden, was EDGAR CAYCE, wohl der verläßlichste Seher des zwanzigsten Jahrhunderts, über den besonderen Charakter der kommenden Jahrzehnte im Vorfeld des Wassermann-Zeitalters sagte, wollen wir uns vergegenwärtigen, wie sich einige alte Wahrsager über die verschiedenen Zeitalter der Menschheit und die Zyklen der Erdgeschichte äußerten. Berücksichtigen müssen wir auch ein wichtiges Zeugnis der Großen Pyramide von Giseh, der Cheopspyramide. Wie wir sehen werden, halten Experten, die diese Pyramide mathematisch untersuchten, sie für einen steinernen Kalender, der historische Epochen von 2600 v. Chr. bis 4000 n. Chr. darstellt.

Lord JOHN D. ACTON, ein britischer Staatsmann aus dem vorigen Jahrhundert, schrieb den berühmten Satz, daß jene, die nicht aus der Geschichte lernen, dazu verurteilt sind, sie zu wiederholen. Und tatsächlich scheint sich die Geschichte oft zu wiederholen, wenn man sie rückblickend betrachtet. Die Überlieferung zeigt, daß viele große Kulturen infolge natürlicher oder menschlicher Ursachen ein gewaltsames Ende nahmen. Die Sagen aller bekannten alten Kulturen legen Zeugnis von periodischen großen Katastrophen ab, die so verheerend waren, daß lediglich die Mythen über die vorausgegangenen Zeiten erhalten blieben. Die Polynesier beispielsweise führen neun aufeinanderfolgende Schöpfungen und Vernichtungen im Pazifik auf, in einem Zeitraum von mehreren hunderttausend Jahren. Die Chinesen berufen sich auf zehn verschwundene Zeitalter (Kis genannt) vom Weltanfang bis zum gegenwärtigen »Zeitalter des KONFUZIUS«. Andere Quellen, unter anderem die persischen, tibetischen und etruskischen, nennen sieben untergegangene Epochen mit sieben unterschiedlichen Himmelsaspekten.[15]

Auf dem amerikanischen Kontinent ist in allen präkolumbianischen Kulturen von mindestens drei verschwundenen Welten und Menschengeschlechtern die Rede, so daß unseres das vierte wäre. Die Azteken und Maya weisen auf vier frühere terrestrische Kulturen hin, die alle in Naturkatastrophen untergingen. Eine hochstehende Kosmogonie haben die Hopi-Indianer entwickelt. Die Hopi sind ein friedliebender kleiner Stamm und leben in mehreren Pueblos unweit der »Four Corners«, der vier Ecken, wo die Staaten Arizona, Utah, Colorado und New Mexico aneinandergrenzen. Sie betrachten ihr Land und ihre eigene Existenz als geheiligt. Den Hopi-Lehren zufolge, die FRANK WALTERS während der sechziger Jahre im Buch der Hopi aufzeichnete, wurde der Weltschöpfergeist Taiowa genannt. Taiowa bedeutet in der Hopi-Sprache »Der Unendliche«. Er entspricht dem hinduistischen Universalgott Brahm. Am Beginn der Schöpfung entsprang dem Taiowa, »dem Unendlichen«, »der Endliche« oder Sotukuang, das erste sichtbar gewordene Wesen und dem Brahma der Hindus entsprechend. Taiowa erschuf auch Tokpela, was »der endlose Raum« bedeutet.[16]

Durch Sotukuang, den die Hopi als Taiowas »Neffen« ansahen — eine Art, auf nichtfleischliche Elternschaft hinzuweisen —, erhielt Tokpela, der endlose Raum, materielle Form dank der Elemente Wasser, Wind und Atmosphäre. Dann formte sich Sotukuang, um der materiellen Wirklichkeit Leben zu verleihen, eine Helferin, Kokyangwuti oder die Spinnenfrau. Sie erschuf aus Speichel und Lehm vier menschliche Rassen, die schwarze, gelbe, rote und weiße. Sotukuang gab ihnen eine Sprache, Intelligenz und die Fähigkeit, sich fortzupflanzen. Dafür erklärten sie sich bereit, Mutter Erde als ihre lebende Verwandte anzuerkennen und sie zu ehren, in Frieden und Harmonie auf ihr zu leben.

Leider bestand dieses früheste Paradies nicht ewig, denn es kam zu Rivalitäten zwischen den verschiedenen Rassen. Lügen und Eifersüchteleien, geschürt von Vogel- und Schlangenwesen, führten zu Krankheit und Zwist. Die Menschheit vergaß ihren Schöpfer und hörte auf, Mutter Erde zu achten. Sotukuang bedauerte, die Menschheit erschaffen zu haben, und beschloß, sie zu zerstören. Er wollte jedoch die Wenigen verschonen, die treu geblieben waren, nämlich die Vorfahren der Hopi. Diese führte er durch einen Ameisenhügel in einen unterirdischen Zufluchtsort. Dann vernichtete er die erste Welt durch Feuer und Vulkanausbrüche. Den Hopi zufolge stülpte er die Erde buchstäblich um, schuf Land, wo Meere gewesen waren, und umgekehrt.

Tokpa, die zweite von Sotukuang erschaffene Welt, war breit und flach. Die Vorfahren der Hopi erschienen und lebten anfangs in Harmonie, sie verfügten über telepathische Fähigkeiten. Ein Dorfsystem entstand und mit ihm der Handel. Dieser sollte Tokpa zum Verhängnis werden, denn er erzeugte Habgier in den Menschen. Als Folge davon kam es zu sozialer Ungleichheit und kriegerischen Auseinandersetzungen. Wieder vergaßen die Menschen, ihren Schöpfer oder die Erde zu ehren, wieder waren sie reif für die Vernichtung. Der kleine Rest Schuldloser wurde durch den Ameisenhügel in Sicherheit gebracht wie zuvor. Diesmal kippte Sotukuang die Erdachse und befahl den Polen, sich umzukehren. Die Erde geriet auf ihrer Kreisbahn wild ins Wanken, sie rollte zweimal über, und als Folge davon erstarrte der Planet unter einer Eishülle.

Doch Sotukuang griff noch einmal ein. Er erschuf die dritte Welt, Kuskurza genannt, und besiedelte sie mit den Überlebenden Tokpas. Es entwickelte sich rasch eine blühende urbane Kultur mit bedeutenden Städten und einer raffinierten Technologie. Die Telepathie allerdings war abhanden gekommen. Diesmal sah es so aus, als sei Sex die Ursache des Untergangs der Menschheit, denn eine »schlechte Frau« benutzte Sex als politische Waffe. Es kam zu einem Krieg, in dem unter anderem heftige Luftkämpfe zwischen fliegenden »Schilden mit Häuten« (der treffendste Hopi-Ausdruck für Flugzeuge) stattfanden. Als der Krieg die ganze Erde zu vernichten drohte, ging Sotukuang wieder gegen die schlechten Menschen vor. Nachdem er seine getreuen Anhänger in hohlen Röhren verborgen hatte, ließ er die Erde durch eine gewaltige Überschwemmung unter Wasser setzen. Die Überlebenden mußten ihre Röhren als Boote verwenden, bis sich wieder trockenes Land zeigte.

Unsere gegenwärtige vierte Erde heißt für die Hopi Tuwaqachi. Der Name bedeutet »Welt vollendet«. Ihre überlebenden Vorfahren wurden von dem »Wächtergeist« Masaw ins Gebiet der südwestlichen Mesa geführt und dort angesiedelt auf, wie sie sagen, geheiligtem Boden. Diese Gegend ist selbst bei einer Zerstörung der vierten Welt nicht gefährdet, solange die Hopi ihre Riten und Zeremonien beibehalten und die Würde der Erde achten.

Gemäß den Hopi-Prophezeiungen ist Tuwaqachi nicht die endgültige Form der Erde. Der gesamte Schöpfungszyklus des Stammes umfaßt sieben aufeinanderfolgende menschliche Welten oder Kulturen (plus zwei himmlische). Nach ihrer Rechnung werden also noch drei weitere weltweite Katastrophen kommen. Tatsächlich behaupten ihre geachtetsten Seher, daß für alle, die unsere Erde und ihre Lebensformen, auch die winzigen, genau beobachten, bereits heute Anzeichen für das Kommen der fünften Welt erkennbar seien. Die Behauptung könnte, in einer ganz anderen Sprache, vom Einströmen jener neuen kosmischen Energien in die Erde künden, die von Dr. HELEN WAMBACH wahrgenommen und von Dr. SHAFICA KARAGULLA in *Through the Curtain* erörtert wurden.[17]

Für die Hopi ist die gegenwärtige Zeit äußerst entscheidend, was die Bestimmung des Schicksals unserer vierten Welt, Tuwaqachi, anbelangt. Einige ihrer wichtigsten Prophezeiungen wurden um die Zeit von Christi Geburt, vor etwa zweitausend Jahren, in eine Felsklippe der Black Mesa in Arizona eingemeißelt. Eine ausführliche Darstellung der Bedeutung dieser alten Felsbilder gibt SUN BEAR, ein Chippewa-Medizinmann, der bei Stammesältesten der Hopi lernte und derzeit Vorträge rund um die Welt hält, in dem Versuch, die Menschen zu überzeugen, daß sie aufhören müßten, Naturschätze für destruktive Zwecke zu benutzen. Er ist überzeugt, daß die Hopi-Prophezeiungen und die anderer amerikanischer Ureinwohner, die unsere Erde ehren, von lebenswichtiger Bedeutung für die Gegenwart und die nahe Zukunft sind.

Ihm zufolge stellen die Hopi-Felsbilder den Großen Geist dar, der auf zwei auseinandergehende Wege hinweist. Der obere kennzeichnet den Weg, der von unserer weißen Kultur und jenen amerikanischen Ureinwohnern, die westliche Lebensgewohnheiten übernehmen, eingeschlagen wird. Der untere verkörpert den Weg spiritueller Hopi-Traditionen. An einem Punkt sind die beiden Wege durch eine senkrechte Linie verbunden, die von Hopi-Ältesten als Markierung für die Ankunft europäischer Siedler gedeutet wird. Ein kurzes Stück weiter stellen zwei große Kreise den Ersten und

Zweiten Weltkrieg dar, wo Konflikte die ganze Erde sozusagen einkrei-
sten.[18]

Wieder ein Stück weiter markiert ein dritter Kreis das, was die Hopi den
»großen Tag der Läuterung« nennen, womit Umwälzungen auf der Erde
und die Rückkehr des Großen Geistes gemeint sind. Nach diesem Ereignis
verläuft der obere, westliche Weg kurz im Zickzack, bevor er sich verliert,
während der untere Weg, der spirituelle Hopi-Weg, in die nächste, die fünfte
Welt einmündet.

Hopi-Älteste sehen darin ein deutliches Zeichen dafür, daß unsere derzeitige Kultur, die dem oberen Weg folgt, auf Schwierigkeiten zusteuert. Sie
sagen voraus, daß es, sofern sich die Politik der Großmächte nicht drastisch
ändert, innerhalb des nächsten Vierteljahrhunderts zu einem neuen Weltkrieg kommen wird, der alle Völker dezimiert, die sich in zügellosem Materialismus verloren haben und die Naturschätze der Erde rücksichtslos ausbeuten. Dieser Krieg ist gleichbedeutend mit dem großen Tag der Läuterung, denn da wird die Erde durch Feuer gereinigt.[19]

Gleich den meisten wirklich großen Sehern sagen die Hopi-Ältesten nicht
voraus, daß diese »große Läuterung« unvermeidlich sei — zumindest ist sie
es jetzt noch nicht. Ihren Mythen zufolge wird Sotukuang, bevor die reini-
genden Feuer wieder ausbrechen, einen Boten mit Namen »Pahana«, den
»wahren weißen Bruder«, schicken, um einen letzten Appell an die Völker
zu richten, ihr Verhalten zu ändern. Pahana wird in einem »Licht aus dem
Osten« erscheinen, bestimmte Zeichen sowie ein Fragment einer der heiligen Hopi-Steintafeln mitbringen und von zwei Helfern (oder Menschengruppen) begleitet sein. Wenn genügend Menschen sich bereitfinden, die
frühere Fürsorge für die Erde und für ihre Mitmenschen wieder einzufüh-
ren, kann die Weltkatastrophe vermieden werden. SUN BEAR verbreitet diese
Botschaft. Seit 1970 bilden seine weiße amerikanische Frau und er den Bear
Tribe, den ersten bewußt interrassischen Stamm auf dem Kontinent mit Sitz
bei Spokane, Washington.

Wie die meisten Prophezeiungen amerikanischer Ureinwohner, so enthalten auch die der Hopi einige Höhepunkte zur Markierung des Wegs, der
zum großen Tag der Läuterung führt. Zu solchen hervorstechenden Vorhersagen, die sich nach SUN BEARS Ansicht bereits erfüllt haben, zählen ein »Silberfaden« über dem Land (der Highway 66, der von St. Louis nach Los Angeles verläuft) und »Spinnweben in der Luft«, durch die »Menschen gehen
werden« (Telefon- und Hochspannungsleitungen sowie Fernsehsender). Eine unerwartete Bestätigung einer alten Hopi-Prophezeiung gab es 1969, als
der Apollo-Astronaut NEIL ARMSTRONG vom Mond aus verkündete: »Der
Adler ist gelandet.« Jahrhunderte zuvor war den Hopi gesagt worden, sie
könnten erwarten, daß kurz vor dem Ende der vierten Welt »der Adler auf
dem Mond geht«. Derselben Prophezeiung zufolge werde ein »Haus am
Himmel« die letzte bedeutende Leistung unserer modernen Kultur vor dem
großen Tag der Läuterung sein. Unklar ist, ob die damit bereits gebauten

amerikanischen Spaceshuttles und die sowjetischen Sojus-Raumlabora-
torien gemeint sind oder eine noch zu errichtende, um die Erde kreisende
Raumstation. Wie dem auch sei, lange wird es bis zur Verwirklichung dieser
Vorhersage gewiß nicht mehr dauern.

Seit den sechziger Jahren versucht eine Gruppe traditionsbewußter Hopi-
Ältester, sich mit einem Abrüstungsvorschlag, der nach ihrer Ansicht einen
Atomkrieg verhüten könnte, an die Vereinten Nationen zu wenden. Da man
ihnen bei der Abrüstungssondersitzung der UNO im Juni 1982 das Recht
zu sprechen verweigerte, unterbreiteten sie ihre Vorschläge schriftlich. Darin
wiederholten sie die wesentlichen Punkte ihrer Prophezeiungen, einschließlich einer Aussage von Massaw, dem »Wächtergeist«, der angekündigt hatte, wenn ein »Kürbis voll Asche« auf die Erde geworfen werde, seien große
Verluste an Menschenleben die Folge, und das Ende der »materialistischen
Lebensweise« käme bald. Nach Hopi-Deutung ist damit entweder der
Atombombenabwurf auf Hiroshima und Nagasaki oder ein atomarer Holocaust im Verlauf eines möglichen Dritten Weltkriegs gemeint.[20]

Im Lauf ihrer ganzen Geschichte machten es sich die Hopi zur Pflicht, ihre altüberlieferten Rituale und Zeremonien als Beweis ihrer spirituellen
Reinheit beizubehalten. Heute ist ihr kleiner Stamm arg zersplittert in »Mo-
dernisten«, die im Hopi-Land die Erzvorkommen zum Nutzen des Stammes
ausbeuten wollen, und »Traditionalisten«, die darin einen weiteren Beweis
für die wachsende Respektlosigkeit des Menschen gegenüber Mutter Erde
sehen. Für manche ist die Auseinandersetzung ein weiteres Zeichen dafür,
daß Sotukuang bald wieder eingreifen wird, um den Planeten von seiner
menschlichen Last zu reinigen.

Das Ganze klingt für manche von uns vielleicht nach der pittoresken
Folklore eines »primitiven« Volkes, die dazu dient, seinen unvermeidlichen,
verlustbringenden Zusammenstoß mit der modernen Zivilisation wegzure-
den. Doch neueste archäologische Entdeckungen sollten uns stutzig machen. In den letzten zwanzig Jahren fand man bei verschiedenen, voneinander unabhängigen Ausgrabungen in Peru, Mexiko und Arizona bis in Tiefen
von mehr als zwanzig Metern physikalische Beweise für eine Reihe plötzli-
cher Erdveränderungen. An jeder dieser Stätten legten die Wissenschaftler
übereinanderliegende Schichten von Vulkanasche, Gletscherablagerungen
und schlammigen Lehmsedimenten frei, die in sehr überzeugender Art mehrere aufeinandergefolgte Katastrophen veranschaulichen. Die letzte dieser
Umwälzungen war offenbar eine gewaltige Überschwemmung, genau wie
es die Hopi behaupten. Die Hopi nennen zwar kein exaktes Datum für den
letzten globalen Kataklysmus; ihre Ältesten schätzen, daß er sich vor etwa
zehntausend Jahren zutrug — was ihn ungefähr in die Zeit des rätselhaften
Tierkreiszeitalters des Löwen legen würde.[21]

Der Bericht der Hopi über die jüngste »Läuterung« der Erde infolge einer
großen Überschwemmung, die einige wenige Glückliche in Schilfbooten
überlebten, stimmte bemerkenswert mit der biblischen Geschichte von Noah

und der Sintflut überein. Die große Überschwemmung der Erde, von der die Hopi berichten, steht nicht allein. Ähnliche Überlieferungen über diese weltweite Katastrophe gibt es bei allen Völkern aller Kontinente, einschließlich der Skandinavier, Griechen, Ägypter, Hebräer, Sumerer, Babylonier, Perser, Hindus, Chinesen, Fidschianer, Eskimos und nord- sowie südamerikanischen Ureinwohnern. Die sich hartnäckig haltenden Mythen über die sagenhaften vorsintflutlichen Kulturen von Atlantis und Shamballa entstammen diesen Überlieferungen.

Bemerkenswerterweise wird in fast allen derartigen Mythen darauf verwiesen, daß einige wenige Menschen — meist Mitglieder einer einzigen Familie — eine Warnung von der drohenden Katastrophe erhielten und dann Vorkehrungen zu ihrer Rettung trafen. Die heutige Menschheit ist deren Nachkommenschaft. Der Grund für das Überleben der Vorfahren jedes heute lebenden Menschen ist folglich eine prophetische Katastrophenwarnung gewesen. Man könnte sagen, das warnende Vorgefühl sei in unseren Genen eingebaut! Überrascht es dann, daß wir trotz unserer wissenschaftlichen Bildung und rationalistischen Erfahrenheit nach wie vor gebannt sind von der Möglichkeit einer weltweiten Katastrophe irgendwann in der Zukunft?

Es gibt zwar überwältigende Beweise für eine weltweite prähistorische Sintflut, aber kein feststehendes Datum; auch die unmittelbare Ursache der Katastrophe ist nicht bekannt. Im Lichte der Hopi- und anderer Quellen ist es ferner wahrscheinlich, daß sich in unserer fernen Vergangenheit mehr als eine solche weltweite Katastrophe ereignete.

Ein endgültiges Urteil liegt also nicht vor, doch die jüngsten geologischen Entdeckungen und Deutungen alter Aufzeichnungen lassen ein weiter zurückliegendes Datum vermuten als das von früheren Generationen angenommene. Namhafte Quellen, die während des ganzen neunzehnten Jahrhunderts zitiert wurden, berechneten das Datum der Sintflut gemäß dem hebräischen Kalender, der 3760 v. Chr. beginnt. Anhand des Verzeichnisses von Adams Nachkommen, wie es in der *Genesis* enthalten ist, schätzten die Gelehrten, daß die Sintflut 1292 Jahre danach stattgefunden habe, also um 2468 v. Chr. Von dieser Datierung ging man aus, bis Anthropologen die alten Schriften anderer Kulturen entzifferten und herausfanden, daß einige dieser Kulturen lange vor der angenommenen Zeit ihre Blüte erlebt hatten. Die neuen Berechnungen, die auf archäologischen Ausgrabungen im Nahen und Mittleren Osten während der zwanziger und dreißiger Jahre sowie auf dem anthropologischen Beweismaterial beruhen, verweisen die Sintflut auf ein Datum um 4250 v. Chr. Zu dem neuen Datum führten die aufgefundenen Schlammschichten sowie babylonische und ägyptische Königsverzeichnisse.[22]

Viel früher hatten die griechischen Philosophen PLATON und HERAKLIT das Auftreten der Katastrophe angesetzt, die das sagenumwobene Atlantis hatte untergehen lassen. Im *Timaios* berichtet PLATON, daß ägyptische Priester einem berühmten griechischen Besucher, dem SOLON, von einer sagenhaften Kultur erzählten, die »während eines schlimmen Tages und einer schlimmen Nacht ... im Meer unterging«, zu einer Zeit, die man heute um 9560 v. Chr. ansetzen müßte. Schon vor PLATON hatte HERAKLIT Atlantis in seinen Schriften erwähnt und sein Verschwinden zeitlich so festgelegt, daß man nach heutigen Methoden der Zeitberechnung auf das Jahr 9614 v. Chr. kommt. Weil jedoch die griechische Kultur kaum über das zweite vorchristliche Jahrtausend hinaus zurückverfolgt werden konnte, betrachteten die meisten Gelehrten diese Berichte als reine Sagen. Man nahm sie nicht ernst als Quellen für die Datierung der biblischen Sintflut.

Zwei Entwicklungen in den letzten Jahren lassen diese Daten allerdings viel plausibler, ja sogar noch ein älteres Datum als wahrscheinlich erscheinen. Neue Erkenntnisse erbrachten zum einen stichprobenartige Tiefenbohrungen in die Eiskappen der Pole und in die Erdkruste mittels neuer Bohrtechniken. Diese Verfahren vermitteln uns ein viel klareres Bild von den klimatischen Bedingungen im Lauf der geologischen Geschichte der Erde als alle bisher angewandten. Die Ergebnisse zeigen, daß die letzte Eiszeit unseres Planeten vor etwa 75 000 bis 77 000 Jahren begann und nicht vor 250 000 Jahren, wie man früher schätzte. Die jüngste Vereisungsperiode wurde von einer kurzen Erwärmungstendenz unterbrochen, die nach etwa 35 000 Jahren einsetzte und nur zwei oder drei Jahrtausende währte. Vor etwa 38 000 Jahren dann brach eine viel kältere und trockenere Periode an, die zwischen 10 500 und 11 000 v. Chr. geologisch ziemlich abrupt endete, als sich unser relativ mildes Klima herausbildete. Bemerkenswert ist, daß diese Periode mit dem Beginn des astrologischen Zeitalters des Löwen zusammenfällt![23]

Neue Erkenntnisse werden uns auch durch weniger voreingenommene Übersetzungen und Vergleiche alter nah- und mittelöstlicher Texte zuteil, besonders der Schriftfunde sumerischen Ursprungs. Im Lande Sumer blühte zwischen 3800 und 2000 v. Chr. die älteste menschliche Kultur, deren schriftliche Aufzeichnungen relativ unversehrt erhalten blieben. Tatsächlich wurden die staunenden Archäologen von ihren Entdeckungen zu der Schlußfolgerung gezwungen, daß es sich dabei um eine Hochkultur gehandelt hatte. Auch deutet das Tatsachenmaterial darauf hin, daß die Kultur der Sumerer weltoffener und fortschrittlicher war als die ihnen in Mesopotamien nachfolgenden bekannteren Kulturen. Zudem weisen viele sumerische Geschichtsepen enge Parallelen mit jenen der *Genesis* auf. Sumerische Kultur leistete einen wesentlichen Beitrag zum Fortschritt der menschlichen Geschichte. Ihr ist die Einführung erstmals des Brennens von Ton in Öfen, der Entwicklung der Metallurgie, geordneter schriftlicher Aufzeichnungen und Buchführung, der Kodizierung der Gesetze, medizinischer Abhandlungen, juristischer über die Scheidung sowie solcher über Agrikultur und Tierhaltung und anderes mehr zu verdanken.

Die neueste Entzifferung alter mesopotamischer Texte beweist auch, daß die Sumerer Jahrtausende vor den alten Griechen einen Tierkreis mit zwölf

Zeichen entwickelt hatten, den sie, ähnlich wie später die Griechen, als »leuchtende Herde« von Tieren am Himmel bezeichneten. Schon sie stellten die Zeichen ihres Tierkreises anhand von Menschen- und Tiersymbolen dar, wie sie Jahrhunderte später von den Chaldäern, Ägyptern und Griechen übernommen wurden. Somit sind die Sumerer auch die »Erfinder der Astrologie«.[24]

In der Blütezeit ihrer Kultur zwischen 3800 und 2000 v. Chr. legten die Sumerer großes Gewicht auf das Zeichen des Stiers, dessen Sternbild während des größten Teils dieser Periode die Ekliptik der Erde in der Dämmerung am Frühlingspunkt kreuzte. Heute beginnen wir das Tierkreisjahr mit dem Widder, dessen Zeichen die Frühlings-Tagundnachtgleiche während der nächsten zwei Jahrtausende kreuzte, in der chaldäischen und griechischen Ära. Unser heutiger Tierkreis, der ebenfalls mit dem Widder beginnt, wurde von diesen Kulturen übernommen. Das Zeitalter des Widders war auch die Ära des *Alten Testaments*, das so großes Gewicht auf den Schofar, das Widderhorn, sowie das Lammopfer am Osterfest legt.

Vergleiche sumerischer und biblischer Geschichten über den Ursprung der Menschheit mit meteorologischen Aufzeichnungen brachten Dr. ZECHARIA SITCHIN, einen Bibelgelehrten und Experten für alte Sprachen, auf die Spur bedeutsamer Übereinstimmungen, was die zeitliche Festlegung von Schlüsselereignissen in der menschlichen Frühgeschichte erlaubte. Er behauptet, ausgehend von seinen Forschungen, daß die letzte große Naturkatastrophe auf der Erde, eine weltweite Überschwemmung, höchstwahrscheinlich am Ende der letzten kleinen Eiszeit stattfand, etwa um 10 800 v. Chr. Damit läge die biblische Sintflut, wie schon dargelegt, im Zeitalter des Löwen, das auf der Kreisbahn des »großen tropischen Jahres« genau einen Halbkreis vom jetzt dämmernden Zeitalter des Wassermanns entfernt ist.[25]

Dr. ZECHARIA SITCHIN kam zum Schluß, daß die Sintflut nicht »ein einzelnes, plötzliches Ereignis, sondern der *Höhepunkt einer Kette von Ereignissen*« war.[26] Er zitiert sumerische Quellen und die *Genesis*, um aufzuzeigen, daß das Klima auf der Erde bereits lange vor der Sintflut rauh und kalt geworden war und daß die Menschen sogar im üppigen »Fruchtbaren Halbmond« ums Überleben kämpften. Dies war die letzte kleine Eiszeit. Ein sumerisches Epos enthält die Schätzung, daß die schlimmste Zeit dieser rauhen prähistorischen Periode etwa 25 000 Jahre umspannte; das entspricht der zeitlichen Festlegung der Dauer der Eiszeit von dem kurzen Wärmeanflug 38 000 v. Chr. bis etwa 12 800 v. Chr. Spätere Abschriften verschiedener historischer Texte aus Mesopotamien berichten über die Verzweiflung der Menschen, als mehrmals nacheinander die Ernten verdarben. Hungersnot herrschte, und die Weltbevölkerung verringerte sich. Manche Menschen fielen sogar in den Kannibalismus zurück.

Enthält das *Alte Testament* irgendeinen vergleichbaren Bericht? Wenn man davon ausgeht, daß die ersten Generationen der Menschheit, die vor-

sintflutlichen Patriarchen, bedeutend länger lebten als wir heute, dann lautet die Antwort: ja. Mehrere Generationen nach der Vertreibung Adams und
Evas aus dem Paradies klagt deren Nachkomme Lamech, Gott habe die Erde »verflucht«, womit er zweifellos meinte, daß die Felder nicht genügend
Früchte hervorbrachten, und er gab dann einem Sohn den Namen Noah,
was soviel wie »Begnadigung« oder »Linderung« bedeutet; offenbar tat er
dies in der Hoffnung auf bessere Zeiten (*Genesis* 5, 29).

Kann es sein, daß sich einige wenige biblische »Generationen« über mehrere Jahrtausende erstreckten (die Dauer der letzten kleinen Eiszeit)? Das
scheint uns unmöglich, weil wir Heutige ja kaum hundert Jahre alt werden.
Doch manche alten Quellen, darunter die *Genesis,* sumerische Tontafeln sowie ägyptische und hinduistische Mythen über das Zeitalter der Götter berichten, daß die vorsintflutlichen Vorfahren der Menschheit weit länger lebten als wir heute. So erreichten beispielsweise auch die biblischen Patriarchen von Adam bis Noah ein Lebensalter von mehreren hundert Jahren; der
Langlebigkeitsrekord, den Methusalem hält, beträgt fast tausend Jahre.
Und ihren vorsintflutlichen Königen schreiben die von Dr. ZECHARIA SIT-
CHIN zitierten sumerischen Quellen sogar Lebenszeiten von mehreren Jahrtausenden zu! Die sumerischen Verzeichnisse weisen enge Parallelen zu jenen der ägyptischen Herrscher-Götter der präpharaonischen Dynastien auf,
wie Ra, Osiris und Horus, die angeblich ebenfalls jeweils mehrere tausend
Jahre regierten. Auch altgriechische und hinduistische Sagen messen die irdische Herrschaft ihrer Götter in Jahrtausenden und nicht etwa in Jahren.[27]

Und was die biblischen Patriarchen betrifft: Hörten vielleicht Adams
Nachkommen auf, ihre Schöpfer-Götter (im *Alten Testament* »Elohim« genannt, im Althebräischen ein pluralisches Hauptwort) zu verehren, als ihre
flehentlichen Bitten um ein besseres Klima nichts fruchteten? Die biblische
Darstellung der frühen Entwicklung des Menschengeschlechts ist extrem
kurz, doch wenigstens ein möglicher Hinweis über die Auswirkungen der
Klimaveränderung findet sich in der Geschichte von Kain und Abel, wo es
geschah, daß Kains Opfer von Feldfrüchten nicht angenommen wurde, was
zum berüchtigten Brudermord führte (*Genesis* 4). Als Strafe verfügte »der
Herr« Jahwe (ein singularisches Hauptwort im Hebräischen, möglicherweise ein Name, den man einem der »Elohim« gegeben hatte): »Wenn du den
Acker bauen wirst, soll er dir hinfort sein Vermögen nicht geben« (*Genesis*
4, 12).[28] Und Kain und seine Nachkommen bis zur siebten Generation (das
heißt bis zur Zeit Noahs) wurden von Jahwe mit einem Zeichen versehen
(*Genesis* 4, 13—15). Konnte dieser »Fluch« eine biblische Art der Darstellung langjähriger Mißernten sein, die sich über tausendjährige »Generationen« erstreckten?

Außerdem heißt es kurz danach (*Genesis* 4, 26), daß in der Generation
von Adams Enkeln, den Kindern seines dritten Sohnes Seth, erstmals einer
»den Namen Jahwes anrief«. Die Bibelstelle schweigt sich jedoch über den
Inhalt dieser Anrufungen aus. Vielleicht flehten sie um besseres Wetter und

weniger harte Lebensbedingungen. Wir wissen anhand der von den Wissenschaftlern aufgedeckten geologischen Fakten, daß das Klima von 38 000 bis 13 000 v. Chr. schlechter wurde. »Über Nacht«, freilich nach geologischen Maßstäben, herrschte dann plötzlich ein gemäßigtes Klima, und die Eiskappen gingen zurück, wodurch ein großer Teil der tiefliegenden Gebiete der Erde überflutet wurde.

Das *Alte Testament* bringt ungünstige Veränderungen der Naturbedingungen (Wetter, Erdbeben usw.) oft mit Gottes berechtigtem Zorn über moralische Verfehlungen der Menschen in Zusammenhang. Deshalb überrascht nicht, daß es die Sintflut als Strafe für den vorsätzlichen Ungehorsam unserer fernen Vorfahren darstellt. Der *Genesis* zufolge wurde beispielsweise der Herr Jahwe zornig wegen der immer häufigeren Mischehen zwischen den Gottessöhnen, »Nefilim« genannt, und den »Menschentöchtern«, die »zu ihnen paßten« (nämlich sexuell).

Anscheinend fand Jahwe, daß selbst mit langlebigen Frauen »Gottessöhne« keine Nachkommen zeugen sollten. Als seine Gebote ignoriert wurden, beschloß er, die Frevelnden ein für allemal vom Erdboden zu vertilgen. Die vorsätzliche »Rassenmischung« der Menschentöchter mit den Gottessöhnen (rätselhaft bleibt, wer die geheimnisvollen »Nefilim« waren)* wird deshalb als Hauptgrund für die weltweite Sintflut genannt, durch die Jahwe die Erde von einem ungehorsamen, sündigen Menschengeschlecht säuberte (*Genesis* 6, 1—7).

Der biblische Bericht über die Beziehungen des Menschen zu seinen Schöpfer-Göttern (Elohim) in diesem Frühstadium der menschlichen Vorgeschichte ist stark gekürzt. Archäologen fanden heraus, daß andere alte Kulturen im Rahmen ihrer »Sagen und Mythen« vollständigere Aufzeichnungen über ihre Vorgeschichte hinterlassen hatten. Viele dieser Aufzeichnungen enthalten ähnliche, gewöhnlich aber viel detailliertere Berichte über menschlich-göttliche Geschlechtsvereinigungen während der vorsintflutlichen Periode des Goldenen Zeitalters. So wurde in der sumerischen Version, die jener des *Alten Testaments* am nächsten kommt, der Anführer der Schöpfer-Götter, Enlil mit Namen, ebenfalls zornig über die genetische Schwächung des göttlichen Geschlechts auf Erden durch häufige Heiraten seiner Schar raumfahrender Götter mit mannbaren irdischen Mädchen.[30]

Als erste Maßnahmen wie Seuchen und Hungersnöte keine Besserung bewirkten, verzweifelte Enlil, gleich dem biblischen Jahwe, ob seiner Ge-

---

* Der Übersetzung Dr. Zecharia Sitchins zufolge sind die »Nefilim« »die auf die Erde Geworfenen«. Das Wort stamme, erklärt er, vermutlich aus sumerischen Quellen, wo es zur Beschreibung der außerirdischen alten »Götter« gebraucht wurde, die vom Himmel herabgestiegen waren und über den prähistorischen Alten Orient herrschten. Sitchin behauptet auch, das biblische Wort »Schem« — gewöhnlich mit »die Berühmten« oder »Helden« übersetzt — bedeute in Wirklichkeit »Himmelsschiff«. Die »berühmten Helden der Vorzeit« (*Genesis* 6, 4) wären demnach die Nachkommen der Astronauten-»Götter« und ihrer menschlichen Gefährtinnen.[29]

schöpfe und beschloß, die Menschen samt ihren halbgöttlichen Verwandten auszurotten. Die Dinge spitzten sich zu, als Enlil allen damals auf Erden lebenden reinen Göttern befahl, sich sofort von ihren menschlichen Partnerinnen und halbmenschlichen Nachkommen zu trennen und die Erde wegen einer bevorstehenden planetaren Großkatastrophe zu verlassen. Die sumerischen Quellen erwähnen nicht, ob diese Katastrophe von Enlil dann ausgelöst wurde oder ob er sie nur voraussah. (Im allgemeinen sind die sumerischen »Götter« des Goldenen Zeitalters bei weitem nicht so moralistisch und allmächtig wie der biblische Jahwe.) Sie bringen jedoch klar zum Ausdruck, daß Enlil beschloß, das Ereignis zu benutzen, um die Erde von ihrer menschlichen Last zu befreien, denn sein Befehl an die auf Erden lebenden reinen Götter lautete, heimlich fortzugehen, ohne die Sterblichen oder die Mischlinge zu warnen.

An diesem Punkt schien das Schicksal der Menschheit besiegelt. Doch die sumerischen Tontafeln enthüllen, daß Enlils Entscheidung von seinen Mitgöttern nicht einstimmig gebilligt wurde. Sein größter Rivale, was die Herrschaft über die Erde anging, ein Halbbruder namens Enki (oder Ea), erhob Einspruch. Diese Rivalität war nichts Neues, viele Epen beschreiben turbulente Auseinandersetzungen der rivalisierenden Götter über territoriale, politische und sogar moralische Fragen. Auch schrieben die Sumerer Enki die genetischen und geistigen Qualitäten zu, die zur Erschaffung der Menschheit als Kreuzung eingeborener Erdprimaten mit dem »Samen der Götter« geführt hatten. Deshalb war Enki natürlich nicht gewillt, seine Geschöpfe aufzugeben. Doch Enlil zwang ihn, einen Eid zu schwören, daß er den menschlichen Erdbewohnern die bevorstehende Katastrophe nicht ankündigen werde.

Die Aufrechterhaltung der genetischen Reinheit des Göttergeschlechts scheint Enlils Hauptanliegen gewesen zu sein. Möglich ist auch, daß er und die Götter, die hinter ihm standen, die Konkurrenz des halb göttlichen, halb menschlichen Geschlechts fürchteten. Der stark gekürzte biblische Bericht über die vorsintflutliche Periode stützt diese Vorstellung mit der Aussage, die »Gottessöhne« und »Menschentöchter« seien berühmte Helden [Schem] gewesen (*Genesis, 6, 4*). Wie bereits erwähnt, kann Schem auch mit »Himmelsschiff« übersetzt werden.

Der sumerische Gott Enki umging das ihm von Enlil abgerungene Versprechen mit der klassischen List, es den Buchstaben nach zu halten, aber seinen Inhalt zu verraten. Er empfahl seinem liebsten menschlichen Gefolgsmann (in einigen Texten Atra-Hasis genannt, in anderen Utnapischtim), sich in seinem Tempel hinter einen beweglichen Wandschirm zu stellen, so daß man ihn nicht sehen könne. Dann erzählte Enki die ganze Vorhersage Enlils von der Sintflut laut, als spreche er zu den Tempelwänden; in Wirklichkeit aber sollte sein Diener sie hören.

Er verpflichtete den Mann, das Gehörte geheimzuhalten, und schmiedete Pläne für den Bau eines riesigen tauchfähigen Schiffs, das Platz genug für seine zahlreichen Familienangehörigen sowie für Tiere und Lebensmittel bot. Den Einzelheiten zufolge, die auf den Tontafeln angegeben sind, muß es einem großen, hohlen Baumstamm geglichen haben, denn es sollte mit abgedichteten Öffnungen versehen werden und imstande sein, sich in den Wassern der Flut »zu drehen und zu wenden«. Noahs Arche und die »hohlen Röhren« der Hopi wiesen ähnliche Merkmale auf, zum Beispiel sollte Noahs Arche »innen und außen mit Pech« überzogen werden (*Genesis* 6, 14).

So wurden also die Vorfahren der Sumerer dank des Eingreifens eines mitfühlenden Gottes vor dem Aussterben bewahrt. Die praktischen Einzelheiten in dem Bericht über ihre Rettung ähneln in bemerkenswerter Weise jenen Noahs. Interessant ist, daß auch die sumerischen Epen die Überlebenden auf dem Berg Ararat landen und den Göttern zum Dank Brandopfer darbringen lassen.

CHARLES BERLITZ bietet in seinem Buch *Weltuntergang 1999* eine umfassende Übersicht über die Berichte anderer Völker zur Sintflut. Es sind zu viele Darstellungen, als daß man sie hier einzeln aufführen könnte, aber sie alle enthalten Schilderungen Überlebender: Die alten Hindus berichten von einem Geretteten namens Manu, der davongekommen war, indem er ein Boot an einem großen, intelligenten Fisch festmachte, der ihn durch das Wasser nach Norden zum Gebirge zog. Mexikanische (toltekische) Mythen wissen von einem Paar, das während einer zweiundfünfzig Jahre dauernden Überschwemmung Zuflucht in einem ausgehöhlten Baumstamm fand. Verschiedene südamerikanische Geschichten künden von Überlebenden, die entweder mit Flößen auf sicheres Gelände gelangten oder sich auf den höchsten Bergen des Kontinents in Sicherheit brachten. Alte ägyptische Erzählungen fügen der überlieferten Sintflutsage einen neuen Aspekt hinzu: Der Sonnengott Ra verspricht, nachdem es nicht zur Ausrottung der Menschheit durch die große Flut kam, eine jährliche, nutzbringende kleine Überschwemmung des Nils.[31]

Wie bereits erwähnt, postuliert Dr. ZECHARIA SITCHIN, der sich hauptsächlich auf altorientalische Quellen stützt, daß die Sintflut der Antike etwa um 10 800 v. Chr. anzusetzen sei, am Ende der letzten Eiszeit unserer Erde. Falls die Sintflut also nach mehreren Jahrtausenden stärkerer Vereisung auftrat, was verursachte dann die plötzliche Überflutung? Eine Theorie, ausgehend von Proben, die bei einer wissenschaftlichen Antarktis-Expedition der Erdkruste entnommen und unter anderen von Dr. JOHN T. HOLLIN von der Universität des Staates Maine untersucht wurden, könnte die Antwort geben.

Bei der Untersuchung diverser Kernproben von Sedimenten unter dem Ross-Eisschelf fanden die Wissenschaftler Schichten feinkörnigen Sands, die mit Gletscherschichten abwechselten. Die Sandsedimente mußten von Flüssen in einer Zeit abgelagert worden sein, in der die Antarktis eisfrei gewesen war. Dr. Hollin folgerte, daß die geologische Geschichte der Antarktis, so verblüffend dies klingt, sehr ähnlich verlief wie jene Nordamerikas, daß nämlich Zeiten der Vergletscherung von gemäßigten Perioden abgelöst worden waren. Seine Theorie wurde von anderen Geologen angezweifelt, aber nicht widerlegt. Und die von ihm genannten Daten scheinen mit den Daten der Proben der bereits erwähnten Sedimente übereinzustimmen, die andere Wissenschaftler in Arizona und Mexiko entdeckten.

Das Datenmaterial weist außerdem auf mehrere abrupte Klimawechsel innerhalb der kurzen geologischen Periode der letzten paar hunderttausend Jahre hin. Anscheinend fand einer dieser Wechsel vor etwa 12500 Jahren statt, wobei sich der »gefrorene Kontinent« rasch erwärmte, was möglicherweise eine heftige Flutwelle auslöste, als die bis zu eineinhalb Kilometer dikken Eisschichten zerbarsten und ins Meer glitten. Schwedische Wissenschaftler fanden auch Beweise dafür, daß die Erde in der gleichen Periode eine Umkehr ihres Magnetfeldes durchmachte, die sich etwa 10400 v. Chr. dann stabilisierte.

Dr. ZECHARIA SITCHIN zufolge war die Sintflut eine Folge dieser Störungen, die nach seiner Vermutung vom ungewöhnlichen Durchgang eines zwölften Himmelskörpers unseres Sonnensystems innerhalb der Umlaufbahn des Mars ausgelöst wurden. Alte akkadische Texte, zweifellos Kopien sumerischer Originale, weisen darauf hin, daß das Sternbild des Löwen vor etwa zwölf- bis dreizehntausend Jahren »die Wasser der Tiefe durchmaß«. Laut den gleichen Quellen ging mit dem Zeitalter des Löwen auch das plötzliche Erscheinen eines hellen, sich rasch am Firmament nähernden Himmelskörpers einher, genannt der »Herr, dessen leuchtende Krone mit Schrecken beladen ist«.[32]

Dieser Planet, den Sitchin nach dem alten babylonischen Kriegsgott »Marduk« nannte, könnte unsere Sonne in einer überaus exzentrischen Bahn außerhalb der ekliptischen Ebene unserer Erde und anderer Planeten umkreisen. Die Gegenwart eines solchen, von den Astronomen noch nicht entdeckten Planeten oder großen Kometen würde bestimmte bekannte, aber unverständliche Anomalien in den Kreisbahnen der »äußeren Planeten«, besonders des Uranus und des Neptun, erklären.

In der Zeitschrift *Discover* erschien 1987 ein Artikel, dem zufolge JOHN ANDERSON vom *Jet Propulsion Laboratory* der NASA verraten hat, daß die übermittelten Daten der Raumfahrzeuge Pioneer 10 und 11, die an den »äußeren Planeten« vorbeiflogen, eine derartige Theorie zu stützen scheinen. Er glaubt, »das einzige Objekt, das gut in die verfügbaren Daten passen würde, wäre ein Planet, etwa fünfmal so dicht wie die Erde, der die Sonne in einer exzentrischen, perpendikulär zu den Bahnen der anderen Planeten verlaufenden Bahn umkreist.«[33]

Eine andere neue Hypothese über einen etwaigen, unserer Sonne zugehörigen »Dunkelstern« erörtert der Paläontologe DAVID M. RAUP in *The Nemesis Affair*. Ihm zufolge schleudern die periodischen Annäherungen eines kleinen dunklen Sterns ans innere Sonnensystem tausende Kometen und

Meteoriten auf Kollisionskurs mit der Erde (und anderen Planeten), während er die »Oort-Wolke« der Sonne durchquert, die mit solchen Objekten angefüllt ist. Der Dunkelstern, nach der griechischen Göttin der Wahrerin des rechten Maßes und Feindin allen Frevels mit dem Namen »Nemesis« belegt, könnte etwa alle 26 Millionen Jahre das innere Sonnensystem durchqueren und somit die massiven Vernichtungen von tierischem und pflanzlichem Leben auf der Erde verursacht haben, die man bei jüngsten paläontologischen Forschungen entdeckte. Solche Ausrottungen, wie etwa die der Dinosaurier vor rund 66 Millionen Jahren, scheinen ungefähr alle 26 Millionen Jahre zu passieren. So müßte die Erde, zumindest nach dieser Hypothese, noch einige Millionen Jahre vor Nemesis sicher sein![34]

Es ist somit unwahrscheinlich, daß Nemesis die Sintflut ausgelöst hat; eher käme ein potentieller »Planet X« mit einer perpendikulären Umlaufbahn von tausend oder mehr Jahren in Frage. Möglich wäre, daß ein solcher »zwölfter Planet«, der nach Dr. ZECHARIA SITCHINS Ansicht auf sumerischen Himmelskarten dargestellt war, sich periodisch der Sonne nähert, dadurch die inneren Planeten einschließlich der Erde behindert und Naturkatastrophen sowie klimatische Störungen auslöst. Genau dies geschah seiner Meinung im Zeitalter des Löwen, was zu der prähistorischen Sintflut und zur Beendigung der letzten Eiszeit führte.

Einige seiner Thesen sind von astronomischen Gesichtspunkten her vielleicht anfechtbar, aber seine Verknüpfung der Sintflut mit dem Ende der letzten Eiszeit scheint haltbar zu sein, was auch immer der eigentliche Auslöser der Katastrophe war. Wie bereits erwähnt, bestehen beträchtliche Meinungsunterschiede darüber, was die unmittelbare Ursache eines Kataklysmus solchen Ausmaßes gewesen sein könnte. JOHN WHITE erörtert in seinem Buch *Pole Shift* die vorherrschenden Theorien ausführlich.[35] Sehr wahrscheinlich ist, daß entweder die Verschiebung zumindest eines Teils der Poleiskappen oder eine Verlagerung der Erdpole beteiligt war. Jedes Ereignis des Ausmaßes, das erforderlich ist, um die Antarktis aufzutauen und die ganze Erde mit Ausnahme der höchsten Gebirgsketten zu überfluten, hätte zweifellos bedeutende Veränderungen des Klimas mit sich gebracht. Denkbar wäre, daß ein »Beinahezusammenstoß« mit einem Kometen oder Planeten damit zusammenhing, was freilich keineswegs erwiesen ist.

Sofern die astrologischen Daten über die zeitliche Festlegung der Präzession der Tagundnachtgleichen richtig sind, fand diese relativ plötzliche Klimaverschiebung statt, als das Sternbild des Löwen die Dämmerung am Frühlingspunkt durchquerte. Dieses Sternbild markiert, wie von den alten Sumerern und den alten Ägyptern verzeichnet, den Anfangspunkt des alten Tierkreises. Für sie verkörperte es somit eine beginnende wichtige Periode.

Könnte es sein, daß unsere fernen Vorfahren, die Überlebenden der Sintflut, jene schreckliche Katastrophe fortan als das Ende einer alten Welt und den Beginn der gegenwärtigen betrachteten? Das Tatsachenmaterial deutet in diese Richtung. Falls dies so war, kann man daraus ablesen, welch ungeheuren psychologischen Einfluß das Ereignis ausübte. Mehreren Sagen zufolge wurden danach die zeitlosen Pyramiden auf der Erde gebaut, und zwar als astronomische Observatorien, damit man himmlische Vorzeichen künftiger Katastrophen registrieren konnte, sowie als Zufluchtsstätten bei einer neuerlichen Überschwemmung.

Seit undenklichen Zeiten erfüllt der Anblick der Cheopspyramide und ihrer beiden kleineren Nachbarn in der ägyptischen Ebene von Giseh Männer und Frauen mit Ehrfurcht und beflügelt ihre Phantasie. Die Cheopspyramide (und der löwengestaltige Sphinx daneben), die zu den sieben Wundern der Alten Welt zählt, erregte bei Gelehrten mehr Aufmerksamkeit als jedes andere alte Kunstwerk. In den vergangenen zwei Jahrhunderten entwickelte sich eine regelrechte Wissenschaft der »Pyramidologie«, zu der Archäologen, Astronomen, Mathematiker und sogar Biologen beitrugen.

Zu den verwirrendsten Theorien über den verborgenen Sinn der Erbauung der Cheopspyramide zählt jene, daß sie nicht nur ein ausgeklügeltes astronomisches Observatorium sei, sondern auch ein regelrechter »Kalender in Stein«, dessen Geometrie einen Überblick über Jahrtausende menschlicher Geschichte gibt. Diese Ansicht vertraten mehrere Wissenschaftler des neunzehnten Jahrhunderts, unter ihnen der schottische Astronom CHARLES PIAZZI-SMYTH, der die Innengänge der Cheopspyramide vermaß. Zusammen mit WILLIAM PETRIE fand er heraus, daß die Gänge rund um eine spezielle, von ihm »Pyramidenzoll« genannte Maßeinheit und um deren Vielfaches, die sogenannte »geheiligte Elle« (25 Pyramidenzoll) angelegt waren. Aufgrund ihrer Messungen behaupteten die beiden Wissenschaftler, daß besondere Ereignisse der Weltgeschichte, darunter das Leben und die Passion Jesu, von der Geometrie der Pyramidengänge genau vorhergesagt würden.[36]

Zwar wurden den beiden Wissenschaftlern einige Fehler, was die Messungen und die Deutung anging, nachgewiesen, aber einer der namhaftesten zeitgenössischen Erforscher des Pyramidenrätsels, der Brite PETER LEMESURIER, gelangte zu dem Schluß, die Pyramide zeuge von anspruchsvollstem mathematischem und astrophysikalischem Wissen, das auf eine technisch höherstehende Kultur als die ägyptische zur Zeit der Pharaonen verweise. Nach seiner Meinung offenbaren die Maße des Bauwerks, daß ihre Erbauer sie als Entwurf für einen Generalplan des künftigen Schicksals der Erde ansahen. In seinem Buch *Geheimcode Cheops* erörtert Lemesurier die Chronologie dieses in der Pyramidengeometrie umrissenen Plans und ihren Bezug zu historischen Ereignissen zwischen 2623 v. Chr. und 3889 n. Chr., das als Ende der physischen Odyssee der Menschheit und ihres Übergangs in höhere spirituelle Dimensionen anzusehen sei.[37]

Das Außergewöhnliche an Lemesuriers Erforschung der Cheopspyramide, bei der er buchstäblich Zoll für Zoll vorging, ist seine Behauptung, daß sie die hundert Jahre zwischen 1914 und 2014 n. Chr. genau darstelle, den »ersten Eintritt« aus den Fischen in den Wassermann als einen der entscheidendsten kritischen Zeitpunkte der menschlichen Geschichte. Es ist eine

Zeit, in der die Seelen entscheiden müssen, ob sie an der spirituellen Befreiung und dem Einssein der Menschheit mit Gott und der göttlichen Schöpfung mitwirken wollen oder nicht. Lemesurier leitet dem Pyramidenplan die Vorhersage eines schrecklichen Zusammenbruchs der materialistischen Kultur innerhalb von drei Jahren vor oder nach 2004 n. Chr. ab. Wie er sich ausdrückt, soll »der Boden der Erde wegbrechen«. Der Tiefpunkt dieses Zyklus wird für das Jahr 2010 n. Chr. vorhergesagt, und auf ihn soll die Wiederkehr Christi folgen, im Jahre 2034.

Laut Lemesurier, der von Bibelforschungen und den parapsychischen Readings des amerikanischen Sehers EDGAR CAYCE beeinflußt ist, bildet das von der Cheopspyramide abgeleitete Szenarium unserer Zeit ein Spiegelbild der Ereignisse vor der Sintflut, die um 10 500 v. Chr. stattfand. Damals wurde die materialistisch ausgeartete Kultur von Atlantis vernichtet, möglicherweise um die Erde für die endgültige spirituelle Regeneration der Menschheit zu erhalten.

Lemesurier glaubt, daß die Cheopspyramide, obwohl ihre Chronologie erst um 2600 v. Chr. beginnt, tatsächlich viel früher erbaut wurde, vermutlich kurz nach der Sintflut, von Flüchtlingen aus Atlantis. Zur Untermauerung dieser Folgerung beruft er sich insbesondere auf jüngste Forschungen schwedischer Wissenschaftler, die ergeben hätten, daß die letzte bekannte Umkehr der Magnetpole unserer Erde vor etwa 12 500 Jahren stattfand, also mit dem raschen Schmelzen der eiszeitlichen Gletscher zusammenfiel.[38]

Weil das Mittelmeer um 10 500 v. Chr. bis zum Rand des Plateaus von Giseh reichte, hätten die massiven Blöcke für den Bau der Pyramiden auf dem Wasserweg leicht von den Steinbrüchen herantransportiert und in Position gebracht werden können. Auch EDGAR CAYCE versetzte den Bau der Pyramiden zurück in die Zeit zwischen 10 490 und 10 390 v. Chr. Für Lemesurier ist auch klar, daß der rätselhafte Sphinx, der steinerne »Bewacher« der heiligen Pyramiden, eine astrologische Bedeutung hat. Der Sphinx stellt einen liegenden Löwen mit einem Männerkopf dar. Der Löwe symbolisierte das geheimnisvolle Zeitalter des Löwen, in dessen Zeichen zwischen 10 970 und 8810 v. Chr. das Firmament stand.

Die esoterische Geometrie der Cheopspyramide stellt diesen Thesen zufolge eine Beziehung zwischen der Katastrophe der vorgeschichtlichen Sintflut und den apokalyptischen Ereignissen her, die für die nahe Zukunft vorausgesagt und allgemein gefürchtet werden. Wenn die steinerne Prophezeiung der Pyramide stimmt, zeigt sie uns, daß wir noch viel über die Natur der Zeit und die zyklische Wiederkehr ähnlicher Ereignisse lernen müssen. Gibt es einen umfassenden »Generalplan« für die Menschheit? Wie steht es mit unserem freien Willen, wenn die wahrscheinliche Zukunft der Menschheit für Jahrtausende vorhergesehen werden kann?

Natürlich haben wir noch keine endgültigen Antworten auf diese Fragen, die Theologen und Philosophen seit Jahrhunderten erörtern. Festzustehen scheint jedoch, daß wir, falls sich eine derartige Katastrophe ereignet hat,

die direkten Nachkommen der Überlebenden sind. Unsere genetischen Vorfahren waren daher Menschen, die gemäß ihren präkognitiven Ahnungen
handelten und die deshalb am Leben blieben. Wegen des großen Gewichts,
das die Astrologie der Beziehung zwischen den einander gegenüberliegenden Zeichen des Tierkreises zumißt, besteht auch kein Zweifel daran, daß
unser gegenwärtiger Übergang vom Zeitalter der Fische in das des Wassermanns wieder das Schreckgespenst gewaltiger planetarer Umwälzungen beschwört, wie sie im Zeitalter des Löwen, auf der anderen Seite des großen
Jahreszyklus, stattfanden.

Bei unserem derzeitigen Wissensstand können wir keine zuverlässigen
Angaben über das genaue zeitliche Auftreten planetarer Ereignisse machen.
Dennoch: Unser ererbtes »Gedächtnis« weiß vieles und hat Erstaunliches —
bewußt oder unbewußt — gegenwärtig. Zukunftsvisionen, die bewußten
wie die unbewußten, widerspiegeln dies. Und tief in unserem Inneren
wissen wir immer deutlicher, daß die Welt jetzt an einer Wegkreuzung
steht. Doch auch die Konstellationen der Sterne machen klar, daß für
den Planeten Erde und seine menschlichen Passagiere in diesem Augenblick
grundlegende Entscheidungen zu treffen sind. Die spirituellen Überlieferungen wie auch unser sensitives inneres Gewahrsein weisen uns darauf hin,
daß das kommende Jahrhundert eine Zeit einmaliger Möglichkeiten zur
metaphysischen Entwicklung und Entfaltung sein kann, wenn wir uns dafür
entscheiden. Es liegt also an uns, uns für spirituelles Wachstum zu entscheiden und unsere Energie für eine bessere Welt zu nutzen.

4
Trancekundgaben »zeitloser Weisheit« und das Phänomen Edgar Cayce

Während wir uns auf das kommende Zeitalter des Wassermanns zubewegen, öffnen sich die Menschen wieder der Vorstellung, daß die Realität mehr umfaßt, als wir mit unseren fünf Sinnen wahrnehmen können. Immer mehr Menschen der westlichen Welt suchen heute Rat und Führung bei Quellen geistig-seelischer Erbauung. Viele verlassen sich dabei auf Methoden wie Gebet oder Meditation, doch eine wachsende Zahl nimmt auch spirituelle Ratschläge seitens Sensitiver oder angeblicher Medien an, die in einem veränderten Bewußtseinszustand Botschaften einer Wesenheit, ihrer Trancepersönlichkeit, kundgeben. Das im Angelsächsischen geläufige Wort »Channeling« verbietet sich nicht nur deutscher Sprache, sondern auch seriöser sachlicher Handhabung.

Das Phänomen ist jedoch keineswegs neu. Alle großen religiösen und philosophischen Überlieferungen der Welt stammen aus Erfahrungen inspirierter Menschen oder sind Aussagen, deren Ideen spirituellen Quellen zugeschrieben werden, die ein Mensch, Künder, Jünger oder Prophet, mitteilt. Die *Bibel* beispielsweise wird in unserer jüdisch-christlichen Kultur als »Das Wort Gottes« angesehen. Moslems glauben, Allah persönlich habe den *Koran* dem Propheten MOHAMMED diktiert. Die besondere Rolle von Trancebotschaften und -handlungen der Weissager, Schamanen, Glaubensheiler in Eingeborenenkulturen ist ebenfalls gut dokumentiert.

Das Phänomen spiritueller Trancekundgaben ist alt. Verändert hat sich jedoch offenbar der Kreis der Privilegierten dieses früher höchst seltenen Phänomens. In der Vergangenheit beanspruchten nur Auserwählte, Kontakt mit Jenseitigen oder mit der höheren Weisheit zu haben. Diese ungewöhnlichen Menschen — Mystiker, Heilige, Weisheitslehrer, Yogis usw. — hatten sich zum Beweis ihrer »Berufung« von der übrigen Gesellschaft zu unterscheiden und durch einen in der Regel asketischen Lebensstil auszuzeichnen. Heute hingegen geben sich bald Menschen jeden Alters und jeder Lebensschicht, Geschäftsleute wie Hausfrauen, Studenten wie Rentner, als die reinsten Enzyklopädien spiritueller Weisheiten und Ratschläge. Firmenmanager und Aktienmakler profitieren von den »Ratschlägen« ominöser »Wesenheiten« zur Steigerung ihrer Gewinnspannen. Die Zukunftsvoraussagen von »Ramtha«, der sich als Urform des indischen Gottes Ram vorstellt, bewogen Tausende von Menschen, Kalifornien zu verlassen, um dem von ihm angekündigten großen Erdbeben zu entgehen. Vor Scharlatanen, Spekulanten und falschen Gurus sei somit gewarnt!

Seit 1975 Dr. RAYMOND MOODYS Buch *Leben nach dem Tod* (deutsch

1977) erschien, eine revolutionäre Untersuchung dessen, was inzwischen als Nahtodeserfahrung (NTE) bezeichnet wird, berichten Zehntausende von Amerikanern, die an die Schwelle des Todes geraten waren, daß ihr Bewußtsein lebendig und wach geblieben sei, obwohl das Herz stillstand und sogar die Hirnstromtätigkeit ausgesetzt hatte, sie also den klinischen Tod erlitten hatten. Die Aussagen dieser wieder ins Leben zurückgeholten Menschen über ihre Erfahrungen, während sie sich bereits außerhalb der Stoffwelt befanden, stimmen bemerkenswerterweise mit dem überein, was auch Sensitive aufgrund ihrer Tranceerfahrungen als den Übergang auf die »andere Seite« beschreiben.[39]

In der Folge kam es zu einer Reihe faszinierender Studien, unter anderem zu Dr. KARLISS OSIS' und Dr. E. HARALDSONS Vergleich dessen, wie Menschen aus zwei grundverschiedenen sozialen und religiösen Umgebungen (Indien und Amerika) ihre weiterbestehende Bewußtheit außerhalb des Körpers wahrnehmen, während sie schrittweit die Schwelle des körperlichen Todes überschreiten. Die kulturelle Umgebung scheint nur das Erkennen spiritueller Symbole wie Jesus und Maria oder Wischnu und Kali zu beeinflussen, nicht jedoch die Erfahrung als solche. Dr. KENNETH RING, Psychologe an der Universität von Connecticut und eine Autorität auf dem Gebiet, gründete die *International Association for Near Death Studies* (IANDS) zur Intensivierung dieses Forschungsgegenstandes sowie zur Hilfeleistung gegenüber Überlebenden, die oft als Folge einer Nahtodeserfahrung Probleme haben. Dr. Rings 1984 erschienenes Buch *Den Tod erfahren — das Leben gewinnen* (deutsch 1988) ist eine Studie der Auswirkungen, die dieser psychische »Blitz aus heiterem Himmel« auf Menschen haben kann. Für ihn könnten die von einem solchen Blitz getroffenen Menschen die Vorboten und Garanten des nächsten großen Entwicklungssprungs der Menschheit sein.[40]

Verbindungen mit der höheren Realität des Geistes beschränken sich keineswegs auf Menschen, die in lebensgefährliche Unfälle verwickelt und dabei an den Rand des körperlichen Erlöschens geraten waren. Die Einstellung und die Erfahrung der breiten Öffentlichkeit in bezug auf das Jenseits haben sich in den letzten Jahren einschneidend geändert. Bei einer *Gallup*-Umfrage im Jahre 1980 beispielsweise stellte sich heraus, daß 71 Prozent der Amerikaner an ein Leben nach dem Tod glauben. 1986 erbrachte eine Umfrage des *National Opinion Research Council* der Universität von Chicago, daß 42 Prozent der erwachsenen Amerikaner der Meinung sind, persönlichen Kontakt mit einem Verstorbenen gehabt zu haben, gewöhnlich mit einem Verwandten. Das ist fast die Hälfte der erwachsenen Einwohner der USA — das sind etwa 65 Millionen Menschen! Von denen, die eine solche parapsychische Erfahrung hatten, sagten 78 Prozent, sie hätten die verstorbene Person gesehen, 50 Prozent hörten den geliebten Verstorbenen sprechen, und 18 Prozent führten sogar ein Gespräch mit der körperlosen Wesenheit. Noch erstaunlicher ist, daß derselben Umfrage zufolge von der

Minderheit, die nicht an ein Leben nach dem Tod glaubt, 30 Prozent »das Gefühl hatten«, mit einem Verstorbenen in Kontakt gestanden zu sein.[41]

Diese statistischen Angaben veranschaulichen das zur Zeit stark wachsende Interesse der Menschen von heute an parapsychischen und spirituellen Phänomenen und deren diesbezügliche Erfahrungen. Diesem Trend entspricht die während der letzten Jahrzehnte stetig gestiegene Zahl von Berichten über Phänomene der außersinnlichen Wahrnehmung, der außerkörperlichen Erfahrung und auch andere Phänomene, beispielsweise Manifestationen der Jungfrau Maria oder von Ufos. Alle derartigen Vorkommnisse erfließen einer neuen Weltsicht in einer Zeit, in der immer mehr Menschen Alternativen zur herrschenden materialistischen Weltanschauung und einen Sinn des Lebens suchen.

Andererseits ist unsere Zeit von einer argwöhnischen Skepsis gekennzeichnet, zumindest im Westen, gegenüber den traditionellen Institutionen von Kultur und Religion, weil diese nach vorherrschender Meinung einerseits zu unentschieden sind, andererseits von dogmatischen Eliten beherrscht werden. Verständlicherweise versuchen daher die Menschen, sich aus neuen geistig-seelischen und spirituellen Quellen Weisheit anzueignen.

Nun spielt bei fast allen ins Philosophische ausmündenden Zeugnissen außersinnlicher Wahrnehmung, insbesondere bei Trancekundgaben, wirklicher oder angeblicher Sensitiver der Begriff der »zeitlosen Weisheit« und die mit diesem Begriff verbundene Philosophie, wie Dr. JON KLIMO überzeugend dargelegt hat, eine bedeutende Rolle.[42] Wegen des großen Einflusses, der dieser ziemlich speziellen Philosophie zukommt, nicht zuletzt auch hinsichtlich einer bevorstehenden Apokalypse, sollten wir uns deren Hauptlehren vergegenwärtigen. Diese versuche ich im folgenden zu erläutern. Es handelt sich dabei jedoch um meine eigene Darstellung und Deutung, die sich nicht unbedingt mit den Ansichten der in diesem Kapitel zu Wort kommenden Sensitiven decken muß.

Der Ausdruck »zeitlose Weisheit« stammt von der sensitiven Engländerin ALICE A. BAILEY. Zwischen 1919 und ihrem Tod im Jahr 1949 schrieb sie, ursprünglich Mitglied der Theosophischen Gesellschaft, achtzehn Bücher über so ziemlich alle Aspekte der Metaphysik. Sie stellen eine anspruchsvolle spirituelle Lehre dar, »zeitlose Weisheit« betitelt. Die Werke wurden ihr, wie sie behauptete, telepathisch diktiert, und zwar von dem Geistwesen des tibetischen Lamas Djwahl Kuhl oder »D.K.«. AART JURRIAANSE, ein afrikanischer Erforscher des Bailey-Materials, stellte mehrere Anthologien zusammen und veröffentlichte unter anderem ihre dem Geist des Lamas zugeschriebenen Prophezeiungen über das kommende Neue Zeitalter.[43]

Was heutzutage als »zeitlose Weisheit« zutage gefördert wird, gilt allgemein als »neuzeitlich«, ist aber in Wirklichkeit uralt. Die Kernidee ist die, daß es nur eine einzige, eine Schöpferkraft gibt. Diesem Seienden, einer bewußten, vieldimensionalen spirituellen Kraft, die man als Gott, Allah, Brahm oder Weltgeist bezeichnen kann, wohnen partizipierende, sich ihrer selbst bewußte Einheiten inne, die in vielen verschiedenen Realitätswelten und unterschiedlichen Energiestufen koexistieren, von denen unser materielles Universum, Zeit und Raum eingeschlossen, nur eine einzige ist. Jede Bewußtseinseinheit dieser göttlichen Schöpferkraft hat, in jedweder Realitätswelt des Bewußtseins, Anteil an ihrem Lebens- oder Schöpferpotential. Die Einheiten (wir) sind also Mitschöpfer verschiedener Dimensionen der Realität mit dem Weltgeist, der Gott ist — eine andere Bezeichnung für »All-das-was-ist« oder die »allumfassende Realität«.

Die Beziehungen zwischen den einzelnen mitgestaltenden Einheiten der allumfassenden Realität werden von Universalgesetzen geregelt. Das Erste Universalgesetz, oft dargelegt als »Wie oben, so unten; wie innen, so außen«, bestätigt die grundlegende Einheit jeglichen Lebens. Zugeschrieben wird es dem altägyptischen Gott Thoth, im Griechischen als Hermes Trismegistos bekannt. Es beinhaltet, daß sich die Werke des Ganzen, in jeder Realitätswelt, zwangsläufig in allen seinen Bestandteilen widerspiegeln. Folglich widerspiegelt jede Realitätswelt, auch die unseres materiellen Universums, die Prinzipien der bewußten göttlichen Schöpferkraft.

Wir Menschen sind deshalb, in der Realität unseres Bewußtseins, ein Spiegelbild Gottes und Mitschöpfer unserer Dimensionen der Realität mit dem Weltgeist. Dies beinhaltet die biblische Formulierung »erschaffen nach Gottes Bild«. Ein Zusatz zum Ersten Universalgesetz lautet, daß alle Bewußtseinseinheiten ewig Anteil an der universellen Lebenskraft haben, ob ihnen dies bewußt ist oder nicht. Wir haben, außerhalb der Beschränkung durch Zeit und Raum, ein unsterbliches »höheres Selbst«, das uns Gott gleichsetzt. Herkömmlicherweise wird dieses höhere Selbst als »die Seele« bezeichnet.

Gemäß der Philosophie zeitloser Weisheit hat die Menschheit Anteil an mehr als nur einer Realitätswelt von All-dem-was-ist. Natürlich sind wir uns der materiellen, von Zeit und Raum begrenzten Welt, in der wir leben, am deutlichsten bewußt. Doch selbst hier widerspiegeln, so sagt uns EDGAR CAYCE, unsere physischen Körper mit ihren verschiedenen Organsystemen, Drüsen und Zellen die Anlage des größeren universellen Kosmos.

Wir sind mehr als nur »Fleisch und Blut«. Im Erhabensten sind wir unsterbliche Seelen, durch unser höheres Selbst mit der göttlichen Kraft eins. Sogar die *Bibel* erklärt kategorisch: »Ihr seid Götter und allzumal Kinder des Höchsten« (*Psalm* 82, 6); Jesus selbst zitierte diese Worte, als ihn selbstgerechte Pharisäer wegen der Behauptung, er sei Gottes Sohn, der Blasphemie beschuldigten (*Johannes* 10, 34).

Wenn wir vermöge des höheren Selbst mit Gott eins sind, Mitschöpfer der göttlichen Realität, so bleiben wir dennoch ichverhaftete menschliche Individuen, während wir im Raumzeit-Universum leben. In jedem von uns hat das Ich sich erlaubt, kraft freien Willens seine Wünsche von denen seiner Schöpferseele zu trennen. Deshalb ist es ein tragischer Fehler, die multidimensionale Realität des höheren Selbst mit der dreidimensionalen unserer Erscheinungswelt zu verwechseln und das Ich glauben zu lassen, es müßten ihm göttliche Vorrechte zuteil sein. Das ist natürlich eine Ursache vieler Übel. Zeitlose Weisheit lehrt dies ganz sicher nicht, auch wenn einige skrupellose Gurus und viele selbstsüchtige Medien dies bewußt vermischen, um Leichtgläubige zu betrügen.

Zum Glück verfügt der Mensch auch über Geist. Er hält die eingewurzelten selbstsüchtigen Wünsche des Ich in vernünftigen Grenzen, zumindest im Idealfall. Und kraft Geistes können wir auch unter bestimmten Bedingungen unser höheres Selbst in uns erfahren, das über ewige Weisheit und unendliche Liebe verfügt.

Der menschliche Geist stellt sich einerseits als unser Bewußtsein dar, das uns befähigt, zu denken und unser Handeln zu lenken, und wohnt andererseits auch unserem Unterbewußtsein inne, das sich in Träumen und veränderten Bewußtseinszuständen manifestiert und generell gleichsam autonom agiert: es gehorcht seiner eigenen Logik. Bewußtsein und Unterbewußtsein werden von unseren Emotionen beeinflußt. Was hingegen EDGAR CAYCE das Überbewußtsein nannte, bezeichnete der Schweizer Psychiater CARL GUSTAV JUNG als das »kollektive Unbewußte«. Die wertvollsten Zeugnisse außersinnlicher Wahrnehmung entstammen dem kollektiven Unbewußten, dessen Weisheit das ist, was die hinduistischen Weisen die *Akasha-Chronik* nennen.

Der Philosophie zeitloser Weisheit zufolge ist klar, daß der Mensch zu einem ganz bestimmten Zweck im materiellen, Raum und Zeit unterworfenen Universum lebt, doch ist das Endziel seines höheren Selbst das Eingehen in die allumfassende Realität von All-dem-was-ist. Wir streben danach, uns mit Gott, dem vollkommenen Bewußtsein, wiederzuvereinigen. In der Realität jenseits von Zeit und Raum ist diese Vereinigung bereits verwirklicht (weil sie nie zerbrochen war; weil sie Gott ist, dessen Teil wir bleiben), aber von unserem menschlichen Standpunkt aus benötigen wir Zeit, damit wir unseren Willen nach den Strebungen unseres höheren Selbst ausrichten können, wodurch wir Selbsterleuchtung und die Befreiung aus den Zwängen dieser materiellen Welt erlangen. Wir brauchen Zeit, um uns zu erinnern, wer wir wirklich sind.

Die Vorstellung, in linearer Zeit, wie wir sie erleben, zu spirituellem Wachstum zu gelangen, verweist uns auf das Universalgesetz von Karma oder der Ursache und Wirkung im Verlauf unserer Leben. Wenn wir wirklich spirituelle Wesenheiten sind, die im materiellen Universum leben und Zeit- und Raumerfahrungen machen müssen, um ihre wahre Identität wiederzufinden, dann erscheint die Reinkarnationserfahrung einleuchtend und nachvollziehbar. Aus dieser Sicht wäre es tatsächlich unnötig hart, unsere Chancen zur Erleuchtung und Erlösung auf ein einziges menschliches Leben zu beschränken. Gottes Liebe zu uns als spirituellen Seelen besteht ja darin, uns Zeit und Raum zu geben, innerhalb deren wir uns zu jener Vollkommenheit entwickeln können, die wir in unserem höheren Selbst bereits besitzen.

Die Idee der Reinkarnation der menschlichen Seele ergibt sich ganz natürlich aus dem Universalgesetz vom Karma. Jeder von uns muß die Verantwortung dafür tragen, wer er ist und wie er lebt. Es ist vielleicht unbequem,
dieser Tatsache ins Auge zu schauen; die meisten von uns würden es vorzie-
hen, jemand anderem die Schuld an allem Unerwünschten zuzuweisen. Doch
die Ableugnung eines Gesetzes ändert dieses nicht und erläßt auch niemandem die Folgen.

Die Gesetze von Karma und Reinkarnation wirken nicht in einem Vaku-
um; sie sind offensichtlich mit unserer ganzen Erdenerfahrung verknüpft.
EDGAR CAYCE, der große Seher und Heiler, dessen umfassende Trancekundgaben (Readings) auch auf diese Themen eingingen, formulierte es folgendermaßen:

»Das Leben ist fortdauernd ... Und obwohl diese oder jene Erfahrung
vielleicht nur einige wenige kurze Jahre währt, sind alle Lebenszeiten
eins ... Jeder Seele wurde dieses Privileg zuteil, diese Wahlmöglichkeit, eins
zu sein mit den Schöpferkräften. Und die Muster, die als Markierungen entlang der fortschreitenden Weiterentwicklung des Menschen geschaffen worden sind, sind einfach ... Der Gang einer Seele durch Zeit und Raum ... hat
den Zweck, immer neue Gelegenheiten zu bieten, das auszudrücken, was
den Menschen in seiner Beziehung zu einem anderen von Schuld freispricht,
in Gnade, Liebe, Geduld, Langmut und Brüderlichkeit. Dies sind die Früchte des Geistes ...« [*Reading Nr. 938-1*]

Was hier an zeitloser Weisheit zum Ausdruck kommt, gehört zum stets
wiederkehrenden Inhalt der Botschaften so vieler heute lebender sensitiver
Menschen. Ihr zufolge soll also unser sterbliches irdisches Leben, das so
reich ist an Erfahrungen von Freude, aber auch von Schmerz und Leid,
unsere Seelen wahre Weisheit, wahre Liebe, Geduld und Selbstdisziplin
lehren. In seinem Buch *Der wunderbare Weg* erklärt Dr. M. SCOTT PECK,
daß eine spirituelle Entwicklung des Menschen ohne Selbstbeherrschung
und -disziplin nicht möglich ist, zumal das Endziel unserer Entwicklung
Liebe sei — nicht das emotionale, ichverhaftete Karussell sexueller Anziehung und Eroberung, das so oft mit Liebe verwechselt wird, sondern die
selbstlose, brüderliche Liebe des höheren Selbst im Einssein mit der Liebe
Gottes.[44] Diese Erkenntnis wurde mir persönlich im Zuge einer tiefen Meditation so zuteil: »Liebe ist die Universalerfahrung, die unsere Erfahrungswelt mit allen Realitäten von All-dem-was-ist zu einem einen Ganzen verbindet.«

Wahre Liebe der Seelenebene ist die Bereitschaft, zu wachsen, über alle
Einschränkungen hinauszugehen, die uns das egotistische Ich aus dieser
oder einer früheren Inkarnation auferlegt hat. Wir können uns dafür entscheiden, nach Selbstvervollkommnung zu streben, ohne daß wir sie auch
von anderen fordern. Und wir können uns dafür entscheiden, das alles freu-
dig zu tun! Es ist die Art unberechnenden Gebens, die in einem berühmten
Bibelzitat (*Johannes* 3, 16) als Beispiel genannt wird: »Also hat Gott die

März

MO	DI	MI	DO	FR	SA	SO
		1	2	3	4	5
6	7 Fastnacht	8 Aschermittw.	9	10	11	12
13	14	15	16	17	18	19
20 Frühlings-A.	21	22	23	24	25	26
27	28	29	30	31		

In den Elendsvierteln teilen die Armen ihre Schlafstatt
mit anderen. Bei uns hat jedes Kind sein
eigenes (Etagen-)Bett und überdies einen hübschen Pyjama.

Ihr Vater lebt nicht mehr, die Mutter schlägt sich
mit Hausarbeiten durch: Irish Macabenta (12)
ist nun bei uns untergebracht. Jetzt geht es ihr gut.

Welt geliebt, daß er seinen eingeborenen Sohn gab, auf daß alle, die an ihn glauben, nicht verloren werden, sondern das ewige Leben haben.«

Dieses Zeugnis göttlicher Liebe bezieht sich ganz sicher nicht nur auf strenggläubige Christen. Zeitloser Weisheit zufolge ist göttliche Liebe aus ihrer ureigenen Natur heraus endlos und absolut. Sie wird uns zuteil, ob wir sie wollen oder nicht, genau wie die materielle Raumzeit-Welt unserem ziemlich kindischen Ich zuteil ist, damit es darin »spielen« kann, bis wir soweit gewachsen sind, daß wir ihre Grenzen zu überwinden vermögen. Dies aber kann und wird nur geschehen, wenn es uns gelingt, unsere selbstsüchtigen persönlichen Wünsche abzulegen, um im Stand der Gnade das göttliche Schicksal annehmen zu können.

Paradoxerweise müssen wir zwar daran arbeiten, unsere Willenskraft zu disziplinieren und zu vervollkommnen, wenn wir spirituell wachsen wollen, aber Erleuchtung kann uns nur zuteil werden, wenn wir aufhören, sie für uns selbst zu erstreben. Alle großen spirituellen Lehren betonen diese letzte Forderung: »Loslassen und Gott überlassen!« Doch erst wenn wir unser Ich und seine Begierden diszipliniert haben, begreifen wir wirklich, was damit gemeint ist. Unser Geist muß uns Lebenszeit um Lebenszeit und Zyklus um Zyklus tragen, während wir wachsen, aber am Ende müssen seine Werte der Annahme der göttlichen Gnade weichen. Um C. G. Jung zu paraphrasieren: Derartige Gnade erscheint synchronistisch, ohne offensichtliche Ursache, aber immer genau im richtigen Moment. Sie bleibt jedesmal ein Wunder, wie auch immer die Umstände sind. Heißen wir sie willkommen!

Es könnte sein, daß meine vorstehende Erörterung dessen, was an zeitloser Weisheit derzeit aufgrund zahlreicher Botschaften oder Trancekundgaben Sensitiver zutage gefördert wird, auf den ersten Blick etwas weit von der Sorge um die Zukunft abzuliegen scheint. Doch die erläuterten Ideen sind wichtig für das Verständnis der Inhalte der erwähnten esoterischen Quellen. Von besonders entscheidender Bedeutung ist das Wissen, daß aus allen Quellen einhellig verkündet wird, unser grundlegendes Sein sei spiritueller, nicht physischer Natur. Unsere Seelen »bewohnen« nacheinander physische Körper und Persönlichkeiten, etwa so, wie wir Kleider tragen und in Häusern wohnen. Die Quellen stimmen auch darin überein, daß wir zu einem bestimmten Zweck auf dieser Erde sind — um zu lernen, wie man der Energien der Liebe der Gesamtschöpfung teilhaftig wird. Unsere Raumzeit-Realität liefert uns ein Laboratorium für unsere Experimente. Allerdings tragen wir unmittelbar die Folgen für das, was wir gemeinsam schaffen.

Die Philosophie zeitloser Weisheit verweist nachdrücklich auf die Bedingtheit künftiger Ereignisse. Was uns morgen widerfährt, sowohl einzeln als auch kollektiv, hängt von unseren heutigen Entscheidungen ab. Letztlich ist deshalb jeder von uns für unsere Zukunft verantwortlich. Diese Verantwortung trägt einerseits unser Bewußtsein als Inbegriff der Fähigkeit, zu denken und willensgemäß zu handeln, und andererseits unser höheres Selbst, das wir in uns finden und entwickeln müssen. Das höhere Selbst, das außerhalb von Zeit und Raum existiert, ist mit dem Unterbewußtsein, einschließlich dem kollektiven Unbewußten, verbunden, dem alle Gedanken, Gefühle und Erfahrungen eingeprägt sind. Stärker als Verstand und Willen schaffen letztlich sie gemäß den universellen Gesetzen des Geistes die materiellen Bedingungen unserer Persönlichkeit und unseres Lebens.

Wenn so die Zukunft fortlaufend erschaffen wird, wie erklären wir dann Vorahnungen und Präkognition, diese befremdlichen Blitze plötzlichen Vorauswissens, die in Träumen und sogar gelegentlich während des Wachbewußtseins spontan aufleuchten? Wie erklären wir die in vielem unheimlich anmutende Richtigkeit der Vorhersagen eines Sehers wie Nostradamus oder der biblischen Propheten?

An diesem Punkt müssen wir — wie insbesondere die amerikanische Sensitive Jane Roberts in ihren Seth-Büchern, vor allem in den Werken *Das Seth-Material* und *Die Natur der persönlichen Realität*, dargelegt hat — uns daran erinnern, daß unser Raumzeit-Universum, die materielle Erscheinungswelt, nur eine von vielen Seinswirklichkeiten in der vieldimensionalen, allumfassenden Realität von All-dem-was-ist darstellt. In der dreidimensionalen materiellen Erscheinungswelt gehen wir — und müssen das auch — von Raum und linearer Zeit und Naturgesetzen, die in dieser Welt ihre Gültigkeit haben, aus. Doch moderne Physik hat die Zeit als eine Form der Energie dargestellt und diese Energie als Krümmung in die vierte Dimension erklärt. In dem von ihr postulierten vierdimensionalen Raumzeitkontinuum gibt es keine Vergangenheit, Gegenwart, Zukunft mehr, sondern — wie Seth, Jane Roberts' Trancepersönlichkeit oder »ein nicht mehr im Physischen zentrierter Energiepersönlichkeitskern«, es formuliert — in den höherdimensionalen Realitäten des Geistes ist »alle Zeit eins«, und alles geschieht im »umfassenden Jetzt«. Und was wir als zukünftiges Ereignis ansehen, geschieht in einer der zahlreichen wahrscheinlichen Realitäten ebenfalls jetzt — oder auch nicht.[45]

Das gilt natürlich auch für Zukunftsvoraussagen. Was wir so erfahren, muß nicht als starr festgelegte, vorbestimmte Zukunft aufgefaßt werden, sondern nur als wahrscheinlichstes Ereignis in der unsäglichen Vielzahl anderer Wahrscheinlichkeiten innerhalb der allumfassenden Realität. Die Zuverlässigkeit allen Vorauswissens hängt von der Fähigkeit des Sensitiven ab, das zu deuten, was sein Unterbewußtsein und sein höheres Selbst als die offensichtliche Folge aller vergangenen und gegenwärtigen Umstände in Form einer Serie spezifischer künftiger Ereignisse kennt, die sich in unserer Materiewelt dann innerhalb der Beschränkungen der linearen Zeit abspielen werden.

Weil einige Geschehnisse stärkeren Eindruck auf die Menschen machen als andere, entweder emotional oder materiell, scheinen sie hervorzustechen, feststehender oder gewichtiger zu sein. Deshalb ist es für Sensitive im allgemeinen leichter, bevorstehende Konflikte, Kriege oder Naturkatastrophen vorauszusagen, als unbedeutende oder gewöhnlichere Ereignisse. Die parapsychische »Lautstärke« solcher Geschehnisse ist irgendwie größer. Viele Sensitive weisen auch darauf hin, daß sich, während wir durch die lineare Zeit auf das Vorhergesagte zugehen, unsere Wahlmöglichkeiten beträchtlich verringern und bedingte zukünftige Ereignisse immer unvermeidlicher werden. Somit erreicht die bedingte Zukunft, bevor sie tatsächlich stattfindet, irgendwann einen Punkt, an dem sie feststeht.

JANE ROBERTS' Trancepersönlichkeit Seth zufolge kommt den gleichsam auf der Perlenschnur der linearen Zeit aufgereihten Augenblicken ungleiche Wichtigkeit zu. Das ist eine Vorstellung, die unser Bewußtsein nicht leicht zu akzeptieren vermag, denn wir sind gewöhnt zu glauben, daß jede gleiche Zeiteinheit sei wie jede andere: eine Minute gleiche jeder anderen Minute. Wir erkennen jedoch, daß einige Augenblicke tatsächlich größere psychologische Bedeutung haben als andere, und an diese erinnern wir uns am leichtesten, beispielsweise an den ersten Kuß als Verliebte, an eine bestandene Prüfung oder auch an einen Lotteriegewinn. Unsere Umgangssprache kennt sogar den Ausdruck »ein schicksalsschwangerer Augenblick«, womit wir einen Zeitpunkt meinen, an dem etwas Wichtiges geschieht.[46]

Von einem außerhalb der Raumzeitwelt gelegenen Blickwinkel aus, wie diesen unser höheres Selbst hat, können solche Augenblicke, losgelöst von jedem materiellen Ereignis, offenbar vom normalen Fluß der Zeit unterschieden werden. Wichtige Geschehnisse können mit größerer Wahrscheinlichkeit während derartiger (erdgeschichtlich) bedeutsamer »Augenblicke« erkannt werden. Diese besonderen Intervalle in unserer Raumzeit-Geschichte sind allem Anschein nach mit den zyklischen Mustern verbunden, die im Rahmen der astrologischen Erörterungen in dem Absatz über das große tropische Jahr erwähnt wurden (Kapitel 3).

Hier nun, an dem Punkt, vereinigen sich die Aussagen der heutigen Sensitiven mit all jenen altehrwürdigen philosophischen und religiösen Prophezeiungen, die den zur Zeit in unserer Kultur herrschenden »apokalyptischen Geist« gerechtfertigt erscheinen lassen. Während die Erde ihre Bahn zieht, hinaus aus dem Zeitalter der Fische und hinein in jenes des Wassermanns, künden Astrologen und Seher für die allernächste Zukunft entscheidende Veränderungen an. Alles deutet darauf hin, daß wir jetzt eine kritische Periode in der menschlichen Geschichte erreicht haben, in der wir an einem Scheideweg stehen. Zweifellos wird das nächste Vierteljahrhundert zeigen, was die Menschheit in ihrer Mehrheit aus der näheren Zukunft zu machen versteht.

Der größte Seher und Heiler unseres Jahrhunderts war zweifellos EDGAR CAYCE. Er war der einzige Sohn eines Farmers in Kentucky, arbeitete als Fotograf und Sonntagsschullehrer und lebte von 1877 bis 1945. Seine Lebensgeschichte und sein Wirken sind Gegenstand mehrerer Bücher; JESS STERNS Werk *Der schlafende Prophet* war in den USA und auch in deutscher Sprache jahrelang ein fulminanter Bestseller.[47] Deshalb erübrigt es sich, hier ausführlich auf seine Biographie einzugehen. Statt dessen sollen nur ein paar Höhepunkte seines Lebens herausgegriffen werden, die seine prophetische Leistung beeinflußten.

1932, während der großen Weltwirtschaftskrise, gründete er die *Association for Research and Enlightenment* (ARE), eine Organisation, die sich der parapsychischen Forschung und spirituellen Entwicklung widmet. Heute hat die ARE, die ihren Hauptsitz in Virginia Beach hat, weltweit über fünfzigtausend Mitglieder. Sie unterhält eine umfangreiche Bibliothek, einschließlich einer computerisierten Sammlung sämtlicher Cayce-Readings, und in Phoenix, Arizona, eine Naturheilklinik, in der nach Cayces Methoden behandelt wird. Zu den Veranstaltungen der ARE zählen ein geisteswissenschaftliches Schulungsprogramm auf College-Ebene und zahlreiche Konferenzen sowie Vorträge in den USA. Tausende Studiengruppen mit der Bezeichnung »Search for God« treffen sich allwöchentlich, um die praktische Anwendung der von Cayces höherem Selbst beschriebenen Prinzipien im täglichen Leben zu erörtern.*

Obwohl Cayces Schuldbildung in seinem vierzehnten Lebensjahr endete, errang er phänomenale Erfolge mit parapsychischen medizinischen Diagnosen und unüblichen Behandlungen, und das zu einer Zeit, wo beides ebenso selten wie suspekt war. Seine Fähigkeit, lebensbedrohliche Krankheiten, bei denen Ärzte vor einem Rätsel standen, zu diagnostizieren und wirksame Behandlungen dafür zu verschreiben, machten ihn berühmt und trugen ihm sogar die widerwillige Anerkennung der *American Medical Association* ein. Medizinische Experten, die mit ihm arbeiteten oder seine Diagnosen und verordneten Behandlungen untersuchten, schätzen die Richtigkeit seiner Readings über körperliche Gesundheit auf 85 bis 90 Prozent.[48]

Cayce versetzte sich selbst in einen Zustand tiefer Trance. Er behauptete, sein Unterbewußtsein habe dann Zugang zu einer Quelle universellen Wissens, die er »Gottes Buch der Erinnerung« nannte und in dem er lesen konnte. Er bezog sich aber auch auf die *Akasha-Chronik*, die laut einem seiner Readings »auf die Haut von Zeit und Raum« (1549-1) geschrieben sei. Während Cayce sich im Trancezustand befand, konnte er die Psyche der Person anzapfen, für die eine Diagnose benötigt wurde (3744-2). Die empfangenen Informationen stenographierten seine Frau, GERTRUDE EVANS

---

* Zwischen 1909 und 1945 gab Edgar Cayce in 14 256 Trance-Sitzungen »Readings« (parapsychische Kundgaben) für etwa sechstausend Personen. Die stenographisch aufgezeichneten und dann abgeschriebenen Readings belaufen sich auf insgesamt 49 135 Seiten. Sie wurden nach mehr als 10 000 Themen computerisiert und stellen das bei weitem umfangreichste parapsychische Material dar, das je ein Sensitiver der Nachwelt hinterlassen hat. Kopien der meisten Readings sind bei der ARE erhältlich (P.O. Box 595, Virginia Beach, VA 23451). Die Reading-Nummern werden im Text, wo es angebracht erscheint, in Klammern angegeben. Die Cayceschen Readings sind ausschließliches Eigentum der *Edgar Cayce Foundation*. Abdruck mit freundlicher Genehmigung.

CAYCE, oder seine langjährige Sekretärin, GLADYS DAVIS TURNER, wortwört-
lich mit und schrieben sie dann ab. Cayce selbst hatte nach dem Erwachen
aus der Tieftrance keine bewußten Erinnerungen an seine Aussagen.

Die große Mehrheit der Cayce-Readings betraf die Heilung körperlicher
Krankheiten, doch etwa 2500 dienten ausdrücklich dem Zweck, Menschen
über ihre psychische und spirituelle Entwicklung zu informieren. Diese Protokolle, »Lebensreadings« genannt, machten viele christliche Amerikaner
mit fernöstlichen Begriffen wie Reinkarnation und Karma bekannt. Sie sollten jenen Menschen, die seinen Beistand suchten, zum besseren Verständnis
ihrer gegenwärtigen Beziehungen, Talente und Schwächen im Lichte ähnlicher, bereits früher durchlebter Erfahrungen verhelfen.

Obwohl EDGAR CAYCE ein strenggläubiger evangelischer Christ und dafür
bekannt war, daß er jedes Jahr einmal die Bibel las, gab er in Trance die
oben umrissenen grundlegenden Lehren zeitloser Weisheit weiter, von denen seine Seele behauptete, sie habe ihren höchsten Ausdruck im Leben und
in den ursprünglichen, unverfälschten Unterweisungen Jesu gefunden. Cayce
drängte alle Menschen, Christen wie Nichtchristen, gemeinsame spirituelle Ideale zu suchen und sie praktisch anzuwenden, um den uralten Traum
der Menschheit von einer harmonischen, liebevollen Welt zu verwirklichen.
Nur aufgrund solcher gemeinsamer Bemühungen würden wir die Vollkommenheit an Körper, Geist und Seele erreichen, die unser Geburtsrecht und
die Voraussetzung für eine Wiedervereinigung mit Gott sei. Wie Cayce 1938
einer Frau in einem Lebensreading sagte: »O würden doch alle erkennen ...
daß das, was wir sind — in jeder gegebenen Erfahrung oder Zeit —, das Ergebnis dessen ist, was wir im Hinblick auf die Ideale getan haben, die wir
aufgestellt haben! Die Seele jedes Menschen ist ein Teil des Ganzen, mit
dem Geburtsrecht schöpferischer Kräfte, ein Mitschöpfer des Vaters zu werden, ein Mitarbeiter von ihm. Wenn sich dieses Geburtsrecht dann manifestiert, erfolgt Wachstum. Wenn es selbstsüchtig genutzt wird, sind zwangsläufig Entwicklungsverzögerungen die Folge.« [1549-1]

Und hier ein Auszug aus einem Lebensreading, das er 1941 einem jungen
Mann gab: »So widerfährt es jeder Seele ... den Urheber ihres Ideals zu
kennen, spirituell, mental, materiell. Das Spirituelle ist das Leben, das Mentale der Erbauer, das Materielle ist das Ergebnis ...« [622-6]

Neben seinen medizinischen Empfehlungen und seinen Lebensreadings
erörterte er gelegentlich auch die Zukunft. So sagte er im April 1929 im
Rahmen eines Ratschlags an einen Freund den Börsenkrach voraus, der
sechs Monate später die Welt überraschte. Mitte der dreißiger Jahre sagte er
den Beginn und das Ende des Zweiten Weltkriegs voraus, den er als karmi-
sche Folge der 1919 seitens der Siegermächte Deutschland und Österreich
auferlegten Härten und der Versäumnisse des Völkerbunds beurteilte. Interessanterweise versicherte sein »schlafendes Selbst« mehrere Jahre hindurch
besorgten Hilfesuchenden, Amerika könne eine Verwicklung in die bevorstehende kriegerische Auseinandersetzung vermeiden, würde das Volk, das

auf seinem Geld »In God we trust« stehen habe, nur »so handeln, wie es be-
tet«. [*1598-2* und *Serie 3976*]

Doch am 31. August 1941, drei Monate vor Pearl Harbor, waren die
Würfel offenbar gefallen. An diesem Tag wies Cayce in einem Reading darauf hin, daß der Krieg unmittelbar bevorstehe und daß Völker, die bislang
als Freunde galten (Japan), bald zu Feinden würden. Auf beiden Seiten hätten die Menschen es versäumt, ihre Willenskraft auf Vertrauen und Zusammenarbeit zu setzen. [*3976-26*]

Dieses Beispiel ist wichtig, weil es aufzeigt, daß Cayce die Bedingtheit
künftigen Weltgeschehens erkannte. Während manche Ereignisse, wie der
Ausbruch des Kriegs 1939, so sagte er, mehrere Jahre vorher mit ziemlicher
Sicherheit vorausgesagt werden könnten, seien andere Ereignisse unbestimmter und daher nicht sicher vorauszuwissen. Der Krieg mit Japan hätte
bis zu einer Zeit von mehr als drei Monaten vor seinem Ausbruch noch verhindert werden können.

Cayce — wie übrigens auch manch anderer Sensitive — erinnerte wiederholt daran, daß wir in einem wahrhaft holistischen Universum leben, in
dem sich der Zustand jedes Teils auf den Zustand jedes anderen Teils auswirkt. Folglich widerspiegele der Zustand der Naturelemente auch die See-
lenreife der Menschen. Demnach sind wir, ob es uns gefällt oder nicht, keineswegs nur für die Gesundheit und das Wohlergehen unserer Mitmenschen sowie für das ökologische Gleichgewicht von Flora und Fauna verantwortlich, sondern für alles Geschehen in der Natur.

Wie kann das sein? In einem ungewöhnlichen Reading konzentrierte sich
Cayce auf die Sonnenflecken, die infolge einer vorübergehend geringeren
thermonuklearen Aktivität auf der Oberfläche der Sonne entstehen und die
von der Erde aus zu sehen sind und unser Wetter beeinflussen. In diesem
Reading erklärt Cayce, daß alle Bestandteile des materiellen Raumzeit-Uni-
versums »*eins* sind in ihren verschiedenen Stadien der Bewußtheit oder der
Aktivität ...« Sogenannte Naturkräfte wie Sonne, Mond und Planeten teilen diese Bewußtheit, aber ohne freien Willen. Sie »haben ihre Marschbe-
fehle vom Göttlichen, und sie bewegen sich in ihm. Dem Menschen allein
ist das Geburtsrecht des freien Willens gegeben. Er allein kann Gott verach-
ten!« [*5751-1*]

Wenn wir aber, Gottes Liebe verachtend, uns in Haß und Feindseligkeit
ergehen, zerstören wir Menschen also nicht nur menschliche Beziehungen,
sondern auch Naturkräfte. Laut Cayces höherem Selbst sind Sonnenflecken
und andere Anomalien in der Natur wie Wirbelstürme, Vulkane und Erdbeben »eine natürliche Folge dieses Aufruhrs ... weil der *Geist* der Erbauer
ist!« [*5757-1*]

Die von Ursache und Wirkung gekennzeichnete Beziehung zwischen der
menschlichen Psyche und den Naturkräften wurde von dem Geologen und
Anthropologen Dr. JEFFREY GOODMAN als »Biorelativität« bezeichnet. In
seinem Buch *We Are the Earthquake Generation* hat er EDGAR CAYCES Vor-

5
Massenträume von den Jahren 2100 bis 2200
Teil I: Weltraumstationen
und neuzeitliche Siedlungen

Die Fähigkeit der außersinnlichen Wahrnehmung (ASW), volkstümlich Telepathie und Hellsehen, insbesondere die der ASW in die Zukunft (Präkognition) oder der außerkörperlichen Erfahrung (AKE), erscheint zwar als geheimnisvoll oder rätselhaft; sie ist aber keineswegs selten — beinahe jeder Mensch verfügt latent über diese Fähigkeit —, auch wenn sie, wie dies bei jeder Fähigkeit der Fall ist, einigen vermehrt zuteil ist als anderen. Sie kann aber trainiert werden. So hat Dr. MILAN RÝZL, studierter Physiker und einer der Pionierforscher der Parapsychologie, in seinem Buch *ASW-Training* seine Erfahrungen und Experimente mit zahlreichen Versuchspersonen in einem Lehrgang zusammengefaßt, der es jedermann ermöglicht, seine außersinnliche Wahrnehmung zu wecken, zu entfalten und auch, mittels einfacher Methoden, zu testen.[52]

Diese Fähigkeit ist es ja, über die wirklich Sensitive verfügen. Die meisten von uns haben sie, wie gesagt, auch. Wir alle haben gelegentlich präkognitive Träume oder Vorahnungen, doch nur wenige von uns sind bereit, die Zeit und Mühe aufzuwenden, deren es bedarf, sie zu entwickeln. Doch auch bei angeblichen Sensitiven ergibt sich immer die Frage: Sind die Aussagen echte parapsychische Leistungen — die Tatsachen oder Wahrheiten vermitteln — oder nur Phantastereien? Insbesondere bei Zukunftsvoraussagen stellt sich für einen Experimentator (wie mich) die Frage, ob denn nun ein einziger, »einsamer Geist« gültige Ergebnisse zu liefern vermag. Das zeitverhaftete Wachbewußtsein, das uns im täglichen Leben beste Dienste leistet, behindert natürlich alle Versuche, seine Grenzen zu überschreiten und die potentiellen Ereignisse und Umstände zu sehen, die wir, wie uns viele Sensitive erklären, unwissentlich in jedem vergehenden Augenblick erschaffen.

Diese beiden Vorstellungen — daß wir unsere zukünftige Realität eben jetzt, in der Gegenwart, erschaffen und daß sich unser Geist jenseits von Zeit und Raum dieses kreativen Vorgangs bewußt ist, deshalb also vorhersehen kann, was geschehen wird — hatten Dr. HELEN WAMBACH zu ihrer bahnbrechenden Forschungsarbeit angeregt, über die ich in Kapitel 2 berichtet habe. Wenn der »träumende Geist«, wie sie sich ausdrückte, im Zustand leichter Trance der Versuchspersonen (mit einer Frequenz der Hirnwellen um acht Schwingungen pro Sekunde) Szenen aus vergangenen Leben richtig zu beschreiben vermag, müßte er doch auch zukünftiges Leben erforschen können. So kam es dann zu den geschilderten ersten Progressionen in

die Zukunft in Einzel- und Workshop-Sitzungen, bei denen sie bald schon
von ihrer Freundin BEVERLY LUNDELL als Workshop-Assistentin und Reise-
begleiterin, dem Psychologen Dr. R. LEO SPRINKLE und mir selbst unterstützt wurde. Bis Ende 1984 nahmen insgesamt über zweitausendfünfhun-
dert freiwillige Versuchspersonen an unserem gemeinsamen Forschungspro-
jekt teil.

Im März 1985 faßte ich eine erste Analyse der Aussagen jener Versuchspersonen ab, die eine Wiedergeburt in der Zeit um 2100 n. Chr. berichtet
hatten, und legte sie auf dem Ersten internationalen Kongreß für alternative
Therapien in São Paulo vor. Die Studie trug den Titel »Beyond the Millenni-
um: New Age or Brave New World?« und erschien später in *The Journal
of Regression Therapy.*[53]

In den folgenden Monaten verschlechterte sich Helens Gesundheit radi-
kal. Am 18. August 1985, ihrem sechzigsten Geburtstag, starb sie in Berkeley an den Folgen eines schweren Herzanfalls. Das ganze Projekt kam zum
Stillstand und lag die nächsten zweieinhalb Jahre »auf Eis«.

In der Zeit von 1985 bis 1987 ging ich anderen Beschäftigungen nach,
die mit meiner eigenen Praxis für Regressionstherapie und einigen kultur-
übergreifenden Erforschungen vergangener Leben in Frankreich zu tun hatten. Immerhin bot ich in Workshops meinen Versuchspersonen gelegentlich
eine Progression in die Zukunft um 2100 oder 2300 n. Chr. an. Ich entwik-
kelte auch neue Techniken, darunter das Verfahren, zukünftige Ereignisse
durch die Augen einer anderen Person zu »sehen«, wenn die Versuchsperson
feststellte, daß sie selbst während der bestimmten Zeit in der Zukunft nicht
körperlich lebte. Ich fand heraus, daß viele Menschen, sofern ihre Trance die
richtige Tiefe hatte, sich sehr wohl ein zukünftiges Leben vergegenwärtigen
konnten, das der Körper einer anderen Person durchlebte.

Das war eine erregende Erkenntnis, denn wie in Kapitel 2 erwähnt, berichteten nur vier bis fünf Prozent unserer hypnotisierten Versuchspersonen
ein körperliches Leben während der Periode um 2100 n. Chr. Alle anderen
schilderten rein außerkörperliche Erfahrungen des »Schwebens«, oder sie
entschieden sich für andere Zeiträume. Die genannten Prozentsätze verdop-
pelten sich zwar für die Zeit um 2300 n. Chr., blieben aber noch immer
weit hinter dem zurück, was normalerweise zu erwarten stand. Die Feststellung, daß viele Versuchspersonen Zukunftsinformationen auch als etwas di-
stanziertere außenstehende Beobachter empfangen konnten, bedeutete folglich: Die Menge der Zukunftsdaten ließ sich steigern, ohne daß man Zehntausende von Personen hypnotisieren mußte!

Eines Tages, 1987, stellte ich zu meiner Überraschung fest, daß ich ausschließlich bei Anwendung meiner Methoden fast ebenso viele Fälle von
Progressionen in zukünftige Leben der Periode um 2100 n. Chr. gesammelt
hatte wie zuvor wir drei zusammen (Dr. Wambach, Dr. Sprinkle und ich)
bei unseren viel mühseligeren früheren Unternehmungen. Meine Fälle ergaben im Vergleich mit den früher gesammelten sehr ähnliche Situationspor-

träts, obwohl jüngeren Datums (1986—1988 gegenüber 1980—1984), unter etwas anderen Umständen zustande gekommen und nicht alle genau gleicher Thematik.

Schon Dr. HELEN WAMBACH hatte festgestellt, daß nur etwa fünf Prozent der Versuchspersonen Erfahrungen eines körperlichen Lebens in der Periode um 2100 machten, während etwa die doppelte Zahl (rund zwölf Prozent) von einer physischen Existenz in der Periode um 2300 berichtete. Diese Ergebnisse blieben von Workshop zu Workshop und von Forscher zu Forscher konstant und bestätigten sich auch bei den von mir durchgeführten Progressionen. Interessanterweise schienen sie völlig unabhängig von den bewußten Wünschen der Workshop-Teilnehmer zu sein, die diese vor der Progression geäußert hatten, und auch völlig unabhängig von den augenblicklichen religiösen oder philosophischen Überzeugungen der Versuchspersonen.

Wie ist das zu erklären? Eine Antwort könnte lauten, daß unser »träumendes Bewußtsein« dazu neigt, einer Progression in die Zukunft stärkeren Widerstand entgegenzusetzen als einer Regression in die Vergangenheit. Der Grund dafür könnte ein Eingreifen des Wachbewußtseins sein, dessen Glaube an die in einer Richtung verlaufende Linearzeit vielleicht eine Progression in eine von ihm noch als unbestimmte Zukunft angesehene Zeit behindert.

Eine weitere Erklärung könnte die sein, daß die Neuheit der Vorstellung, Menschen das Vorwärtsgehen in etwaige zukünftige Leben zu ermöglichen, ungeschulten Versuchspersonen die Erfahrung solcher Leben erschwert. Diese Erklärung orientiert sich an den Ideen von Dr. RUPERT SHELDRAKES morphogenetischer Feldtheorie, bekannt auch als der »Effekt des hundertsten Affen« (diese Theorie wird in Kapitel 9 erläutert). Ihr zufolge fällt das Erlernen einer neuen Fertigkeit progressiv leichter, je mehr Individuen den gleichen Lernprozeß durchlaufen, auch wenn sie zeitlich und räumlich getrennt sind. Akzeptiert man diese Vorstellung, dann wäre es für das Unterbewußtsein hypnotisierter Versuchspersonen einfach deshalb leichter, in vergangene Lebenszeiten zu regressieren als in zukünftige zu progressieren, weil die erstgenannte Erfahrung schon von sehr viel mehr Menschen gemacht wurde.

Schließlich ist noch eine unter vielen anderen Erklärungen die, daß nur wenige der freiwilligen Teilnehmer an den Workshops nach ihrem gegenwärtigen Leben noch einmal in ihren Körper zurückkehren möchten. Diesen Vorbehalt äußerten mir gegenüber viele der Personen, die sich für das Denken des Neuen Zeitalters interessieren und in ihrer Mehrheit glauben oder wünschen, daß ihr gegenwärtiges Leben das letzte im Rad möglicher Wiedergeburten sei. Leider aber erklärt diese dem Wunschdenken entspringende Scheinlösung nicht die interessante Tatsache, daß gemäß unseren Forschungsergebnissen nach 2300 n. Chr. wieder signifikant mehr Versuchspersonen Verkörperungen annehmen, als dies für die frühere Periode um 2100 n. Chr. der Fall war.

Die nächstliegende Erklärung für die kleine Zahl derer, die sich in der
Zeit um 2100 n. Chr. leben sahen, ist wohl auch die einfachste. Irgendwie
werden dann, in etwa hundert Jahren, weit weniger »Vehikel« verfügbar
sein, als es heute gibt, weil allen Prognosen zufolge aus bis jetzt noch kon-
kret unbekannten Gründen die Bevölkerung unserer Erde in der Zeit bis dahin stark abnimmt. Diese Erklärung stimmt auch mit den vielen prophetischen Voraussagen eines Armageddon oder eines anderen apokalyptischen
Szenariums im einundzwanzigsten Jahrhundert überein. Sogar wissenschaftliche Zukunftsforscher räumen ein, daß wir derzeit am Rande ökologischer Katastrophen stehen, die sich immer schwerer umkehren lassen,
wenn wir nicht sofort Gegenmaßnahmen ergreifen.

Nach Dr. Helen Wambachs Tod habe ich etwa ein Dutzend Workshops
zwischen 1986 und 1988 in amerikanischen Städten, darunter Los Angeles,
Atlanta, San Francisco und Toledo, Ohio, sowie in einigen französischen
Städten wie Paris, Bordeaux und Aix-en-Provence veranstaltet. Die meisten
Teilnehmer stammten aus der weißen Mittelklasse, und zwei Drittel waren
Frauen. Ihr Alter reichte von 22 bis 72 Jahren, die größte Gruppe war zwi-
schen 25 und 45 Jahre alt. 31 Prozent der Teilnehmer an dieser Workshop-
Serie waren Franzosen, die übrigen Amerikaner. Weil sich die Versuchsper-
sonen freiwillig gemeldet hatten, kann man sagen, daß die Aussagen der
Gruppe in bezug auf die derzeit herrschenden bewußten Überzeugungen re-
präsentativ sind.

Ihre in den Workshop-Fragebogen gelieferten Berichte stellen eine faszinierende und bislang unangezapfte Quelle von Daten über unsere potentielle gemeinsame Zukunft dar. In mancher Hinsicht ähneln die Antworten jenen, die man bei Meinungsumfragen erhält. Die Schilderungen des zweiundzwanzigsten Jahrhunderts lassen sich auch untereinander vergleichen,
vor allem im Hinblick auf Übereinstimmungen oder Diskrepanzen. Außerdem können sie mit anderen Zukunftsszenarien, besonders denen der wissenschaftlichen Zukunftsforscher, und mit den Prophezeiungen heutiger
Sensitiver verglichen werden. Schließlich können noch die Daten in den Berichten der amerikanischen Versuchspersonen aus der ersten, zwischen
1980 und 1984 veranstalteten Workshop-Serie mit den — verblüffend ähnlichen — Daten verglichen werden, die meine französischen und amerikanischen Versuchspersonen erbrachten, als sie sich um 2100 n. Chr. in ein
zukünftiges Leben versetzt sahen oder diese Periode durch die »geborgten
Augen« einer anderen Person beobachteten.

Im Gegensatz zu den Analysen der futuristischen Denk-Pools beschreibt
praktisch keine der in die Zeit um 2100 n. Chr. versetzten Versuchspersonen eine Zukunftswelt, die im Grunde unserer heutigen ähnelt, nur größer
und besser wäre. Tatsächlich berichtet die Mehrheit über Bedingungen mit
deutlich negativem Anstrich, was das materielle oder das geistig-seelische
Wohlbefinden anbelangt. Außerdem geht aus den Fragebogen-Antworten
(ich analysierte 65) deutlich hervor, daß am Ende des einundzwanzigsten

Jahrhunderts (2080—2110) Katastrophen und Verwüstungen eine viel größere Bedeutung zugemessen wird als etwa ein halbes Jahrhundert später. Die zwischen 1980 und 1984 gesammelten Berichte über künftige Leben in der Zeit um 2100 n. Chr. (ich analysierte 79) enthüllen einige wichtige Wechselbeziehungen. Das Verhältnis der Geschlechter stellt sich als ausgewogen dar. Die Versuchspersonen erlebten sich zu 46 Prozent als Mann, zu 50 Prozent als Frau, obwohl 80 Prozent der Versuchspersonen Frauen waren. Dies läßt darauf schließen, daß mehrere Versuchspersonen sich in zukünftigen Körpern des anderen Geschlechts wahrnahmen.

Bei meinen Progressionsfällen mit französischen und amerikanischen Versuchspersonen aus der Zeit zwischen 1986 und 1988 waren zwei Drittel der Versuchspersonen in ihrem derzeitigen Leben Frauen. In dieser Gruppe erlebten sich 50,8 Prozent der Versuchspersonen um 2100 n. Chr. als Mann, 43,1 Prozent als Frau.

Weil die genannten Zahlen des Mann-Frau-Verhältnisses nicht 100 Prozent ergeben, muß außerdem noch etwas sein. Tatsächlich erklärten 6,1 Prozent der Versuchspersonen der zweiten Workshop-Serie, daß das Geschlecht ihres Körpers im zukünftigen Leben entweder unbestimmt oder androgyn sei! Dies stimmt in etwa mit den Berichten von Dr. HELEN WAMBACHS Versuchspersonen überein. Eine Versuchsperson aus ihren Workshops erwähnte sogar, daß sie in der Lebenszeit um 2100 n. Chr. eine Geschlechtsumwandlung (männlich in weiblich) durchmachte.

Trotz ihrer geringen Zahl sind diese für das zweiundzwanzigste Jahrhundert genannten sieben Fälle von Androgynie sehr aufschlußreich, zumal sie völlig von dem abweichen, was die Menschen über erinnerte Lebenszeiten aus der Vergangenheit berichten. Weder Dr. Wambach, die bis zu ihrem Tod mehr als zehntausend Personen in vergangene Leben regressierte, noch ich hatten in unseren Workshops zur Erforschung vergangener Leben je einen Fall von »Geschlechtsumwandlung« oder einem androgynen Körper. Doch beide Serien der unabhängig gesammelten Berichte über die Periode um 2100 n. Chr. enthalten geringe, trotzdem aber signifikante Zahlen über derartige Menschen mit einem »dritten Geschlecht«.

Weil die ganze Transsexualitätsidee erst bei der heutigen Generation möglich geworden ist, stützen solche Daten meiner Meinung nach die Hypothese, daß es sich bei derartigen »Erinnerungen« an vergangene und zukünftige Leben um mehr als nur psychologische Phantasien handelt. Wären solche Erfahrungen reine Wunscherfüllung oder Ähnliches, warum legen sich dann anonyme Versuchspersonen in voneinander unabhängigen Gruppen verschiedener Forscher ein ums andere Mal in fast gleichem Geschlechtsverhältnis fest? Warum wurden dann Berichte über ein »drittes Geschlecht« oder über Androgynie nur in den Daten über zukünftige Leben gefunden und nie unter jenen über vergangene Leben? Das liefert Stoff zum Nachdenken!

Die nachstehende Tabelle veranschaulicht das Geschlechterverhältnis in den beiden Workshop-Gruppen. Sie zeigt das derzeitige Geschlecht der Teilnehmer und das Geschlecht, das sie für ihre Lebenszeit in der Periode um 2100 n. Chr. wahrnahmen.

Tabelle 1: Geschlechterverhältnis in künftigen Leben um 2100 n. Chr.

Kategorien	1980—84 Workshops	1986—88 Workshops	Gesamt
Männlich heute	16	21	37
Weiblich heute	63	44	107
Gesamt heute	79	65	144
Männlich 2100	36	33	69
Weiblich 2100	40	28	68
Androgyn 2100	3	4	7
Gesamt 2100	79	65	144

Eine aufschlußreiche Statistik liefern die Berichte der Workshop-Teilnehmer auch in bezug auf die Lebensdauer. Im Gegensatz zu den jüngsten Trends zu einer längeren durchschnittlichen Lebenserwartung des Menschen betrug das mittlere Lebensalter der Versuchspersonen beider Gruppen, die in die Zeit um 2100 n. Chr. versetzt wurden und eine diesbezügliche Angabe machten, nur 66,2 Jahre. Zum Vergleich sei angeführt, daß einer Schätzung des *World Resources Institute* zufolge zwischen 1980 und 1985 die Lebenserwartung weltweit im Durchschnitt 64,5 Jahre betrug. Diese Zahl enthält allerdings Gebiete mit sehr hoher Sterblichkeit wie Afrika (49,7 Jahre) und Asien (57,9 Jahre). In Europa und Nordamerika beträgt die Lebenserwartung heute 73,2 beziehungsweise 71,1 Jahre.[54]

Doch im Rahmen dieses Bildes von einem Leben um 2100 n. Chr., in dem die Lebenserwartung insgesamt etwa der heutigen entspricht, nennen die einzelnen Versuchspersonen sehr unterschiedliche Zahlen. Die Berichte schwanken von einem Unfalltod mit nur 14 Jahren für das jüngste »Sterbealter« bis zu 152 Jahren für das älteste. Eine überraschende Antwort kam von sieben Teilnehmern (fünf in der ersten Gruppe, zwei in der zweiten), die behaupteten, daß sie überhaupt nicht starben! Und 24 andere (25,5 Prozent) sagten aus, sie hätten sich für das Sterben *entschieden*, nachdem alle ihre wichtigen Lebensaufgaben erfüllt waren. Sofern die Berichte der in künftige Lebenszeiten progressierten Versuchspersonen gültig sind, haben in der Zeit um 2100 n. Chr. offenbar einige Menschen gelernt, Körperfunktionen mittels willentlicher Geisteskontrolle zu beherrschen, und können sie somit kraft Willens zum Aufhören bringen. Für diese Menschen ist es offenbar weniger wichtig, einen erschöpften Körper am Leben zu halten, als die gewünschten Ziele zu erreichen und dann »weiterzugehen«. Als Todesursachen wurden ferner genannt Gewalt, einschließlich Mord und Hinrichtung,

Krankheit und Unfälle. Auf diesem Gebiet fand ich, wie in den anderen untersuchten Kategorien, keine signifikanten Unterschiede in den Daten, die die beiden Workshop-Serien geliefert hatten (1980—84 gegenüber 1986—88).

Einer der Nachteile von »Befragungen« des Unterbewußtseins nach vergangenen oder zukünftigen Leben im Rahmen von Workshops liegt darin, daß die von den Versuchspersonen erhaltenen Daten sofort auf vorbereiteten Fragebogen notiert werden sollen. So soll verhindert werden, daß die Versuchspersonen, wenn sie in ihr Wachbewußtsein zurückkehren, die Informationen vergessen, die sie empfingen, während sie sich in leichter Trance befanden. Bei Einzelpersonen hingegen können verbal direkte Fragen gestellt und beantwortet werden, während sich die Versuchsperson noch in Trance befindet, und zusätzliche Einzelheiten lassen sich unmittelbar nach dem Aufwecken der Versuchsperson im persönlichen Gespräch ermitteln. Bei Gruppen ist dies natürlich nicht möglich.

Und obwohl unsere Fragebogen sorgfältig darauf ausgerichtet waren, den Versuchspersonen möglichst viele erinnerte Fakten zu entlocken, füllten die meisten Teilnehmer sie nur unvollständig aus, weil sie einige der angeführten Ereignisse entweder im Trancezustand nicht wahrgenommen hatten oder diese ihnen in der kurzen Zeit zwischen dem Ende der Sitzung und dem Ausfüllen der Fragebogen bereits wieder entfallen waren. In dem Punkt sind derartige Erinnerungen ähnlich wie die Träume: Sobald man völlig erwacht, verblaßt ein großer Teil des Traumszenariums, und man erinnert sich nur mühsam daran. Beispielsweise erinnerten sich fast alle unsere Versuchspersonen an das Geschlecht ihres Körpers in zukünftigen Leben; viel geringer fielen die detaillierten Antworten auf die Mehrheit der anderen gestellten Fragen aus.

Als Folge davon waren aus der Serie der Fälle von 1980 bis 1984 nur 72 der 100 Berichte über Lebenszeiten in der Periode um 2100 n. Chr. vollständig genug für eine eingehendere Analyse. Ähnlich erging es mir, ich konnte aus der Serie von 1986 bis 1988 nur 61 Berichte verwenden. Zusammen ergab das 133 verwertbare Berichte. Angesichts dieser relativ kleinen Zahl von Fällen ist es unmöglich, sie als repräsentative Meinungsäußerung der heutigen amerikanischen Bevölkerung im statistischen Sinn zu bezeichnen. Dessen waren Dr. HELEN WAMBACH und ich uns als Sozialwissenschaftler bewußt. Nachdem jedoch bei vielen psychologischen und historischen Studien aus weit weniger Berichten signifikante Schlüsse gezogen werden, erlauben diese 133 Fälle nach meiner Ansicht dennoch, daß wir uns zumindest ein vorläufiges Bild von den Inhalten der »Massenträume« in bezug auf mögliche künftige Realitäten machen können.

Doch welchen gemeinsamen Nenner, abgesehen von Geschlecht und Lebensdauer, konnte man als Vergleichsbasis benutzen? Auf welche Vergleichspunkte sollte man sich stützen? In den Fragebogen, stellte ich fest, hatten fast alle Versuchspersonen die Schlüsselfragen nach ihren Wahrnehmungen in bezug auf ihre Umwelt im künftigen Leben wie Klima, Umgebung und Wohnung beantwortet, zumindest teilweise. Das war zweifellos ein relativ unpersönliches Themengebiet, das vergleichbare Informationen liefern konnte. Und da ich bald erkannte, daß die meisten Fragebogen charakteristische Beschreibungen verschiedener Behausungen enthielten, verglich ich die 133 Fragebogen nach diesem Kriterium und entdeckte zu meiner Überraschung, daß sich die Beschreibungen der Versuchspersonen vier verschiedenen Allgemeinkategorien zuordnen ließen, nämlich Behausungen 1) über der Erdoberfläche im »inneren Weltraum«, entweder in Raumstationen und Raumschiffen oder in Experimentalkolonien auf anderen Planeten; 2) in »neuzeitlichen Gemeinden« im Zeichen des Neuen Zeitalters, gewöhnlich in den Bergen oder in Küstennähe; 3) in städtischen »High-Tech-Siedlungen«, meist künstlich umschlossene oder unterirdische Städte; und 4) »ländlicher Überlebender« in Dörfern im Stil etwa des neunzehnten Jahrhunderts und dazu sechs im Schutt einstmals großer Städte hausender »städtischer Überlebender«.

Die folgende Tabelle veranschaulicht die Zahlen der aus jeder der beiden Workshop-Gruppen und insgesamt nach Kriterien der Behausung ermittelten Kategorie der Umwelt.

Tabelle 2: Umwelt in künftigen Leben um 2100 n. Chr.

Typ	Kategorie	Workshops 1980—84	Workshops 1986—88	Gesamt Beide Gruppen
1	Innerer Weltraum	18	17	35
2	Neuzeitliche Gemeinden	14	10	24
3	High-Tech-Siedlungen	22	19	41
4	Überlebende	18	15	33
Gesamt		72	61	133

Ein Leben in einem Raumschiff oder einer Raumkolonie fern der Erde bildete das hervorstechendste Merkmal der ersten Gruppe. Diese Gruppe umfaßte 35 Fälle. Sie verkörpert 26,3 Prozent der insgesamt 133 tabellarisierten Berichte. Die Mehrheit dieser 35 Versuchspersonen (52 Prozent) berichtete von einem Leben in einer künstlichen Raumstation, die sich auf einer Umlaufbahn hoch über der Erdatmosphäre befand. Die zweitgrößte Gruppe (26 Prozent) war an Bord von Raumschiffen. Bei diesen handelte es sich offenbar um interplanetare Transporter, doch in einigen Fällen wurde ausdrücklich ein interstellares Raumschiff genannt. Zwei der Versuchspersonen hielten sich in terrestrischen Kolonien oder Experimentalstationen auf Venus und Mars auf, und sechs weitere (17 Prozent der Gruppe) machten weniger spezifische Angaben, wie beispielsweise: »Auf einem anderen Planeten«, oder: »Es sieht wie ein Asteroid aus«, oder in einem Fall schlicht: »Nicht auf der Erde.«

Neben ihrer außerirdischen Umwelt stimmten bei den meisten Versuchspersonen des Typs 1 auch die Aussagen über die Art der getragenen Kleidung überein. 77 Prozent erklärten, ihre Kleidung bestehe aus einteiligen, enganliegenden Uniformen oder Overalls, oft beschrieben als »metallisch aussehend« (gewöhnlich grau oder silberfarben). Viele erwähnten, daß zu dieser Ausstattung Stiefel gehörten. Eine kleinere Gruppe (17 Prozent) sah sich in locker sitzenden Tuniken mit Gürteln oder einteiligen Gewändern. Wie zu erwarten stand, wurden auch einige sehr individuelle Bekleidungen beschrieben. Eine junge Raumfahrerin berichtete, sie trage hohe Goldlamé-Stiefel, dazu einen weißen Minirock und eine langärmelige Bluse, die von einem breiten Goldgürtel zusammengehalten wurde. Ein fließendes Cape und ein goldenes Käppchen vervollständigten die Ausstattung. Der Bericht eines Mannes, der auf einer um die Erde kreisenden Raumstation in einer Art Blase lebte, schilderte einen atmosphärischen Schutzanzug mit breiten Flossen an den Füßen.

Eine andere Serie der gestellten Fragen konzentrierte sich auf die Einnahme eines typischen Abendessens. Auch hier herrschte unter den Berichten des Typs 1 weitgehende Übereinstimmung, obwohl 23 Prozent nur vage Angaben über das machten, was sie aßen. Die Mehrheit der Antwortenden (40 Prozent) beschrieb ihre typischen Nahrungsmittel entweder als künstlich und abgepackt oder als Pillen. »Es schaute aus wie Butterstücke in Plastikblöcken«, sagte eine Versuchsperson; »hochtechnifiziert, proteinreiche Minerale und Vitamine, in Würfeln auf einem Plastiktablett serviert«, berichtete eine andere. Sechs Personen bezeichneten ihre Nahrung als »fade«. Andere (20 Prozent) erwähnten eine Vielfalt von Obstsorten und Gemüsen als Hauptbestandteil ihrer täglichen Kost. Einer sah sogar etwas, das er als »Fleischküchlein« beschrieb, mit der Hinzufügung: »Es ist wahrscheinlich synthetisch.«

Was das Essen und die gesellschaftlichen Arrangements anbelangte, so waren Berichte über gemeinsames Essen das übliche (34 Prozent), doch einige aus dieser Kategorie fügten hinzu, daß Familiengruppen in Gemeinschaftsräumen zusammen aßen. Sechs Personen (17 Prozent) aßen nur im Kreis ihrer Familien, während die gleiche Zahl sich allein essen sah. Eine Frau nahm sich sogar als Baby wahr, das an der Brust seiner Mutter trank!

Der Fortbestand einer Familienstruktur wurde in mehreren Fällen ausdrücklich erwähnt, doch ein junger Mann berichtete, er fühle sich an Bord seines Raumschiffs sehr einsam. Über sein künftiges Leben nachdenkend, während er zum Guckloch seines Raumschiffs hinausschaute, sagte er: »Ich blicke auf einen Stern und fühle mich allein. Vielleicht ein Gefühl des Verlusts oder der Trauer. Das Sternenschiff scheint so etwas wie mein Zuhause oder mir zugeteilt worden zu sein, aber ich habe nicht das Gefühl, hierher zu gehören. Bin ich vielleicht ein weit von daheim entfernter Soldat?«

Eine andere, glücklichere Seele erklärte ihre Erfahrung als »Buck Rogers durch und durch!« Sie war die bereits erwähnte junge Frau in dem weißen Minirock und den Goldlamé-Stiefeln. Wieder eine andere Person, ein Mann, der sich in Anzug und Helm sah, schilderte den Bau einer »riesigen Bewässerungsanlage« zusammen mit Gefährten der Raumkolonie. Seine Arbeit erfüllte ihn mit ungeheurer Befriedigung.

Einige wenige Fragebogen des Typs 1 enthielten nähere Einzelheiten über die Architektur ihrer Umwelt in der Raumstation. Eine Frau sagte, ihre Kolonie sehe aus wie »Schichten von Gebäuden mit Lichtern und Fenstern«. Ein anderer Bericht über ein Leben um 2150 n. Chr. beschrieb eine runde, verflochtene Raumstation mit Verbindungsarmen um eine zentral gelegene »Garteneinheit«, die dem Anbau von Bäumen und Gemüse für die Kolonie diente. Darin klang ein Bericht an, der von einem Leben in einem »großen Rad am Himmel« kündete. Eine Frau sagte, sie habe sich in »etwas Kugelförmigem« auf der Spitze eines Turms befunden. Das Gebilde war offenbar durch Gänge mit anderen ähnlichen runden Gebäuden verbunden. Ein Mann erklärte, seine Kolonie habe eine »pilzähnliche Form mit Stiel« und sei »hell beleuchtet wie ein Leuchtturm«.

Auf die Frage, woher ihre Vorräte kämen, gaben 33 Prozent der Versuchspersonen des Typs 1 an, die Lagerräume der Raumschiffe seien ihre Versorgungsquelle. Vier Versuchspersonen erwähnten, die Schiffe seien mit Außerirdischen bemannt. Der Rest machte keine näheren Angaben. Was das Geld betraf, so berichteten 51 Prozent, sie hätten eine Art universelles Kreditsystem, das auf der persönlichen Unterschrift oder einem Handabdruck statt Geld beruhe. Dreizehn Versuchspersonen (37 Prozent) beantworteten diese Frage nicht. Nur drei Personen (8 Prozent) sahen irgendwelche Münzen oder Metallmarken.

Um zusätzliches Material über die Möglichkeiten und die Verbreitung der Raumfahrt in der Zukunft zu erhalten, hatten wir in Frageform die Aufforderung eingebaut, irgendein »Ereignis mit einem hellen, strahlenden Licht« zu beschreiben, das sie vielleicht entdeckten. Natürlich erwarteten wir, daß einige Versuchspersonen kein solches Ereignis aufspüren würden. Die Ergebnisse der in die Periode um 2100 n. Chr. versetzten Versuchspersonen entsprachen generell der Art der Gesamtumwelt, in der sie sich befanden.

Vierundzwanzig der 35 Versuchspersonen des Typs 1 (69 Prozent) erwähnten ein solches Ereignis. Von ihnen beschrieben dreizehn (54 Prozent) eine Art Raumschiff als das »helle Licht«. Alle Beschreibungen waren positiv im Ton, einschließlich jener fünf, denen zufolge das Gefährt eine außerirdische Besatzung hatte. Eine dieser Personen sagte: »Das Schiff kam, um mit uns Verbindung aufzunehmen. Wir waren bereit.« Ein anderer Bericht von einem Ereignis mit einem Raumschiff gab an, es sei eine Energiequelle. Die Frau, von der dieser Bericht stammte, führte aus: »Das Raumschiff kam und verströmte Licht und speiste die ganze Einheit mit Energie, und die Garteneinheit erfuhr einen Wachstumsschub.«

Fünf der Teilnehmer im »inneren Weltraum« (14 Prozent) meldeten einen Kontakt mit einem telepathischen Lichtbalken oder Strahl, der entweder ihr Bewußtsein erweiterte oder eine ethische oder spirituelle Botschaft übertrug. Eine Versuchsperson sagte, mittels eines solchen Strahls »konnte ich kreative Gedanken materialisieren«, während eine andere das Gefühl hatte, daß eine »leuchtende Spirale« sie »in eine andere Dimension« transportiere. Ein Mann berichtete, daß ihm der Lichtstrahl ein »tiefes Gefühl der Sicherheit« brachte, als sei mit der Welt alles in Ordnung. Ein letzter Teilnehmer des Typs 1 schließlich sagte, das helle Licht sei in Wirklichkeit das Ausgangskennzeichen in seinem Raumschiff.

Zu weiteren signifikanten Aussagen dieser Gruppe zählte die einer Frau, die sich als Lenkerin eines Raumtransporters erlebte. »Das war ein sehr eingeengtes, unglückliches Dasein zu der Zeit, da ich es sah«, konstatierte sie. »Unser Lebensraum war einfach dieses Ding, und es war kein Zuhause.« Ein Mann, der in einer Raumkolonie namens »Gaylord« lebte, empfand ganz anders: »Der Ort vermittelte den Eindruck von Schönheit. Wir waren sehr glücklich über unsere Leistungen.« Eine dritte Versuchsperson erklärte: »Mir wurde bewußt, daß mein derzeitiges Leben [im zwanzigsten Jahrhundert] mich auf dieses zukünftige vorbereiten soll.«

Schließlich gab es noch den suggestiven Kommentar einer Frau, die ihre zukünftige Inkarnation in eine Zeit um 2050 n. Chr. legte. Dort befand sie sich auf einem großen, die Erde umkreisenden Raumschiff. Sie schrieb auf die Rückseite ihres Fragebogens: »Wir waren Teil eines Kommunikationssystems, das den Planeten Erde umspannte und ihn mit anderen Galaxien verband. Unsere Aufgabe bestand darin, Gruppen warnend aufzufordern, die Erde während der Verlagerung der Achse zu verlassen ... Ich machte viele erfolgreiche Fahrten zur Erde, um Menschen abzuholen. Ich erfüllte meine Lebensaufgabe.«

Um Ihnen ein möglichst persönliches Bild zukünftiger Leben zu vermitteln, wie diese von den um 2100 n. Chr. im Weltraum lebenden Versuchspersonen des Typs 1 visionär wahrgenommen wurden, habe ich drei Berichte als Beispiele ausgewählt.

Eine junge Frau aus einem von Dr. HELEN WAMBACHS Workshops im Mittelwesten stellte fest, daß sie als männlicher Bewohner einer »Raumforschungskolonie« lebte, die sich offenbar in dem Asteroidengürtel zwischen Mars und Jupiter befand. Sie beschrieb die Atmosphäre für sie als Mann als »angenehm kühl und luftig«. Seine Sicht war anfänglich auf einen »ziemlich kahlen« Observatoriumsraum beschränkt. Doch ein helles, blasenförmiges Guckloch eröffnete ihm den Blick auf die Sterne, die sich vom schwarzsamtenen Hintergrund des Raums abhoben. Das »helle Licht« erwies sich als ferner Stern, der anscheinend zur Nova geworden war. Zu den Pflichten des jungen Mannes gehörte es, sein Energiespektrum mittels ziemlich raffinierter Geräte zu untersuchen.

Der mit einem »metallischen, aber weichen und dehnbaren« einteiligen

Overall bekleidete Forscher berichtete, seine weißen Stiefel seien mit »düsengetriebenen Vorrichtungen zur Antischwerkraftsbewegung« ausgestattet gewesen. Er war »braunhäutig, mit kurzgeschnittenem schwarzem Haar« und erwähnte besonders seine »kräftigen, sehr gepflegten« Hände sowie seine »mittlere Statur«. Später dann sah er sich beim Essen in einem Raum, der ihm als kleines gemeinschaftliches Eßzimmer erschien; dort saß er neben einer Blondine, die nach seinem Gefühl seine Frau war. Ein Sohn im Teenageralter saß ebenfalls da, während andere Erwachsene sich aus einer Maschine in der Ecke des Raums etwas holten, das wie abgepackte Essenstabletts von Fluglinien aussah. Gegessen wurde mit einem einzigen »Gabel-Löffel«-Utensil aus Plastik, und die Stücke warmen Essens erinnerten ihn an Butterquader, waren aber überraschend geschmackvoll.

Auf die Aufforderung hin, Vorräte zu holen, ging dieser Bewohner einer Raumkolonie »einen langen fensterlosen Gang hinab« zu einem Lagerraum. Dort versorgte ihn ein »orientalisch aussehendes Mädchen« mit mehreren Schachteln, die er in sein Labor zurücktrug. Geld benötigte er keines; erforderlich war einzig seine Unterschrift. Er hatte den Eindruck, daß die Bezahlung mittels eines Systems »universeller Belastung« geregelt werde. Außerdem berichtete er von seinem »Wissen«, daß diese abgepackten Vorratsschachteln mit großen Raumtransportern, die vermutlich extraterrestrischen Ursprungs waren, zu der Kolonie gebracht wurden. Nahrungsmittel und Wasser wurden in der Kolonie hergestellt (im Recyclingverfahren?), und zwar in einer zentral gelegenen, auf Hydrokultur abgestellten Garteneinheit, die auch als eine Art Erholungspark diente, wenn sich die Koloniebewohner in einer natürlicheren Umgebung unter Grünpflanzen entspannen wollten.

Als er gebeten wurde, die Umstände seines Todes zu schildern, berichtete er, daß er im frühen Alter von Anfang Vierzig »mit einer tödlichen Spritze hingerichtet« worden sei. Anscheinend war er an einer Art Verschwörung gegen das herrschende politische System beteiligt. Leider blieben die Einzelheiten dieses Zwischenfalls unklar. Nichtsdestoweniger hatte die Versuchsperson das Gefühl, daß dieses zukünftige Leben als Folge des unnatürlichen, verfrühten Todes »nicht vollendet worden« sei.

Das zweite Szenarium des Typs 1 stammte von einer Hausfrau aus Südkalifornien, die ein Leben als Raumschiffpilot in der Zeit um 2100 n. Chr. schilderte. Nach der Suggestion, sie solle auf ihre Füße hinunterschauen, stellte sie fest, daß sie einen »jungen orientalischen Männerkörper« habe, bekleidet mit langen, schmalen Silberstiefeln und einem einteiligen silbrigen Fliegeranzug mit Handschuhen. Ein goldener, der Kopfform angepaßter Helm mit verstellbarer, durchsichtiger Gesichtsmaske aus Plastik vervollständigte die Ausrüstung. Obwohl der Körper jung zu sein schien, berichtete die Versuchsperson, sie habe das Gefühl, in Wirklichkeit sei er ältlich. Es wurden künstliche Mittel angewandt, um ihm ein jugendliches Aussehen zu erhalten.

Der erste Eindruck dieser Versuchsperson als Raumfahrer war, daß sie aus dem Cockpit ihres Schiffs in die Andocköffnung eines viel größeren Raumfahrzeugs blicke. Seitenfenster ließen künstliches Licht herein. Die Vorderseite des kleineren Raumschiffs war ein großes Dreieck, das anscheinend je nach Bedarf dunkel oder durchsichtig gemacht werden konnte. Während der Mann sich auf einer »Pilotencouch« direkt unter dem jetzt durchsichtigen Aussichtsdreieck zurücklehnte, steuerte er sein Schiff behutsam mittels einer »glasklaren Kugel, die sich dreht« in den Liegeplatz. Andere ähnliche Raumschiffe waren in Reihen rund um die riesige Andockstation des Mutterschiffs angeordnet. Was der Pilot tat, war reine Routine. »Ich habe das schon viele Male gemacht«, schrieb die Versuchsperson.

Der Raumfahrer schien von Beruf ein Transporterpilot gewesen zu sein, denn die Antworten auf die Fragenserie über sein häusliches Leben erbrachten, daß er ein Studio in einer Reihe quadratischer Appartementgebäude bewohnte, die offenbar zu einer überkuppelten Stadt in Sibirien gehörten. Sein Abendessen bestand nur aus »Waffeln und so Zeug«. Das Studio teilte er mit einem kleineren Wesen, das »gräuliche Haut« und sehnsuchtsvolle Kinderaugen hatte. Vielleicht handelte es sich um einen menschenähnlichen Außerirdischen; der Eindruck der Versuchsperson war hier nicht ganz klar. Wie dem auch sei, die beiden handelten, als würden sie sich gut kennen. Die kleinere Person hatte angeblich »ein liebes Gesicht«. Leider konnte diese Versuchsperson sich nicht daran erinnern, was sie aß und woher der Nahrungsvorrat kam. Bei solchen Gruppenprogressionen kommt es oft vor, daß die Teilnehmer aus der Trance mehrmals ins Wachbewußtsein und dann wieder in Trance gleiten.

Den Tod erlitt die Versuchsperson durch einen Unfall im Weltraum. Offenbar fiel sie bei einem Raumschiffmanöver wegen eines unachtsamen falschen Tritts von einer Leiter und zerquetschte sich die Brust. Den Tod empfand sie als willkommene Erleichterung, denn ihr Leben als Raumpilot war zur langweiligen Routine geworden, in der Familien- oder andere emotionale Bande offenbar fehlten. Die Versuchsperson gelangte zu dem Schluß: »Es war zu dem Zeitpunkt [jenem des Todes] ein sehr eingeengtes und unglückliches Leben.«

In einem interessanten Schlußkommentar erzählte diese Versuchsperson Dr. HELEN WAMBACH (die gegenüber den Gruppenmitgliedern ihre Erkenntnisse während der außerkörperlichen Erfahrung bei ihrer jüngsten Operation am Herzen erwähnt hatte), daß sie 1975 ebenfalls eine Nahtodeserfahrung gemacht habe. »Es war ein so schönes Gefühl, daß ich nicht zurück wollte«, bemerkte sie. Mehrere unerklärliche schwere Krankheiten in den letzten Jahren hatten sie zu der Erkenntnis gebracht, daß sie sich noch immer danach sehnte, zu dem zurückzukehren, was sie in ihrer Nahtodeserfahrung kennengelernt hatte. Wie sie sich ausdrückte: »Ich glaube, ich gehe immer wieder zurück, klopfe an die Tür und frage: ›Darf ich jetzt herein?‹« Zumindest bis zur Zeit dieser Progression im Jahr 1984 »durfte« sie das nicht. Und ihre Progressionserfahrung von 2100 n. Chr. deutet darauf hin, daß sie noch mehrere Leben vor sich hat.

Der dritte ausgewählte Bericht vom Typ 1 kommt von einem vierzigjährigen Franzosen mit einem Diplom der angesehenen Pariser École des Beaux Arts. Er gehörte zu einer meiner Workshop-Gruppen des Jahres 1986, und er war einer der sieben Versuchspersonen (4,9 Prozent), die von einem Leben um 2100 in einem androgynen Körper berichteten. Der Einfachheit halber werde ich für ihn dennoch das männliche Fürwort benutzen.

Gleich den meisten anderen Raumfahrern stellte, sagen wir, Pierre fest, daß er enganliegende metallische Kleider und elastische Stiefel trug. Sein dunkles Haar war kurzgeschnitten, vielleicht damit es unter den Raumfahrerhelm ging, den er zu der Zeit nicht trug, weil er sich bereits in einer um die Erde kreisenden »Raumplattform« befand. Er konnte keine sekundären Geschlechtsmerkmale an sich entdecken, wie beispielsweise Brüste, und hatte das Gefühl, sein Körper sei androgyn. Das Geschlecht schien keine sonderliche Rolle zu spielen.

Nach der Suggestion, er solle aufschauen und sich seiner Umgebung bewußt werden, fiel sein Blick als erstes auf einen »weiten geschwungenen Korridor ohne Gucklöcher«, der die kugelförmigen Arbeits- und Lebens-»Kokons« der Station trennte. Anscheinend ging er »heim«, denn als nächstes erklärte er, seine Wohnung bestehe aus zwei kleinen Innenräumen mit »künstlichen Fenstern«, durch die man auf illusorische holographische Freilandszenen schaute, die sich je nach Stimmung verändern ließen. Auch die klimatisierte Atmosphäre ließ sich nach Wunsch ändern, von kühl in warm und umgekehrt. Offenbar lebte er dort allein. Die Mahlzeiten wurden in einem gemeinsamen Eßraum eingenommen. Während er sich dort aufhielt, sah er andere Mitglieder der Stationsbesatzung, und er konstatierte, daß er sich einem älteren Mann am nächsten fühlte, den er für seinen Arbeitsaufseher hielt. Zu essen gab es nur haltbar gemachte Lebensmittel, die »fade« schmeckten.

»Gleite durch beleuchtete Korridore« zu einem Ausrüstungslager, lautete Pierres Antwort auf die Frage, wie er sich Nahrungsvorrat beschaffe. Gleich vielen anderen Versuchspersonen des Typs 1 berichtete er, daß er dort einige versiegelte Plastikschachteln bekam. Offenbar enthielten sie alles, was er brauchte; vielleicht hatte er sie vorher bestellt. Er registrierte den Empfang der Schachteln in seinem Armbanduhr-Computer. Das Versorgungssystem war allem Anschein nach automatisiert.

Im Gegensatz zu den zwei vorstehend berichteten Leben um 2100 n. Chr. erlitt Pierre keinen gewaltsamen Tod. Er starb an einer Krankheit, deren hervorstechendste Symptome Geschwüre und Entzündungen der Haut waren. Ein Sterbealter wurde nicht genannt, doch die beschriebene Krankheit schien eher raumtypisch zu sein, als mit hohem Alter zusammenzuhängen. Auch er empfand ein Gefühl der »Befreiung« beim Verlassen des Körpers.

In der Kategorie vom Typ 2 der in die Zeit um 2100 n. Chr. versetzten

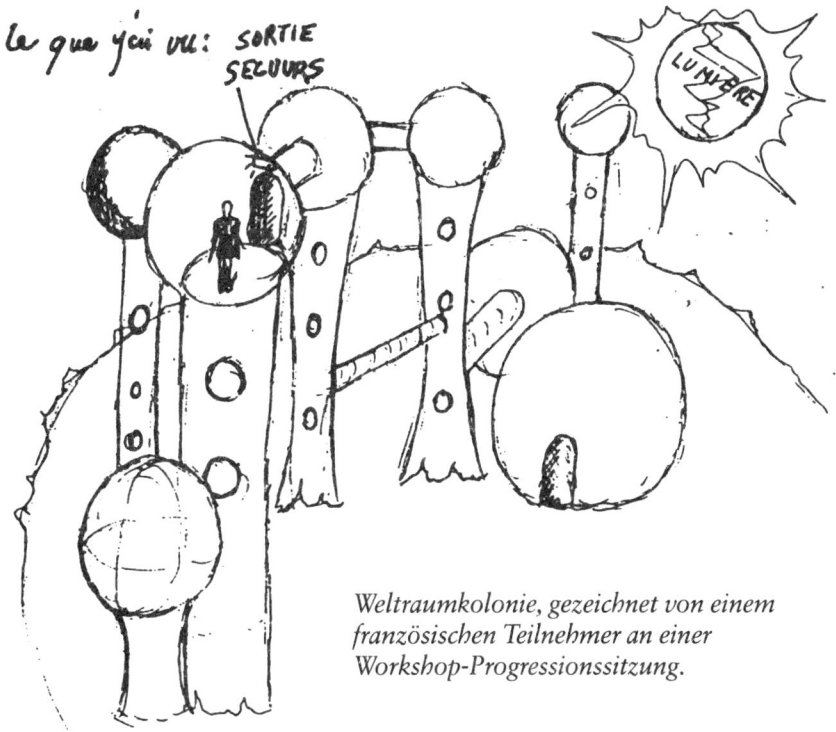

Weltraumkolonie, gezeichnet von einem französischen Teilnehmer an einer Workshop-Progressionssitzung.

Versuchspersonen liegen Antworten vor, die ein Neues Zeitalter hier auf Erden ankündigen. Alle vierundzwanzig Versuchspersonen berichteten ein Leben auf unserem Planeten innerhalb lebensfreundlicher Gemeinden in einer natürlichen Umgebung. Neun (38 Prozent) beschrieben wellige grüne Hügel, bewachsen mit Bäumen und Sträuchern. Vier gaben an, daß sie im Hochgebirge lebten (in den Anden und im Himalaja), drei wohnten am Meer. Drei schilderten eine geplante städtische Siedlung, und eine sprach von einem klosterähnlichen Zufluchtsort in der Wüste. Fünf andere gaben weniger genaue Beschreibungen ihrer Umwelt; doch aus ihren Berichten geht hervor, daß sie an einem naturnahen Ort auf der Erde lebten.

Diese Erdenbewohner des Neuen Zeitalters benutzten überaus positive Adjektive, wenn sie über das Klima und die Umgebung ihrer Gemeinden sprachen. Vierzehn (58 Prozent) erwähnten ausdrücklich, daß sie sich inmitten »grüner« Rasenflächen und »üppiger« Gärten aufhielten, während zwölf (50 Prozent) ihre Umwelt als »hübsch« oder »sehr gepflegt« bezeichneten. Die Versuchspersonen des Typs 2 gaben generell an, daß sie in gemäßigtem Klima mit frischer, gut atembarer Luft lebten. Warmes, sonniges Wetter und frischer Meeres- oder Gebirgswind wurden sehr oft angegeben. Die folgenden beiden Kommentare waren typisch:

»Das Klima war warm und feucht, immer angenehm. Die Landschaft war sauber und frei von Unrat; sie schaute gepflegt aus mit ihren vom landschaftsgärtnerischen Gesichtspunkt aus sorgfältig und geschickt gepflanzten Bäumen und Sträuchern. Die Gebäude sind schön gebaut; eine einfache, aber kunstvolle Architektur.«

Oder hier der Bericht einer Versuchsperson, die sich in den peruanischen Anden leben sah: »Ich war in den Bergen — windig und kühl. Es war Sommer. Viele Bäume und dichtes Laub. Es gab dort steile Täler und Felsen mit kleinen ebenen Flächen. Da war eine Schule für Kinder, in einem klosterähnlichen Komplex, flügelförmige moderne Gebäude, die aus dem Berghang herausragten ... Ich war Lehrerin in der ›Schule der heilenden Schwestern‹.«

Glas, Marmor, Kalkstein und Beton zählten laut den Versuchspersonen des Typs 2 zu den Materialien, die man bei der Errichtung von Gebäuden in vielfältigen Stilen und Formen verwendete. Das hervorstechendste gemeinsame Merkmal der Aussagen war die Erwähnung der Eingliederung von offenen Gartenflächen oder Gewächshäusern in die Bauten (43 Prozent). Die Herstellung einer harmonischen Verbindung von Technologie und Natur hatte zweifellos große Bedeutung für all die Versuchspersonen, die ein künftiges Leben in einer Umwelt des Neuen Zeitalters schilderten. Fast zwei Drittel von ihnen (63 Prozent) gaben auch an, ihre Wohnungen seien geplante Einheiten innerhalb einer größeren, gut organisierten Gemeinde. Spezielle Lehraufgaben und spirituelle Rollen wurden in etwa der Hälfte dieser Berichte erwähnt.

Diese Versuchspersonen trugen gemäß ihren Beschreibungen ganz andere Kleidung als die Weltraumbewohner des Typs 1. Siebzehn der vierundzwanzig Versuchspersonen (71 Prozent) sahen sich in weiter, lockerer Kleidung wie langen Gewändern oder Tuniken und zumeist in Sandalen oder weichen Schuhen. Die vorherrschenden Farben waren den Angaben zufolge Weiß (30 Prozent), Gold (17 Prozent) und Blau (14 Prozent). Nur eine kleine Minderheit (17 Prozent) trug engere Kleidung, beispielsweise Overalls oder sogar Hemden und Hosen. Eine Frau sah sich barfuß. Zwei Versuchspersonen äußerten sich nicht über ihre Aufmachung.

Die Frage nach einem typischen Abendessen fand ein unterschiedliches Echo. Acht Versuchspersonen (33 Prozent) hatten keinerlei Erinnerungen oder beantworteten die Frage nicht. Die übrigen schilderten eine Vielzahl von Nährmitteln. Acht (33 Prozent) sagten, ihre Kost bestehe hauptsächlich aus Obst und Gemüse, drei andere sahen Fisch als Bestandteil ihres Abendessens. Nur eine Versuchsperson nannte Fleisch (einen »Fleischeintopf«). In einem Bericht war außerdem von einem »faden, synthetischen kartoffelähnlichen Gemüse« die Rede. Die wohl originellste Antwort kam von einer Frau, der zufolge in ihrer spirituellen Gemeinde Nahrung zugunsten einer musikalischen »Energieplatte« gemieden wurde, die nahrhafte Vibrationen aussandte.

Kreditsystems. Sie berichtete auch, daß sie in der politischen und spirituellen Führung ihrer Gemeinde mitarbeitete. An einem Punkt erlebte sie, daß sie sich mit mehreren anderen Amtspersonen auf einer erhöhten Plattform befand und irgendeine wichtige öffentliche Zeremonie leitete. Später erklärte sie, der Hauptsinn dieses Lebens habe für sie darin bestanden, »frei zu sein, viele Gefährten zu haben und die Führungserfahrung zu genießen«.

Gleich den meisten anderen, die in dieser Periode Gemeinden des Typs 2 bewohnten, berichtete Rhonda, daß sie ein langes, angenehmes Leben führte. Ihr Tod mit »mehr als hundert« Jahren wurde auch hier »hohem Alter« zugeschrieben. Wie bei John schien er ein vorgeplantes Ereignis zu sein, denn sie sah »viele Menschen« rund um sich, als sie ihren Körper 2239 n. Chr. verließ. Sie hatte unmittelbar nach dem Tod das Gefühl, die Freiheit zu haben, neuen Abenteuern entgegenzuschweben.

In jeweils einer der letzten Fragen forderten sowohl Dr. HELEN WAMBACH als auch ich die Workshop-Teilnehmer auf, ungefähr zu schätzen, wo sich ihr künftiges Leben abspielte. Wie bereits erwähnt, schilderten alle Versuchspersonen des Typs 1 Lebenszeiten im inneren Weltraum, in Raumstationen, die um die Erde kreisten, auf anderen Planeten usw. Von den Befragten des Typs 2 wußte fast die Hälfte (46 Prozent) keine Antwort, oder sie sagten, nach ihrem Eindruck befänden sich ihre neuzeitlichen Siedlungen in Gegenden, die heute unbekannt seien (möglicherweise heute unter Wasser?). Unter den spezifischen geographischen Angaben der anderen wurden die Rocky Mountains, der Himalaja, Griechenland, die peruanischen Anden, Finnland, eine Pazifikinsel, Irland, New Hampshire, Westafrika und zwei Orte im Südwesten der USA (Nordkarolina sowie der schmale Fortsatz Floridas) genannt.

Die Versuchspersonen wurden zwar nie nach ihrem Eindruck von der Gesamtgröße ihrer Gemeinden gefragt, aber ein halbes Dutzend jener des Typs 2 machten spontan die Bemerkung, daß die Bevölkerung in ihrer Umgebung dünn gesät sei. Einige gaben an, in ihrem Leben herrsche ein Gefühl der Isoliertheit. Ein typischer Kommentar lautete: »Im allgemeinen fühlte es sich einsam an; nicht viele Menschen sind anwesend, obwohl es zivilisiert war, nicht chaotisch.« In einem anderen hieß es beispielsweise: »Es waren nicht viele andere anwesend ... Ich hatte das Gefühl, daß es nur eine kleine Einwohnerschaft gebe.«

Ähnliche Aussagen machten auch die als »Überlebende« des Typs 4 eingestuften Versuchspersonen, darunter die folgende: »Wenig Menschen, offenbar ein einsames Leben.« Viele der Berichte über die Periode von 2100 n. Chr. vermitteln den Gesamteindruck, daß es auf der Erdoberfläche zu der Zeit weite unbevölkerte Gebiete gibt. Dies bedeutet eine Untermauerung der Tatsache, daß nur etwa fünf Prozent unserer Workshop-Teilnehmer sich in einem künftigen Leben während dieser Periode wahrnahmen.

Die nachstehende Bemerkung einer Versuchsperson von 1986, die jetzt in Südkalifornien journalistisch tätig ist und damals die Frühzeit der Periode um 2100 durch die Augen einer jungen Frau beobachtete, geht diesem allgemeinen Eindruck vielleicht auf den Grund. Nach der Beschreibung einer Heilzeremonie, an der Menschen mit großen Kristallen auf den Köpfen beteiligt waren, erklärte die Frau: »Ausgenommen dort, wo die Menschen mit den Kristallen waren, schien die Erde dunkel, verunreinigt und giftig zu sein.«

Möglicherweise deutet ihre Schilderung darauf hin, daß die beschriebenen wenigen Wald- und Gartensiedlungen des Typs 2 aufgrund der positiven Geisteshaltung ihrer Bewohner geschaffen und erhalten werden. (Diese Vorstellung, seit JEFFREY GOODMAN bekannt als »Biorelativität«, wurde bereits kurz erwähnt, wird aber in Kapitel 8 noch eingehender behandelt.) Vielleicht verwirklichen sie die spirituell höherentwickelten »Gärtner« der Erde im bevorstehenden Zeitalter des Wassermanns, in dem Telepathie und andere psychische Fähigkeiten und Kräfte offenbar häufiger vorkommen werden.

Angesichts des Hinweises auf einerseits die Verwendung von Kristallen zur Erhaltung einer natürlichen, sauberen Umwelt und auf andererseits eine niedrige Erdbevölkerung in der Zeit um 2100 n. Chr. drängt sich uns die Frage auf, wie der Rest unseres Planeten dann aussehen wird. Sind die von unseren Versuchspersonen des Typs 2 beschriebenen »üppigen, gepflegten« Gärten Eden nur kleine Oasen auf einem ökologisch zugrunde gerichteten Planeten? Wird die Erde in weniger als hundertfünfzig Jahren nur dort blühen, wo menschliches Denken und Handeln bewußt auf die Natur eingestimmt sind? Ein Blick auf die anderen zukünftigen Zivilisationen des Typs 3 und 4, wie sie von Workshop-Teilnehmern in der Periode um 2100 n. Chr. erfahren wurden, könnte etwas mehr Klarheit bringen.

6
Massenträume von den Jahren 2100 bis 2200
Teil II: High-Tech-Städte und primitiv Überlebende

Während die in Kapitel 5 geschilderten »neuzeitlichen Gemeinden« des Typs 2 ein zukünftiges Neues Zeitalter auf der Erde anzukündigen scheinen, könnten die »High-Tech-Siedlungen« den Triumph eines kalten, mechanischen Systems einer zukünftigen Gesellschaft darstellen, die sich hauptsächlich dem physischen Überleben verschrieben hat. Unter unseren Workshop-Teilnehmern wurden solche Berichte von 41 Versuchspersonen analysiert, und diese Gruppe des Typs 3 war die größte der vier Kategorien (31 Prozent der 133 Fälle), die wir nach Kriterien der wahrgenommenen Lebensräume ermittelt haben. Die ultramodernen High-Tech-Städte des Typs 3, auf der Erde angelegte Überlebensgebilde, werden offenbar innerhalb riesiger künstlicher Blasen oder Kuppeln errichtet sein, teilweise auch unterirdisch und gelegentlich in Höhlen. Nur einzelne der 41 Versuchspersonen des Typs 3 erwähnten einen direkten Zugang zu freier Natur. Einige deuteten an, die Atmosphäre draußen sei verunreinigt oder giftig. Sechs Versuchspersonen (15 Prozent) berichteten, daß sie einen Unfalltod durch Ersticken erlitten, weil außerhalb ihrer geschützten, kokonartigen Lebensräume die Sauerstoffversorgung plötzlich nicht mehr gegeben war, und zwei weitere gaben an, sie seien im mittleren Alter von nur 44 Jahren an Erkrankungen der Atemwege gestorben.

Die durchschnittliche Lebensdauer lag für die ganze Gruppe bei knapp 60 Jahren, was signifikant niedriger ist als bei Typ 1 und Typ 2 und sogar etwas niedriger als der heutige Weltdurchschnitt von 64,6 Jahren. Interessanterweise zeigte sich bei dieser Gruppe, daß sie, was die Lebensdauer anbelangte, in zwei fast gleich große Hälften geteilt war. Von den 33 Versuchspersonen des Typs 3, die ihr Sterbealter nannten, berichteten 18 (55 Prozent), sie seien vor ihrem 56. Lebensjahr gestorben; sie wurden hingerichtet oder ermordet, fanden bei den oben erwähnten Unfällen mit der Luftzufuhr den Tod oder starben an verschiedenen Krankheiten. In den anderen 15 Fällen (45 Prozent) trat der Tod erst ein, wenn die Versuchspersonen 80 oder älter waren. Zehn dieser Personen sagten aus, sie seien an »hohem Alter« gestorben; drei erklärten, sie hätten sich »entschieden« zu sterben, weil ihre Lebensaufgaben erfüllt waren; eine kam bei einem Unfall ums Leben, und eine erlag einem Magenleiden.

Für signifikant halte ich auch, daß keine der um 2100 n. Chr. lebenden Versuchspersonen des Typs 3 einen Kontakt mit *natürlichen* Frischwasserquellen wie Brunnen, Seen, Flüssen oder auch nur Regen schildert. Lediglich zwei Versuchspersonen erwähnten Wasser überhaupt; sie sagten, ihre

Stadt befinde sich in einer Kombination aus natürlichen Höhlen und künstlichen, von Menschen erbauten Kuppeln unter dem Meer. Von den übrigen
beschrieb fast die Hälfte (46 Prozent) ein Leben in einer Stadt, die von einer
glasklaren Kuppel oder Blase überwölbt und so von der äußeren Atmosphäre abgeschirmt war. Zehn (24 Prozent) gaben insgesamt an, ihre Stadt läge
zumindest teilweise unter der Erde.

Das hochtechnifizierte Aussehen der Lebensräume des Typs 3 widerspie-
gelte sich in vielen Antworten über wahrgenommene Gebäude und in den
Kommentaren zur städtischen Planung. »Aus Kunststoff und utilitaristisch«,
lautete die knappe Beschreibung eines bestimmten städtischen Komplexes.
Ein Mann sagte, in seiner überkuppelten Stadt gebe es »keine überflüssige
Architektur«. Zehn der Fragebogen enthielten Schilderungen moderner
rechteckiger Gebäude, und drei wiesen auf sehr steile Dächer hin, die möglicherweise für Sonnenenergie-Kollektoren vorgesehen waren. Zwei dieser
Dächer befanden sich auf Gebäuden, die halb in der Erde vergraben waren.
Nur sieben Berichte des Typs 3, die bestimmte Baumaterialien nannten,
führten Metallegierungen an, einschließlich Gold und Silber. Vier, darunter
zwei der vorgenannten sieben, erwähnten Glas und glasklaren Kunststoff.
Eine Versuchsperson sah Marmorgebäude, und es gab den einsam daste-
henden Bericht eines Mannes über Gebäude aus »Stuck mit Ziegeldä-
chern«. Der Mann erklärte, seine Stadt liege irgendwo in dem Gebiet, das
einst Mexiko war.

Weil die Frage nie direkt gestellt wurde, kann man unmöglich sagen, ob
die äußere Umgebung für alle Bewohner des Typs 3 tatsächlich gesundheits-
schädlich war oder nicht. Doch die Daten, die sie lieferten, weisen deutlich
in diese Richtung. Wie erwähnt, schrieben sechs der Versuchspersonen ihren Tod einer Art Lungenkrankheit oder einem Sauerstoffunfall zu. Aus den
Daten ging klar hervor, daß die zukünftigen »Kuppelbewohner« ihre künstliche Atmosphäre, wie immer sie sein mochte, jener im Freien entschieden
vorzogen.

Die Folge war, daß fast die Hälfte der Versuchspersonen (44 Prozent) die
äußeren Bedingungen völlig ignorierte oder berichtete, sie könnten nicht
über ihre künstliche, überkuppelte Umwelt hinaussehen. Zehn (24 Prozent)
wiesen auf das Vorhandensein von grünem Gras, Sträuchern und Bäumen
innerhalb des Bereichs der kontrollierten Atmosphäre hin. Fast alle (83 Prozent) jener 23 Versuchspersonen, die äußere Klimabedingungen erwähnten,
gebrauchten Ausdrücke wie »steinig«, »öde«, »rauh« oder »wüstenartig«
zur Beschreibung dessen, was sie sahen. Fünfzehn sagten auch, die Außenwelt sehe »heiß«, »sonnig« oder »hell« aus.

Diese Berichte veranschaulichen, daß die Erdoberfläche der Periode um
2100 n. Chr., wie die Bewohner der High-Tech-Städte sie wahrnahmen,
weit entfernt war von der idyllischen Szenerie, deren sich die Menschen in
den neuzeitlichen Gemeinden des Typs 2 erfreuten. Nur vier Versuchspersonen des Typs 3 (10 Prozent) erwähnten überhaupt Gras oder Bäume außer-

halb ihrer Kuppelstädte. Und selbst diese vier fügten hinzu, ohne einen Grund anzugeben, daß sie nicht dort draußen lebten.

Die Versuchspersonen des Typs 3 äußerten sich, vielleicht stark unter dem Eindruck der wahrgenommenen Lebensräume, weit weniger optimistisch über ihre künftigen Existenzen in der Periode um 2100 als die Workshop-Teilnehmer des Typs 2 oder des Typs 1. Negative Kommentare über die Lebensqualität und den Mangel an emotionaler Befriedigung fanden sich häufig auf den Fragebogen des Typs 3. Eine Versuchsperson machte auf die Suggestion hin, ihre Eindrücke von ihrem Haus zu beschreiben, folgende typische Bemerkung: »Mein Zuhause wirkt irgendwie trostlos.« Andere Versuchspersonen gaben ähnliche Antworten. Als sie beispielsweise ihre Gefühle bei der Rückkehr nach Hause schildern sollten (nachdem sie Nahrungsvorräte geholt hatten), äußerten nur fünf Personen des Typs 3 (12 Prozent) positive Gedanken wie: »Froh, wieder da zu sein.« Die typischen Antworten bezeugten Gleichgültigkeit: »Es ist nur ein Ort zum Wohnen« und: »Ich hatte ein Gefühl des Unbeteiligtseins, weder ein gutes noch ein schlechtes.« Oder sie verrieten offene Unzufriedenheit: »Ich mochte die Kälte nicht«; »Ich empfand Abscheu.«

Eine junge Lehrerin aus Nordkalifornien sah sich als jungen Mann mit »langen, schlanken Fingern«. Die Gruppe dieses Mannes lebte in einem größtenteils unterirdischen Komplex modernistischer rechteckiger Gebäude mit Sägezahndächern. Ununterbrochen fegte dort Wind über die öde Prärie. Die Frau nahm wahr, daß sie im Alter von 37 Jahren an den Folgen einer Darmkrankheit starb, die zu einem »Schrumpfen der Organe in der unteren rechten Seite seines Körpers« geführt hatte, und gab anschließend folgenden anschaulichen Kommentar: »Ich war glücklich, gehen zu können [beim Tod] ... Mir gefiel die Gruppe nicht, mit der ich zusammenlebte; es war einzig um des Überlebens willen. Eine wirkliche Kommunikation gab es unter uns nicht. Ich war steril und liebte nur meine paar Bücher, darunter Shakespeares Dramen. Die hütete ich ... Die anderen verstanden nichts von Kunst und Literatur. Menschliche Gefühle fehlten völlig. Ich wußte, daß ich in der Zeit nach 2300 zurückkommen würde, um für eine Erneuerung des Humanismus zu arbeiten.«

Eine andere Versuchsperson, ein Mann, verglich sein zukünftiges Leben mit dem einer »bewußten, intelligenten Maschine«. Er war offenbar androgyn, und sogar sein Name, »Synchnotron II«, klang mechanisch. In seiner »emotional kalten« futuristischen Stadt war alles »nach strengen geometrischen Linien« gebaut, und es gab »keine überflüssige Architektur«. Die Gegend draußen war kalt und öde, mit »sehr wenig Vegetation«. Das Essen bestand aus »pulvrigen Nährstoffen«, die per Computer ausgegeben und in gemeinsamen Speisekantinen eingenommen wurden.

Synchnotron II, offenbar Politiker, nannte als Sinn dieses Lebens »den Umgang mit tonangebenden Massen zu lernen«. Er sah sich am Abend vor einer Wahl eine »leidenschaftliche, überzeugende Rede« vor einer großen

Schar seiner Mitbürger halten. An einem anderen Punkt gewahrte er sich als Mitglied einer städtischen Delegation, die Kontakt mit einer »höheren, nichtirdischen Zivilisation« aufnahm. Dennoch empfand er, als er sich im fortgeschrittenen Alter von 100 Jahren zum Sterben entschloß, »ein frustrierendes Gefühl des Verlangens, mehr zu tun« in diesem Leben. Er hatte den Eindruck, nach dem Tod in künftigen Inkarnationen »zu neuen Aufgaben weiterzugehen«.

Die Gesellschaft der High-Tech-Städte des Typs 3 der Zeit um 2100 n. Chr. steht offenbar mit den Raumfahrern des Typs 1 in Verbindung, von denen einige die Erde als Heimatbasis zu benutzen scheinen. Die Aussagen über die getragene Kleidung ähnelten einander in den beiden Gruppen; in 59 Prozent der Fragebogen des Typs 3 begegneten wir den gleichen silbrig-metallischen, eng sitzenden Overalls und Stiefeln als Alltagstracht. Etwa der gleiche Prozentsatz jeder Gruppe (30 Prozent) gab an, das Essen werde in einem gemeinschaftlichen Speiseraum eingenommen. Eine etwas größere Zahl (41 Prozent) des Typs 3 aß nur mit Angehörigen zu Hause. Eine einzige Person sah sich allein essen. Neun machten zu diesem Aspekt des täglichen Lebens keine Aussage.

Auch die von den Bewohnern der High-Tech-Städte beschriebenen Lebensmittel gleichen denen der Raumbewohner, doch wurde eine größere Vielfalt beobachtet. Von den 27 Personen des Typs 3, die angaben, was man ihnen zum Abendessen servierte, nannten 11 (41 Prozent) künstliche, abgepackte Nahrung oder Vitaminkügelchen. Zu der alles andere als appetitanregenden Kost zählten beispielsweise »Nährstoffriegel«, »eine ziemlich fade rosarote Paste aus einer Tube« und ein »nach Grapefruit schmeckendes Getränk«. Die übrigen schilderten eine herkömmlichere Kost; acht unter ihnen erwähnten Obst und Gemüse, und bei sechsen kamen Fleisch und Eintöpfe auf den Tisch. Ein Mann sah sich, wie er ein »Steak-Sandwich« aß. Den Schlußkommentar gab eine Französin; sie fand den Maisbrei in ihrer Schale »nahrhaft, aber fade« und fügte hinzu: »Man hatte keine große Auswahl.«

Gemäß unseren Workshop-Daten bestand auch eine enge wirtschaftliche Verbindung zwischen den High-Tech-Städten und den Raumfahrern. Beide Gruppen erwähnten beispielsweise große Lagerräume als Depots für die Vorräte. Von den Versuchspersonen des Typs 3 sahen sich 41 Prozent in einem solchen Depot, und 33 Prozent der Versuchspersonen des Typs 1 gaben eine ähnliche Antwort. Mehrere Versuchspersonen beider Gruppen sagten auch, sie erhielten wichtige Rohmaterialien und Nahrungsmittel von einem Raumschiff. Vier Versuchspersonen des Typs 1 und zwei des Typs 3 gaben außerdem an, daß das Raumschiff mit Außerirdischen oder »befreundeten Fremdlingen« bemannt sei. Was das Geld anbelangte, so berichteten die meisten Bewohner der High-Tech-Städte, die diese Frage beantworteten (83 Prozent), statt Bargeld oder Schecks würde ein Kreditsystem auf Unterschrifts- oder Handabdruckbasis verwendet. Die anderen gaben an, daß sie Marken aus Plastik, Aluminium und Kristall an Geldes Statt benutzten.

Die Frage nach einem etwaigen Ereignis im Zusammenhang mit einem »hellen, strahlenden Licht« beantworteten viele Versuchspersonen des Typs 3 (52 Prozent), die ein solches Ereignis beschrieben, als eine Begegnung mit einer Art Raumschiff. Vier meinten, daß diese Schiffe von außerirdischen Piloten gesteuert wurden.

Doch im Gegensatz zu den Versuchspersonen des Typs 1 und des Typs 2, die bei solchen Raumschiffbegegnungen positive Gefühle geäußert hatten, gaben mehrere des Typs 3 an, daß die Schiffe eine persönliche Gefahr bedeuten oder möglicherweise Feinde sein könnten. Eine Person berichtete, sie habe beim Anblick des Schiffs am Himmel Angst empfunden, eine andere beschrieb die Angst mit dem Eindruck: »Hu — da kommt es wieder!«

Acht der übrigen Bewohner des Typs 3, die das »helle Licht« erlebten, identifizierten es entweder als die Sonne oder einfach als das Kunstlicht ihrer überkuppelten Städte. Eine Frau sagte, es sei das blendende OP-Licht gewesen, das sie bei ihrer Geburt in einem Krankenhaus gesehen habe. Eine andere erklärte, nach ihrem Empfinden sei es die »Christus-Wesenheit« gewesen. Einer weiteren Frau vermittelte das Licht, das sie sah, »ein warmes Gefühl im Inneren«. Und eine Frau, die in einer Kuppelstadt unter dem Meer lebte, sah das Licht als einen riesigen Kristall, der aufleuchtete und ihren Körper mit Energie erfüllte.

Doch selbst bei jenen Versuchspersonen des Typs 3, die spirituelle Erfahrungen mit dem Licht hatten, wurde dessen Botschaft nicht immer als gut empfunden. Beispielsweise sah eine Frau in einem unserer Workshops das Licht von schwachem Glühen stärker und »durchdringend« werden. Anschließend sagte sie: »Ich hatte das Gefühl, daß es meine Unwissenheit durchdrang. Es erfüllte mich mit Tränen, denn ich wußte, daß ich diesem Schicksal nicht entrinnen konnte. Ich mochte den Mann, der [2100 n. Chr.] mein Gatte werden sollte, ganz entschieden *nicht*. Ich heiratete ihn auf eine Art Befehl. Es war ein schreckliches Erlebnis!«

Wie bereits erwähnt, befanden sich die High-Tech-Städte auf der Erde. Von den 41 Versuchspersonen, die ein Leben in dieser künstlichen Umwelt berichteten, konnten 17 nicht einmal einen ungefähren Standort nennen. Von den 24 Personen, die sagten, wo sie nach ihrem Eindruck lebten, meinten 15 (63 Prozent), ihre Stadt liege in dem Gebiet, das einst zum Festland der USA gehört habe. Vier gaben Arizona an, wo auch ich mich 1998 befand! Möglicherweise kam den Versuchspersonen Arizona in den Sinn, weil sein heutiges sonniges Wüstenklima ihrem heißen, trockenen Lebensraum von 2100 am nächsten kam. Vier Orte wurden zweimal genannt, nämlich Louisiana-Mississippi, der Großraum von New York City, New England und Utah. Auch der Staat Washington und Oregon wurden einmal erwähnt. Weitere angegebene Gebiete reichten von Australien über England, Frankreich bis Tibet und zu den Küsten des Indischen Ozeans.

Auch zur Vision der High-Tech-Städte habe ich wieder repräsentative Berichte ausgewählt, um Ihnen ein besseres Bild der Gesellschaft zu vermitteln, die von Teilnehmern unserer Workshop-Progressionen für die Zeit um 2100 n. Chr. vorausgesehen wurde.

»Er lebte irgendwo nördlich von dort, wo heute New York City liegt«, so äußerte sich eine Frau, die sich um 2100 n. Chr. als »jungen Mann mit albinohaftem Aussehen und Pockennarben im Gesicht« leben sah. Als der junge Mann auf seine Füße blickte, gewahrte er, daß er schmale Schuhe trug, die »aussehen, als seien sie aus weißem gesponnenem Glas gemacht«. Außerdem trug er einen »weißen, leichten, alles umhüllenden Bodysuit« aus irgendeinem Synthetikmaterial. »Er ist dünn und wegwerfbar, fast wie Papier«, erklärte er, »aber er schützt mich irgendwie vor der äußeren Umgebung.« Zu dem Anzug gehörten ein enganliegender durchsichtiger Helm und eine abnehmbare Maske zur Verwendung »für innen und außen«.

Schutz vor der »öden, trockenen und sehr heißen« Umwelt draußen war für diesen jungen Mann und für seine Schicksalsgenossen offenbar wichtig. »Wir wohnen in einer umschlossenen Stadt, es gibt einen großen Komplex in Zentrumsnähe und eine Reihe Kuppeln, die alle niedrigeren Gebäude überdecken.« Der junge Mann fand das Ganze »kalt, künstlich aussehend« und fühlte sich nicht sonderlich glücklich; offenbar bedeutete es für ihn eine Pflicht, in dieser Zeit und an diesem Ort leben zu müssen.

Kaum hatte er den überkuppelten städtischen Komplex betreten, fand er sich in einem »kleinen, für meine Familie reservierten Raum« wieder, zusammen mit seinem Bruder und seiner Mutter. Das Abendessen wurde in einem großen gemeinsamen Eßraum zusammen mit den »paar Dutzend« anderen Bewohnern seines Gebäudes eingenommen. Die Leute saßen an langen metallischen Tischen, die mit Plastiktüchern bedeckt waren. Ihre Kost bestand aus einer »seltsamen Substanz«, die »künstlichen dehydrierten Nährstoffriegeln ähnelt, wie Astronauten [unseres Jahrhunderts] sie verwenden«.

Als der Albinomann, jetzt Ende Zwanzig, aufgefordert wurde, Vorräte zu holen, sah er sich in einer Schlange anstehen und darauf warten, daß »die armyähnliche Kantine« mit der Aufschrift »Community Location Center« öffnete. Ein kleiner, tragbarer Düsenantrieb mit »Steuerstange«, den der junge Mann auf dem Rücken hatte, ermöglichte es ihm, sich schnell und leicht zu bewegen. In dem Gebäude benutzte er dann eine Kreditkarte aus Plastik, »um Nährstoffriegel zu kaufen«.

Der Tod kam für diesen jungen Mann früh und schnell. Eines Tages, während er sich auf einem Erkundungsauftrag außerhalb der künstlich geregelten Atmosphäre seiner Stadt befand, versagten sein Schutzanzug oder sein Atemgerät, und er erstickte. Er war erst Anfang Vierzig. Doch die Todeserfahrung war für ihn keineswegs traumatisch; tatsächlich berichtete die Versuchsperson, sie fühle sich »ruhig, ein bißchen überrascht, aber fast glücklich, frei zu sein«. Sie erklärte: »Es war, als sei ich aus einem Auto oder einem anderen Gefährt ausgestiegen. Dieser Körper war nicht wirklich ich.«

Ein Mann aus Colorado lieferte folgenden Bericht über sein zukünftiges

Leben, das er als »weißer Mann durchschnittlicher Größe mit schwarzem Haar« irgendwo im heutigen Arizona verbrachte. Auch er war bekleidet mit einem »einteiligen Overall, mit weißen Stiefeln, einer Jacke im Stil der Skimode und einem runden, transparenten Kunststoffhelm, der drinnen abgenommen wird«. Er ging unter der heißen Sonne durch die Wüste. Kein Baum und kein anderes Grün waren zu sehen, nur »niedriges Gestrüpp« und eine Hügelkette in der Nähe, die zu einem fernen Gebirgszug führte.

Sein Bestimmungsort war eine kleine, »größtenteils unterirdische«, kubisch angeordnete Siedlung, überwölbt von einem »durchsichtigen Kuppeldach«. Anscheinend handelte es sich um einen wissenschaftlichen oder der Forschung dienenden Außenposten, Teil eines Netzes gleichartiger Siedlungen. Dieser Mann, der sich später mit dem Namen »Blada« angeredet hörte, war sich bewußt, daß er dort mit seiner Frau und vielleicht einem halben Dutzend Mitarbeiter lebte. Nachdem er die Luftschleuse der Kuppel durchquert hatte, gewahrte er, daß ihre Innenfläche mit einer blauen Schicht zum Schutz vor den ultravioletten Strahlen der Sonne bedeckt war.

Blada kam gerade rechtzeitig zum Abendessen nach Hause und gesellte sich im gemeinschaftlichen Eßbereich des Außenpostens zu seiner Ehegefährtin, »einer hübschen Frau mit kastanienbraunem Haar«. Die anderen Arbeiter, größtenteils jüngere Leute in den Zwanzigern oder Dreißigern, trafen wenig später ein. Das Abendessen bestand aus »abgepacktem Meeresgetier, Hähnchen und Gemüseeintopf« und wurde — wie ihm schien — in versiegelten Containern mit Selbstheizung geliefert. Blada und die anderen, die an einem langen Tisch saßen, öffneten einfach die dampfenden Päckchen und aßen direkt daraus, benutzten als einziges Besteck »Stahllöffel«. Das Essen könnte man als zukünftiges Äquivalent des Eintopfs aus einem der Proviantwagen des alten Wilden Westens bezeichnen.

Die Erfahrung mit dem »hellen, strahlenden Licht« hatte Blada, als ein Gebilde, »das wie ein kleines Ufo aussah«, in seiner Nähe landete, um ihn zum Einkauf weiterer Essenspäckchen und anderer Vorräte abzuholen. Er berichtete: »Wir flogen weit, aber mit hoher Geschwindigkeit zu einem viel größeren kuppelartigen Bauwerk. Alle Eingänge und Ausgänge dieses Bauwerks waren doppelt, mit blasenähnlichen Luftschleusen. Die gekauften Vorräte bestanden in abgepackter Nahrung. Ich bezahlte dafür mit farbkodierten ›Orgon-Energie-Kügelchen‹, die, in Plastik versiegelt, in Größe und Form einer Rolle Münzen glichen.«

Sein Bericht war einer der wenigen positiven des Typs 3, vielleicht weil sein Außenposten trotz der rauhen Umgebung zu einem größeren »galaktischen Netz bewohnter Welten« gehörte und »extraterrestrischer Kontakt ein alltägliches Vorkommnis war«.

Obwohl zufrieden mit seiner unmittelbaren Umgebung, der eines kleinen Forschungszentrums, blieb Blada nicht von den Problemen verschont, die in seiner Umwelt aus der giftigen Atmosphäre entstanden. Im Alter von 84 Jahren starb auch er infolge eines Versagens seines tragbaren Atemgeräts, als er sich außerhalb der geschützten Siedlung befand. »Ich war allein draußen im Einsatz, als der Helm versagte, also erstickte ich«, berichtete er. »Es war einen Augenblick lang schmerzhaft, aber ich geriet nicht in Panik ... Dann war ich oben und draußen, und es ging in das farblose Licht hinein, von dem alle Farben kommen. Ein gutes Gefühl.«

Eine vierzigjährige Psychologin und Physiotherapeutin aus Paris lieferte das dritte Beispiel des Typs 3. In die Periode um 2100 n. Chr. versetzt, fand sie sich im »ziemlich erschöpften und schlaffen« Körper eines Mannes in mittleren Jahren wieder. Bekleidet mit »einem engen, glänzenden, aber seidenweichen metallisch blauen Overall«, ähnlich die Stiefel und die Kopfbedeckung, saß er in dem »geräumigen Zimmer« seiner Wohnung. Es hatte keine Fenster, doch er wußte, daß die Landschaft außerhalb der geschützten Kuppel seiner Stadt eine »kahle, unbewohnbare Wüste« war.

Er verspürte jedenfalls kein Verlangen, sich hinauszuwagen. Er war es zufrieden, zu Hause bei seiner Frau, dem einzigen Kind und dem Hündchen der Familie zu bleiben. An seine Frau sei er »gewöhnt«, seine Tochter »liebe«, aber den Hund »hasse« er. Das gemeinsam eingenommene Abendessen bestand aus »abgepackten Mahlzeiten, erhitzt in einer Mikrowellen-Einheit«, und wurde in angespanntem Schweigen verzehrt.

Das Ereignis mit einem »hellen Licht« beschrieb er als die roten Blinklichter eines über ihm vorbeifliegenden Raumschiffs. Solche Ereignisse galten als »alltäglich«, dennoch fühlte sich der Mann »angespannt und gestreßt«. Irgendwie empfand er Unbehagen über das, was in der Welt außerhalb seines städtischen Maulwurfshügels vorging. Seine künstliche unterirdische Stadt war trotz ihrer »Eingeschlossenheit« reich an technischen Wundern. Ein »weitläufiges, ultramodernes Einkaufszentrum« war von der Wohnung der Familie nur eine kurze Rollerfahrt über eine versenkte Straße entfernt. Alles »glänzte und funkelte« im »ziemlich grellen Licht« der Deckenbeleuchtung. Zum Einkaufen benötigte man lediglich eine einzige Kreditkarte aus Plastik. Auf den Verkaufstheken prangten holographische Auslagen von Produkten, die man bestellen konnte, zur Lieferung nach Hause mittels eines »vollkommen automatisierten« Systems.

Als der Mann im Alter von achtzig Jahren eine ernste Verdauungsstörung bekam, stand ihm moderne Krankenhauspflege zur Verfügung. Er sah sich, in weiße Laken gehüllt, wie seine Frau ihn besuchte. Anscheinend war die Krankheit zu schwer oder sein Körper zu schwach für eine Genesung. Er verbrachte seine letzten Tage im Krankenhaus »an einer Infusionsflasche hängend« — möglicherweise ein Hinweis auf praktizierte Euthanasiemethoden. »Die Ärzte helfen mir mit der Infusionsflüssigkeit, rasch und schmerzlos zu sterben«, bemerkte er. Dies könnte wohl auch der Grund für die ungewöhnliche Aussage des Mannes sein, daß er »Lustlosigkeit« empfand, unmittelbar nachdem der Geist den physischen Körper verlassen hatte. Die meisten Versuchspersonen des Typs 3 verspürten in diesem Augenblick ein Gefühl der Befreiung.

Auf der Rückseite ihres Fragebogens gab die französische Psychologin einen Schlußkommentar, in dem sie ihre zukünftige High-Tech-Erfahrung zusammenfaßte. Er widerspiegelt die Empfindungen der Mehrheit dieser Gruppe: »Während der ganzen Zeit, die ich in dieser umschlossenen Stadt verbrachte, spürte ich eine in der Luft liegende allgemeine Spannung. Mit ihr ging eine Art Einsamkeit einher oder ein Gefühl der Isoliertheit unter den Menschen. Die einzigen heiteren Momente kamen in der Tat, wenn ich allein war. Es war, als bestünde der Sinn des Lebens dort einzig im blanken Überleben, trotz all der technischen Vorteile. Es war überhaupt nicht so, wie ich mir die Zukunft vorgestellt hatte.«

In der Kategorie der »primitiv Überlebenden«, also des Typs 4, ließen sich viel schwerer Vergleiche ziehen. Die von mir verwerteten Berichte bezogen sich auf ländliche und auf städtische Lebensräume, allesamt auf unserer Erde. Die meisten Versuchspersonen gaben Hinweise auf ihren unmittelbaren Kontakt mit der äußeren Umwelt, dies jedoch mit Beschreibungen, die auf einen Rückschritt zum Ende des neunzehnten Jahrhunderts verweisen.

Die »ländlichen Überlebenden« (27 Versuchspersonen) schilderten Umgebungen mit fließendem Frischwasser in der Nähe (48 Prozent), andere trockene, dürre Wüsten (22 Prozent) und wieder andere verschneite Gebirgslandschaften (26 Prozent). Ein Fall war nicht spezifisch genug für eine statistische Erfassung. Die beschriebenen Häuser können in ihrer Mehrheit als vergangenheitsträchtig bezeichnet werden; es waren acht Blockhütten, fünf Fachwerkhäuser und fünf aus Stein, Lehm oder Ziegeln. Zwei Versuchspersonen gaben an, daß sie in einer Höhle wohnten, und eine beschrieb eine Art Gebäudekomplex aus Ziegeldachhäusern. Die übrigen gebrauchten weniger spezifische Ausdrücke wie »eine Farm« oder »eine primitive Behausung«.

Genauso vielfältig war bei Typ 4 die Kleidung, aber Stoffhosen, -hemden und -röcke herrschten vor (45 Prozent). Eine signifikante Minderheit (33 Prozent) sah sich jedoch in langen, weißen oder elfenbeinfarbenen Gewändern. Ein Mann sagte, er habe sich in dem einfachen safranfarbenen Gewand eines buddhistischen Mönchs wahrgenommen. Die Höhlenbewohner sahen sich in Fellen und Tierhäuten, die Bewohner verschneiter Gebirgsregionen in derber Woll- oder Flanellbekleidung. Die Fußbekleidung bestand aus Schuhen oder Stiefeln (33 Prozent) oder Sandalen aus Leder oder geflochtenem Seil (33 Prozent). Die übrigen gingen barfuß.

Die sozialen Strukturen scheinen bei den ländlichen Überlebenden des Typs 4 weniger vielfältig zu sein. Die meisten Versuchspersonen (78 Prozent) aßen zu Hause mit ihren Angehörigen, andere (11 Prozent), darunter sieben der neun, die lange Gewänder trugen, gaben an, daß sie ihr Abendessen in einem Gemeinschaftsraum einnahmen. Die restlichen beantworteten die Frage nicht oder sagten, sie äßen allein.

Was die Nahrung betraf, so war Typ 4 die einzige Gruppe, in der Fleisch,

Fisch und Wild bei den beschriebenen Gerichten vorherrschten (46 Prozent
der Antwortenden), zusammen mit Obst und Gemüse (ebenfalls 46 Prozent). Unter den verzehrten Fleischsorten wurden Rind, Hähnchen und Ka-
ninchen genannt, unter den Gemüsen Kürbis, Bohnen und Rosenkohl. Niemand in dieser Gruppe, weder der ländlichen noch der städtischen Überlebenden, nannte exotische oder künstliche Nahrungsmittel.

Unter den zwölf ländlichen Überlebenden, die auf die Frage eine Antwort
gaben, besorgten neun ihre Lebensmittel auf einem Markt oder in einem
Gemischtwarenladen, einer erwähnte ein Lebensmittelgeschäft. Die Höhlenbewohner jagten, was sie brauchten. Bei 82 Prozent der ländlichen Überlebenden bestanden die besorgten Vorräte vorwiegend aus Nahrung, eine
der Versuchspersonen erwähnt auch Kerosin, eine andere sah sich einfach
Kartons auf einen Wagen laden, ohne hineinzuschauen.

Die Bezahlung beschränkte sich bei dieser Gruppe auf herkömmliche
Münzen (38 Prozent nannten Goldmünzen, ebenfalls 38 Prozent Silber-
oder Kupfermünzen, 27 Prozent Papiergeld). Eine Frau, die sich in der Kleidung einer amerikanischen Ureinwohnerin sah, bezahlte ihre Vorräte mit
schwarzen Steinen. Die Versuchspersonen des Typs 4 erwähnten in keinem
Fall ein Unterschrifts- oder Kreditsystem, ebensowenig irgendwelche Kontakte mit Außerirdischen.

Erfahrungen mit dem »hellen Licht« gingen der Hälfte dieser Versuchspersonen des Typs 4 völlig ab (sie stellten den höchsten Prozentsatz aller
vier Gruppen dar, die auf diese Frage keine positive Antwort gaben). Sie sahen auch keine Raumfahrzeuge. Die meisten beschrieben das Licht als Na-
turereignisse. Einige Versuchspersonen sagten, das Licht sei die Sonne, andere erblickten nachts einen »hellen Stern«. Eine berief sich auf eine Sternschnuppe, eine andere auf Fesselballons. Drei Personen erwähnten künstliche Lichter wie Straßenlaternen oder Glühbirnen.

Drei der Versuchspersonen des Typs 4 schließlich brachten das »helle
Licht« mit einer spirituellen Erfahrung in Verbindung. Eine von ihnen sagte
einfach: »Ich spürte die Gegenwart Gottes.«

Der zukünftige Lebensstil, wie ihn die meisten ländlichen Überlebenden
des Typs 4 wahrnahmen, schien nur den Grundbedarf zu beinhalten, wenig
Zierat oder gar Bequemlichkeiten. Die Mehrzahl (52 Prozent) reiste zu Fuß
oder mit Pferd und Wagen. Nur vier sagten, sie benutzten Fahrzeuge: einen
Jeep, einen Lastwagen, einen Motorroller und einen Personenwagen. Zu
den exotischeren Fortbewegungsmitteln zählten Hundeschlitten, Schnee-
schuhe und Ochsenkarren. Ähnlich verhielt es sich mit dem Geschirr, es bestand laut den Beschreibungen aus Metall oder Holz. Nur die Person, die
ein »Lebensmittelgeschäft« sah, aß ihrer Aussage zufolge mit einem Plastik-
löffel.

Trotz dieser ziemlich einfachen Lebensweise waren die Kommentare der
Versuchspersonen des Typs 4 im Grunde positiv, auch wenn elf Personen
(40 Prozent) sich über die Isoliertheit ihrer Siedlung äußerten. Im wesentli-

chen zeichnen die Antworten der Versuchspersonen das Bild eines unkomplizierten, aber ziemlich einsamen Lebens in kleinen Weilern und religiösen Gemeinden oder auf Farmen. Zu den typischen Kommentaren zählt der folgende einer Frau: »Ich ging an den See [bei ihrer Ortschaft], um friedlich zu sterben [mit siebzig Jahren]. Ich überblickte [nach dem Tod] die Szenerie. Nicht viele Menschen dort. Dieses Leben war friedlich, aber einsam.«

Von den ländlichen Überlebenden, die ihre Gefühle nach der Rückkehr vom Beschaffen der Vorräte beschrieben, machten sieben positive Bemerkungen wie »Hübsch, es gefällt mir hier« oder »Ich empfinde Glück, Frieden«. Zwei verspürten Gleichgültigkeit. Nur ein einziger der wenigen Höhlenbewohner äußerte Unzufriedenheit. Er fühlte sich »unglücklich« bei der Rückkehr in seine einsame Höhle, in eine Welt, die nach seinem Eindruck bei einem Atomkrieg zerstört worden war. Doch seine Verzweiflung stellte die Ausnahme dar.

Der nachstehende Kommentar einer Frau, die anscheinend in einer Art isolierter spiritueller Gemeinde lebte, war typischer für die Angaben der siebenundzwanzig ländlichen Überlebenden des Typs 4: »Ich wohnte im Süden Arizonas, in einem Haus mit roh behauenen Wänden. Wir trugen lange, fließende Gewänder und goldfarbene Sandalen. Es gab eine zentral gelegene Marktarkade, und die Häuser waren rund um sie gruppiert. Ich empfand dort Frieden und Zufriedenheit. Ich schwebte [nach dem Tod infolge ›hohen Alters‹] aus meinem Körper, empfand Erfüllung und spürte, daß ich endlich wußte, was es mit dem allem auf sich hatte.«

Auf die Frage, wo sie um 2100 n. Chr. wohl gelebt hätten, nannten die Versuchspersonen des Typs 4 weit verstreute Orte in Nordamerika, Afrika und Asien, und eine kühne Seele landete sogar in der Antarktis. Fünf erwähnten Gegenden in den USA, darunter die Black Hills in South Dakota sowie Montana, Kalifornien und Arizona. Vier sagten, sie sähen Mittelkanada, doch das Klima dort sei wärmer als heute. Die russischen Steppen, die Mongolei sowie der indische und der tibetische Himalaja wurden von vier anderen, Israel und »die Ostküste Südamerikas« von zwei Einzelgängern erwähnt.

Nachstehend folgt ein ausgewählter Bericht über die zukünftige ländliche Lebensweise des Typs 4, der ein gutes Bild der Bedingungen vermittelt, wie sie von dieser Gruppe am häufigsten wahrgenommen wurden: »Ich weiß, dies ist die Zukunft, aber sie ist verwirrend, weil so viele Dinge aussehen, als stammten sie direkt aus einem alten Western.« Paula, eine Sekretärin aus der Gegend von San Francisco, hatte sich während ihrer Workshop-Progression in die Zeit um 2100 n. Chr. als schlanke junge Frau gesehen, deren Gesicht eine Mischung aus kaukasischen und amerikanisch-indianischen Zügen darstellte. Manchmal ging sie barfuß, manchmal trug sie weiche Ledermokassins, dazu ein »langes, lockeres, leichtes Baumwollkleid«. Sie war sich sicher, daß ihr Dorf, »tatsächlich eher eine kleine Grenzstadt«, in Kanada lag, doch es herrschte dort wesentlich wärmeres Wetter als heute.

Die Umgebung war sauber und wohltuend natürlich. Ein kleiner Teich befand sich in der Nähe, auf einer Lichtung, umgeben von »einem Kiefernbestand«, der in einen größeren Wald überging. In der entgegengesetzten Richtung schoben sich kleinere gepflügte Felder in unbebaute Wiesen. Auf den Wiesen schienen auch Tiere zu weiden.

Diese pastorale Szene nahm sie wahr, während sie im Garten ihres Hauses stand. Das Haus selbst war eine »Blockhütte von ordentlicher Größe, gebaut mit einer Art Mörtel zwischen den Baumstämmen«. Es hatte an der Vorderseite eine Veranda aus rohem Holz und zwei Fenster mit »altmodischen Glasscheiben«, wie ihr schien. Die Dachkanten liefen spitz zu. Ein großer, steinerner Kamin nahm fast die ganze eine Schmalseite des Hauses ein.

Das Abendessen wurde in einem großen Raum eingenommen, der als Küche, Eß- und Wohnzimmer diente. Ein steinerner Herd beherrschte die eine Seite. Zur Hälfte schaute er wie eine herkömmliche Feuerstelle aus, doch er hatte eine »Tür aus Metall und Glas«. In die andere Hälfte war ein »seltsam aussehender schwarzer Ofen« eingesetzt. Dieser Metallofen, der offenbar mit Holz geheizt wurde und dessen Abzugsrohr in den Kamin mündete, hatte »auf einer Seite auch ein Backrohr« und eine Kochfläche mit »drei Brennstellen für Töpfe« oder Kessel.

Das Essen selbst bestand aus »Fisch und etwas, das wie Kartoffelpfannkuchen schmeckte«. Am Tisch saß sie mit ihrem Ehegefährten, einem »großen blonden Mann«, und ihrem zehnjährigen Sohn. Die drei aßen von »zinnähnlichen Tellern« und benutzten einfaches Metallbesteck. Die Gerichte waren »geschmackvoll und gut«, und sie bemerkte, daß die Familie sich vor dem Essen die Zeit nahm, Gott dafür zu danken.

Um Vorräte zu besorgen, sah diese Frau die ganze Familie mit Pferd und Wagen zu einem »Gemischtwarenladen« fahren, wo »Säcke mit Mehl, Salz und ein hellgelber Sonnenhut für mich« gekauft wurden. Eine kleine Goldmünze »mit fremdländischer Beschriftung« diente zur Bezahlung der erworbenen Waren. Die Hauptstraße des Ortes war eine »staubige ungepflasterte Straße«, gesäumt von »weiteren Blockhäusern«, in denen verschiedene Geschäfte und öffentliche Versammlungsstätten untergebracht waren. Obwohl primitiv, sah alles gepflegt aus, und die in der Stadt umhergehenden oder -reitenden Menschen wirkten »geschäftig und wohlhabend«. Paula sagte, das Leben, das sie dort führte, vermittle ihr ein gutes Gefühl, sie sei nach der Heimkehr in ihre Blockhütte »glücklich, zufrieden«.

Gegen Ende des dritten Lebensjahrzehnts fand die Frau bei einem Reitunfall den Tod. »Ein Pferd warf mich ab«, schrieb Paula. Das Jahr 2180 schoß ihr durch den Kopf. Gefühle des Bedauerns, weil sie ihre Familie zurückließ, verschwanden sogleich, als ihr Geist sich vom Körper löste. Sie schilderte ein Gefühl von »Leichtigkeit und Frieden«, während sie sich spiralförmig aufwärts bewegte, durch leichten grauen Nebel »auf Gottes Gegenwart zu«. Obwohl nur von kurzer Dauer, war es für sie ein »erfülltes und bereicherndes Leben, besonders in spiritueller Hinsicht«, gewesen.

Ein etwas anderes Bild ländlichen Lebens im zweiundzwanzigsten Jahrhundert zeichnete eine junge französische Hausfrau aus Aix-en-Provence. Ihre bloßen Füße und Knöchel erschienen ihr »dunkel, lang und schmal«, sie ragten unter einem »langen, blassen, teilweise aus Silberfaden gewobenen Gewand« hervor. Der lange, hagere Körper war jedoch zweifellos männlich und wirkte alt, worauf auch das graue Haar und ein »Anflug von weißem Bart« hindeuteten. »Ich heiße Chalmik«, schrieb sie, »und bin so etwas wie ein Astrologe oder Wahrsager in einem kleinen Dorf in der Mongolei. Meine Haut und diejenige der Menschen um mich ist gelb. Wir leben auf einer Hochebene, wo es kalt und trocken ist. Über die Steppe weht ständig ein schneidender Wind, der von den nicht weit entfernten hohen Bergen kommt. Das Gelände ist größtenteils flaches Grasland, aber hier und dort mit großen Bäumen gesprenkelt.«

Chalmik beschrieb sein Zuhause als »niedriges, breit daliegendes, weiß gestrichenes Haus aus Lehmziegeln«. Es enthielt »einen einzigen riesigen Raum«, unterteilt durch einen bunten Vorhang, hinter dem sich eine Schlafnische befand. Chalmik lebte dort mit seiner Frau, einer »großen, dunkelhaarigen Orientalin«, vier Kindern und seiner ältlichen Mutter. Im Zuge der Progression bemerkte er, daß der Tod seiner Mutter, offenbar infolge hohen Alters, das »emotional bewegendste Ereignis« dieser Lebenszeit war.

Die Familie nahm das Abendessen gemeinsam ein, man saß auf niedrigen Polstern um eine in der Mitte stehende Servierplatte, auf die gekochte Körner, Gemüse und Obst gehäuft waren. Zum Essen benutzte man die Finger oder kurze, dolchartige Messer. Das Abendessen war eine »ziemlich geräuschvolle Angelegenheit«, man schlürfte eine Art »Suppe oder warmen Getränks« aus Holzschalen und erging sich in hitzigen Erörterungen der Aktivitäten des Tages. Zwischen Chalmik und seinem ältesten Sohn bestand offenbar ein gespanntes Verhältnis.

Seine glücklichsten Momente erlebte Chalmik, wenn er allein im Freien war, den Himmel beobachtete und den Lauf der Sterne und Planeten mittels »eines ausgeklügelten« tragbaren Teleskops, das auf einem Stativ stand, kartographisch erfaßte. Das Teleskop war offenbar ein Familienerbstück, und auch seinen Beruf hatte Chalmik sozusagen als Erbe übernommen. Die Spannung mit seinem halbwüchsigen Sohn betraf den »mangelnden Respekt« des Jungen für diese Tradition. Das Aufblitzen einer Sternschnuppe (oder eines Raumschiffs?) »am hellichten Tag« sei, erklärte er, ein »ziemlich alltägliches« Ereignis, man sehe am Himmel ständig Lichter vorbeiziehen. Niemals jedoch sah er etwas in der Nähe des Dorfes landen, und er erwähnte auch keine außerirdischen Kontakte.

Eines Abends verspürte Chalmik, als er im Freien seine geliebten Sterne studierte, plötzlich einen »scharfen, stechenden Schmerz« im Rücken. Er drehte sich um und erkannte, daß ihm sein zorniger Sohn einen Messerstich versetzt hatte. Während er zu Boden sank, war sein letzter Gedanke: »Wie undankbar, ich hinterlasse ihm alles.« Dann löste sich sein Geist aus dem Körper und stieg aufwärts, dem Himmel zu. Das Jahr 2197 schoß ihm als Todesdatum durch den Kopf.

Den Berichten der vierzehn Workshop-Teilnehmer über die Periode um 2100, die in ein ländliches Überlebensmuster paßten, stehen sechs Berichte über künftige städtische Existenzen gegenüber, in denen ebenfalls ein Lebensstil auf reinem Überlebensniveau geschildert wurde, allem Anschein nach eine bis zwei Generationen nachdem irgendeine Katastrophe die einst blühenden Städte zerstört hatte. Die sechs städtischen Überlebenden des Typs 4 sahen sich in zukünftige Lebensräume versetzt, die sie als die Überreste dessen schilderten, was einst Moskau (zwei Berichte), Kairo (zwei Berichte), Manhattan und Los Angeles gewesen sei. Ihre Schilderungen waren bei weitem die unerfreulichsten aller Versuchspersonen, die eine Progression in die Periode um 2100 n. Chr. mitgemacht hatten, vielleicht mit Ausnahme des obenerwähnten postnuklearen Höhlenbewohners. Allen zufolge waren das Klima und die Umgebung rauh und trostlos. Eine der beiden Moskauer Überlebenden, eine Frau aus einem von Dr. Helen Wambachs Workshops, lieferte den vollständigsten Bericht. Sie war offenbar eine Soldatin und beschrieb ihre Umwelt in der Stadt als »nebelig, grau, feucht ... fast leblos«. Der zweite Moskauer Bericht, der von einem jungen Franzosen kam, bezeichnete den Boden als »verstrahlt, trocken und steinig«. Die Luft roch verbraucht und atmete sich schlecht. Der Mann lebte nach seiner Wahrnehmung in unterirdischen Kanälen.

Ein Amerikaner berichtete über das Manhattan des Jahres 2090 n. Chr., es gebe »kein Pflanzenleben mehr ... Die Gebäude waren beschädigt, und den Boden bedeckten Haufen von Trümmern, Schutt und Steinen.« Die beiden Berichte über Kairo sprachen von der überwältigenden Trockenheit der Wüstenatmosphäre und den heißen, beißenden Winden, die Sand mitführten. Das Zuhause einer dieser Versuchspersonen war eine Kommune in der Wüste. Die andere sagte, es gebe »sehr wenige Überlebende; es scheint eine Zeit nach einer umwälzenden Naturkatastrophe zu sein«.

Vielleicht war der Bericht des Mannes aus San Francisco, der nach seinem Eindruck in den Ruinen von Los Angeles lebte, noch der optimistischste aller städtischen Überlebenden. Er sagte: »Ich sehe Inseln, vielleicht das, was von Kalifornien übrig ist. Das Wetter ist seltsam, mit Nebel und Wolken und viel Purpur am Himmel. Auf den anderen Inseln gibt es viele überwachsene Ruinen.«

Das Dasein in den verwüsteten Gebieten war alles andere als angenehm. Der Überlebende der New Yorker Katastrophe sah sich folgendermaßen: »Ging ganz allein die Straße entlang ... Abendessen besteht aus rotem Fleisch an einem Knochen, und ich esse in einem dunklen, kellerähnlichen Raum mit einem Mann, der eine Mütze trägt und dessen Gesicht mit roten Flecken gesprenkelt ist ... Auch meine Hände sind über und über mit Flecken gesprenkelt ... Die ganze Erfahrung deprimierte mich. Ich möchte bestimmt nicht wieder zurück, vor allem nicht an einen so verwüsteten Ort wie den hier.«

Die Soldatin berichtete über die Elendsquartiere dessen, was sie als Moskau beschrieb: »Der Marktplatz ist von einer Reihe baufälliger Häuser umgeben. Viele Menschen sind krank, und alle außer mir sind schäbig gekleidet. Ich trage ein derbes grünes Uniform-Hemd, eine Jacke und einen langen Rock; auf der Brust sind Ziffern. Die Gebäude sind aus Backsteinen, rechtecktig, rot und weiß mit drei Stockwerken. Sie wirken sehr klein. Ich sterbe mit Achtundzwanzig, werde von meinem Mann erschossen. Mein Gefühl beim Verlassen des Körpers ist das resignierter Hinnahme.«

Der zweite Moskauer Überlebende sah sich ebenfalls beim Militär. Er beschrieb seine Erfahrung so: »Ich hatte einen starken, massigen Männerkörper, bekleidet mit einer dunkelgrünen Militäruniform, auf dem Kopf eine schwarze Mütze im Stil der Kommandotruppen. Ich trug hohe schwarze Stiefel. Meine Haut war weiß. Die Luft stank und war dick; es war heiß und trocken. Wir befanden uns unter der Erde, in Abwasserkanälen, wie es aussah. Unterwegs waren größtenteils Männer. Ich glaube, wir suchten die Gegend ab. Mein Hals fühlte sich an, als brenne er. Es war schrecklich.«

Dieser junge Mann, der an einem meiner Workshops von 1987 teilnahm, tauchte mitten in der Progressionssitzung plötzlich würgend und hustend ins Wachbewußtsein auf. Solche Reaktionen sind höchst ungewöhnlich, weil alle Workshop-Teilnehmer die Suggestion erhalten, daß sie ihre zukünftigen Leben so erfahren, als würden sie träumen, nicht aber als augenblickliche Wirklichkeit. Sobald der Mann ganz wach und wieder in der Gegenwart war, hörten seine Halsschmerzen natürlich auf, und er konnte sich entspannen. Später erzählte er mir, seine ausgedörrte Kehle und das überwältigende Verlangen nach einem Glas kalten Wassers hätten die Erfahrung unterbrochen.

Die beiden Überlebenden in Kairo gaben weniger detaillierte Darstellungen ihrer Lebensbedingungen nach der Katastrophe. Die eine der beiden Versuchspersonen, eine junge Französin, erwähnte lediglich die trostlose, ausgedörrte Umgebung und bemerkte, daß anscheinend »sehr wenige Menschen leben«. Die andere, ein Mann aus Atlanta, schöpfte Trost aus seinem Erlebnis mit dem hellen Licht, dessen Botschaft lautete: »Was immer auch kommen werde, ich habe nichts zu fürchten.« Er wurde wegen irgendeines ungenannten »Verbrechens an der Gemeinschaft«, möglicherweise Plünderung, mit einem Messer hingerichtet. Laut seiner Angabe war er bei seinem Tod gerade erst achtzehn.

Der in Pelz gehüllte Höhlenbewohner, einer der obenerwähnten ländlichen Überlebenden des Typs 4, sagte ebenfalls, daß er eines frühen Todes starb, und zwar im Jahr 2080. Seine Ortsangabe lautete nur: »Irgendwo in den USA.« An den unteren Rand seines Fragebogens schrieb er: »Ich war unglücklich in diesem Leben. Ich erlitt einen Atomtod und fühlte mich glücklich beim Verlassen des Körpers.«

Einige der Berichte des Typs 4 vermitteln zwar den unangenehmen Eindruck, daß diese Versuchspersonen die Nachwirkungen einer lange zurückliegenden Katastrophe wahrnahmen, der die Kulturen ihrer Vorfahren zum Opfer fielen, aber der Fall des Höhlenbewohners ist von sämtlichen Berichten aus unseren Workshop-Gruppen über zukünftiges Leben der *einzige*, in dem der Tod unmittelbar auf die Folgen eines Atomkriegs zurückgeführt wurde. Die Tatsache nur eines einzigen berichteten Strahlentodes läßt uns, in Verbindung mit den auch nur seltenen Berichten über weiträumige geophysikalische Verwüstungen, hoffen, daß ein künftiger nuklearer Holocaust wenig wahrscheinlich ist. Sofern diese Schilderungen Zukunftsentwicklungen vorwegnehmen oder nur im geringsten richtig andeuten, werden Naturkatastrophen und unsere Unfähigkeit, die fortschreitende Verschmutzung und Ausbeutung der Umwelt seitens der Menschen einzudämmen, größeren Schaden für die kommenden Generationen verursachen als Atomexplosionen.

Angesichts dieser Zukunftswelt, wie sie von Versuchspersonen geschildert wurde, die zwischen 1980 und 1988 in den USA und in Frankreich an Workshops über künftige Leben teilnahmen, stellt sich die Frage: Wie sollen wir diese Daten auslegen? Das einfachste wäre natürlich, sie ganz zu ignorieren oder sie als reine Phantasien beziehungsweise als Spiegelbilder der Horrorszenarien heutiger Film- und Pressemedien abzutun. Genau das dürfte übrigens die Reaktion des intellektuellen Establishments und der wissenschaftlichen Futuristen sein. Doch als Forscher und Therapeut, der den Wert auch anderer als nur materialistischer Wirklichkeitssicht kennt, glaube ich, daß wir die Berichte ernst nehmen sollten, zumindest als Zeugnis dafür, was sich in den letzten Dezennien unseres Jahrhunderts an Massenträumen, und das heißt an Zukunftsvisionen, geltend macht.

Die Frage, wie wahrscheinlich die Verwirklichung der umweltlichen und sozialen Bedingungen, die von den Versuchspersonen beschrieben wurden, sei, sollten wir erst nach der Präsentation der Daten unserer Progressionen in die Zeit von 2300 bis 2500 n. Chr. zu beantworten versuchen. Klar ist jedoch, daß einige der vorstehenden Schilderungen für die Periode um 2100 bereits jetzt Wirklichkeit zu werden beginnen.

Von den 35 Versuchspersonen, die eine Umgebung wahrnahmen, die ich als »inneren Weltraum« des Typs 1 bezeichnete, sahen sich 52 Prozent in einer Raumkolonie oder einer um die Erde kreisenden Raumstation leben. Weitere 26 Prozent beschreiben Reisen im Sonnensystem an Bord von Raumtransportern. Bereits Ende der achtziger Jahre schickten sowohl die USA als auch die Sowjetunion zahlreiche Astronauten in den Weltraum, und die Wiederaufnahme der amerikanischen Shuttle-Flüge nach der Challenger-Tragödie beweist, daß die Menschheit ihr geplantes Rendezvous mit unseren Schwesterplaneten einhalten wird, wenn die Zeit da ist.

Außerdem wurden in einer US-Pressemeldung, deren Freigabe nicht zufällig mit der erfolgreichen Discovery-Mission von 1988 zusammenfiel, Plä-

ne für den Bau einer 23 Milliarden Dollar kostenden Orbitalstation enthüllt, die Anfang 1998 fertiggestellt und bereits ab Ende 1996 perma-
nent bewohnt sein soll. Das von den USA und elf anderen westlichen Nationen gesponserte Projekt soll »die Grundlagen für eine Kolonie auf dem
Mond oder für einen bemannten Flug zum Mars schaffen«, hieß es. Die
Raumstation wird unter normalem Atmosphärendruck stehende Laborein-
heiten enthalten, »die es den Astronauten erlauben, Forschungsarbeiten in
der Alltagskleidung durchzuführen«. Der Bau wird mindestens zweiundzwanzig Transporterflüge in einem Zeitraum von gut drei Jahren erfordern.
Vielleicht ist Buck Rogers doch nicht so weit entfernt![55]

Was die offenbar ziemlich isolierten neuzeitlichen Gemeinden des Typs 2
anbelangt, so gab es im Lauf der Menschheitsgeschichte immer Beispiele für
abgelegene Einkehrstätten, vor allem auf Berggipfeln oder in unzugängli-
chen, abgeschiedenen Gegenden. Zu solchen spirituell orientierten Stätten
zählen beispielsweise die interrassischen Gruppen des Sun Bear und des Bear
Tribe bei Spokane im Staate Washington. Ein besonders ehrgeiziges Projekt zur Schaffung eines spirituellen Zentrums wurde in Blue Mountain,
hoch oben in den Rocky Mountains, sechzehn Kilometer südlich von Colorado Springs, verwirklicht. Das Medium Dr. phil. VERNA YATER, Mitbegrün-
derin des *Spiritual Sciences Institute* in Santa Barbara, richtete dort auf einem 2800 Meter hoch gelegenen, fast achtzehn Hektar großen Grundstück
ein Zentrum für ganzheitliche Heilung und spirituelle Einkehr ein. Es soll in
den kommenden schweren Zeiten Tausenden Notzuflucht und Hilfe bieten.
»Wir bauen das Zentrum ohne Rücksicht darauf, ob die vorhergesagten
Erdverlagerungen stattfinden oder nicht«, sagte Dr. Yater 1988 in einem
persönlichen Interview zu mir. »Es bietet Menschen die Möglichkeit, zu studieren sowie ihre spirituelle Entwicklung voranzutreiben, und es soll als
Forschungsstätte dienen.«[56]

Interessant ist, daß eine Versuchsperson des Typs 2 sich im zweiundzwanzigsten Jahrhundert in eben einem solchen neuzeitlichen Zentrum in
den Rocky Mountains sah.

Genauso klar ist, daß in der heutigen Welt bereits die Grundsteine für die
wenig angenehmen überkuppelten oder unterirdischen High-Tech-Städte
des Typs 3 gelegt werden, die in einer feindseligen, öden Umwelt existieren.
Es bedarf keines atomaren Holocausts, um die Umwelt auf unserem Planeten an den Rand einer Katastrophe zu bringen; das bringen auch individuelle Habgier und Mangel an sozialem Verantwortungsgefühl fertig, vor allem
wenn dazu noch das verständliche Verlangen der dritten Welt nach jenem
materiellen Wohlstand kommt, den bisher nur Industriestaaten erreicht haben.

Leider sind Beweise für zunehmende ökologische Probleme oder sogar
Katastrophen heute an der Tagesordnung. In *Our Common Future* führt die
von den Vereinten Nationen gesponserte Sonderstudie der World Commission on Environment and Development sechs große Umweltkatastrophen

auf, die unsere Gesundheit während der Amtsdauer dieser Kommission von nur neunhundert Tagen (Oktober 1984 bis April 1987) bedrohten. Es handelte sich um: das Giftgasleck im indischen Bhopal, das 2000 Tote und 200 000 Verletzte kostete; die Reaktorexplosion im sowjetischen Tschernobyl und den anschließenden planetenweiten Fallout, dessen Auswirkungen noch immer bei 170 000 Menschen beobachtet werden; den Brand chemischer Lösungsmittel im schweizerischen Basel, der den Rhein verschmutzte; die Explosion eines Erdgastanks in Mexico City, bei der mehr als 1000 Menschen umkamen; die durch Dürre verursachte Hungersnot in Afrika, von der 35 Millionen Menschen bedroht sind und der bereits mindestens eine Million zum Opfer gefallen ist; schließlich die weltweite Verschmutzung des Trinkwassers sowie die unzureichende Lebensmittelversorgung, als deren Folge während dieser dreijährigen Periode schätzungsweise 60 Millionen Menschen starben, vor allem Kinder und Säuglinge.[57]

Zwei weitere drohende Naturkatastrophen, die an einer anderen Stelle des Berichts der Kommission erwähnt werden und über die seit einigen Jahren die Presse oft berichtet, sind die Abnahme der Ozonschicht in 20 bis 30 Kilometern Höhe und der Treibhauseffekt. Dieser entsteht bekanntlich aus unserer übermäßigen Verwendung fossiler Brennstoffe, bei deren Verbrennung Kohlendioxyd und andere Gase freiwerden, welche die solare Strahlung in der Atmosphäre absorbieren und so die Erwärmung der Erdoberfläche verursachen.

Die jüngste Entdeckung wachsender »Löcher« in der schützenden Ozonschicht über den Polargebieten bedeutet, daß größere Mengen der für unsere Haut schädlichen Ultraviolettstrahlung in die Atmosphäre dringen. Läßt sich dieser Trend nicht umkehren, kann es sein, daß wir eines Tages für unsere Aktivitäten im Freien spezialbehandelte Sonnenschutzschirme brauchen, ähnlich denen, die eine unserer Versuchspersonen in Kapitel 5 beschrieb. Die alarmierendste Folge des Treibhauseffekts wäre ein signifikantes Abschmelzen der Poleiskappen, das zum Anstieg der Meeresspiegel um eineinhalb bis mehr als drei Meter führen könnte. Das ist mehr als genug, um praktisch alle Küstenstädte der Erde und alle wichtigen Häfen zu überfluten. Es könnte eine Erklärung für Dr. HELEN WAMBACHS in Kapitel 2 erwähnte Zukunftsvision ihrer Nichte sein, die in Jew Jersey die Überschwemmung des Küstengebiets maß.

Wie die amerikanische Umweltschutzagentur in einem Bericht von 1983 erklärte, könnten »die Veränderungen bis zum Ende des einundzwanzigsten Jahrhunderts, im Kontext der heutigen Welt gesehen, katastrophal sein«. Nachfaßartikel in so bedeutenden Presseorganen wie *Time* am 19. Oktober 1987 und *The New York Times* am 19. Juli 1988 unterstreichen bereits heute den Ernst des Problems einer zunehmenden Luftverschmutzung.[58]

Das schlimmste an der Sache ist jedoch, daß aus politischen und wirtschaftlichen Erwägungen bis jetzt nur halbherzige Maßnahmen ergriffen wurden, um diesen potentiellen ökologischen Katastrophen entgegenzuwirken. Es ist eine bekannte politische Tatsache, daß ungeborene Generationen keine Wahlen entscheiden. Doch wer könnte verantworten, daß wir den kommenden Generationen diese Erde mit freudlosen High-Tech-Städten des Typs 3 hinterlassen?

Bei der Prüfung und Analyse der Fragebogen unserer Workshop-Teilnehmer über die Periode um 2100 faszinierten mich persönlich die größtenteils ländlichen Überlebenden des Typs 4 am meisten. Wie konnte es sein, fragte ich mich, daß trotz des Ausbleibens eines weltweiten Atomkriegs so viele Versuchspersonen ihr »zukünftiges Selbst« das Leben von Grenzlandbewohnern im Stil des neunzehnten Jahrhunderts führen sahen? Mehrere Versuchspersonen des Typs 4 äußerten selbst ähnliche Gedanken, als sie am Ende der Sitzung wieder ins Wachbewußtsein aufgetaucht waren. Einige schrieben unten auf ihre Fragebogen, die von ihnen wahrgenommenen Bedingungen seien eher einem vergangenen Leben zuzuordnen als einer Zeit, die mehr als hundert Jahre in der Zukunft liegt. Doch abgesehen davon, daß es sich nicht um Regressionen, sondern um Progressionen ins zwanzigste Jahrhundert handelte, stimmten auch viele der Versuchspersonen darin überein, daß die Klimabedingungen anders waren: Kanada und der amerikanische Nordwesten beispielsweise wurden als signifikant wärmer wahrgenommen.

Erst vor kurzem stieß ich zufällig auf ein Buch, das Teile der Zukunftsvorhersagen enthält, die Mitglieder des Club of Rome, eine Gruppe hervorragender europäischer Wissenschaftler und Wirtschaftsexperten, Mitte der siebziger Jahre machten. Und erst da erkannte ich, daß die Bedingungen für ein Entstehen der Gesellschaften des Typs 4 schon heute herrschen. Die Forscher des Club of Rome entwarfen mit Computern eine Serie von zwölf Modellen potentieller sozioökonomischer Bedingungen auf der Erde für die Zeit zwischen 1900 und 2100 n. Chr. Dieses Dutzend Modelle dessen, wie die Welt nach einem weiteren Jahrhundert aussehen könnte, angefangen vom »besten« bis zum »schlimmsten« Fall, beruht auf fast fünfhundert verschiedenen Punkten, die vom Bevölkerungswachstum und den Umweltbedingungen bis zur Produktivität von Industrie und Landwirtschaft reichen. Die Modelle schlossen die Möglichkeit eines Atomkriegs oder globaler Katastrophen ausdrücklich aus. Sie basieren einzig auf beobachtbaren Fakten und vorhersehbaren Trends.[59]

Das erste Szenarium ging von der einfachen zeitlichen Vorwärtsprojektion gegenwärtiger Trends (von 1970) aus. Diesem Modell zufolge können im Jahr 2000 die Nahrungsmittelvorräte der Erde wegen des unkontrollierten Bevölkerungswachstums den Mindestbedarf nicht mehr decken; Hunger und Hungertod seien weit verbreitet. Die Knappheit der Energiereserven und Naturschätze werde eine weltweite Rezession beschleunigen. Innerhalb von dreißig Jahren werde sich das Bevölkerungswachstum zu stabilisieren beginnen, weil Milliarden Menschen nicht mehr die Kraft zur Fortpflanzung hätten. Bis zum Ende des einundzwanzigsten Jahrhunderts werde der durchschnittliche Lebensstandard der Menschen infolge des Mangels an Naturschätzen, vor allem an Energie, unter das Niveau des neunzehnten Jahrhunderts fallen.

Anderen Modellen zufolge, die postulierten, daß man dank technologischer Fortschritte über »unbeschränkte« Naturreserven verfügen werde, wird die Umweltverschmutzung, zu der es infolge des unkontrollierten Bevölkerungswachstums und der Industrialisierung kommt, bis zur Mitte des einundzwanzigsten Jahrhunderts ähnliche soziale und wirtschaftliche Probleme hervorrufen. Auch hier hieß es, der Lebensstandard würde bis dahin weltweit unter das Niveau des neunzehnten Jahrhunderts fallen. Selbst die Reduzierung der Verschmutzungsfaktoren um 25 Prozent der Werte von 1975 und die Verdoppelung der Nahrungsmittelproduktivität würden den Kollaps nur um einige Jahrzehnte aufschieben. Die Folge wäre selbst dann noch ein Lebensstandard, der unter jenem von 1900 läge.

Die beiden Modelle mit »zufriedenstellenden« Szenarien, in denen der Lebensstandard fast auf dem gegenwärtigen Niveau des zwanzigsten Jahrhunderts bliebe, verlangten sofortige drakonische Maßnhamen, um 1) die Weltbevölkerung auf dem Niveau von 1975 zu stabilisieren, 2) die industrielle Expansion zu stoppen und sie durch eine auf Dienstleistung orientierte Wirtschaft zu ersetzen, 3) Naturschätze im Recyclingverfahren wiederzuverwerten, 4) aufgegebenes kulturfähiges Land zu verbessern und die Wälder zu verjüngen, 5) die Luft- und Wasserverschmutzung auf ein Viertel der Werte von 1975 zu verringern.

Solche umfassenden sozioökonomischen Kontrollen bedeuteten natürlich das Ende der Demokratie und eine bislang nicht absehbare Reglementierung des täglichen Lebens. Der Bericht schloß mit der ernüchternden Warnung, daß auch diese harten Maßnahmen nicht mehr ausreichen würden, um einen weltweiten Rückfall in die Bedingungen vor 1900 zu verhindern, wenn man sie bis zum Jahr 2000 aufschiebe. Wie bereits gesagt, schließt der Bericht den Ausbruch einer selbstmörderischen atomaren Auseinandersetzung über die Kontrolle der verbliebenen Ressourcen unserer Erde und die Kontrolle der Energieprodukion aus. Und der Bericht berücksichtigt, weil es damals diese Epidemie noch nicht gab, auch die Seuche Aids und deren Auswirkungen nicht.

Bedeutet dieses düstere Zukunftsbild des Lebens — zumindest für weite Teile der Welt —, daß wir uns morgen früh auf den Weg zu Bunkern, nach Grönland oder in die Rocky Mountains machen sollen? Daß wir Manhattan, Moskau und Los Angeles evakuieren sollen? Daß es Zeit ist, dem Beispiel der Mormonen zu folgen und einen Jahresbedarf an Lebensmittelvorräten unter dem Bett oder auf dem Dachboden zu lagern? *Natürlich nicht.*

Selbst wenn die Parameter einen plötzlichen Abfall des Lebensstandards und vermutlich auch der Erdbevölkerung im Lauf des nächsten Jahrhunderts anzukündigen scheinen, können wir viele Details, die sich auf den zeitlichen Auftritt und die Natur der zu solchen Ergebnissen führenden Ereignisse

forschung vergangener und zukünftiger Leben immer der Fall. Es veranschaulicht die Einstellung der heutigen Gesellschaft zu diesen Themen.

Tabelle 3:
Geschlechterverhältnis in künftigen Leben um 2300 n. Chr. und später

Geschlecht	heute	2300 und später
Männlich:	53	135
Weiblich:	217	118
Androgyn:	—	17
Fälle insgesamt:	270	270

Bei den künftigen Leben um 2300 und später stellten wir, wie schon bei den Fällen der Periode um 2100, fest, daß sich das heute weit auseinanderklaffende Verhältnis der Geschlechter auf Hälfteanteile einpendelt, das eine weltweite menschliche Konstante zu sein scheint. In unserer Stichprobe von 270 Fällen sahen sich 135 Versuchspersonen, also genau die Hälfte (50 Prozent), während der künftigen Lebenszeit in männlichen Körpern. Die zweite Hälfte unterteilte sich in eine große weibliche Mehrheit (42,1 Prozent aller Fälle) und eine Handvoll (6,7 Prozent) »drittes Geschlecht« oder androgyne Körper. Diese größere Stichprobe bestätigt also die in Kapitel 5 geschilderten Erkenntnisse, die uns die 144 Fälle aus der Periode um 2100 n. Chr. vermittelten (siehe Tabelle 1).

Ein zweiter positiver Trend im Vergleich zu den Daten von 2100 schlug sich in der durchschnittlichen Lebensdauer nieder, die in 174 Fragebogen der Periode um 2300 und später sichtbar wird. Fast zwei Drittel (64 Prozent) der 270 Versuchspersonen nannten auf ihren Fragebogen das Sterbealter und die Todesursache in ihrem künftigen Leben. Die durchschnittliche Lebensdauer stieg von den für 2100 ermittelten 66,2 Jahren auf 73,1 Jahre für die Periode um 2300 und später. Sie würde sogar 76,7 Jahre betragen, zöge man die 28 Sonderfälle ab, in denen der Tod als Folge eines Ereignisses im Weltraum eintrat. Wie zu erwarten stand, war die durchschnittliche Lebensdauer der Raumschiffbesatzungen und des Personals der Raumstationen die kürzeste (54,3 Jahre) sämtlicher Gruppen in dieser zukünftigen Periode. Die nachstehende Tabelle 4 führt die Gruppen auf, die auch hier wieder nach dem Lebensraum unterteilt sind, und nennt die durchschnittliche Lebensdauer der 174 Fälle, über die eine entsprechende Angabe vorlag. Nur die Bewohner der neuzeitlichen Gemeinden des Typs 2 und die nach 2600 n. Chr. lebende Gruppe des Typs 5 übertrafen die Durchschnittszahlen, die bei den heutigen westlichen Industriegesellschaften bereits üblich sind.

Auch bei unseren Workshop-Versuchspersonen, die in die Zeit um 2300 und später versetzt wurden, schwankten die Lebenszeiten und die Todesursachen stark. Das Sterbealter schwankte von 25 Jahren (zwei Fälle: ein Raumschiffunfall und Tod bei der Geburt eines Kindes) bis zu 400 Jahren (dieses Alter berichtete ein Mönch). Nicht gezählt wurden in dieser Statistik zwölf außergewöhnliche Berichte über ein Leben auf Planeten des Typs 1/c (»außerhalb des Sonnensystems«), denen zufolge die Versuchspersonen entweder überhaupt nicht gestorben waren, sondern ihre Körperenergie in eine andere Form umgewandelt zu haben glaubten oder Lebensspannen von 2000 Jahren und mehr (zwei Fälle) nannten. Hätte man die Angaben dieser beiden Versuchspersonen mitberücksichtigt, wäre natürlich die durchschnittliche Lebensdauer viel höher ausgefallen (101 Jahre). Die beiden Fälle unterschieden sich zu sehr vom Durchschnitt der Mehrheit, so daß sie nicht für einen Vergleich herangezogen werden konnten.

Krankheit wurde auf den 178 Fragebogen, die entsprechende Angaben enthielten, am häufigsten als Todesursache genannt. Körperliche Leiden, angefangen von »Strahlenkrankheit« (zwei Fälle, darunter einer im Weltraum) bis zu Herzversagen (zehn Fälle), stellten fast ein Drittel der genannten Todesursachen dar (54 Fälle oder 30 Prozent). Knapp dahinter folgte eine Gruppe von Versuchspersonen (50 Fälle oder 28 Prozent), die ihren Angaben zufolge den leiblichen Körper freiwillig verlassen hatten, die meisten im Alter von mehr als 80 Jahren. Eine dieser Versuchspersonen fand es mit 45 Jahren an der »Zeit, etwas Neues zu lernen«; eine andere, die mit 39 Jahren starb, gab an: »Es ist Zeit zu gehen!« Wie schon in den früher erörterten Berichten ließen viele Versuchspersonen eine Heiterkeit und Flexibilität im Umgang mit der Loslösung vom materiellen Körper erkennen, die sich von unserer heutigen Einstellung stark unterscheidet.

Hohes Alter und Angaben wie »Keine Energie mehr vorhanden« oder »Starb im Schlaf« erklärten den Tod in 34 Fällen (19 Prozent). Das Durchschnittsalter bei diesen Betagten betrug 86,2 Jahre. Eine Versuchsperson jedoch, die als Mann in einem Raumschiff mit Umlaufbahn um die Sonne lebte, führte aus, ihr Tod infolge »hohen Alters« mit nur 46 Jahren sei keineswegs ungewöhnlich, weil im Weltraum »alle jung sterben; ihre Körper verbrauchen sich einfach«. Wie bereits erwähnt, meldeten Raumschiffbesatzungen und Bewohner von Raumstationen die kürzesten Lebensspannen sämtlicher Gruppen.

Unfälle und Gewaltanwendung der einen oder anderen Art verursachten bei den restlichen in die Zeit um 2300 und später versetzten Versuchspersonen (22 Prozent) den Tod. Den Berichten zufolge war das Leben im Weltraum viel gefährlicher als auf der Erde oder auch auf Planeten außerhalb des Sonnensystems. Die Mehrheit (56 Prozent) der 30 Unfalltoten erlag Raumunfällen. Das Durchschnittsalter dieser Unfallopfer betrug bloß 33,3 Jahre. Zu den zehn gewaltsamen Toden zählten vier Morde und drei Hinrichtungen, darunter eine mittels einer tödlichen Spritze und eine mit einer Art »Laserstrahl«-Waffe. Zwei Versuchspersonen fielen laut ihren Angaben in Gefechten, und ein Raumschiffpilot beging offenbar Selbstmord; er sei gestorben, als er sein Raumschiff »in die Sonne tauchte«, möglicherweise um einer Gefangennahme durch Feinde zu entgehen.

Keinen einzigen Fall gewaltsamen Todes gab es interessanterweise auf den Planeten außerhalb des Sonnensystems und unter den Bewohnern zweier verschiedener Arten neu entstehender neuzeitlicher Gemeinden auf der Erde. Wie um 2100, so wurde auch um 2300 n. Chr. die höchste Zahl an Gewalttoten (sechs Fälle oder 17 Prozent der gesamten Gruppe) in den futuristischen, überkuppelten High-Tech-Siedlungen des Typs 3 (hier als Typ 3/a bezeichnet) registriert. Neben den Lebensräumen in der von zukünftigen militärischen Auseinandersetzungen gezeichneten Umwelt (Typ 4/b) sind diese umschlossenen städtischen Siedlungen, wie die Versuchspersonen des Typs 3 sie in beiden Zukunftsperioden beschrieben, offenbar die unerfreulichsten und am stärksten unter Gewalttaten leidenden aller vorausgesehenen Szenarien künftiger Existenzen.

Nach Erstellung der Statistiken über Geschlechterverhältnis, Durchschnittsalter und Todesursachen analysierte ich auch diese Fragebogen wieder nach Kriterien der von den Versuchspersonen beschriebenen Lebensräume. Während die Periode von 2100 bis 2250 ziemlich kompakt gewesen war, stellte ich bei den Daten für die Zeit um 2300 n. Chr. und später fest, daß sie einen wesentlich längeren Zeitraum umfaßten. Um die Vergleichbarkeit zu sichern, schied ich die zwölf Berichte aus, die aus einer Zeit nach 2600 datierten, und ordnete sie einer eigenen Kategorie (Typ 5) zu. Es gab auch sieben Berichte aus der Periode um 2300, auf denen die Versuchspersonen zwar ihr Geschlecht im künftigen Leben genannt hatten, sich aber sonst an keinerlei Einzelheiten aus diesem Leben zu erinnern vermochten. Daher sonderte ich auch diese sieben Berichte aus, dazu zehn weitere, die ein andersartiges Leben in einem »Energiekörper« schilderten. Somit verblieben mir 251 Berichte, die ich nach Lebensräumen in Kategorien unterteilen konnte. Die Tabelle 4 auf Seite 152 faßt die Ergebnisse zusammen.

Wie aus der Tabelle zu ersehen ist, lassen sich die meisten der für die Zeit um 2100 berichteten grundlegenden Umweltkategorien auch für die Periode von 2300 bis 2500 n. Chr. weiterverfolgen, allerdings mit einigen Änderungen. Um den Vergleich dieses Kapitels mit dem vorangegangenen so einfach wie möglich zu machen, benutzte ich das gleiche Zahlensystem (Typ 1 bis 4) zur Bezeichnung derselben grundlegenden Lebensräume, aber der Klarheit halber mußte ich die Lebensräume des Typs 1, 3 und 4 unterteilen. Das vorliegende Kapitel widmet sich dem Lebensraum des Typs 1, der »Welle nach außen« in den Weltraum, von der die Menschheit offenbar erfaßt wird. Die Kategorien des Typs 2 bis 4 werden im folgenden Kapitel 8 erörtert.

Wie sich aus Tabelle 4 ergibt, liegen Erfahrungen im »inneren Weltraum« (des Typs 1/a) von 56 Versuchspersonen vor, die laut ihren Berichten entweder an Bord eines Raumschiffs oder auf Raumstationen lebten, welche sich auf Sonnenumlaufbahnen befinden. In »Raumkolonien im Sonnensystem« (des Typs 1/b) lebten 13 Versuchspersonen, also auf anderen Planeten unseres Sonnensystems, einschließlich des Mondes, hingegen 40 auf »Planeten

Tabelle 4: Umwelt in künftigen Leben um 2300 bis 2500 n. Chr.

Typ	Kategorie	Männlich	Weiblich	Androgyn	Insgesamt	Durchschnitts-alter beim Tod in Jahren
1/a	Innerer Weltraum	32	20	4	56	54,3
1/b	Raumkolonie im Sonnensystem	8	5	0	13	65,8
1/c	Planet außerhalb des Sonnensystems	18	20	2	40	62,2
	Insgesamt fern der Erde:	58	45	6	109	59,2
2	Neuzeitliche Gemeinden	14	38	0	52	99,6
3/a	High-Tech-Siedlungen	18	10	8	36	56,7
3/b	High-Tech entwickelt	12	6	2	20	70,9
4/a	Ländliche Bewohner	12	12	0	24	59,8
4/b	Überlebende	8	2	0	10	71,8
	Insgesamt auf der Erde:	64	68	10	142	74,3
	Zusammen:	122	113	16	251	69,2
5	Gruppe nach 2600 n. Chr.	9	2	1	12	152,1

außerhalb des Sonnensystems« (des Typs 1/c), die offenbar in der ganzen Galaxis verstreut sind.

Zusammengenommen bilden diese 109 Berichte über ein Leben »fern der Erde« fast die Hälfte der Stichproben für die Zeit von 2300 bis 2500 n. Chr. (44 Prozent). Das ist beinahe der doppelte Prozentsatz der Berichte aus dem »inneren Weltraum« des Typs 1 der Periode um 2100 (26 Prozent). Außerdem gab es aus der Zeit um 2100 nur zwei Berichte aus dem nicht zum Sonnensystem gehörenden Weltraum, beide schilderten ein künftiges Leben an Bord einer intergalaktischen Raumfähre. Für die Zeit nach 2300 haben wir aber auch zahlreiche Berichte von Männern und Frauen, die ein Leben höchst unterschiedlichen Stils auf fernen Planeten mit so ungewöhnlichen Namen wie »Alpha«, »Centor« und »Zert« führten. Ein Mann sagte, der Schauplatz seines künftigen Lebens heiße einfach »Galaxis 28975«.

Diese Berichte legen Zeugnis davon ab, daß die Menschen im blühenden Zeitalter des Wassermanns offenbar von einer Welle nach außen erfaßt werden, sozusagen durch den Kosmos ziehen. Ob es sich dabei um einen Exodus reinkarnierender Seelen handelt, die endlich über die irdischen Zwänge hinausgewachsen und frei sind, oder eher um eine an Science-fiction angelehnte menschliche »Eroberung des Weltraums« in physischen Körpern, ergibt sich nicht klar. Angesichts der Natur dieser Berichte, die von so charakteristisch menschlichen Merkmalen wie Gewalt und Krieg während dieser künftigen Lebenszeiten künden, ist letztgenannte Variante wahrscheinlicher. Die Kolonisierung des Weltraums innerhalb unseres Sonnensystems (des Typs 1/a und 1/b) stellt zweifellos eine reale materielle Wahrscheinlichkeit für diese Zeit dar. Zumindest in einem der interstellaren Berichte wird behauptet, es könne auch einen physischen Kontakt zwischen den Menschen der Erde und menschlichen Kulturen auf Planeten außerhalb unseres Sonnensystems geben. Als man die Verfasserin des Berichts, eine Teilnehmerin an einem von Dr. R. Leo Sprinkles Workshops, nach ihrem Erlebnis mit dem hellen Licht fragte, erklärte sie: »Ich hieß ›Tia‹ und lebte in einer riesigen goldenen Pyramide auf einem Inselkontinent [eines Planeten außerhalb des Sonnensystems]. Eines Tages kam ein Raumschiff zur Mitte der Insel. Fremdlinge von der Erde stiegen aus. Ich verspürte Mitleid mit ihnen, denn sie hatten eine gewaltige Explosion erlebt.«

Eine Frau aus einem von Dr. Helen Wambachs Workshops erklärte, der gemeinsame Nenner zwischen der Erde und anderen bewohnten Planeten seien die Baumbestände. Auf ihren Fragebogen für die Periode um 2300 n. Chr. schrieb sie: »Ich hatte den Eindruck, daß die Bäume mit dem äußeren Weltraum in irgendeiner Verbindung standen. Es ist wissenschaftlich bewiesen, daß die Bäume Sender von der Erde zu anderen Planeten waren und nun verehrt werden. Deshalb hat das Fällen aufgehört, und unsere Wärmequellen und Wohnungen sind synthetisch geworden.«

Für 44 der 142 Workshop-Teilnehmer wiederum, die sich in der Periode von 2300 bis 2500 auf der Erde wiedergeboren sahen, bestand das Erlebnis mit dem »hellen, strahlenden Licht« aus dem Anblick von Raumschiffen. Sechs davon — vier aus städtischen »High-Tech«-Zentren und zwei Landbewohner — gaben ausdrücklich an, daß sie von solchen Schiffen die Nahrungsvorräte erhielten. Sieben dieser Erdbewohner erwähnten Treffen mit Außerirdischen. Die meisten dieser Zusammenkünfte scheinen positiv verlaufen zu sein; die Fremdlinge gaben fortschrittliches technisches Wissen oder spirituelle Weisheit weiter. Einem typischen Bericht zufolge seien solche Begegnungen »Routine« gewesen.

Eine Frau jedoch fühlte sich »unbehaglich« in der Gegenwart eines »dünnen fremden Wesens«, und ein Mann gestand, daß er einige nichtmenschliche Besucher, denen er in seinem Gemeinschaftsspeisesaal begegnete, »nicht mochte«. Keine dieser Versuchspersonen der Periode um 2300 ermittelte die Herkunft der Außerirdischen, doch einer der Berichte über die Zeit um 2100 erwähnte einen Kontakt mit menschenähnlichen Wesen von einem Planeten im Sternhaufen der Plejaden.

Hier sollte darauf hingewiesen werden, daß sämtliche Erwähnungen solcher unheimlicher »Begegnungen der dritten Art« spontan erfolgt sind. Unsere Versuchspersonen wurden nie ausdrücklich nach außerirdischen Kontakten gefragt, weil wir vermeiden wollten, sie suggestiv zu beeinflussen. Außerdem boten die Workshops ihnen die Wahl zwischen der Rückführung in ein vergangenes und dem Vorwärtsgehen in ein zukünftiges Leben, und darum mußten die Fragen allgemein gefaßt sein, damit sie sich für alle zeitlichen Perioden eigneten.

Schilderungen außerirdischer Kontakte fanden sich in diesen Berichten relativ selten, dafür waren Beschreibungen menschlicher Raumfahrten häufig. Wie bereits erwähnt, berichtete fast die Hälfte der Teilnehmer, die sich in die Periode um 2300 bis 2500 versetzten, über ein Leben fern der Erde. Und sogar unter jenen, die auf der Erde blieben, erwähnte nahezu die Hälfte, daß der Anblick eines Raumschiffs oder eine Fahrt darin etwas Alltägliches und keinesfalls außergewöhnlich sei. Ähnlich wie in den Daten über die Zeit um 2100 scheinen auch hier die Bewohner ländlicher Gemeinden (des Typs 4/a) von einer menschlichen Kultur getrennt zu sein, die sich in der Zeit um 2300 und später weit über die Grenzen der Erde hinaus erstreckt. Doch sogar von den zwei Dutzend dieser Berichte (des Typs 4/a) wird in zweien angegeben, daß Vorräte von einem Raumschiff gebracht wurden, und in drei anderen heißt es, daß man zum Einkaufen einen »fliegenden Wagen« oder ein Luftkissenfahrzeug benutzte.

Am stärksten auf den Weltraum orientiert waren natürlich all die Versuchspersonen, die in Raumschiffen oder Raumstationen mit Umlaufbahnen um die Sonne lebten und arbeiteten. Sie sind in Tabelle 4 unter »Innerer Weltraum« (des Typs 1/a) zusammengefaßt. Ihre 56 Berichte bilden fast ein Viertel (22 Prozent) der für die Periode von 2300 bis 2500 n. Chr. tabellarisierten 251 Fälle. Und von diesen 56 Versuchspersonen nennen die Hälfte (28) das Sterbealter. Die im jüngsten Alter verstorbene Versuchsperson, eine französische Lehrerin, die zur Zeit des Workshops 42 war, berichtete, sie sei als junger Mann mit 25 Jahren bei einer Explosion nach dem Zusammenstoß zweier Raumschiffe unweit des Planeten »Xenon« umgekommen, und zwar 2340 n. Chr. Die langlebigste, eine amerikanische Hausfrau, hatte sich angeblich im Alter von 100 Jahren entschlossen, ihren (männlichen) Körper zu verlassen. Die durchschnittliche Lebenszeit dieser Gruppe betrug lediglich 54,3 Jahre. Selbst in der fernen Zukunft bleibt der Weltraum offenbar für Menschen eine feindselige Umgebung.

Zu analytischen Zwecken kann man die 56 Fälle des »inneren Weltraums« (des Typs 1/a) mit den 13 Fällen der »Raumkolonien im Sonnensystem« (des Typs 1/b) zusammenlegen. In der relativ kleinen zweitgenannten Gruppe lebten die Versuchspersonen auf Schwesterplaneten der Erde, einschließlich des Mondes, in eingekapselten Raumkolonien. Den von unseren Workshop-Teilnehmern gelieferten Daten zufolge wird die Menschheit bis in fünfhundert Jahren auf mehreren Planeten bewohnte Forschungskolonien eingerichtet haben: so auf dem Mars (drei Fälle), der Venus (zwei Fälle), den Asteroiden (zwei Fälle), dem Uranus oder einem seiner Monde (ein Fall), dem Pluto (ein Fall) und dem Mond (vier Fälle).

Keine der Darstellungen deutet jedoch auf eine Massenabwanderung der Menschen zu den anderen Planeten unseres Sonnensystems hin. Offenbar bleiben unsere Nachbarplaneten wegen ihrer rauhen Umweltbedingungen auf Dauer ungeeignet für ein Leben in menschlichen Körpern. Zwölf der dreizehn Versuchspersonen des Typs 1/b erklärten, daß ihre künstliche er-

Nur der Marswissenschaftler Jabal gab eine natürliche Erklärung für das Licht, das er gewahrte: Es sei das schwache Licht der Sonne, wie es von der Oberfläche des roten Planeten aus zu sehen sei. Anscheinend beobachtete er es im Rahmen seiner Arbeit im Observatorium.

Von den 69 Weltraumbewohnern gaben 37 kurze, prägnante Antworten auf die Frage nach ihren Gefühlen über ihr Leben während dieser Zukunftserfahrung. Ihre Gefühle über die Gesellschaft, in der sie lebten, waren gemischt, doch die positiven Aussagen überwogen deutlich die negativen. 22 Antworten (60 Prozent) wurden als positiv beurteilt, 10 als neutral und nur 5 als einwandfrei negativ.

Die negativen Aussagen lauteten unter anderem: »Es war eine kalte Umgebung«, »Es ist steril« und: »Es [das häusliche Leben] war nichts Besonderes.« Zu den neutralen Bemerkungen zählten: »Nicht viel Erregendes« und: »Ich war einfach immer in dieser Raumstation; war sie ein Zuhause?« Ein Mitglied einer Raumschiffbesatzung sagte: »Ich wollte mein Zuhause nicht verlassen, um den befohlenen Auftrag auszuführen. Aber ich mußte.« Diese Bemerkung entsprang offenbar einer Vorahnung, denn der Raumfahrer beschrieb anschließend, daß sein Einmannschiff bei der Erledigung des Auftrags in einem Raumgefecht zerstört wurde. Natürlich beendete dieser Zwischenfall auch sein künftiges Leben.

In den weit häufigeren positiven Beurteilungen des häuslichen Lebens hieß es beispielsweise: »Es war angenehm, fast aufregend« oder: »Es gefiel mir!« Sechs Personen fanden ihre häusliche Umgebung »friedlich« oder »gemütlich«, und fünf fühlten sich dort »glücklich«. Einige der Besatzungsmitglieder von Raumschiffen hatten Gefühle der »Erleichterung« oder der »Müdigkeit«, wenn sie ihre Arbeitsstellen verlassen und eine Pause in ihren Wohnungen einlegen konnten. Andere Besatzungsmitglieder erklärten, daß sie mit ihrem Leben im Weltraum »zufrieden« seien, daß es aber ein ziemlich einsames Dasein ohne Familienleben sei.

Eine Versuchsperson, ein Mann, der sich als Besatzungsmitglied eines Raumschiffs sah, äußerte, als er seinen Dienst beendete: »Ich bin müde, muß mich waschen und entspannen ... Es ist sehr einsam.« In seinem Zukunftsleben sah er sich als »schlanken schwarzen Mann mit starken Armen und verkrümmten, schwieligen Händen«. Er befand sich in einem Kreuzer und trug eine »silbrige einteilige Uniform mit schwarz-weißen Insignien« und einem »offenen V-Ausschnitt«. »Metallische, aber weiche Stiefel«, die an den Aufschlägen seiner Hose befestigt waren, und ein abnehmbarer Helm, der »drinnen« nicht getragen wurde, vervollständigten seine Aufmachung.

Das Raumschiff war eine Art Aufklärer, der zwischen einer Orbitalstation und einem Raumhafen bei einer »überkuppelten Stadt« auf der Erde operierte. Es war so ausgerüstet, daß es innerhalb des Sonnensystems sowohl Transport- als auch Überwachungsaufträge ausführen konnte. Die Lebenseinrichtungen an Bord waren »gemeinschaftlich«, doch das

Schiff funktionierte weitgehend automatisch; es hatte nur vier oder fünf Besatzungsmitglieder. Die Nahrung war synthetisch und wurde entweder aus Tuben gequetscht oder in Form von Pillen eingenommen. Die Vorräte befanden sich in einem Lagerraum.

Diese Versuchsperson konnte sich nicht an die Umstände ihres Todes erinnern und gab nur an, daß »es blitzartig geschah«. Möglicherweise kam sie bei einem Weltraumunfall um. Die Versuchspersonen des Typs 1/a hatten, wie Tabelle 4 zeigt, die kürzeste durchschnittliche Lebenszeit (54,3 Jahre) aller Gruppen.

Einen ausführlicheren Bericht über das Leben an Bord eines militärischen »Raumschiffträgers« kam von einer Frau. In der Periode um 2500 n. Chr. sah sie sich in »schwarzen kniehohen Stiefeln, wie englischen Reitstiefeln«, und einer einteiligen schwarz-silbrigen Uniform »mit einem silbernen Kometen auf der Brust«. Langes blondes Haar wallte um die Schultern ihrer großen, biegsamen Gestalt. Sie war ein weiblicher Offizier und schaute von der Brücke eines »riesigen Schiffs, dem Weltraum-Äquivalent eines Flugzeugträgers«, nach draußen. Durch die Aussichtsluke waren andere ähnliche, kleinere Fahrzeuge zu sehen, außerdem ein »funkelndes Sternenfeld«.

Sie beschrieb einen dramatischen Zwischenfall aus ihrem zukünftigen Weltraumleben in der Gegenwartsform: »Wir gehören zu einer Weltraumflotte, kommen von irgendeinem Ort, der dem Zentrum der Galaxis näher ist als die Erde. Er befindet sich keinesfalls in dem Arm der Milchstraße hier. Wir patrouillieren in diesem Sektor, kämpfen gegen gefährliche [außerirdische] Feinde, die das Menschengeschlecht in seiner Existenz bedrohen. ›Werden wir Jäger oder Gejagte?‹ heißt der Kampfschrei, den ich in unserer Kommandobesprechung hörte ... Ich bin militärische Testpilotin. Man hat mich ausgewählt, ein besonderes Flugexperiment durchzuführen, das, wenn es erfolgreich verläuft, diesen Abschnitt der Galaxis sichern könnte. Die Kampfschiffe sollen von einem Raumkreuzer aus starten. Mir wurde diese Aufgabe zuteil, weil meine Reaktionszeiten kürzer sind als die der anderen Testpiloten. Mein Liebhaber, ein Offizier auf einem anderen Raumschiff, ist dagegen, daß ich einen so gefährlichen Kampfauftrag fliege, aber ich weiß, es hängt zuviel davon ab, als daß ich ablehnen könnte.«

Später, auf die Frage nach einem »wichtigen emotionalen Ereignis«, fügte sie hinzu: »Der Feind muß von meinem Experimentalflug gewußt haben, denn ich bin abgeschossen worden. Ich habe eine Bruchlandung gemacht. Doch weder die Maschine noch ich darf von den Fremdlingen erwischt werden, darum habe ich den Jäger mit Thermit zerstört. Ich hoffe nur, daß ich mich verbergen kann, bis unsere Streitkräfte durch die Blockade schlüpfen und mich erreichen können. Ich bin noch nicht fertig mit dem Leben! *Ich habe noch zuviel zu tun!*«

Als diese Versuchsperson dann zum Zeitpunkt ihres zukünftigen Todes geführt wurde, »verlöschte« sie, wahrscheinlich nicht lange nach ihrem vorstehend zitierten verzweifelten letzten Gedanken.

sah, hatte das »Gefühl, sie [die Marsbewohner] würden mich holen kommen«, als sie im Himmel ein heiles Raumschiff gewahrte. Nach ihren Worten ähnelte die Szene dem Science-fiction-Film *Krieg der Welten*.

Die restlichen zwölf Versuchspersonen, die ihre Zukunftserfahrungen auf einem Planeten außerhalb des Sonnensystems machten, schilderten das Licht als »energiespendendes Erlebnis« (20 Prozent) und religiöse oder spirituelle Erfahrung (17 Prozent). Nur eine einzige nannte eine »natürliche« Ursache, nämlich ein Feuerwerk anläßlich irgendeiner Feier. Zwei Berichten zufolge wurde das Licht zur Übertragung von Energie zwischen zwei Menschen über ihre Chakras benutzt, und zwei weiteren zufolge diente helles, farbiges Licht zur Heilung. Der jungen Frau auf »Cara« half grünes Licht, ihren Körper im Zeitpunkt des Todes zu verlassen. »Er verlief ganz glatt. Ich bewegte mich leicht in das grüne Licht.«

Eine jener Versuchspersonen, deren Umgebung auf einem Planeten außerhalb des Sonnensystems an die neuzeitlichen Gemeinden des Typs 2 auf der Erde erinnerte, gab einen detaillierten Bericht über eine Meditationsübung im Freien: »Abends gehen die Erwachsenen hinaus und setzen sich unter den hellen Himmel, um im Kreis zu meditieren. Kinder kommen auch, schlafen aber oft ein. Die Erwachsenen befinden sich in einem Zustand des Gruppenbewußtseins und scheinen Kraft vom Nachthimmel und vom Universum zu schöpfen. Gesprochene Sprache ist nicht nötig, denn die parapsychische Kommunikation ist völlig klar, und die Harmonie mit der Natur ist intensiv.«

Es war dieselbe Versuchsperson, eine Frau, die, wie schon berichtet, sich um 2300 als »hellhäutigen, rotblonden jungen Mann« in einem Komplex von Gebäuden wohnen sah, die »fast wie Pueblos« aussahen. Einige Häuser hatten Flachdächer, andere durchsichtige Kuppeln, alle aber »große Fenster und viele Dachluken« zur Beleuchtung und Solarbeheizung. Die Landschaft war »ziemlich kahl mit Bergen im Hintergrund«, das Dorf jedoch lag inmitten »weiten Ackerlandes mit gut stehenden Feldfrüchten«. Die Luft war »feucht, gemäßigt und klar«.

Als Kleidung trugen die Pueblobewohner »meist synthetische, gewobene Stoffe«. Ihre Sandalen bestanden aus geknüpften Fasern. Auf dem Fragebogen der Frau war die Aussage unterstrichen: »Für die Herstellung ihrer Produkte töten sie keine Tiere.« Baumwolle und Wolle wurden von den Pueblobewohnern erzeugt und zum Tauschhandel mit nahegelegenen Siedlungen verwendet. Für Reisen benutzte man »batteriebetriebene« Fahrzeuge. Die vegetarischen Mahlzeiten aus »Brot, Obst und Gemüse« aß man gemeinsam von »glänzenden Metalltellern«. Der Mann erwähnte, daß er mit »Bruder, Ehefrau und ein paar engen Freunden« an einem Tisch saß. Dort herrschte offenbar stets eine Atmosphäre der Freundlichkeit, des Teilens und einer »gegenseitigen Verpflichtung gegenüber dem Land und einander«.

Den Tod verstand man anscheinend nur als Übergang, nicht als etwas, das man fürchten mußte. Der Übergang des Mannes »im November 2313 n. Chr. im Alter von neunundachtzig« fand aus eigener Entscheidung statt, denn es war »Zeit, diesen Körper fallenzulassen«. Das Ereignis selbst beschrieb die Versuchsperson mit folgenden schönen Worten: »Zum Zeitpunkt des Todes versammeln sich alle Freunde und Nachbarn um mich, meditierend und singend. Sie unterstützen meine Seele auf ihrer Reise. Hier herrscht keine Angst, nur Verständnis.«

Bei einer so herzlichen Verabschiedung ist es kein Wunder, daß die Versuchsperson sagte, ihr Geist habe »sich emporgeschwungen«, nachdem er vom Körper befreit war. Sie empfand »reine Liebe und Frieden«, als sie am Ende des Workshops in diesem spirituellen Zustand gleichsam schwebte.

Dieser Fall ist zwar besonders inspirierend, dennoch aber ziemlich typisch für die Bewohner von Planeten außerhalb des Sonnensystems. Von den 40 Versuchspersonen schilderten 26 ihre Gefühle über ihre Umwelt und die künftige Erfahrung im allgemeinen. Von diesen reagierten 70 Prozent (18 Fälle) positiv auf ihre Zukunftsabenteuer. Die Hälfte erklärte sich als »glücklich«, »zufrieden« oder »befriedigt« mit der häuslichen Umgebung. Andere gaben individuellere Antworten. Eine Versuchsperson erklärte: »Alles war gut, wie es sein sollte.« Eine andere empfand, wie schon erwähnt, »Frieden und Liebe« in ihrem überkuppelten Haus unter dem »fremdartigen goldenen Himmel«.

Die restlichen äußerten sich größtenteils neutral: »Ich hatte ein Gefühl der Ruhe dort« oder so ähnlich. Nur zwei Antworten mußten als wirklich negativ eingestuft werden; sie stammten von der Person, deren Zuhause einer »Armeekaserne« ähnelte, und von der Person, die in ihrem zukünftigen Leben von »Marstypen« beunruhigt wurde.

Der auf dem »Centor« lebende junge Mann bemerkte, er fühle sich während dieser künftigen Lebenszeit »ruhig« und ein bißchen einsam. In seiner überkuppelten Stadt lebten die Bewohner weitgehend in der Gemeinschaft (er aß zusammen mit Fremden), doch er erwähnte nichts von Familienbanden. Er gehörte auch zu den wenigen Ausnahmen nicht nur des Typs 1/c, sondern überhaupt des Typs 1, deren Erlebnis mit dem »hellen, strahlenden Licht« enttäuschend verlief. »Ich erwartete eine Botschaft, erhielt aber keine ... Ich verstand die Lichter nicht.« Dieses Erlebnis und sein früher Unfalltod (mit vierundzwanzig Jahren) bei einem »Zusammenstoß in der Luft« beeinflußten zweifellos seinen Gesamteindruck. Nach dem Tod bewegte sich sein Geist dennoch durch dunklen Nebel »spiralenförmig aufwärts« in das Licht.

Zwei Berichte über künftiges Leben auf Planeten außerhalb des Sonnensystems verdienen eine genauere Betrachtung. Beide stammen von Frauen, die an einem der Workshops Dr. HELEN WAMBACHS aus der Zeit von 1980 bis 1984 teilnahmen.

Als erstes fiel Lee an ihrem Leben im fünfundzwanzigsten Jahrhundert irgendwo draußen in der Milchstraße auf, daß ihr zukünftiger männlicher

Körper eine extrem helle, »fast albinotische« Haut hatte. Sein Haar jedoch war schwarz und lockig. Er war durchschnittlich groß, hatte einen »knochigen Körperbau« und »starke, ausdrucksvolle Hände«. Seine Kleidung bestand aus einem »dicken Baumwollsarong«, lose »um die Taille geschlungen, bis über die Schienbeine reichend«, und Ledersandalen. Außerdem trug er ein langes Hemd. Das Gewand war »bequem und sah auch gut aus«.

In seinem Lebensraum herrschte ein extrem trockenes Klima, aber »hohe gelbe Wolken« verdunkelten die »Sonne« und lenkten jede schädliche Strahlung ab. Die Luft war warm, doch nicht unangenehm heiß. Die Landschaft sah er »steinig, wie die Wüste«, es gebe »keine Bäume oder Grünpflanzen«. Er fügte hinzu: »Ich glaube nicht, daß es hier je regnet.« Das Dorf, in dem er lebte, war »aus braunem Lehm oder Adobe erbaut«, die Häuser umringten ein »riesiges überkuppeltes Gebäude«, das als Rathaus, gemeinschaftlicher Speisesaal und öffentliches Auditorium diente.

Das einzige Grün, das er in dieser zukünftigen Umwelt auf dem fremden Planeten je zu Gesicht bekam, waren die grünen Bohnen, die er zusammen mit künstlich aussehenden Gerichten zum Abendessen erhielt. Das Besteck bestand aus einem »Kombinationsutensil mit Gabel und Löffel«, dessen eine Kante auch als Messer diente. Der Mann sah sich in der Gemeinschaftskantine neben einer Freundin essen, deren dunkles Haar genau wie bei ihm in starkem Kontrast zu dem äußerst blassen Teint stand. Die Mahlzeit war eine »normale, angenehme« Erfahrung. Später schauten die beiden sich Feuerwerke an, die im Rahmen einer örtlichen Feier abgebrannt wurden. Das Feuerwerk stellte die einzige Begegnung dieser Versuchsperson mit einem »hellen, strahlenden Licht« dar.

Zur Beschaffung wichtiger Vorräte mußte man in eine größere Siedlung fahren. Um dorthin zu gelangen, benutzten die Bewohner kleine gelbe Luftkissenfahrzeuge »etwa von der Größe eines Kleinautos«, die sich auf der Oberfläche des Planeten bewegen konnten, »etwa drei Fuß über Grund«, und auch für Interplanetarflüge im Raum tauglich waren. Große, von Kuppeln umschlossene öffentliche Warenhäuser dienten als Versorgungszentren. Man mußte nur eine Kennkarte zeigen, um zu bekommen, was man brauchte; und die Einkäufe wurden gegen den Kredit aufgerechnet, den man hatte. Diese Versuchsperson berichtete, daß sie »dehydratisierte Lebensmittel« kaufte.

Über ihre Beschäftigung oder ihren Beruf im künftigen Leben äußerte sich die Versuchsperson nicht, und in bezug auf ihre Gefühle bei der Heimkehr von der Einkaufsfahrt sagte sie: »Keine.« Doch auch für sie war es »eine Erleichterung« für ihren Geist, den Körper zu verlassen, als dieser bei einem heftigen Erdbeben erstickte. Das Todesdatum wurde mit 2475 n. Chr. angegeben.

Die andere Versuchsperson, eine Hausfrau aus San Francisco, lebte um 2400 n. Chr. als Frau auf einem Lichtjahre von der Sonne entfernten Planeten. In dem künftigen Leben hatte sie »einen olivfarbenen Teint« und »dikkes, kurzes, rötlichblondes Haar«. Ihre Hände sahen »sehr gepflegt« aus. Bekleidet war sie »mit einem weißen, knielangen, gegürteten Kleid aus leichtem, seidigem Stoff«, der in weichen Falten um ihre Beine fiel. »Weiche, silbermaschige Stiefel« vervollständigten die elegante Aufmachung.

Die Frau hieß »Lana«. Ihr erster Eindruck von ihrer Umwelt war »eine dunkle Kugel am Himmel mit Licht, die über den Horizont kam«. Offenbar handelte es sich um ein sehr großes Raumschiff, das entweder gestartet war oder zur Landung ansetzte. Lana beobachtete es, während sie vor ihrem Haus stand, das in eine schöne, mit Bäumen besprenkelte Hügellandschaft gebaut war. Über die Landschaft spannte sich ein »tiefblauer Himmel mit einigen hohen Schäfchenwolken«. Lanas Haus war »ein gerundetes Gebäude, das aus dem nahen Hügel herauswuchs«. Es bestand aus irgendeinem synthetischen Material und schien fensterlos zu sein, zumindest wenn man es von außen betrachtete.

In dem Gebäude lebte Lana mit ihrem Mann und ihrem einzigen Kind. Die Familie bedeutete ihr viel. Eine »warme, liebevolle Atmosphäre« erfüllte ihr Heim. Die Einrichtung bestand aus »ungewöhnlichen, ultramodernen Möbeln« und zahlreichen Pflanzen. Das Innere des Hauses war harmonisch und geräumig. Die Familie nahm ihre Mahlzeiten gemeinsam ein, an einem »Tisch aus Silber und Glas«. Als Hauptgericht gab es »Fisch, in einer zitronensauren Soße gekocht«, und gegessen wurde mit einer »vierzinkigen Gabel« von farbigem Keramikgeschirr.

Da Lana nie irgendwelche Transportmittel sah, hatte sie den Eindruck, daß sich die Begriffe »reisen« und »Vorräte« auf diese Zeit und diesen Ort nicht anwenden ließen. »Es war, als bräuchte ich nur zu bestimmen, wohin ich wollte, und sei dann einfach dort«, sagte sie. Das gleiche galt für die Vorräte, auch sie kamen mittels Teleportation ins Haus. Doch auf die Frage nach einer Bezahlung der gekauften Waren antwortete Lana, sie sehe eine »große Münze mit aufgeprägten Symbolen«.

Wie bei vielen unserer Versuchspersonen, die ihre Zukunftserfahrung um 2100 n. Chr. machten, besonders bei jenen aus harmonischen neuzeitlichen Gemeinden, trat auch bei Lana der Tod infolge natürlicher Ursachen ein, als sie etwa neunzig Jahre alt war. Sie war »bereit zu gehen«, woraus ersichtlich ist, daß sie im Tod einen Übergang sah. Nach einer vorübergehenden »Verwirrung« beim Verlassen des Körpers befand sie sich in der »flauschigen, bauschigen weißen Wolke«, die Dr. HELEN WAMBACH immer als Suggestivbild benutzte, um ihre Versuchspersonen durch Zeit und Raum zu transportieren. Als Todesdatum schoß der Frau das Jahr 2402 durch den Kopf.

Lees und Lanas Schilderungen wie auch die anderen in diesem Kapitel erörterten Berichte zeigen, daß das Leben im vier- und fünfundzwanzigsten Jahrhundert auf in der Galaxis verstreuten Planeten sehr ähnlich dem auf unserer Erde zu sein scheint, zumindest für die Workshop-Teilnehmer, die im Zuge der Progressionen in ferne Zeit und fremde Welten die geschilderten Zukunftserfahrungen machten. Ungeachtet der Unterschiede hinsichtlich Kleidung, Architektur und sozioökonomischer Organisation, wie sie von den Versuchspersonen für die Zeit von 2300 bis 2500 n. Chr. geschildert wurden, lassen die Berichte allgemeinmenschliche Haltungen und Charakterzüge erkennen, die der Menschheit offenbar weiterhin anhaften, sogar auf dem Weg hinaus zu den Sternen.

Die Individualität menschlicher Geistes- und Gefühlshaltung scheint, im guten wie im schlechten, ein grundlegendes Charakteristikum der Spezies Mensch zu sein. Ob es uns gelingt, diese unsere Einstellungen zum Aufbau einer auch für die kommenden Generationen positiven Zukunft zu nutzen, oder ob wir auf verhängnisvolle Zukunftsentwicklungen zusteuern, hängt weitgehend von unserer Entscheidung als Einzelmenschen und unserem individuellen und kollektiven Wollen ab.

Massenträume von 2300 und später
Teil II: Operation Terra

Im vorausgegangenen Kapitel konnten wir einen Blick auf eine vielfältige menschliche Kultur werfen, die in der ersten Hälfte des nächsten Jahrtausends über den ganzen Kosmos verbreitet zu sein scheint. Die erörterten Berichte der 109 Workshop-Teilnehmer lassen klar erkennen, daß zumindest für den »träumenden Geist« vieler Menschen das Schicksal der Menschheit in den Sternen liegt. Diesen Berichten zufolge ist sie nicht mehr an Raumstationen und an überkuppelte Raumkolonien innerhalb des Sonnensystems gefesselt, in denen es, wie aus den Berichten über die Periode um 2100 hervorgeht, gegen die unwirtlichen Lebensbedingungen unserer Schwesterplaneten anzukämpfen gilt. Hier wird vielmehr vorausgesagt, daß die Menschheit Erfahrungen machen wird, die wie Weiterungen heutiger Science-fiction anmuten.

Doch sollten wir angesichts dieser in Kapitel 7 berichteten faszinierenden Visionen des Lebens im Kosmos nicht vergessen, daß mehr als die Hälfte (57 Prozent) der Workshop-Teilnehmer, die in die Periode von 2300 bis 2500 n. Chr. versetzt wurden, in ihrer Zukunftserfahrung auf der Erde lebten. Die Berichte dieser 142 Versuchspersonen werden im vorliegenden Kapitel erörtert und mit den Erfahrungen jener verglichen, die sich in der gleichen Periode, von der »Welle nach außen« erfaßt, als Bewohner des Kosmos erlebten. Es drängt sich aber auch der Vergleich dieser Berichte mit jenen aus der Periode um 2100 auf. Dabei fällt auf, daß die Berichte über die Erde aus der Periode um 2300 und später viel unbestimmter sind als die aus der Zeit um 2100 n. Chr., die sich nach Kriterien der Umwelt klar vier verschiedenen Kategorien (Tabelle 2) zuordnen ließen, wogegen sich für die spätere Periode diesbezüglich Differenzierungen (Tabelle 4 auf Seite 152) als notwendig erwiesen.

Grundsätzliches aber blieb weitgehend erhalten. Zahlreiche Elemente der in den Kapiteln 5 und 6 geschilderten drei fundamentalen Zivilisationsformen auf der Erde (des Typs 2, 3 und 4) aus der Zeit um 2100 gab es auch noch zwei- oder vierhundert Jahre später. Es ist, als würden sich die zukünftigen Erdzivilisationen zunächst getrennt voneinander entwickeln, sich aber zunehmend verändern und sich einander langsam annähern. Abgesehen von beachtlichen Ausnahmen (Tabelle 4: »High-Tech entwickelt« des Typs 3/b) treten die erwähnten vier Kategorien nach wie vor recht deutlich zutage.

In beiden Perioden begegnen wir künftigem Leben in Raumschiffen, in Raumstationen oder umschlossenen Raumkolonien im »inneren Weltraum«

(des Typs 1) wie auch in »neuzeitlichen Gemeinden« (des Typs 2), die uns das Neue Zeitalter nahelegen. In den Berichten über die spätere Periode äußerten sich alle 52 Versuchspersonen des Typs 2 positiv über ihre Umwelt. Wie in den Berichten aus der Zeit um 2100 wurde die Umwelt nahezu einstimmig als »grün«, »üppig«, »bewaldet« oder »schön« beschrieben. Und 13 dieser Versuchspersonen erwähnten ausdrücklich ein »mildes«, »angenehmes« oder »gemäßigtes Klima«, 4 allerdings auch die Wörter »Wüste«, »heiß« oder »trocken«, doch sie hatten den Mittleren Osten oder Afrika zum Schauplatz. Niemand von ihnen bezeichnete die Umgebung als »öde« oder »trostlos«, wogegen die Hälfte der Bewohner von »High-Tech-Städten« (des Typs 3/a) und der »Überlebenden« (des Typs 4/b) derartige Ausdrücke gebrauchten. Mehrere Versuchspersonen des Typs 2 (30,8 Prozent) gaben — wie schon die aus der Zeit um 2100 — an, daß sie sich in der Nähe des Meeres oder natürlicher Süßwasserquellen — Seen und Flüsse — aufhielten. Die Bewohner von High-Tech-Städten (des Typs 3) beider Zukunftsperioden erwähnten Süßwasserquellen kein einziges Mal.

Die nachstehenden Kommentare sind charakteristisch für die Art, in der die Workshop-Teilnehmer, die sich um 2300 oder später in neuzeitlichen Gemeinden leben sahen, ihre Umgebung beschrieben: »Es gibt üppige Bäume, grüne Wälder, ein warmes Klima am Meer, einen hohen Himmel. Die Gebäude sind fest, weiß und mit Kolonnaden versehen, von Gärten umgeben ...« [Australien]. Oder: »Die Landschaft ist waldig und kühl. Schöne Gegend. Es gibt Bäume, Büsche, einen kleinen Wasserfall und einen Fluß. Ich sehe ein weißes Bibliotheksgebäude, das eine solche Form hat [einer abgeschnittenen Pyramide], genau wie die Häuser in der Umgebung ...« [Gebiet an der »kanadischen Grenze«].

Die zweite Beschreibung stammt von einer Kalifornierin, die 1983 an einem von Dr. HELEN WAMBACHS Workshops teilnahm. Sie bezeichnete ihre Frauenhände als »klein«, aber gut geformt«, und ihr Haar als »lang, seidig und blond«. Bekleidet war sie mit einem »bodenlangen, rohweißen Kleid«, das ein Kordelgürtel zusammenhielt, und »leichten Sandalen aus weichem Leder«. Das Leben in ihrer »Gemeinde von Heilern und Lehrern« war auf die Gemeinschaft und die Familie ausgerichtet. Die »niedrigen, weißen oder lederfarbenen« Gebäude standen alle in schönen grünen Gärten rund um die zentral gelegene Bibliothek. Teleportation über kurze Strecken war an der Tagesordnung.

Die Menschen arbeiteten miteinander an »Gemeinschaftsprojekten«, und viele waren Meister im Umgang mit »Kristallenergien«, die sie als Teil ihres Beitrags zu der Gemeinschaft weiterleiteten. Diese Frau, »Jarna« mit Namen, sah während einer solchen Energieübertragung »Licht von ihren Händen ausströmen«. Insgesamt empfand sie ihre Umgebung als »einladenden, erfreulichen und von Liebe erfüllten Ort«. Jarna erklärte, daß sie »viel zu tun« hatte in ihrem arbeitsreichen Leben, das dem Wachstum und dem Dienen gewidmet war.

Wie aus diesen beiden Beispielen zu ersehen ist, waren die Gebäude in neuzeitlichen Gemeinden (des Typs 2) normalerweise groß und hellfarbig. Weiß wurde achtzehnmal erwähnt, das heißt von 36 Prozent der 50 Versuchspersonen, deren Berichte architektonische Details nennen. Auch Marmor und Glas figurierten häufig unter den Baumaterialien (24 beziehungsweise 20 Prozent), ebenso vorgefertigte Beton- oder Kunststoffteile (je 24 Prozent). Einige Versuchspersonen (16 Prozent) sahen auch noch Holz. Drei Versuchspersonen gaben ausdrücklich an, daß sie Dächer »wie bei Pagoden« oder Tempeln im Stil des »Tadsch Mahal« sahen.

Diese neuzeitlichen Gemeinden haben sich bis um 2300 offenbar vergrößert im Vergleich zu 2100, denn von den 52 Versuchspersonen gaben dreizehn (25 Prozent) an, daß sie in modernen, futuristischen Städten leben, die von welligen Hügeln und grünen Feldern umgeben sind. Sechzehn (31 Prozent) präzisierten, daß den Gebäuden geschwungene Dächer oder Kuppeln einverleibt waren, meist durchsichtige. Eine beschrieb ihr Gebäude als eine »Kuppel, weiß wie Marmor, aber lichtdurchlässig, innen war es in sanften Pastellfarben gehalten«. Eine andere schilderte ihre in Nordafrika gelegene Stadt so: »Die Gebäude waren weiß, aus einem wie Marmor aussehenden Kunststoff mit modellierten Fenstern und Oberlichtern. Der Außenbereich [ein Platz] war gepflastert und reich bestückt mit passend zusammengestellten Lichtern. Die Lichter waren es, die mich zu diesem Zeitgefüge hinzogen … Alle Gebäude schienen aus modelliertem Kunststoff zu bestehen.«

In den von den Versuchspersonen für die Periode um 2300 erwähnten größeren, städtischeren Siedlungen des Typs 2 gab es auch eine größere Vielfalt an Kleidung im Vergleich zu der Periode um 2100. In der früheren Periode trugen fast drei Viertel (71 Prozent) der Menschen lange, fließende Gewänder oder Togen, gewöhnlich in gebrochenem Weiß. In der Periode um 2300 gaben noch immer 61,5 Prozent der Versuchspersonen, darunter die erwähnte Jarna, dieser Tracht den Vorzug, aber fast ein Drittel (31 Prozent) trug nun eine kurze, gegürtete Tunika, oft über lockeren, bequemen langen Hosen oder Shorts. Einige wenige (7 Prozent) gewahrten sich sogar in den enganliegenden Overalls, wie sie für die Bewohner des »inneren Weltraums« (des Typs 1) und der »High-Tech-Städte« (des Typs 3) typisch waren.

Und 57 Prozent der 42 Berichte dieser Versuchspersonen, die Angaben über ein Abendessen enthielten, schildern gemeinschaftliche Mahlzeiten. Das sind 27 Prozent mehr als in der Periode um 2100. Die Zahl der Personen, die nur mit nahen Angehörigen aßen, ging leicht zurück (von 42 Prozent auf 38 Prozent). Allein essen sah sich in der Periode um 2300 bis 2500 nur noch eine einzige Person.

Es gibt zwar Hinweise dafür, daß die neuzeitlichen Gemeinden des Typs 2 in der Zeit um 2300 oder später größer sein werden als zweihundert Jahre zuvor, aber nach wie vor scheint ein Leben in Harmonie mit der Natur das wichtigste Anliegen zu sein. Dies kommt nicht nur in den sehr positiven

Licht«. Ägypten war nicht die trockene Wüste, die wir heute kennen. Es gab in der Gegend »grünes Gras und Palmen«, außerdem »sehr gepflegte Gärten«. Der Marktplatz, zu dem Alena mit ihrem Mann (ihrem »Partner«) ging, befand sich im Freien, war in das gleiche alles durchdringende Sonnenlicht getaucht wie die übrige Gegend. Das Paar bezahlte für die eingekauften Vorräte mit »Münzen und Scheinen, auf denen Gebäude abgebildet waren«. Später nahmen sie zu Hause das Abendessen mit ihrer Tochter ein. Es bestand aus »Obst, Nüssen und Käse« mehrerer Sorten. Gegessen wurde mit »Silberbesteck« von »großen weißen Porzellantellern«.

Bei dem Erlebnis mit dem »hellen, strahlenden Licht« befand sich Alena in ihrem Atelier, einem Raum in der »weißen Stuck- und Ziegelvilla römischen Stils«, die ihre Familie bewohnte. Während sie dort in der Hoffnung auf eine Inspiration meditierte, sah sie »eine weiße Energieglut mit Informationen näher kommen«. Das Licht erfüllte und inspirierte sie.

Alenas Begegnung mit einer inspirierenden Energiequelle stellte in den Berichten der Vertreter des Neuen Zeitalters keine Ausnahme dar. Genau die Hälfte schilderten einen Kontakt mit einer »höheren Energie« oder einer »spirituellen Quelle«. Der ausgeprägt religiöse oder spezifisch spirituelle Charakter der Berichte aus der Zeit um 2100 n. Chr. kam zwei- bis vierhundert Jahre später zu einer verallgemeinernden Darstellung, der zufolge man »höhere Schwingungen« verspürte oder von einem »pulsierenden Licht« Informationen und Nahrung empfing. Eine Frau bezeichnete in ihrer Erfahrung das Licht einfach als »Gottquelle — reine Energie«.

Eine meiner amerikanischen Workshop-Teilnehmerinnen, die sich mit anderen in einer schönen Kirche aus »Naturholz« versammelt hatte, beschrieb ihr Erlebnis mit dem Licht folgendermaßen: »Es war eine erfüllende Erfahrung. Jeder hungerte nach mehr Energie, die von diesem Licht auf uns alle projiziert wurde« [Neumexiko].

Wie bereits erwähnt, sah Jarna während eines Heilrituals von ihren Händen Energie ausströmen. »Es war ein alltägliches Vorkommnis«, bemerkte sie. Für eine andere Frau war das helle Licht das »Christuslicht«, das ihr und ihrer Familie Frieden und Harmonie bescherte. Eine schöne Beschreibung über ihre »Begegnung mit dem Licht« auf einem Hügel, der an die Stätte von JESU Bergpredigt erinnerte, gab eine von Dr. HELEN WAMBACHS Versuchspersonen aus dem Jahr 1984: »Ich sah ein großes, helles Licht, das einen Hügel einhüllte. Ich ging den Hügel hinauf, um mit einem höheren Wesen zu kommunizieren.«

Diese Frau, nach deren Eindruck ihr künftiges Leben sich in einem »wiederauferstandenen Atlantis« abspielte, beschrieb das Klima dort als »warm und beruhigend«. Ihr aus Holz und Stein errichtetes großes Haus stand auf ziemlich hoch gelegenem Gelände, nicht weit vom gebirgigen Zentrum des wiedergeborenen Inselkontinents entfernt. Zur Zierde gereichten ihm eine Gruppe hoher Kiefern auf der Vorderseite und ein »großer Garten auf der Rückseite, unter dem Schlafzimmerfenster«. Die Versuchsperson, die in dem künftigen Leben »Diana« hieß, sah sich in einem »langen Samtkleid«. Es hatte die »tiefe, satte Farbe von Preiselbeerwein«. An den Füßen trug sie bequeme, weiche »Stoffstiefeletten«. Das Haus stand im Randgebiet einer modern aussehenden Gemeinde, schmiegte sich an einen mit Bäumen gesprenkelten Hügel. Diana konnte deshalb zu Fuß zu einem »großen Geschäft in einem Einkaufszentrum« gehen, wo sie Lebensmittel kaufte (»Brot und Gemüse«). Sie bezahlte mit »Goldmünzen, auf denen Bilder waren«. Später sah sie sich zu Hause allein »Pudding« essen.

Diese zukünftige Atlantidin lebte in ihren späteren Jahren offenbar allein, doch sah sie auch ihren (derzeit) neunjährigen Sohn in der zukünftigen Existenz bei sich »als ein sehr großer, gut proportionierter blonder Mann«. Sie gab sogar eine kurze Beschreibung von einem Bankett in »einem Palast«, an dem sie mit ihm teilnahm. Sie hatte sich für diese besondere Gelegenheit fein gemacht, trug ein »langes blaues Abendkleid, in der Taille mit einer Silberkordel gegürtet, dazu passende silberne Slipper«.

Im Alter von 200 Jahren fand sie, es sei »Zeit zu gehen«, und befreite sich kraft eigenen Willens von ihrem Körper. Der Übergang war »sehr ruhig«, und sie verspürte Zufriedenheit. Sie kennzeichnete ihre Zukunftserfahrung als eine »reiche, lohnende Lebenszeit«, geprägt von Gefühlen des »Friedens und extremer Liebe«.

Dianas Bericht war zwar etwas ungewöhnlich (in dieser Periode erlebten sich nur sehr wenige Versuchspersonen in Palästen oder wurden 200 Jahre alt), aber ihre generellen Gefühle des »Friedens«, der »Liebe« und »Zufriedenheit« teilten fast alle Bewohner der neuzeitlichen Gemeinden des Typs 2. Auch die Erfahrung des Lichts als Vehikel zur Kommunikation mit einem »höheren Wesen« hatte sie mit mehreren anderen dieser Versuchspersonen gemein. Wieder andere allerdings sahen darin die Lichter verschiedener Raumfahrzeuge (35 Prozent), für andere wiederum kam das Licht aus einer natürlichen, irdischen Quelle (15 Prozent). So war es für eine Versuchsperson »ein Sonnenuntergang, am Horizont verblassend«, für eine andere das Licht von Booten, die »unsere Angehörigen zu einer religiösen Zeremonie bringen«.

Der erwähnte »Mönch« äußerte sich nicht über die Herkunft des Lichts, das er sah, aber er erklärte, bei seinem Erscheinen habe er traurig geseufzt. »Vielleicht weil ich bleiben mußte, wo ich war« — eine Bemerkung, die wir aus vielen Nahtodeserfahrungen kennen, über die Dr. RAYMOND MOODY und Dr. ELISABETH KÜBLER-ROSS in ihren Büchern berichten.[60] Menschen, die eine solche Erfahrung machen, sehen häufig ein schönes weißes Licht, in dem sie bleiben möchten. Die Rückkehr in den leiblichen Körper wird dann oft als bedauerliche Pflicht wahrgenommen.

Die Reaktion des »Mönchs« war jedoch nicht typisch für die Bewohner der neuzeitlichen Gemeinden. Die meisten empfanden das Erlebnis mit dem Licht als überaus positiv. Eine Versuchsperson aus Südkalifornien, die in den letzten Jahren dank ihrer parapsychischen Begabung einen bedeutenden von ähnlichen Situationen. Eine Frau, die um 2300 als ein Mann mit Namen »Eclah« lebte, konstatierte: »Die Landschaft war kahl, zerklüftet, steil ... Die Gebäude waren metallisch, hatten entweder Flachdächer oder Kuppeln. Wir befanden uns in einer Art großem, stromlinienförmigem Tunnel; er beschrieb einen Bogen ...«

Lediglich ein Drittel der Gruppe erwähnte die Außenwelt überhaupt, und von den Versuchspersonen, die es taten, berichtete nur eine einzige etwas Positives darüber. Die große Mehrheit benutzte Adjektive wie »öde«, »heiß« und »wüstenartig«. Ein Mann beschrieb seine Umgebung als »trocken, steinig und tot aussehend«. Im Schutz seiner überkuppelten Stadt fragte er sich: »Gibt es dort draußen überhaupt noch irgendein Leben?«

Die einzige Ausnahme stellte eine Hypnotiseurin aus Ohio dar. Sie sah sich in der Zeit um 2300 als Mann namens »Miloko«, der in einer »Art Campus« lebte, dessen hervorstechendstes Merkmal eine große, von einer Kuppel bedeckte Bibliothek war. Der blauäugige Mann hatte eine »sehr blasse weiße Haut, kurzes schwarzes Haar und schmale, gepflegte Hände«. Gleich den meisten Bewohnern der High-Tech-Städte trug Miloko einen enganliegenden »metallisch grauen« Bodysuit mit »strumpfartigen Stiefeln«. Obwohl diese »Uniform grob wirkte« und straff saß, fühlte sie sich »weich und locker« an.

Miloko, offenbar Gelehrter, gewahrte sich einmal in der Bibliothek seiner Universität inmitten einer Vielzahl ultramoderner Geräte und normaler Bücherregale. Er besuchte auch Vorlesungen in einem Auditorium »unter einem großen Kuppeldach«. Andere Campusgebäude mit Flachdächern, erbaut aus »funkelnden, glatten, synthetischen Materialien«, wirkten »gräulich-weiß«. Den Universitätskomplex verließ Miloko nie. Die nötigen Vorräte wurden über ein Computersystem bestellt. Geld war überflüssig; »alle gekauften Waren wurden registriert«.

Miloko hatte in dem Wohngebäude der Universität ein Zimmer. Die vegetarischen Mahlzeiten nahm er in einem gemeinschaftlichen Speisesaal ein. An seinem Tisch saßen »eine enge männlich-weibliche [androgyne?] Freundin« und »eine andere unbekannte Person«. Nach einer Bemerkung über sein etwas einsames Leben dort sagte er: »Meine Wohnung gefiel mir, aber manchmal wünschte ich mir eine Partnerin.« Mit Zweiundachtzig beschloß er dann, seinen Körper zu verlassen. Die Versuchsperson gab an, zu diesem Übergang gehöre, daß man »von Freunden umgeben sei, die einem die Befreiung erleichtern«. Es war ein »freudiges« Ereignis, nach dem Milokos Geist »eine Spirale aus weißem Licht wurde«.

Der im Grunde positive Bericht stellt eher eine Ausnahme dar. Doch selbst in diesem Bericht mangelt es an etwas, das »grün«, »üppig« oder »schön« wäre, wie auch an der Erwähnung natürlicher Süßwasserquellen. Tatsächlich verließ Miloko seinen umschlossenen universitären Lebensraum zeitlebens nicht. Und ihm gefiel zwar seine Beschäftigung, aber gelegentlich überkamen ihn Gefühle der Isoliertheit und Einsamkeit.

Die auch in dieser Periode hochtechnifizierte Gestaltung der umschlossenen Siedlungen (des Typs 3/a) dokumentiert sich in der Art der von den Versuchspersonen beschriebenen Gebäude. Es herrschen ultramoderne Wolkenkratzer und durchsichtige Glas- oder Plastikkuppeln vor. Zweiundzwanzig Versuchspersonen (61 Prozent) erwähnten ausdrücklich Kuppeln oder
geschwungene Dächer, und fast gleich viele, zwanzig, beschrieben futuristische Türme. Häufig wurden vorgefertigte Gebäudeteile aus Beton oder
Kunststoff genannt (28 Prozent), dazu Glas (25 Prozent) und Stahl (17 Prozent) als weitere Baumaterialien. Eine Minderheit (19 Prozent) verwies auf
die Verwendung von Stein oder Adobeziegeln für halb versenkte Gebäudekomplexe mit Flachdächern oder für Gebäudeeinheiten, die in Berghänge
eingegliedert waren.

Eine weitere beachtenswerte Parallele zwischen den High-Tech-Stadtbewohnern des Typs 3 von 2100 und ihren »Verwandten« des Typs 3/a von
2300 besteht im durchschnittlichen Sterbealter. Die durchschnittliche Lebenszeit der Gruppe von 2100 betrug 59,5 Jahre und lag damit weit unter
dem Durchschnitt von 92,4 Jahren der Bewohner neuzeitlicher Gemeinden.
Bei den 26 High-Tech-Stadtbewohnern von 2300, die ihr Todesalter angaben, betrug die durchschnittliche Lebenszeit sogar nur 56,7 Jahre. Das ist
der niedrigste Durchschnitt aller in dieser Periode auf der Erde lebenden
Gruppen, und er lag nur knapp über dem der Besatzungen von Raumschiffen und Raumstationen, der 54,3 Jahre betrug. Die Bewohner neuzeitlicher
Gemeinden um die Zeit von 2300 bis 2500 dagegen erreichten eine durchschnittliche Lebenszeit von 99,6 Jahren.

Auch die von den beiden High-Tech-Gruppen genannten Todesursachen
ähnelten einander bemerkenswert. In beiden Fällen machte Tod durch Gewaltanwendung (Mord oder Hinrichtung) fast 25 Prozent der gesamten Todesfälle aus. Ein Mord kam in der Periode um 2300 und später ansonsten
nur bei den »Überlebenden« des Typs 4/b vor, deren Berichte auch in anderer Hinsicht eng mit denen der Gruppe des Typs 3/a verwandt waren.

Obwohl nie ausdrücklich nach der Luftqualität im Lebensraum gefragt
wurde, führten die High-Tech-Stadtbewohner beider Perioden genau zu
23 Prozent ihren Tod auf Atembeschwerden zurück. »Konnte nicht atmen«
oder »hat etwas mit der Brust zu tun« waren typische Antworten dieser
Gruppe. Von den Vertretern neuzeitlicher Gemeinden beider Zukunftsperioden erwähnte kein einziger je Atem- oder Brustbeschwerden.

Auch hinsichtlich der Kleidung weisen die High-Tech-Berichte aus beiden
Perioden Parallelen auf. In beiden Gruppen trugen fast 60 Prozent enganliegende Uniformen oder einteilige Overalls, die oft als »silbrig« oder »metallisch« beschrieben wurden. Der Stil schien um 2300 etwas weniger militaristisch zu sein als früher, denn ein Drittel der High-Tech-Gruppe (des
Typs 3/a) war mit kurzen, gegürteten Tuniken bekleidet, zu denen manchmal ähnliche Hosen getragen wurden, wie auch viele Bewohner von Planeten außerhalb des Sonnensystems (des Typs 1/c) sie beschrieben. Stiefel tru

gen 59 Prozent, 23 Prozent nannten Schuhe aus Stoff oder synthetischem Material und 12 Prozent Sandalen. Zwei Personen sahen sich in ihren Stadtwohnungen barfuß gehen.

Wie bei der Kleidung, so bestand auch bei der Nahrung in der Periode um 2300 n. Chr. eine etwas größere Vielfalt als zweihundert Jahre zuvor. Energiepillen und synthetische Nahrung machten jetzt nur noch 31 Prozent der beschriebenen Mahlzeiten aus. Das bedeutet gegenüber 2100 einen Rückgang um 10 Prozent. Auf den Speisezetteln der restlichen Versuchspersonen, von denen die Frage beantwortet wurde, standen Brote und Getreideprodukte (38 Prozent), Obst und Gemüse (37 Prozent) sowie Fleisch und Fisch (13 Prozent). (Die Gesamtzahl übersteigt 100 Prozent, weil einige Versuchspersonen Mehrfachantworten gaben.)

Offenbar erfuhr bei allen drei Vertretern »fortschrittlicher« Kulturen (des Typs 1, 2 und 3) in der Zeit um 2300 das kombinierte Löffel-Gabel-Eßbesteck weitere Verbreitung. Mehrere voneinander unabhängige Versuchspersonen beschrieben es. Gegessen wurde in High-Tech-Städten (des Typs 3a) zur überwältigenden Mehrheit (71 Prozent) in Gemeinschaftseinrichtungen. Die übrigen Gruppenmitglieder aßen nur mit Familienangehörigen, nur eine einzige Versuchsperson sah sich allein essen.

Wie in der Periode um 2100 bestand auch um 2300 weitgehende Übereinstimmung zwischen den Reise-, Versorgungs- und Zahlungssystemen der High-Tech-Städte und den Raumstationen im inneren Weltraum. So reisten den 30 Versuchspersonen zufolge, die diese Frage beantworteten, die High-Tech-Vertreter zu 20 Prozent in Raumschiffen oder Flugzeugen, und ebenfalls zu 20 Prozent mit Hilfe individueller Flugvorrichtungen, die manchmal »Düsenrucksäcken« glichen. Die übrigen fuhren mit mechanisierten Wagen oder gingen zu Fuß. Eine große Vielfalt wichtiger Versorgungsgüter war erhältlich. Die meisten (63 Prozent) kamen aus großen Warenhäusern oder Vorratslagern. Als weitere Versorgungsquellen wurden Raumschiffe, automatisierte Liefersysteme (je 17 Prozent) und — von einer Person — ein »Markt in einer Höhle« genannt.

Von den 26 Versuchspersonen, die beschrieben, wie sie ihre Einkäufe bezahlten, schilderten fünfzehn (58 Prozent) Kreditkarten aus Plastik oder eine Art computerisiertes Kreditsystem. Eine Frau hatte eine Karte, die »heller in der Farbe wurde, wenn man sie benutzte«. Ein Mann erklärte, daß ein Computer seine »Fingerspitzen und Stimme« registriere, wenn er einkaufe. Zehn andere (38 Prozent) erhielten ihre Vorräte für Münzen oder Geldscheine. Auch Kupfer- und Messingmarken wurden genannt. Eine wagemutige Person bekannte, sie habe einfach gestohlen, was sie brauchte.

Neben der künstlichen, umschlossenen Umgebung und dem oft von Gewalt geprägten Lebensstil waren signifikant negative Gefühle über die häusliche Atmosphäre und die Umwelt charakteristisch für die High-Tech-Gruppen beider Perioden. Nur 26 Versuchspersonen äußerten sich über die Zeit um 2300 sehr kurz, oft mit nur einem Wort, hinsichtlich ihrer Gefühle bei der Heimkehr vom Einkauf wichtiger Waren und ihres Zuhauses. Nur zehn dieser Äußerungen (38 Prozent) lassen sich als »positiv« einstufen, wogegen die übrigen (62 Prozent) zweifelsfrei Gleichgültigkeit oder Unzufriedenheit zum Ausdruck brachten. Doch selbst dies bedeutete eine Verbesserung gegenüber den 12 Prozent positiver Aussagen von Versuchspersonen der gleichen Gruppe aus der Periode um 2100.

Als positiv wurde bewertet, wenn von einem »guten« oder »angenehmen« Gefühl die Rede war. Ein Mann sagte: »Es war ein Heim mit einer liebenden Frau oder Gefährtin.« Positiv, dennoch aber zweideutiger war die Bemerkung einer Frau: »Ich lebte allein in einem großen, kuppelförmigen weißen Gebäude, fühlte mich aber *nicht* einsam.«

Die Mehrzahl der Versuchspersonen äußerte jedoch Gefühle der Einsamkeit oder der Enttäuschung über ihre Lebensbedingungen. Eine Frau sah sich in ihrem Leben um 2400 ständig im Haus. Die sehr blasse Blondine bewegte sich nie zu Fuß außerhalb ihres »rund geformten« Hauses, das von »hohem Unkraut« umgeben war. Sie lebte dort mit ihrem Mann und zwei Kindern, einem Sohn und einer Tochter. Die Kleidung dieser Frau, »glänzend, glatt, mit einem dicken Metallgürtel« und »Seidenslipper mit spitzen Zehen«, waren charakteristisch für High-Tech-Bewohner. »Blätteriges Gemüse« und »etwas, das die Form einer Kartoffel hatte«, wurde mit »sehr langen dreizinkigen Metallgabeln« gegessen. Das Essen schmeckte »nicht gerade großartig«.

Diese Versuchsperson, die sich die meiste Zeit über »isoliert und allein« fühlte, gab an: »Ich fühle mich wirklich einsam, aber ich liebe meine Familie. Mein kleiner Junge macht mich glücklich. Ich liebe es, die Kleinen beim Spielen mit den Nachbarkindern zu beobachten, wenn wir zusammenkommen. Ansonsten scheint dieses Leben nur Plackerei zu sein. Mein einziges wirkliches Glück ist meine Familie.«

Ungeachtet dieses Gefühls der Isoliertheit hatte sie Anteil an der dort herrschenden High-Tech-Zivilisation. Wichtige Vorräte besorgte die Frau wie folgt: »Ich steige allein in ein Luftfahrzeug; es sieht aus, als bestehe es aus Metall und Kunststoff. Die Details sind nicht sehr klar. Es verursacht fast kein Geräusch, wenn es von einer ebenen Stelle des Geländes hinter dem Haus abhebt. Mein Ziel ist ein großer, runder Turm, der einem Silo ähnelt, hoch und metallisch. Ich kaufe Schachteln mit Lebensmitteln, abgepackte Sachen, die lange halten. Ich fahre nicht oft hin. Es ist eine langweilige Sache, weil alles von Maschinen erledigt wird und ich keine anderen Menschen sehe. Ich schiebe einfach eine Verrechnungskarte in einen Schlitz, und die Schachteln werden hinten ins Fahrzeug geladen. Reine Routine.«

Sie war »irgendwie froh«, daß sie den Körper im Alter von 57 Jahren nach einer Krankheit verlassen konnte. »Mein Gesicht ist tatsächlich aschfahl.« Ihr Sohn, »der jetzt älter aussieht«, befand sich an ihrem Sterbebett. Als Todesjahr nannte sie 2456 n. Chr.

Eine andere Versuchsperson, die unter ähnlichen Einsamkeitsgefühlen litt, bekannte: »Trotz der anderen in meiner Wohneinheit fühlte ich mich immer allein.«

Ein halbes Dutzend sehr kurzer Antworten bestand nur aus einem oder zwei Wörtern der Enttäuschung. Zu den Enttäuschten zählte ein Mann, der angab, sein Tod (bei einem Bergsturz im Jahre 2505 n. Chr.) sei »ähnlich wie einer seiner früheren Alpträume, zerquetscht zu werden«. Nach seinem Eindruck konnte er in dieser Lebenszeit »keine Leistungen« vorweisen. Er war »enttäuscht« über diesen offenbaren Mangel an Fortschritten.

Andere Versuchspersonen bedrückte die Atmosphäre ihrer künstlichen Stadt. Eine bezeichnete die Stadt als »einengend, unterdrückend«. Eine andere sagte, sie fühle sich während ihres gesamten Lebens hier »eingesperrt«. Zwei Berichte ließen eine neutralere Haltung gegenüber der Umgebung erkennen. Ein Mann meinte: »Nichts Großartiges; es ist meine Welt.« Ein anderer erklärte, die Rückkehr nach Hause sei »ein banales Ereignis«.

Auch das Erlebnis mit dem »hellen, strahlenden Licht« war für die meisten der 20 Versuchspersonen, die diese Frage beantworteten, nichts Überwältigendes. Die Hälfte der Gruppe sah ein Raumschiff landen oder starten. Die Raumschiffe stellten für diese Versuchspersonen offenbar etwas Alltägliches dar. Eine von ihnen sah »einen in der Luft schwebenden Menschen«; möglicherweise benutzte die Gruppe jene seltsamen Fluggurten, die in anderen Berichten aus der Zeit um 2300 n. Chr. erwähnt werden. Sechs Versuchspersonen sahen natürliche Lichter wie die Sonne, Sterne bei Nacht, Ballone am Himmel oder ein Feuer. Eine nahm an einer speziellen »großen Einführungszeremonie« teil, die im Weltraum stattzufinden schien. Die restlichen beiden beschrieben »Energieerfahrungen«, die unter anderem eine telepathische Übermittlung von Informationen beinhalteten.

Außer Miloko, dessen Zukunftserfahrung bereits erörtert wurde, befand sich noch eine zweite Versuchsperson im Universitätskomplex ihrer High-Tech-Stadt. Sie sah sich in dem künftigen Leben um 2300 n. Chr. als junge Gelehrte namens »Joanna« in einem »großen weißen Gebäude mit Marmorsäulen«, das »von einer großen Kuppel überspannt« war. Ihr Besorgungsausflug bestand darin, daß sie innerhalb des überkuppelten Campus zu einer nahegelegenen Bibliothek ging, um »einige Bücher und Schriftrollen« auszuleihen. Das Erlebnis mit dem hellen Licht bestand darin, daß sie durch die transparente Kuppel ihres Universitätskomplexes »einen Lichtstrahl aus einem glasbedeckten Kästchen zum Himmel und wieder zurück strahlen« sah. Das Licht lieferte der Stadt offenbar Energie.

Auf die Suggestion, ihre zukünftige Heimat zu lokalisieren, reagierte nur etwa ein Drittel der 36 Versuchspersonen dieser Gruppe. Neun nannten das Gebiet der heutigen USA, zwei europäische Länder (Deutschland und Finnland), eine die »Westküste Australiens« und eine andere das Ufer des Schwarzen Meeres. Zwei hatten das Gefühl, ihre künftigen Leben würden sich auf dem wiederaufgetauchten Atlantis oder auf einem derzeit unter Wasser liegenden Gebiet abspielen.

Von den in den USA Beheimateten nannten zwei keinen bestimmten Bundesstaat, zwei New England (Connecticut und »Maine oder Nova Scotia«) und je eine Florida, Alaska, Virginia und Kalifornien. Die Frau, die sich als Miloko in einem überkuppelten Universitätsgelände wahrnahm, lokalisierte es auf einem »Areal, das über den Südteil der Großen Seen gebaut worden ist«.

Bevor wir uns den Berichten zuwenden, aus denen man auf eine Entwicklung der High-Tech-Zivilisation zu einer harmonischeren menschlichen Gesellschaft (des Typs 3/b) schließen kann, möchte ich eine meiner wenigen amerikanischen Versuchspersonen zitieren, die 1988 an einem Workshop in Toledo, Ohio, teilnahm und einen ausführlichen Kommentar auf die Rückseite ihres Fragebogens schrieb. Ihre Erfahrung war beschränkt, weil ihr Unterbewußtsein »sich entschied«, ein vergangenes Leben aus dem ersten Jahrhundert n. Chr. wachzurufen, statt der Progression in künftiges Leben zu folgen. Dennoch meine ich, daß ihre Erfahrung die meisten der Elemente enthält, die viele andere Versuchspersonen bei ihrer Progression in die im allgemeinen unangenehme High-Tech-Zivilisation (des Typs 3/a) weit weniger beredt ausdrückten. Hier ihr Bericht:

»Ich hatte zwei verschiedene Erlebnisse. Das von 2300 vermittelte mir kein gutes Gefühl, aber ich verfolgte es parallel zu dem anderen [dem vergangenen Leben um 100 n. Chr.] über etwa ein Drittel des Wegs. Ich war allein, blickte auf eine sehr kalte, hochaufragende metallartige Stadt, in die man nicht hineinschauen konnte. Die Gebäude standen alle nah beisammen, berührten einander; kein Raum dazwischen, keine Fenster, keine reflektierenden Flächen, graugrüne Farbe. Ich war groß und schlank, eingehüllt in einen Bodysuit, ausgenommen Gesicht und Hände. Es war ein Einteiler, enganliegend, ähnlich wie das, was die Rodelmannschaften bei den Olympischen Spielen tragen. Überall rundum war ein riesiger leerer Raum. Nichts Grünes oder Wachsendes, keine Bäume, keine anderen Menschen. Alles war, glaube ich, in der Stadt eingekapselt. Ich war mir meines Geschlechtes nicht bewußt; es schien nicht wichtig zu sein. Mein Haar, mein Kopf war von dem Bodysuit bedeckt.

Ich konnte nicht weitergehen [in der Erfahrung des künftigen Lebens], aber ich weiß, daß es mir dort nicht gefiel. Und die Fragen über mein Zuhause und meine Nahrung irritierten mich. Sie ergaben keinen Sinn für mich oder betrafen mich nicht ... Beides war unwichtig für dieses Wesen, fast als wäre es ein Geist, der nur für kurze Zeit einem Körper innewohnt und weder Nahrung noch Einkäufe nötig hat.«

Die Erfahrung dieser Versuchsperson ist in vieler Hinsicht charakteristisch für den Gesamteindruck, den die künftigen Lebensräume der High-Tech-Städte (des Typs 3 und 3/a) vermitteln. Beachten Sie, daß die Frau sich um 2300 n. Chr. »außerhalb« der umschlossenen Stadt befand, in einer trostlosen, verwüsteten Landschaft. Sie trat gar nicht wirklich in diese künftige Lebenszeit ein. Folglich hatte sie das Gefühl, sie sei »ein Geist, der nur für kurze Zeit einem Körper innewohnt«. Dennoch sah die Frau ganz klar den enganliegenden Unisex-Bodysuit und die hohen futuristischen Bauten, die von der Mehrheit der Versuchspersonen dieser Gruppen beschrieben wurde. Ihr Geschlecht war unbestimmt und offenbar unwichtig. (Alle gemeldeten Zwitterkörper stammten aus Lebensräumen des Typs 3 oder des Typs 1.) Auch Nahrung, häusliches Leben und Besorgung von Vorräten schienen bedeutungslos zu sein, zumindest konnte die Versuchsperson keine Einzelheiten darüber angeben. Sie äußerte sogar, die zu diesen Themen gestellten Fragen hätten sie »irritiert«. Diese rätselhafte »Irritation«, die überhaupt nicht zur gegenwärtigen Persönlichkeit dieser Versuchsperson paßt (sie kam am Tag nach dem Workshop zu einer Therapiesitzung zu mir), hatte sie zu dem ausführlichen Kommentar angespornt.

Welch andersartige Gefühle sprechen doch aus den zwanzig Berichten über die Periode von 2300 bis 2500, die ich der Zivilisationsform »High-Tech entwickelt« des Typs 3/b zugeordnet habe! Diese Fälle lassen das Erscheinen positiver, humanitärer Merkmale in zumindest einigen der zukünftigen High-Tech-Städte erkennen. Auch diese Versuchspersonen führten im Grunde den Lebensstil der umschlossenen High-Tech-Siedlungen (des Typs 3), aber sie demonstrierten eine wesentlich positivere Einstellung zu ihrer Umgebung und den menschlichen Beziehungen.

Die zwanzig Versuchspersonen schilderten ein Leben in futuristischen städtischen Komplexen, von denen die meisten Kuppelgebäude (60 Prozent) oder Wolkenkratzer (50 Prozent) aufwiesen. Sie sahen sich auch vorwiegend in den enganliegenden einteiligen Overalls, die schon in den Berichten der Raumfahrer (des Typs 1) und der High-Tech-Städter (des Typs 3) an der Tagesordnung waren; doch 30 Prozent trugen nach ihren Aussagen die mit den Bewohnern neuzeitlicher Gemeinden (des Typs 2) in Verbindung gebrachten langen, losen Gewänder oder drapierten Kleidungsstücke. Die Fußbekleidung teilte sich gleichmäßig auf zwischen Stiefeln (50 Prozent) und Schuhen aus weichem Stoff (30 Prozent) oder haltbarem Synthetikmaterial (20 Prozent).

Die Kost dieser Gruppe wies die gleichen Tendenzen auf wie schon die der High-Tech-Städter (des Typs 3): 56 Prozent verzehrten beim Abendessen Obst und Gemüse, wogegen sich 33 Prozent mit Vitaminpillen und verarbeiteten, synthetischen Lebensmitteln ernährten. Fleisch gab es bei 17 Prozent der beschriebenen Mahlzeiten. Von den sechzehn Versuchspersonen, die auf die Frage nach den Speiseeinrichtungen antworteten, aßen acht in einem Gemeinschaftsraum, sechs (38 Prozent) nur mit Familienmitgliedern und zwei allein.

Die Antworten dieser Versuchspersonen auf die Fragen nach den Transport-, Versorgungs- und Zahlungssystemen entsprachen ebenfalls denen der High-Tech-Städter (des Typs 3/a) und der Raumfahrer (des Typs 1). Zur Frage, wie sie reisten, nannten 57 Prozent Flugzeuge oder Raumschiffe, 26 Prozent benutzten eine Art persönlicher Antischwerkraft- oder Flugvorrichtung. Darin stimmten sie in etwa mit den 20 Prozent der High-Tech-Städter (des Typs 3/a) und den 18 Prozent der Planetenbewohner (des Typs 1/c) überein, die »Düsenrucksäcke« oder Fluggurten verwendeten. Zu 64 Prozent gingen sie in große Warenhäuser oder Vorratslager, wenn sie Notwendiges brauchten; 18 Prozent machten ihre Besorgungen mittels eines computerisierten automatischen Verteilersystems, die übrigen versorgten sich in einer Vielzahl moderner Geschäfte und auf Märkten. Die Hälfte der Gruppe bezahlte ihre Einkäufe über Kreditkarten oder ein Unterschriftskreditsystem, die andere Hälfte gebrauchte Geldscheine oder Münzen.

Ein charakteristischer Bericht aus dieser Gruppe stammt von einer pensionierten New Yorker Künstlerin. Sie sah sich in einem künftigen Leben als Mann namens »Jan« mit »lockigem, rotem Haar« und »kräftigen Händen mit langen Fingern«. Jan verbrachte sein Leben in der Periode um 2300 in einer »geodätisch überkuppelten« Stadt voller »keilförmiger und dreieckiger« Bauten, die durch eine öffentliche Einschienenbahn verbunden waren. In der Stadt herrschte ein »gemäßigtes« Klima.

Jan, »Architekt und Stadtplaner«, befand sich in einem »riesigen Warenhauskomplex«, wo er die für Bauarbeiten angebotenen Waren musterte. Unter anderem kaufte er »Geräte zum Schweißen; sie schauten aus wie Laserstrahlmaschinen«. Er bezahlte mit kleinen Geldscheinen aus Papier.

Jans blasse weiße Haut war fast ganz von einem »silbergrauen Overall« bedeckt. Das zweckdienliche einteilige Kleidungsstück reichte vom Hals bis zu den Knöcheln. Die Hosenbeine staken in »knöchelhohen Silberstiefeln« aus dem gleichen »metallisch aussehenden, aber weichen, elastischen« Synthetikmaterial. Er lebte mit Frau, Sohn und Tochter in einer »futuristischen Wohnung«. Das gemeinsam mit Nachbarn eingenommene Abendessen bestand aus »Obst und Gemüsen«, gegessen wurde mit einer »dreizinkigen Gabel aus rostfreiem Stahl«. In seinem häuslichen wie seinem beruflichen Leben war alles sehr modern und funktionell. »Es war ein vollkommen gemeinschaftliches Leben.«

Jans Bericht, dem die anderen neunzehn Darstellungen in vielem entsprechen, zeigt einwandfrei, daß der äußere Lebensstil dieser Versuchspersonen eng mit jenem der Bewohner von High-Tech-Städten (des Typs 3/a) aus der gleichen Zukunftsperiode verwandt war. Warum habe ich sie dann nicht einfach mit den anderen zu einer Gruppe zusammengelegt? Warum die Differenzierung? Die Berichte dieser Stadtbewohner (des Typs 3/b) aus der Zeit von 2300 bis 2500 enthielten neben den Beschreibungen einer städtischen High-Tech-Zivilisation allesamt auch spezifische Hinweise auf eine harmonische Beziehung zur natürlichen äußeren Umgebung, die mit positiven Ausdrücken charakterisiert wurde. Derartige Schilderungen fehlen völlig in den Daten über die Periode um 2100.

Die Zukunftserfahrung meiner New Yorker Bekannten im Körper von Jan eignet sich hervorragend als Beispiel. Obwohl einwandfrei Bewohner einer High-Tech-Stadt, beschrieb Jan die Landschaft außerhalb seiner »geodätisch überkuppelten« Stadt als eine Kette »welliger brauner Hügel«, die in eine »weite grün-gelbe Ebene« hinunterführten. Offenbar war es möglich, die Stadt zu verlassen und durch die Felder in der Umgebung zu wandern, ohne daß man ein Risiko einging. Die Luft wurde als »frisch« und das Klima als »gemäßigt« beschrieben.

Wie ich eingangs des Kapitels 5 darlegte, ordnete ich die Zukunftserfahrungen der Versuchspersonen nach Kriterien der von ihnen beschriebenen äußeren Umwelt vier grundlegenden Kategorien zu (Tabelle 2, Seite 112), die ich dann im Kapitel 7 noch diversifiziert habe (Tabelle 4, Seite 152). Einer der Gründe dafür war, daß fast alle Versuchspersonen, denen eine Progression in die Zukunft gelang, zumindest eine flüchtige Beschreibung ihrer Umgebung lieferten. Außerdem waren Dr. Helen Wambach und ich uns auch als Sozialwissenschaftler einig, daß diese Schnappschüsse künftiger äußerer Lebensräume wahrscheinlich am wenigsten von den rationalen Vorurteilen oder heimlichen Wünschen der Versuchspersonen beeinflußt wurden. Alle anderen Aussagen, beispielsweise über Kleidung, Nahrung, Eßgewohnheiten oder Zahlungsmittel, betrafen Umstände, die stärker von sozialen Faktoren bestimmt wurden. Ich wollte die Analyse dieser Zukunftsvisionen von einem möglichst neutralen Standpunkt aus angehen.

Deshalb war ich, als ich die Fragebogen von 2300 bis 2500 n. Chr. durchging, was übrigens erst Ende 1988 geschah, überrascht und fasziniert, eine signifikante Zahl von Berichten zu finden, in denen sich eine Gesellschaft der High-Tech-Städte des Typs 3 mit einer natürlichen Umgebung der neuzeitlichen Gemeinden des Typs 2 verband. Zwar wiesen nur 30 Prozent ausdrücklich auf die natürliche Schönheit ihres Lebensraums oder auf die »saubere«, »klare« Atmosphäre hin, aber mit einer einzigen Ausnahme erwähnten alle Versuchspersonen dieser Gruppe, daß sie entweder Grünpflanzen, Bäume oder Seen sähen oder daß ein gemäßigtes, mildes Klima herrsche. Die Ausnahme stellte ein Bericht über eine Gemeinde im Sinai dar, einer von Natur aus heißen, trockenen Gegend. Doch selbst diese Versuchsperson erklärte, sie sei bei Reisen »in der Wüste« draußen gewesen und liebe ihre Umgebung. Deshalb ordnete ich auch ihren Bericht der entwickelten High-Tech-Zivilisation des Typs 3/b zu.

Beim späteren Vergleich der Antworten dieser Gruppe mit anderen aus derselben Periode beeindruckte mich, wie genau die Standortangaben der zehn Versuchspersonen dieser Gruppe, die ihre Umgebung identifizierten, mit dem ungefähren Standort der neuzeitlichen Gemeinden des Typs 2 übereinstimmten. Der bereits erwähnte Fall schildert den Sinai in Ägypten. Von den übrigen neun Berichten betrafen drei Kanada, in zwei davon wurden die kanadischen Rocky Mountains (in einem hieß es: »Yukon oder Alaska«) genannt, in vier weiteren Gebiete der heutigen USA: Colorado, Utah, die texanische Golfküste und die Hügel eines der Staaten, auf die sich die Great Plains aufteilen; je ein Bericht betraf Spanien und das wiederauftauchte Atlantis. Außer Spanien und Texas waren alle diese Gegenden auch schon Schauplatz neuzeitlicher Gemeinden, entweder der Periode um 2100 oder jener um 2300 n. Chr.

Andere interessante Feststellungen stützen ebenfalls die Hypothese, daß diese Gruppe eine Entwicklung von Teilen der zukünftigen High-Tech-Gesellschaften zu stärker humanitär geprägten Werten hin signalisiert. Diese Feststellungen beziehen sich vor allem auf die Todesursachen und das durchschnittliche Sterbealter. Von den achtzehn Versuchspersonen des Typs 3/b, die entsprechende Angaben machten, sah keine einzige ihr künftiges Leben gewaltsam oder infolge Versagens der Atmung enden. Ein volles Drittel der Gruppe erwähnte ein freiwilliges Verlassen des leiblichen Körpers (Durchschnittsalter: 71 Jahre). Eine Versuchsperson kommentierte: »Ich gehe weg, um etwas Neues zu lernen« (Alter 45 Jahre), eine andere: »Es ist Zeit weiterzugehen!« (Alter 82 Jahre). Zwei der Versuchspersonen erlitten bei Reisen tödliche Unfälle (Durchschnittsalter 50 Jahre), die übrigen starben infolge »hohen Alters« (Durchschnittsalter 79 Jahre) oder an körperlichen Leiden (Durchschnittsalter 73 Jahre). Die durchschnittliche Lebensdauer für die gesamte Gruppe betrug 70,9 Jahre. Dieser Wert liegt wesentlich höher als der sehr niedrige der »gewöhnlichen« High-Tech-Städter des Typs 3/a (56,7 Jahre), aber immer noch weit unter der fast die Hundert erreichenden Marke der Bewohner neuzeitlicher Gemeinden des Typs 2 (99,6 Jahre).

Auch die Gefühle dieser Vertreter der Zivilisationsform »High-Tech entwickelt« über ihre häusliche Umgebung und ihre Erlebnisse mit dem hellen Licht unterschieden sich von denen der anderen Gruppen der Periode um 2300. Unter den vierzehn Versuchspersonen, die ihre Empfindungen bei der Heimkehr von Besorgungen schilderten, gab keine einzige eine negative Antwort. Zwei gebrauchten Ausdrücke, die ich als neutral einstufte. Die anderen (86 Prozent) bekundeten, daß ihre Erfahrung sie freute. »Ich liebe diesen Ort!« rief eine Frau, deren künftiges Leben als »Kandra« in der Wüste Sinai ablief. Es brachte ihr unter anderem die Wiedervereinigung mit jener Seele, die für kurze Zeit ihr gegenwärtiges Leben als ihre Tochter geteilt hatte, bis sie im zarten Alter von sieben Jahren gestorben war. »Wir kamen wieder zusammen, um Liebe und Verbundenheit zu erfahren«, erklärte sie. Die anderen Versuchspersonen brachten, oft sogar mehrmals, Gefühle des »Friedens«, der »Wärme« und »Erfüllung« zum Ausdruck.

Sechzehn Versuchspersonen berichteten über ein Erlebnis mit dem »hellen, strahlenden Licht« während ihres Lebens um 2300 n. Chr. Von diesen sechzehn gaben sechs (38 Prozent) an, sie hätten Lichter eines Raumschiffs gesehen, vier (25 Prozent) erwähnten ein Flugzeug. Bei den restlichen sechs Personen machten sich in dem Erlebnis heilende oder telepathische Energien geltend. Zu ihnen zählte auch meine New Yorker Künstler-Bekannte. Sie erklärte, das Teilen von Energie sei eine alltägliche Gruppenbeschäftigung, und: »Die Wechselbeziehungen brachten uns viel Freude.« Eine andere Versuchsperson sah das Licht hin und her gehen »zwischen dem ›dritten

Auge‹ einer Person und dem ›dritten Auge‹ der anderen«, im Rahmen der telepathischen Informationsübermittlung. Wieder eine andere wurde sich »einer ungeheuren Energie« bewußt, als sie das Licht sah. Für sie war es, »als sei man bewußt zur Materialisation und Dematerialisation fähig«.

Diese Vertreter der Zivilisationsform »High-Tech entwickelt« der Periode von 2300 bis 2500 scheinen die Eindrücke der nordkalifornischen Lehrerin zu bestätigen, deren Kommentar über ihr unbefriedigendes, auf das bloße Überleben beschränktes Dasein im zweiundzwanzigsten Jahrhundert in Kapitel 6 zitiert wurde. In ihrer Progression sah sie ihre neuerliche Inkarnation in der Periode um 2300 voraus, wo sie »für eine Wiedergeburt des Humanismus« auf der Erde arbeiten sollte. Ihre vorhergesagte Rückkehr konnten wir leider nicht in einem weiteren Workshop erforschen. Aber die Werte, die sie hoffte, dann lehren zu dürfen, nämlich Selbstachtung, Toleranz, ein Leben in Harmonie mit der Natur, kritisches Denken und grundlegende Freundlichkeit, scheinen Bestandteil der Erfahrung vieler Versuchspersonen dieser Gruppe geworden zu sein.

Eine andere Versuchsperson, eine junge Frau, die in ihrer Lebenszeit um 2300 »John« hieß, lieferte einen ziemlich typischen Bericht für diese Gruppe. Zunächst beschrieb John den High-Tech-Gebäudekomplex, in dem er lebte, darunter »Häuser über dem Boden, jedes auf einem eigenen runden Sockel« mit »Oberseiten aus Glas, wie Dachfenster«. Seine Wohnung liege zwischen »grünen Bäumen, die Eukalypten ähneln, aber eine Art Weidenform haben«. Er lebte dort mit seiner Ehepartnerin, »einer schüchternen Frau«, und zwei Söhnen. Die familiären Beziehungen waren »herzlich, nicht angespannt«. Die Versuchsperson erklärte: »Ich genoß es, in dieser Lebenszeit ein Ehemann und Vater zu sein.«

Die Nahrung, eine Kombination aus verarbeitetem und natürlichem Gemüse, aß man mit einem Gabel-Löffelbesteck von Plastiktabletts. Die Mahlzeiten wurden zu Hause eingenommen. Alle Lebensmittel und die Bekleidung der Familie kamen aus einem »großen Gebäude im Stil eines Warenhauses«. Dorthin gelangte man mit einer Einzelflugmaschine, die John als »stehenden Luftkreis« bezeichnete. Bezahlt wurden die Einkäufe mit »ungewöhnlich aussehenden geometrischen Messingmünzen«. Das Erlebnis mit dem hellen Licht bestand im Anblick eines Raumschiffs, das John als »hell mit dunklen Silhouetten in der Mitte« wahrnahm. Er empfand das Ereignis weder als bedrohlich noch als ungewöhnlich. Das Leben war im allgemeinen angenehm und unkompliziert. Als Schauplatz gab John ein Gebiet im heutigen Westkanada an.

Mit neunundsiebzig Jahren schließlich, inzwischen »weißhaarig und weißbärtig«, starb John friedlich infolge des »Versagens eines inneren Organs«. Das Verlassen des männlichen Körpers ihres zukünftigen Lebens beschrieb die Frau folgendermaßen: »Ich fühlte mich gut, willkommen geheißen und frei. Es kam mir vor, als sei während dieser Lebenszeit etwas Wichtiges gelernt worden.«

Die vorstehend erörterten Berichte lassen die mögliche Entwicklung eines Teils der Bewohner der futuristischen High-Tech-Städte zu positiveren, menschlicheren Werten hin erkennen. Erfreulicherweise deuten auch die vierundzwanzig Berichte aus der Periode von 2300 bis 2500, die ich der Kategorie »ländlicher Bewohner« des Typs 4/a zugeordnet habe, auf eine positive Veränderung der einsamen, primitiven Außenposten der Periode um 2100 hin. Den Daten zufolge bewegen sie sich auf einen moderneren, technologischeren Lebensstil zu, ohne jedoch die für ihre Gemeinden charakteristische Natürlichkeit und Liebe zum Land aufzugeben.

Wie in Kapitel 6 bei der Erörterung ähnlicher Berichte aus der Periode um 2100 erwähnt wurde, unterschied sich die Lebensweise der ländlichen Überlebenden des Typs 4 von der in neuzeitlichen Gemeinden des Typs 2 durch den rustikalen Charakter. Der Lebensstil erinnerte eher an die jüngere Vergangenheit (um 1900) als an die Zukunft. Tatsächlich gaben mehrere Versuchspersonen, die sich entweder um 2100 oder um 2300 in einem solchen Leben wahrnahmen, an, es ähnele dem Dasein von Grenzlandbewohnern, nicht aber dem, wie sie sich wachbewußt die Zukunft vorstellten. Eine junge Frau, die sich in der Zukunft im derben Körper eines Mannes sah, gab folgenden Kommentar: »Das Ganze kommt mir vor wie aus einem alten Western ... Ich bin in einer Bar, da sind helle Lichter, viele trinkende Menschen ... Der Laden ist ein graues, verwittertes Holzhaus. Ein junges Mädchen hilft gewöhnlich dort; sie hat das Haar zu Zöpfen geflochten und trägt ein blau-weiß gestreiftes Baumwollkleid ... Wir benutzen Metall- oder Steinbrocken zum Bezahlen der Einkäufe ... Ich muß Trapper sein, denn ich kaufe dort Tierfallen aus Metall.«

Dieser junge Mann, dessen Name für das Bewußtsein der Versuchsperson wie »Kenaweh« klang, hatte »in Südgrönland« sein Lager im Freien aufgeschlagen, am Rand eines »üppigen Kiefernwaldes« bei einem »klaren blauen See«, und er sah »einige zerklüftete Berge in der Ferne«. Seine Kleidung, ein einfaches »Musselinhemd und eine grüne Hose, die ein breiter Ledergürtel oben hielt«, wirkte handgemacht. Offenbar lebte der Mann weitab von einer Stadt. Sein Abendessen, einen »salzigen Rindfleischeintopf ohne Gemüse«, verzehrte er allein am Lagerfeuer. An Geschirr besaß er lediglich einen rustikalen Holznapf und einen Löffel aus Metall.

Kenaweh sagte, bei der Rückkehr in sein Lager nach dem Ritt in die Stadt, wo er Vorräte besorgte, sei er müde. Später muß er einen Unfall gehabt haben. Die Versuchsperson sah sich im Alter von zweiundfünfzig Jahren mit einem amputierten Fuß. Der Schock, den Kenaweh bei der Amputation erlitt, und »Blutandrang in der Brust« brachten ihm bald darauf den Tod.

Trotz Vergangenheitserinnerungen, die diese Geschichte weckt, verweisen einige Elemente auf einen zukünftigen und nicht auf einen vergangenen Schauplatz. Zunächst einmal hatte die Versuchsperson selbst das deutliche Gefühl, sich in einem künftigen Leben zu befinden. Vor ihren Augen blitzte sogar das Todesjahr 2352 n. Chr. auf. Und der ungewöhnliche Schauplatz Südgrönland mit spürbar wärmerem Klima als heute stimmt mit anderen Berichten überein, denen zufolge Kanada und Sibirien in der Zukunft ebenfalls ein gemäßigteres Wetter haben werden.

Die »hellen Lichter« in der Bar deuten nicht gerade auf rauchende Kerzen oder Gasbrenner hin, wie sie in den Saloons des neunzehnten Jahrhunderts üblich waren. Das gleiche gilt für die Tierfallen aus Metall und die zunächst einmal erfolgreiche Fußamputation. Zu beachten ist auch, daß die Versuchsperson in der Bar »viele Menschen« sah. Eine derartige Bemerkung fehlt in den Berichten der Landbewohner des Typs 4 aus der Periode um 2100 völlig. Sie verweist auf ein Bevölkerungswachstum in den dazwischenliegenden Jahren.

Abgesehen von einigen wenigen Details ähnelten die vierundzwanzig Berichte aus der Zeit um 2300 denen aus der Periode um 2100 sehr stark. Zwei Drittel der beschriebenen Häuser bestanden um 2300 aus Holz, Adobeziegeln oder Stein. Es gab auch vier tropische »Grashütten«, zwei Zelte und einen Bungalow. Zwei Drittel dieser Versuchspersonen trugen herkömmliche Kleidung von großer Vielfalt, beispielsweise »Wildlederhosen«, ein »Drillichkleid« und »Baumwollhemd und -hosen«. Doch bei 25 Prozent bestand die Kleidung aus kurzen Tuniken oder den anliegenden Overalls, wie wir sie bei den High-Tech-Städtern kennengelernt haben, und zwei Versuchspersonen waren in die losen, langen Gewänder gehüllt, die für die Vertreter neuzeitlicher Gemeinden charakteristisch sind. Je ein Viertel der gesamten Gruppe ging barfuß oder trug Schuhe aus weichem Leder oder Stoff; die übrigen hatten Stiefel an.

Gleich den »primitiv Überlebenden« der Zeit um 2100 erwähnte keiner dieser Landbewohner der Periode um 2300 bei der Beschreibung des Abendessens Pillen oder synthetische, verarbeitete Lebensmittel. Rindfleisch, Wild, Geflügel und Fisch machten 31 Prozent der Speisen aus. Obst und Gemüse wurden fast überall aufgetischt (67 Prozent), oft zusammen mit Broten oder Körnern (22 Prozent).

Brokkoli, Kartoffelbrei, Erbsen, Hafermehl und geschmortes Rindfleisch zählten zu den ausdrücklich erwähnten Gerichten. Die überwältigende Mehrheit (83 Prozent) aß zu Hause im Kreis der Familie. Nur zwei Versuchspersonen berichteten, daß sie allein aßen, und eine sagte, sie esse gemeinsam mit anderen, die keine engen Verwandten seien.

Zum Reisen benutzte die Hälfte der Gruppe Pferde und Wagen, je 20 Prozent gingen zu Fuß oder fuhren in modernen Luftfahrzeugen wie den schon beschriebenen. Altmodische Geschäfte und Märkte im Freien herrschten unter den Einkaufsstätten vor (77 Prozent), doch zwei Versuchspersonen sahen Raumschiffe mit Vorräten landen, und zwei weitere holten sich ihren Bedarf in großen Vorratslagern. Nur die zwei Personen, denen ihre Vorräte von Raumschiffen gebracht wurden, erwähnten Kreditkarten. Die anderen bezahlten entweder mit Scheinen und Münzen (50 Prozent)

oder mit kleinen Steinen, »pyramidenförmigen Stückchen« und »Metall-
oder Steinbrocken«.

Von den nur zwölf Versuchspersonen, die auf die Frage nach einem Erlebnis mit dem »hellen, strahlenden Licht« geantwortet hatten, nannten vier
ein Raumschiff, die übrigen acht schilderten verschiedene natürliche Lichter
(»die Sonne«) oder mechanische wie die »hellen Lichter« des Saloons, ein
Blitzlicht und das »Licht eines vorüberfahrenden Zuges«. Niemand erwähnte Lichter oder Farben, die als Energiequellen oder spiritueller Erfahrung
dienten. Eine Versuchsperson, die zur Sonne hinaufschaute, erklärte: »Ich
hatte keine wirkliche Begegnung mit dem Licht.« Eine andere sah ein
Raumschiff vorbeifliegen und stellte fest: »Es wirkte natürlich. Ich kannte
und verstand es.« Aber: »Als es vorbeiflog, verursachte es solche Verwirrung
in mir, daß ich [vorübergehend] aus der Erfahrung [der Progression] heraus-
glitt.«

Sechzehn Versuchspersonen schilderten ihre Gefühle über das Leben und
ihre Umgebung. Zehn gebrauchten positive Ausdrücke wie »friedlich«,
»glücklich« oder »erfüllt«. Eine Frau sagte, sie empfinde die »Wärme und
Tröstung ihrer Familie und Enkel«. Eine andere verspürte dort »Liebe«. Die
einzige negative Antwort kam von einem Mann, der angab, er sei »müde
und gelangweilt«. Der physische Verschleiß infolge harten Landlebens prägte die restlichen vier Antworten, die ich als nicht eindeutig positiv einstufte.
Zwei Personen gaben an, sie seien »erschöpft«, eine meinte, es gebe »viel
Arbeit, aber ich bin stark und zuversichtlich«. Diese Angabe stammt von einem Kalifornier, der um 2300 als schwarze Frau mit deren Ehemann auf einem Flußboot in Afrika lebte. Sie kommentierte: »Ich empfinde Zufriedenheit. Ich bin ein bißchen müde, aber darüber spreche ich nicht.«

Außer diesem Mann, dessen zukünftiges Abenteuer sich nach seinem
Eindruck in der Gegend des heutigen Mozambique abspielte, konnten nur
sieben weitere Versuchspersonen dieser Gruppe ihre Aufenthaltsorte wäh-
rend der Periode von 2300 bis 2500 n. Chr. identifizieren. Eine Versuchsperson lebte, wie schon erwähnt, in Südgrönland. Eine andere war ihrem
Gefühl nach in Peru, je eine nannte Italien und die Berge von Montana. Drei
Versuchspersonen sahen sich in Australien. Eine davon verwies auf ihren
Eindruck, Australien sei eine »kleinere Landmasse« als heute, eher wie eine
große Insel. Von diesen acht Orten waren nur zwei, nämlich Afrika und
Montana, auch von »Verwandten« des Typs 4 als Standorte aus der Periode
um 2100 genannt worden.

Die letzte Kategorie, die der »Überlebenden« des Typs 4/b, umfaßte acht
Berichte von Versuchspersonen, deren materielle Lebensräume in der Zeit
von 2300 bis 2500 als »desolate«, »verlassene«, »zerstörte« oder »verfalle-
ne« Überreste irgendeines katastrophalen Konflikts bezeichnet wurden. In
diese Gruppe nahm ich auch zwei Berichte von Soldaten auf, die in Militär-
lagern oder Kasernen lebten, so daß sich insgesamt zehn Berichte ergaben.

Bemerkenswert war die von diesen Versuchspersonen berichtete durchschnittliche Lebensdauer. Sie betrug nämlich 71,8 Jahre. Zwei der Versuchspersonen behaupteten sogar, sie seien fast hundert Jahre alt geworden und infolge »hohen Alters« gestorben. Zwei andere wurden Opfer einer »Strahlenvergiftung«. Und der Wissenschaftler Brochal erlag »einer von schlechtem Wasser verursachten Krankheit«. Doch selbst er erreichte ein Alter von achtzig Jahren und starb in seinem Bett, »umgeben von seinen Enkeln«. Einige rafften natürliche Todesursachen hinweg. Die beiden Soldaten starben eines gewaltsamen Todes. Den einen tötete eine Kugel, offenbar in einem Gefecht, und der andere wurde von einem unbekannten Angreifer erstochen.

Das Leben in einer derart verwüsteten, trostlosen Umgebung prägte die meisten dieser Überlebenden des Typs 4/b jedoch nachhaltig. Zwei Drittel berichteten, daß ihre Umgebung sie »traurig« stimme oder »ungut« sei. Auch Brochal gefiel die Gegend um den See zwar nicht, aber sein »Auftrag« löste »tiefe Gefühle« in ihm aus. Unter den anderen Kommentaren über das Dasein als Überlebende fand sich die Bemerkung: »Ich bin glücklich, daß wir beide noch da sind.« Sie stammte von dem Mann, der in Bolivien lebte und mit den »beiden« offenbar sich und seine Ehefrau meinte. Ein anderer, der mit »einem Neffen« in den verlassenen Ruinen eines tibetischen Dorfes hauste, konstatierte: »Ich bin müde, traurig über dieses Leben.«

Wie die geschilderte Kleidung und der allgemeine Lebensstil erwarten ließen, sahen sieben der acht Versuchspersonen der Gruppe, die sich zu einem Erlebnis mit dem »hellen, strahlenden Licht« äußerten, irgendein Raumfahrzeug. Brochal berichtete, er sei von der (nicht näher beschriebenen) Besatzung »ins Innere eines runden Raumschiffs eingeladen« worden. Einzig der Soldat, der an einer Schußwunde starb, sah kein Raumschiff.

Wie mir auffiel, vermerkten alle sieben Versuchspersonen, die ein Raumschiff sahen, daß es rund war. Für alle sieben schien der Anblick etwas Alltägliches zu sein. Vier sagten, die Raumfahrzeuge seien »Kundschafter« oder »Forschungsschiffe«, was den Gesamteindruck verstärkt, daß die meisten dieser Überlebenden High-Tech-Zivilisationen entstammten und aus anderen, gastlicheren Gegenden mit besonderen Aufträgen in unfruchtbare, verödete Gebiete gesandt wurden.

Eine von Dr. R. Leo Sprinkles Versuchspersonen, in ihrem Leben um 2300 ein Mann namens »Bashu«, der mit seinem Neffen in einem zerstörten tibetischen Dorf lebte, fertigte sogar eine kleine Zeichnung von einem dreireihigen, tassenförmigen Schiff an, dessen Aussehen irritierend war. Bashu berichtete, was geschah: »Ich stand an einem Berghang, auf einem Weg. Ein Raumschiff folgte mir. Ich war zornig. Laß mich in Ruhe, dachte ich. In der Vergangenheit war ich mit jemandem an Bord eng verbunden gewesen. Ich wollte aber nicht geholt werden. Ich hatte eine Aufgabe zu erfüllen, meinen Neffen aufzuziehen. Ich eilte den Weg entlang, immer noch zornig.«

Der Zorn über die Verfolgung, den die Versuchsperson ausdrückte, und die Tatsache, daß zwei der zehn Überlebenden des Typs 4/b eines gewaltsamen Todes starben, sind zusätzliche Hinweise auf eine Verbindung dieser Gruppe mit den High-Tech-Städtern. Zorn und Gewalt sind zwar nicht typisch für unsere Gesamtdaten; sie tauchten aber in drei Kategorien der Lebensräume von 2300 bis 2500 regelmäßig auf: in denen der Raumfahrer des Typs 1/a, der High-Tech-Stadtbewohner des Typs 3/a und der Überlebenden des Typs 4/b. Beispiele sind die beschriebene Weltraumschlacht in einem anderen Teil der Milchstraße wie auch die »Irritation« einer Workshop-Teilnehmerin wegen bestimmter »ärgerlicher« Forschungsfragen, beispielsweise derjenigen über das »heile Licht« oder über »Gefühle« bei der Heimkehr von Besorgungen.

Dagegen brachten Versuchspersonen, die sich in neuzeitlichen Gemeinden leben sahen, nie Verärgerungen über solche Forschungsfragen zum Ausdruck. Bei Regressionen in vergangene Leben sind hingegen derartige Ausbrüche nicht ungewöhnlich. Solche Unterschiede lassen sich zwar nicht statistisch messen, liefern aber unter Umständen doch Hinweise, die für unsere Forschungsarbeit wichtig sein könnten.

Nicht nur Dr. HELEN WAMBACH, Dr. R. LEO SPRINKLE und ich stellten fest, daß hypnotisierte Versuchspersonen sogar im Zustand der nur leichten Trance — in der sich unsere Workshop-Teilnehmer regelmäßig befanden — oft Charaktermerkmale ihrer vergangenen (oder zukünftigen) Persönlichkeiten annehmen. Fälle, die dies demonstrieren, sind in Fachzeitschriften wie *The Journal of Regression Therapy* reichlich zu finden. In tieferer Trance übernimmt die Versuchsperson die Gefühlsreaktion dieses »alter Ego« manchmal derart weitgehend, daß sie sich vorübergehend ihrer gegenwärtigen Identität nicht mehr bewußt ist. Die somnambulistische Amnesie ist ein weithin anerkanntes psychologisches Phänomen. Einen der berühmtesten zeitgenössischen Fälle, bei dem es zur hypnotisch induzierten »vorübergehenden Übernahme« einer Person durch eine ihrer Perönlichkeiten aus vergangenen Leben kam, stellte die Geschichte der Bridey Murphy aus den fünfziger Jahren dar.

Die erwähnten Beispiele dafür, welche Versuchspersonen unterschiedlicher Gruppen negativ auf gestellte Fragen reagierten, deuten also vielleicht darauf hin, daß Versuchspersonen, die in künftigen Existenzen der High-Tech-Zivilisation des Typs 3 »am Leben« sind, sich leichter ärgern oder irritieren lassen als ihre Artgenossen in neuzeitlichen Gemeinden des Typs 2. Sie empfinden und äußern schneller Feindseligkeit. Die zukünftige Gesellschaft, die sie beschreiben, ist zweifellos antagonistischer. (Ich spreche hier von der Persönlichkeit des künftigen Lebens als individueller Wesenheit, obwohl ihre angenommene physische Veranlagung auch den Charakter der heutigen Versuchsperson widerspiegeln kann.) Diesen potentiellen Charakterunterschied können wir nicht wirklich messen, aber sofern es ihn tatsächlich gibt, würde er das Monopol erklären, das den Gruppen der High-Tech-

9
Ist die Zukunft bereits Vergangenheit?
Das holistische Universum

Als Dr. HELEN WAMBACH ihre Arbeit der Erforschung künftiger Leben begann, fiel ihr sehr bald auf, daß nur wenige ihrer hypnotisierten Versuchspersonen — entgegen ihren wachbewußt geäußerten Wünschen — von einem Leben im zwei- oder vierundzwanzigsten Jahrhundert tatsächlich etwas wissen wollten. Später bestätigten die Ergebnisse in Dr. R. LEO SPRINKLES und meinen Workshops diese Tatsache. Wenn man den Workshop-Teilnehmern die Wahl überließ, sich in eine von drei vergangenen oder von zwei zukünftigen Perioden versetzen zu lassen, wählten tatsächlich nur vier bis fünf Prozent ein künftiges Leben in der Zeit um 2100 bis 2200 n. Chr. und nur elf bis zwölf Prozent eines in der Zeit um 2300 bis 2500.

Diese Zahlen liegen signifikant unter der bei einer Zufallsverteilung zu erwartenden vierzigprozentigen Wahrscheinlichkeit, daß ein künftiges Leben gewählt würde. Noch verblüffender sind diese Zahlen, wenn man die Wachstumsrate der Erdbevölkerung seit 1750 in Betracht zieht, der zufolge in der Zukunft eine zunehmende Zahl körperlicher »Vehikel« verfügbar sein müßte — sofern nicht in den nächsten rund hundert Jahren etwas geschieht, das die heutige Bevölkerungsexplosion umkehrt. Wie paradox dies immer erscheinen mag — die Tatsachen sprechen für sich! Die krasse Diskrepanz zwischen den zu erwartenden und den erzielten Ergebnissen veranlaßte jedenfalls Dr. HELEN WAMBACH, Versuchspersonen nicht in die fernere Zukunft, sondern bloß in eine näher gelegene Zukunft zu versetzen, in der sie aller Wahrscheinlichkeit nach ihr gegenwärtiges Leben noch nicht beendet haben würden. Solche Progressionen in die Zukunft gegenwärtigen Lebens wurden in den Kapiteln 1 und 2 geschildert. Die Berichte dieser Versuchspersonen wie auch meine persönliche Zukunftserfahrung bildeten die Ausgangsbasis unserer Forschungsarbeit. Im Zuge unserer weiteren Arbeit — vor allem im Rahmen von Workshop-Progressionen, die ich in den Kapiteln 5 bis 8 erörtert habe — kristallisierte sich in den Zukunftserfahrungen der Versuchspersonen eine begrenzte Zahl erkennbarer gemeinsamer Merkmale heraus, die ich nach Kriterien der in der Zukunft wahrgenommenen Lebensräume beziehungsweise Umwelten vier grundsätzlichen Kategorien (des Typs 1 bis 4) zuordnen konnte. Und diese Kategorisierung aufgrund der Berichte über Zukunftserfahrungen in der Periode von 2100 bis 2200 wurde durch die Berichte über die Periode von 2300 bis 2500 bestätigt.

Für mich persönlich stellte das Auftauchen dieser vier offenbar gleichzeitig existierenden, jedoch beinahe unvereinbaren künftigen Lebensräume auf der Erde das verblüffendste Ergebnis dieser ganzen Forschungsstudie dar.

Wären diese Berichte bloße Auswüchse der Phantasie unserer Versuchspersonen, so hätten sie viel mehr Varianten künftiger Umwelten oder Lebensräume enthalten müssen. Sogar die Unterhaltungsliteratur zeitgenössischer Science-fiction bietet unglaublich viel mehr als nur vier Modelle der zukünftigen Gesellschaftsstruktur und Umweltbedingungen.

Widerspiegeln die Daten vielleicht aber in erster Linie angestrebte Wunscherfüllungen oder, umgekehrt, Angstprojektionen der Persönlichkeiten unserer Versuchspersonen? Warum erwähnten dann nur so wenige von ihnen (unter drei Prozent) die Radioaktivität oder Nachwirkungen eines Atomkrieges? Oder, wieder umgekehrt, warum sah sich nicht mehr als ein Viertel von ihnen in neuzeitlichen Gemeinden des Neuen Zeitalters? Ohne Zweifel hätten die meisten unserer Workshop-Teilnehmer, die grundsätzlich eine spirituelle Entwicklung der Menschheit befürworteten, im Wachbewußtsein einer Zukunft im Zeichen des Neuen Zeitalters den Vorzug gegeben. Tatsächlich dürfte es für engagierte Verfechter eines Neuen Zeitalters schwerer sein, die Möglichkeit zu akzeptieren, daß die ersten Jahrhunderte des Wassermannzeitalters nicht ganz dem von ihnen erhofften spirituellen Paradies auf dieser Erde entsprechen werden, als für desinteressierte Skeptiker zuzugeben, daß die in diesem Buch erörterten Zukunftsvisionen ein Korn Wahrheit enthalten könnten!

Außerdem schildern die Berichte keineswegs die ziemlich homogene, von wechselseitiger Abhängigkeit geprägte Welt, die von wissenschaftlichen Zukunftsforschern wie den Vertretern des *Hudson Institute* oder in den Schriften populärer Futuristen wie Alan Toeffler angekündigt wird. Unsere Berichte beschreiben vielmehr eine Welt, die materiell und spirituell geteilt bleibt, in der manche Menschen offenbar ein technisch viel höher entwickeltes Leben führen als andere. In dieser Hinsicht scheint die Zukunft nicht grundlegend anders zu sein, als es dem heutigen globalen Bild unserer Erde entspricht, auf der viele Menschen weiterhin ein mühseliges Dasein als Bauern oder Flüchtlinge vor Hungersnöten und Kriegen fristen, während unweit von ihnen andere nicht mehr ohne Mikrowellenherde und Düsentransporter auskommen.

Natürlich muß ich mich auch der grundlegenden Frage stellen: Wie ist erklärbar, daß sich ein Mensch geistig auf die bislang noch nicht zur Wirklichkeit gewordene Zukunft »einzustimmen« vermag? Gibt es Beweise, daß ein »Zukunftsgedächtnis«, das doch den uns bekannten Gesetzen unserer Naturwissenschaft zu widersprechen scheint, existieren könnte?

Eine bejahende Antwort kommt jedoch gerade aus dieser Quelle, nämlich der modernen Physik. Zu den revolutionären Entdeckungen der »neuen Physik« zählt die, daß die Grundlage dessen, was wir lange für ein kontinuierliches, in einer Richtung verlaufendes, auf immer kleinere Einzelteile reduzierbares mechanisches Universum hielten, in Wirklichkeit keineswegs mechanisch oder deterministisch ist. Vielmehr scheint ein sich ständig weiterentwickelnder Prozeß abzulaufen. Unser Universum ähnelt eher einem bewußten, lebenden Wesen, in dem das Leben jedes Teils von der Existenz des gesamten Organismus abhängt und nicht von der vollkommenen Maschine, die sich Sir Isaac Newton und die »klassischen« materialistischen Wissenschaftler vorstellten.

Bevor ich die Ideen zeitgenössischer Wissenschaftler erörtere, die eine neue, holistische Sicht unseres Raumzeituniversums mit dem menschlichen Bewußtsein verknüpfen, einige Worte über die Theorien der Quantenmechanik und der allgemeinen Relativität, die für das Verständnis dieser neuen Sicht wichtig sind.[64] Die Weltsicht der klassischen oder Newtonschen Physik entwickelte sich aus Grundprinzipien, die in der Renaissance und im Zeitalter der Aufklärung des achtzehnten Jahrhunderts aufgestellt wurden. Diese Prinzipien beruhten auf astronomischen Entdeckungen, denen zufolge sich alle sichtbaren Körper im Universum, einschließlich der Erde, ständig in Bewegung befinden. Alles bewegt sich; alles verändert sich. Wie Galileo Galilei und Isaac Newton veranschaulichten, ist außerdem zu beobachten, daß jede Bewegung bestimmten unveränderlichen Gesetzen gehorcht, die sich mathematisch ausdrücken lassen und die im ganzen erfaßbaren Universum Geltung haben. Alle beobachtbaren Phänomene mußten sich folglich auf die Gültigkeit dieser »Natur«-Gesetze zurückführen lassen.

Bei der Erforschung dieser Naturgesetze kann und soll der Wissenschaftler ein unvoreingenommener Experimentator sein. Denn die menschliche Logik muß, wie der französische Philosoph René Descartes erklärte, als Grundlage jedes vernünftigen Verhaltens jeder wissenschaftlichen Beobachtung zugrunde liegen. Objektive Ergebnisse sind nicht nur möglich, sondern auch unbedingt erforderlich. Das Universum läßt sich sodann mit einer riesigen mechanischen Uhr vergleichen, deren innere Abläufe, einmal eingestellt, sich ständig wiederholen. Sie unterliegt nur dem unausweichlichen Verfall der Linearzeit, weil dem zweiten Hauptsatz der Thermodynamik zufolge letztendlich alle Prozesse ihren inneren Zusammenhang verlieren. Im Zeitalter der Aufklärung trat somit ein neutraler, objektiver »Uhrmacher«-Gott, der vor langer Zeit den Kosmos erschaffen und ihn dann seinem langsamen Lauf durch die zersetzende Zeit überlassen hatte, an die Stelle des ständig eingreifenden biblischen Gottes der traditionellen jüdisch-christlichen Religion und Philosophie. Der abendländische Mensch des neunzehnten Jahrhunderts hatte die materiellen Grundlagen jeglicher Realität zu verstehen, und die Physik wurde zur Königin seiner Wissenschaften. So erklärte der gefeierte amerikanische Theoretiker A. A. Michelson 1894, den künftigen Wissenschaftlern bleibe nur noch die Aufgabe, »ein paar Dezimalstellen« zur Vervollkommnung der wissenschaftlichen Beweise nachzuliefern!

Von den Naturkräften, die für Newton und seine Nachfolger jedweder irdischen und kosmischen Aktivität zugrunde lagen, waren allerdings drei besonders verwirrend, nämlich Elektrizität, Magnetismus und Schwerkraft. Auf die Erforschung dieser Kräfte konzentrierten sich während des ganzen neunzehnten Jahrhunderts die Physiker. Dabei war eine der bedeutsamsten Errungenschaften die Entdeckung des britischen Wissenschaftlers MICHAEL FARADAY, daß elektrischer Strom ein Magnetfeld erzeugt und umgekehrt. Das zeigte, daß Elektrizität und Magnetismus, ursprünglich als getrennte Kräfte angesehen, Eigenschaften einer gemeinsamen elektromagnetischen Kraft zukamen. Diese Erkenntnis führte 1860 zu JAMES CLERK MAXWELLS mathematischen Gleichungen, die bewiesen, daß der Prozeß der Umwandlung von Elektrizität in Magnetismus und wieder zurück in regelmäßigen, sich wiederholenden Schwingungen oder Wellen ablief. Die Wellen schwankten lediglich in ihrer Frequenz, also der Zahl der Schwingungen pro Sekunde. Zu seiner Überraschung fand er auch heraus, daß Lichtwellen und diese elektromagnetischen Wellen, wenn man ihre Frequenz auf Lichtgeschwindigkeit (300 000 km/sec.) beschleunigte, identisch wurden. Damit demonstrierte er, daß Licht eine Form von Elektromagnetismus war.

Bald stellte sich heraus, daß dies auch auf die Wärme zutrifft. Das bewies der deutsche Wissenschaftler HEINRICH HERTZ, der 1887 die Radiowellen entdeckte, indem er die Maxwellschen Gleichungen auf andere, für das bloße Auge unsichtbare Frequenzen anwandte. Das Newtonsche Universum, von dem man ursprünglich geglaubt hatte, es bestehe aus Materie in Form winziger, trennbarer Teilchen, wurde nun zunehmend als Phänomen elektromagnetischer Wellen verstanden, die in einem breiten Frequenzbereich durch Raum und Zeit schwangen.

Wie aber erzeugen elektromagnetische Wellen beobachtbare Wärme und beobachtbares Licht? Wie lassen sich die verschiedenen Formen elektromagnetischer Energie miteinander verknüpfen? Wer je ein Streichholz angezündet hat, der weiß, daß brennende Materie Wärme und Licht erzeugt, während sie verzehrt wird. Betrachtet man eine Flamme genau, kann man verschiedene Farben erkennen, die von Blau bis Gelb und Rot reichen. Wenn das Streichholz verlöscht, verschwinden seine Wärme und sein farbiges Licht. Es erwies sich jedoch als unmöglich, die Beziehung zwischen Licht und Wärme, diesen Erscheinungsformen elektromagnetischer Energie, zu ermitteln, solange die Physiker an dem Newtonschen Kredo festhielten, daß jede Bewegung stetig und regelmäßig sei. Das änderte sich erst mit den Erkenntnissen ALBERT EINSTEINS. Er nannte die unteilbaren »Energiepakete« Quanten (kleinste Energiemengen). Jedes dieser unsichtbaren Quanten muß einem Vielfachen einer unbekannten unteilbaren Primäreinheit entsprechen, die im ganzen Universum konstant bleibt. Die von einem erhitzten Gegenstand ausgestrahlte Energie muß einem Vielfachen dieser unteilbaren Konstante und der beobachteten Lichtfrequenz entsprechen. Mathematisch wird das folgendermaßen ausgedrückt: »$E = h \cdot v$.« In dieser Gleichung steht »E« für Energie, »h« für die unteilbare einheitliche Konstante (heute das Plancksche Wirkungsquantum) und »v« für die Frequenz des ausgestrahlten Lichts.

Diese Formel, Grundlage der Quantenmechanik, wurde im Dezember

1900 von Professor MAX PLANCK der Deutschen Physikalischen Gesellschaft vorgelegt. Dr. Planck, der später für seine theoretischen Beiträge zur Quantenphysik den Nobelpreis erhielt, gab zu, daß ihm die berühmte Formel in einem Inspirationsblitz plötzlich eingefallen war, bevor er noch die mathematischen Beweise für ihre Gültigkeit erarbeitete. Er nannte die Formel eine »glückliche Vermutung«. Die unteilbare Konstante »h« ist als Plancksches Wirkungsquantum oder Plancksche Konstante bekannt. Sie ist infinitesimal klein und wird mit $6,625 \cdot 10^{-34}$ erg angegeben.* Wegen seiner infinitesimalen Kleinheit hat dieses Wirkungsquantum nur auf der subatomaren Ebene der Materie Einfluß. Alles, was größer ist als Elektronen, scheint stetig zu existieren. Doch Plancks Entdeckung der unteilbaren Konstante »h« zeigte auf, daß Lichtfrequenzen in einem unstetigen Vorgang portionsweise erzeugt werden und nicht in einem stetigen Bewegungsablauf. Darin liegt der ganze Unterschied. Es zeigte sich, daß das maschinenhafte »Uhrwerk«-Universum, das von den materialistischen Wissenschaftlern als Grundlage jeglicher Realität angesehen wurde, von quantengroßen Löchern durchsetzt ist.

Planck selbst zögerte lange, die Konsequenzen seiner Entdeckung zu akzeptieren, aber seine Formel erregte das Interesse auch Dr. ALBERT EINSTEINS. Nach dessen Überzeugung definierte die Konstante »h« die Energie eines bislang unentdeckten Teilchens, des Lichtteilchens. Gleich allen anderen Physikern seiner Zeit aber glaubte Einstein damals noch an ein grundlegend mechanistisches Universum. Wenn nun jedoch nach Plancks Formel ($E = h \cdot v$) das Verhalten solcher Lichtteilchen von ihrer beobachteten Frequenz abhing, einem Wellenvorgang, und Plancks Formel stimmte, war die Lichtenergie sowohl Welle als auch Teilchen. Dies war völlig neu und mit einem mechanistischen Weltbild unvereinbar. Während die Physiker die materielle Welt in immer kleinere Teilchen zerlegten und von sichtbaren Strukturen zu Molekülen, Atomen und subatomaren Teilchen gelangten, erreichten sie schließlich eine Wirklichkeitsebene, auf der die Elementarteilchen nicht mehr getrennt, sondern nur noch als Teil eines dynamischen Prozesses auszumachen sind, der ihre Interaktion als vibrierende Lichtwellen beinhaltet. Sie verstanden sich zur Bezeichnung der neuen Wissenschaft mit dem ziemlich unangemessenen Ausdruck »Quantenmechanik« und benannten übrigens Einsteins ursprüngliche Lichtquanten der Energie in »Photonen« um.

Heute sind sich die Physiker einig, daß die Elektronen zwar Eigenschaften solider, materieller Teilchen aufweisen, sich jedoch auch wie Energiewellen ohne Masse und mit einer rein hypothetischen individuellen Existenz verhalten. Nur ihr Interaktionsprozeß, dargestellt durch eine Quantenwellenfunktion, läßt sich mathematisch definieren und lokalisieren. Der

---

* Das ist etwas weniger als 7 geteilt durch ein Milliardstel eines Milliardstels eines Milliardstels!

britische Wissenschaftler Dr. Paul Davies bezeichnet diese Wellenfunktionen mit dem griechischen Buchstaben *Psi (Ψ)*. Dr. Fred Allen Wolf nennt sie launig »Qwiff«. Wichtig ist das Wissen, daß ein Qwiff oder Psi als solches kein spezifisches physikalisches Ereignis darstellt, sondern eine *Information über das Verhalten eines Systems von Ereignissen*. Diese Unterscheidung ist wichtig für das Verständnis der Funktionsweise der quantenmechanischen Elementarteilchen.

In der Gleichung, die eine Quantenwellenfunktion definiert, können Ort, Geschwindigkeit und sogar die eigentliche Existenz jedes Elektrons als individuelles Ereignis nur in Form einer Tendenz oder Wahrscheinlichkeit ausgedrückt werden. Wann immer man versucht, den genauen Weg aufzuspüren, den ein einzelnes Elektron innerhalb eines Atoms nimmt, stellt man fest, daß seine unstete Quantenbeschaffenheit eine Vorhersage seiner Geschwindigkeit und seines Orts zum gleichen Zeitpunkt unmöglich macht. Jedes Elektron kann jederzeit aus seiner Position »springen«, gewissermaßen für einen Augenblick aus seiner materiellen Existenz hüpfen. Sein Wiedererscheinen kann irgendwo innerhalb der Parameter erfolgen, die Plancks Formel definiert, während es einen beobachtbaren Blitz Lichtenergie ausstrahlt. Folglich bleibt der künftige Weg jedes Elektrons um den Atomkern eine Wahrscheinlichkeit und wird nicht zur Gewißheit. Vorhersagbar ist lediglich das Verhalten aller Elektronen des Atoms zusammengenommen als Quantenwellenfunktion (Ψ). Das Verhalten dieser Funktion definiert die Natur des Atoms.

Unser Raumzeituniversum hat demnach im Innersten eine eingebaute Ganzheit, deren grundlegendste individuelle Einheiten tatsächlich nur in Form der Aktivität oder Funktion des Gesamtsystems existieren. Die Wissenschaftler fanden also keine grundlegenden »Bausteine« eines mechanischen »Uhrwerk«-Universums, sondern konnten jetzt nur mehr Hypothesen aufstellen über unbestimmte »Energiepakete«, »Photonen« genannt, die bei einer Interaktion als Qwiff oder Psi auf höheren als atomaren Ebenen vorhersagbare Resultate erzeugen. Alles Kleinere verbleibt im Quantenreich der Wahrscheinlichkeit, bis die menschliche Beobachtung seine Existenz bestimmt.

Anfang der zwanziger Jahre demonstrierte der junge deutsche Physiker Werner Heisenberg mathematisch die lediglich wahrscheinliche Natur unbeobachteten subatomaren Verhaltens in einem bestimmten Moment. Seine Theorie wurde als »Heisenbergsche Unschärferelation« oder »Heisenbergsche Unbestimmtheitsrelation« bekannt. Dem Beispiel des dänischen Wissenschaftlers Niels Bohr folgend, der als erster das Quantenmodell des Atoms entwickelte, zeigte Heisenberg auf, daß *der Weg eines Atoms um den Atomkern, solange ihn nicht jemand tatsächlich beobachtete,* wegen seiner Quantennatur unbestimmt bleibt. Er folgerte, daß »der Weg nur existent wird, wenn wir ihn beobachten«.[65]

Anders ausgedrückt gründete Heisenberg seine Schlußfolgerung auf die

Tatsache, daß einzelne Elektronen Eigenschaften sowohl von Teilchen (die einen definierten Ort haben) als auch von Wellen (die eine spezifische, von der Frequenz abhängige Drehgeschwindigkeit haben) zeigen. Doch diese Eigenschaften zeigen sie nicht simultan individuell, sondern nur im Gruppenprozeß der Quantenwellenfunktion. Ein Experimentator, der das Verhalten eines einzelnen Elektrons untersuchen will, muß deshalb *entscheiden,* welche Eigenschaft er messen möchte. Die Beobachtung des gegenwärtigen Orts eines Elektrons macht seine vergangene und künftige Geschwindigkeit unsicher, und die bloße Beobachtung seiner Geschwindigkeit läßt seinen gegenwärtigen Ort im Zweifel. *Es hängt von der Entscheidung des Beobachters ab,* welche Eigenschaft das Elektron zeigt. Die Entscheidung des menschlichen Beobachters trägt also zur Erzeugung des beobachteten physikalischen Ergebnisses bei.

Heisenbergs verblüffende Schlußfolgerung, daß die Definition der Realität auf Quantenebene von der menschlichen Beobachtung abhängt, bedeutete ein radikales Abgehen von der Newtonschen mechanistischen Weltsicht, die auf der genau definierten Ordnung des Universums und seiner streng materialistischen Natur beruhte. Sogar DESCARTES' ehrwürdige Unterscheidung zwischen physikalischen und geistigen Prozessen war über den Haufen geworfen. Wie kann bloße menschliche Beobachtung, eine geistige Aktivität, die Tatsächlichkeit materieller Wirklichkeit beeinflussen? Wie steht es dann — wissenschaftlich geheiligtes Kredo — mit dem »objektiven« Beobachter? Und was wird aus Ursache und Wirkung, wenn das Ergebnis eines Experiments vom Beobachter abhängt? Fragen dieser Art hat die Quantenmechanik in der Gemeinde heutiger Wissenschaftler aufgeworfen. Es überrascht nicht, daß NIELS BOHRS Quantenmodell vom Atom und WERNER HEISENBERGS Unschärferelation des subatomaren Verhaltens trotz ihrer anerkannten mathematischen Fundiertheit unter den Wissenschaftlern weiterhin Kontroversen verursachen.

Immerhin war Heisenbergs Schlußfolgerung nicht vom Himmel gefallen. ALBERT EINSTEIN war es gewesen, der 1905 und 1915 in zwei Abhandlungen als erster auf die relative, subjektive Natur jeglicher menschlicher Beobachtung äußerer Aktivität hingewiesen und demonstriert hatte, daß infolge der Konstanz der Lichtgeschwindigkeit jede beobachtete Bewegung im physikalischen Universum relativ zur Position und zur Bewegungsgröße des Beobachters ist. Er hatte auch als erster die Vorstellung von einem stetigen Strom linearer Zeit durch einen unendlichen, leeren Raum angefochten.

Newtonscher Physik zufolge wären Zeit und Raum unabhängig und feststehend. Im Universum läuft demnach eine Abfolge definitiver »Zeitpunkte« ab, von denen jeder, wäre er in der Zeit »festgefroren«, überall im Raum ein und dieselbe Realität vermittelte. So wäre beispielsweise im augenblicklichen »Jetzt« die Erde von gleicher Realität, ob nun ein Mensch in New York sie sieht oder ob ein Außerirdischer, der von einem um den Stern Alpha Centaur kreisenden Planeten durch ein ultraeffizientes Teleskop herunterschaut. In seiner speziellen Relativitätstheorie demonstrierte jedoch Einstein mathematisch, daß dem nicht so ist. Und warum nicht? Ganz einfach deshalb, weil jede physikalische Aktivität (oder Energie) im Raum übertragen werden muß, damit Wahrnehmung stattfinden kann. Die Übertragung erfordert zwangsläufig Zeit. Die Geschwindigkeit der Übertragung wird durch die Lichtgeschwindigkeit begrenzt, die überall konstant bleibt. ALBERT EINSTEIN drückte dies in seiner berühmten Formel $E = mc^2$ aus, in der »E« für Energie steht, »m« für Masse und »c« für die Lichtgeschwindigkeit.

Folglich wären die Erde und ihre Aktivitäten in dem eingefrorenen Augenblick des »Jetzt« verschieden für einen Beobachter hier auf der Erde und einen Alpha-Centaurier. Letztgenannter würde tatsächlich in seinem gegenwärtigen »Jetzt« etwas beobachten, das der Erdling etwa vier Jahre früher erlebte, weil es so lange dauert, bis das Licht den Raum zwischen unserem Sonnensystem und jenem des Alpha Centaur durchquert. Wir bezeichnen diese Entfernungen als »Lichtjahre«, ein Ausdruck, der den meisten von uns vertraut ist, auch wenn wir nur selten daran denken, was er bedeutet: daß »Jetzt« ein relativer und kein absoluter Begriff ist. Seine Definition hängt davon ab, wer das Ereignis beobachtet.

Genauso relativ sind auch die Begriffe »Vergangenheit«, »Gegenwart« und »Zukunft«, wie sie von uns üblicherweise gebraucht werden. Die Gegenwart ist für eine Person in Paris nicht dieselbe wie für eine andere in San Francisco, weil die beiden im Raum durch die Zeit getrennt sind, die das Licht für den Weg zwischen den beiden Städten benötigt. Gleich der Planckschen Konstante »h«, die Quantenveränderungen reguliert, ist glücklicherweise auch die Zeitmenge winzig klein, die das Licht für seinen Weg um die Erde braucht, so daß wir sie gar nicht bemerken. Noch kleiner ist dieses Zeitintervall zwischen zwei Menschen, die im selben Zimmer stehen; dennoch besteht der Unterschied, der uns für immer im Raum trennt, genau wie der Quantensprung auf Elektronenebenen die Energie im Raum trennt. Tatsächlich sind Raum und Zeit, wie Einsteins Theorie der speziellen Relativität darlegte, gemeinsame Eigenschaften eines einzigen universellen Prozesses, den er »Raumzeit« nannte. Das gesamte physikalische Universum scheint in diesen Raumzeitprozeß eingebunden zu sein, so daß es keinen einzelnen Augenblick ohne Beziehung zu allen anderen Augenblicken im Kosmos gibt.

In der 1915 veröffentlichten Relativitätstheorie wies Einstein außerdem nach, daß auch die Raumzeit kein feststehender, objektiver Zustand ist. Ihre Eigenschaften sind ebenfalls relativ, je nachdem, wer sie beobachtet. Vor allem »krümmt« sich die Raumzeit in Relation zur gegenseitigen Anziehung materieller Körper, jener Kraft, die wir als Gravitation kennen. Spätere Experimente, bei denen radioaktive Elemente mit bekannten Zerfallsintervallen (sie messen die Zeit wie innere Uhren) verwendet wurden, erbrachten den Beweis, daß die Zeit im Weltraum, wo die Schwerkraft geringer ist als auf der Erde, »langsamer« läuft. Einsteins Relativitätstheorien stellten ein

Raumzeituniversum vor, dem gemeinsame Eigenschaften zuteil sind, die aber nicht getrennt von der Funktion des gesamten Systems verstanden werden können. Es ähnelt also weniger der wunderbaren, aber leblosen Maschine Newtons, sondern eher einem lebenden Organismus, dessen Gesamtnatur des Lebendigseins mehr ist als die Summe seiner interdependenten Teile.

Kurz bevor ALBERT EINSTEIN »diese seltsame Welt« verließ, wie er sich ausdrückte, erklärte er, daß unsere Vorstellung von linearer Zeit nichts als eine Täuschung sei: »Für uns gläubige Physiker ist die Unterscheidung zwischen Vergangenheit, Gegenwart und Zukunft nur eine — wenn auch hartnäckige — Illusion.«[66]

Einsteins Theorien über die Relativität regten zwar NIELS BOHR und WERNER HEISENBERG zu den bereits erörterten Schlußfolgerungen an, aber ALBERT EINSTEIN selbst war es nie ganz wohl angesichts Heisenbergs Unschärferelation. Seine vielzitierte Bemerkung »Gott würfelt nicht« [mit der Welt] faßt seine Einstellung zusammen. Obwohl er also zur Definition der Quantenmechanik beigetragen hatte, wurde er einer der entschiedensten Gegner ihrer indeterministischen Sicht der Realität. Um seinen Standpunkt darzulegen, veröffentlichte er zusammen mit den beiden amerikanischen Physikern BORIS PODOLSKY und NATHAN ROSEN 1935 einen berühmt gewordenen Artikel, der die Bezeichnung »Paradoxon von Einstein, Rosen und Podolsky« oder »ERP-Paradoxon« erhielt. In dem Artikel kamen Einstein und seine Kollegen zur Schlußfolgerung, daß das Bild der Quantenmechanik von der subatomaren Realität unvollständig sei und irgendein weiterer Faktor im Spiel sein müsse. Einstein verbrachte einen großen Teil seiner späteren Jahre mit vergeblichen Versuchen, herauszufinden, was genau dieser »weitere Faktor« sein könnte.

Im Jahr 1964 dann entwickelte der amerikanische Physiker JOHN BELL eine mathematische Fomel (Bells Theorem) für die von ihm erkannten zwei Grundbedingungen der Realität.

Mehr als fünfzehn Jahre lang arbeiteten Physiker daran, ein Experiment zu entwickeln, durch das sich Bells Theorem überprüfen ließ. Im Sommer 1982 schließlich meldete ein Team französischer Wissenschaftler, angeführt von Professor ALAIN ASPECT, den Durchbruch. In ihrem Experiment, bei dem Paare korrelativer Protonen durch eine Röhre in entgegengesetzte Richtungen geschossen und dann gleichzeitig in einiger Entfernung gemessen wurden, demonstrierten die Forscher, daß die beiden Teilchen gemäß den Vorhersagen der Quantenmechanik reagierten. Gleichgültig welche Eigenschaften überprüft wurden (Geschwindigkeit, Drehung und Ort), die beiden Protonen zeigten immer gleichzeitig entgegengesetzte oder »korrelative« Effekte. Dies geschah sogar, wenn die Entscheidung, welche Eigenschaft gemessen werden sollte, getroffen wurde, als die beiden Protonen bereits in entgegengesetzte Richtungen strebten. Folglich war die Realität der Ergebnisse nicht prädeterminiert, sondern trat mit der tatsächlichen Beobachtung ein.

Die beiden getrennten Teilchen »wußten« irgendwie sofort, welches Verhalten sie zeigen mußten, um die Ganzheit ihrer gemeinsamen Quantenwellenfunktion aufrechtzuerhalten. Sie brachen Einsteins Gesetz der speziellen Relativität. Es zeigte sich, daß selbst die elegante, scheinbar fugenlose Geometrie der Raumzeit von einer endlosen Reihe winziger Löcher durchsetzt ist. Menschliche Beobachtung ist *nicht* neutral im Hinblick auf Naturphänomene. Menschliche Wahrnehmung und Entscheidung sind unlösbar mit physikalischen Vorgängen verbunden.

Heute debattiert die Wissenschaftlergemeinde der Welt immer noch über die Implikationen dieser Forschungsergebnisse, somit darüber, was das materielle Universum ist und wie es funktioniert. Dr. Paul Davies bietet, um die Quantenmechanik mit der Relativitätstheorie auszusöhnen, einen Vergleich an: Eine Datenverarbeitungsanlage besteht aus zwei unterschiedlichen Komponenten, die als »Hardware« und »Software« bekannt sind. Die Hardware besteht aus den technischen Geräten und dem nötigen Zubehör (Kabel, Mikrochips usw.). Die Software dagegen dient dem Eingeben von Daten und der Lösung gestellter Probleme. Sie besteht aus Programmen und Berechnungsparametern. In seinem Vergleich des Computers mit der subatomaren Physik argumentiert Davies, »das Teilchen ist die Hardware, wogegen die Welle die Software ist«.[67]

Die Funktion eines Computers kann nun anhand seiner Hardware oder seiner Software gemessen werden. Genau wie bei einem subatomaren Element, so bestimmt auch beim Computer die Entscheidung, welche Eigenschaft beobachtet werden soll, die Art der Antwort, die man erhält. Solche Antworten, versichert uns Davies, sind komplementär, nicht widersprüchlich.

Die beiden Eigenschaften des Computers sind unabhängig voneinander vorhanden. Wird das Schaltsystem eines Computers zerstört, hört er natürlich auf zu arbeiten, und das Programm hört auf zu laufen. Auch das Programm kann zerstört werden. Doch mit der Sicherungsdiskette, auf der das Programm gespeichert ist, kann ein anderes Schaltsystem in Betrieb genommen und weitergearbeitet werden. Genauso geht eine Quantenwellenfunktion, die das Wissen über das Verhalten eines zusammengeschlossenen Systems verkörpert, ungeachtet der Tatsache weiter, daß einzelne Elementarteilchen zeitweise existieren, zeitweise nicht.

Diesen Computervergleich stellt Dr. Davies dann auch dem Dualismus von Geist und Materie der klassischen Philosophie gegenüber. Sowohl der Geist als auch das Gehirn sind für den Vorgang des Wahrnehmens und Denkens erforderlich. Genauso hängt die Messung der Realität auf Quantenebene von der dualistischen Natur des Elektrons als Teilchen *und* Welle ab. Folglich können die Quantenmechanik und der Computervergleich auf den Bereich menschlichen Bewußtseins ausgedehnt werden. Dabei macht Davies jedoch einen wichtigen Unterschied. Der klassische Dualismus reduzierte geistige Prozesse schließlich auf eine Komponente einer größeren materiel-

len Realität, was zu der auch heutzutage noch weithin vertretenen These
führte, der Geist sei lediglich der Ausdruck des körperlichen Gehirns. Damit
der Vergleich Quantenmechanik — Computer — menschliches Bewußtsein
Sinn ergibt, muß diese Vorstellung durch die Annahme ersetzt werden, daß
unser Geist und unsere mentale »Software« qualitativ verschieden sind von
unserer körperlichen Hirn-»Hardware«. Davies formuliert es so: »Geist ist
eher ein Muster als Substanz ... Er gehört einer höheren Kategorie an als
das Gehirn.«[68]

Wie die Quantenwellenfunktion die unbestimmte, dennoch reale Existenz ihrer Elementarteilchen definiert, so verleiht unser Geist dem uns um-
gebenden materiellen Raumzeituniversum Bedeutung. Folglich, so schließt
Davies, sind Geist und Materie unabhängig; sie müssen jedoch kooperieren,
um wahrnehmbaren, sinnvollen Ausdruck zu erzielen. Diese Auffassung
wird von den Theorien anderer bekannter zeitgenössischer Physiker ge-
stützt, wie beispielsweise STEPHEN W. HAWKING, JOHN WHEELER und
DOUGLAS HOFSTEADER.[69]

Die Schlußfolgerungen des Physikers und Mathematikers PAUL DAVIES
über die besondere Natur sinnvoller Realität, in der materielle Kräfte und
menschliches Bewußtsein voneinander abhängen, klingen an ein Paradigma
an, das als »anthropisches Prinzip« bekannt ist. Diese von dem britischen
Kosmologen BRANDON CARTER 1974 erstmals vorgestellte Weltsicht, die
sein Physikerkollege von der Universität Cambridge, STEPHEN W. HAWKING,
entwickelt hatte, vertritt die Meinung, das Universum müsse so organisiert
sein, wie es dies ist, damit Menschen es beobachten und messen können.
Andernfalls könnten wir uns seiner überhaupt nicht bewußt werden. Hawking zufolge »läßt sich das anthropische Prinzip zusammenfassen in dem
Satz: Wir sehen das Universum, wie es ist, weil wir existieren.«[70]

Außerdem ist die Existenz intelligenten Lebens unserer Art ein seltenes,
vielleicht einmaliges Phänomen. Dr. BRANDON CARTER demonstrierte dies
anhand einer komplizierten Formel, bekannt als die Cartersche Ungleichheit, welche die Wahrscheinlichkeit willkürlicher oder zufälliger Evolution
intelligenten, auf Kohlenstoff basierenden Lebens innerhalb der bekannten
Lebenszeit unseres Universums zu definieren versucht. Die Wahrscheinlichkeit wird als sehr, sehr gering eingeschätzt.

Die »genau richtige« Natur unseres Universums bestätigen auch andere
wissenschaftliche Entdeckungen. Wie in diesem Kapitel bereits erörtert
wurde, ergaben MAX PLANCKS und ALBERT EINSTEINS Entdeckungen universeller Konstanten (»h« für das Plancksche Wirkungsquantum und »c« für
die Lichtgeschwindigkeit), daß sie unerklärlicherweise genau die richtige
Größe haben, um unserem Kosmos zu erlauben, sich zu entwickeln. Wäre
beispielsweise das Plancksche Wirkungsquantum (»h«) kleiner, würde das
Universum einstürzen, die Atomstrukturen könnten nicht zusammenhalten.
Wäre es größer, würde die Unsicherheit auf Quantenebene die scheinbare
Stetigkeit der materiellen Welt überwinden — und alles würde ständig ver-

schwinden und wieder erscheinen, in einem Augenblick existieren, im nächsten nicht, und Sicherheit und Planung wären unmöglich. Und wäre die Lichtgeschwindigkeit (»c«) größer, wäre höchst unwahrscheinlich, daß sich die Sterne und Planeten gebildet hätten. Wäre sie geringer, wäre der für die Entwicklung von Leben taugliche Lebensraum des Universums wesentlich kleiner, weil Raumzeitverzerrungen schon über eine kürzere Distanz vergrößert würden. Letztendlich würden wir dem sogenannten »Solipsismus« verfallen, dem Zustand, in dem jede getrennte individuelle Einheit lediglich ein persönliches Universum erleben kann, das aus ihr allein besteht.

Andere moderne Wissenschaftler — beispielsweise auch Stephen W. Hawking, der schon erwähnte Entdecker des anthropischen Prinzips und von vielen als Geistesgröße angesehen, die Einstein ebenbürtig sei — sind der Ansicht, es sei unwahrscheinlich, daß sich das Universum aus reinem Zufall entwickelt habe. Das frühe Universum hätte, erklärte Hawking, »sehr chaotisch und unregelmäßig« gewesen sein müssen. Doch »es ist schwer vorstellbar, wie derartige chaotische Anfangsbedingungen ein Universum hervorgebracht haben sollen, das in so großem Maßstab so einheitlich und regelmäßig ist wie das unsrige«.[71] Auch hätte sich die Materie niemals zu Galaxien, Sternen und Planeten vereinigt, wenn der »Urknall« alles in Bewegung gesetzt hätte. Die Chancen, daß sich eine kosmologische Struktur unserer Art *nicht* entwickelt, sind offenbar ungeheuer groß. Eine solche Struktur muß anscheinend mit einem Sinn versehen sein, der unsere Existenz als intelligente Spezies einbezieht. Weitergehende Spekulationen berühren die Grenzen zwischen Physik, Philosophie und Religion.

Wir sehen also, daß für »anthropische« Physiker der Mensch ein ziemliches »Maß aller Dinge« ist. Der amerikanische Physiker John Wheeler formulierte Hawkings These sogar noch polemischer: Die Form und das Alter des Universums gibt es genau deshalb so, wie es sie gibt, weil sie optimale Bedingungen für die Erschaffung zumindest einer intelligenten Lebensform bieten, nämlich des Menschen. Allein diese Erschaffung ist Rechtfertigung genug für die vorhandenen materiellen Bedingungen. Dr. Wheeler umgeht allerdings den philosophischen Kernpunkt, die »erste Ursache« des Universums mit religiösen Vorstellungen zu erklären. Selbst »anthropischen« Physikern bereitet es Unbehagen, Gott anzuerkennen! Wheeler orientiert sich an Heisenbergs Unschärferelation, die den (menschlichen) Beobachter bei der Definition der Realität als integralen Faktor betrachtet, und stellt die Theorie auf, daß unsere eigentliche Existenz als Individuen von der Existenz aller anderen bewußten Beobachter abhängt, auch wenn eine Trennung in der Raumzeit besteht. Seiner Meinung nach wird das Universum also durch das kollektive Bewußtsein sämtlicher Beobachter — vergangener, gegenwärtiger und zukünftiger — ins Leben gerufen.

Diese These erinnert an die Auffassung alter fernöstlicher Philosophen, denen zufolge wir die Realität aufgrund unserer wechselseitigen Einwirkungen aufeinander ständig schaffen. Zur Erkenntnis der grundlegenden Einheit jeglichen Bewußtseins kann man auch im Zustand tiefer Meditation gelangen. Hat man dieses Verständnis einmal erlangt, bleibt es sehr lebendig. Ich persönlich erinnere mich an eine solche Gelegenheit, bei der ich, während ich mich tiefer Meditation hingab, zu der Frage veranlaßt wurde: »Wer bin ich, wenn ich nicht ich bin?« Die Antwort schoß mir sofort in den Kopf: »Dann bist du jeder andere!«

Das Abgehen von einem »äußerlich realen« oder »unbeobachteten« Universum, um Einsteins spezielle Relativitätstheorie und die Lichtgeschwindigkeit als limitierende Konstante zu retten, ist jedoch nur eines der möglichen Paradigmen der »neuen Physik«. Einer anderen Auffassung zufolge, die in wissenschaftlichen Kreisen ebenfalls große Beachtung fand, traten ALAIN ASPECTS getrennte Teilchen tatsächlich schneller als mit Lichtgeschwindigkeit miteinander in Verbindung. Dies allein eröffnet wiederum eine andere neue Weltsicht. Einsteins Raumzeituniversum wäre dann nur ein spezieller Teil einer größeren Realität, von deren grundlegenden Eigenschaften viele erst noch entdeckt werden müssen.

Eine dieser Eigenschaften ist die Fähigkeit, Informationen mit größerer Geschwindigkeit als 300 000 Kilometer pro Sekunde in der Raumzeit zu übermitteln. In diesem Zusammenhang ist an eine Fähigkeit zu denken, die man üblicherweise als »parapsychisch« bezeichnet, und ihr Auftreten im Einsteinschen Universum spielt sich ab als »außersinnliche Wahrnehmung« (ASW). Zum gegenwärtigen Zeitpunkt können die Wissenschaftler nur Spekulationen darüber anstellen, in welcher Relation das Auftreten dieser Fähigkeit zu dem steht, was jenseits von Zeit und Raum liegt.

Ein amerikanischer Physiker nahm noch vor ALAIN ASPECTS erfolgreichem Verstoß gegen Bells Theorie die Herausforderung an, wissenschaftlich zu untersuchen, ob psychische Wahrnehmung tatsächlich grundlegende physikalische Grenzen überwinden könne. Dieser Physiker ist Dr. RUSSELL TARG, der früher am *Stanford Research Institute* (SRI) gearbeitet hatte. Nachdem er in der Sylvania Corporation seine bahnbrechende Forschungsarbeit beendet hatte, die zur Konstruktion eines tausend Watt starken Lasers führte, mit dem sich Stahl schneiden läßt, stieg Dr. Targ am SRI in ein Projekt ein, das zum Ziel hatte, »Astronauten zu einer besseren Verbindung mit ihrem Raumschiff zu verhelfen«, indem man ihre parapsychische Wahrnehmung entwickelte.[72]

Das Projekt führte ihn zur Erforschung des »Distanzsehens«, bei dem Einzelpersonen versuchen, willkürlich ausgewählte weit entfernte Orte aufgrund ihrer durch außersinnliche Wahrnehmung empfangenen Eindrücke zu beschreiben. Zu seinen ersten erfolgreichen Versuchspersonen zählte der New Yorker Künstler INGO SWANN, der bereits die Fähigkeit bewiesen hatte, Karten oder Bilder von fernen Orten zeichnen zu können, wenn man ihm ihre geographischen Koordinaten gab. Der »erfahrene Praktiker des Parapsychischen« half RUSSELL TARG, die ersten Versuchsanordnungen bei Distanzexperimenten zu erstellen. Unter anderem schlug er vor, daß man bei jedem ASW-Test den Versuchspersonen die Gelegenheit biete, etwas Neues, Interessantes kennenzulernen. Er wußte aus eigener Erfahrung, daß die Vermittlung des Gefühls, Erfolg sei nicht nur möglich, sondern auch persönlich bereichernd, die parapsychischen Leistungen zu steigern geeignet sind. Targ beschrieb 1983 in einem Interview für die Zeitschrift *New Realities,* wie die Experimente abliefen:

»Bei unseren Distanzexperimenten saß eine Person in einem Labor. Eine andere Person in dem Raum wies den Mann oder die Frau an, nach Möglichkeit in Erfahrung zu bringen und zu beschreiben, was bei einer dritten Person an irgendeinem fernen Ort vorging. Es kommt also zwischen dem Seher und der Person an dem fernen Ort zu einer Kombination einer telepathischen Verbindung und der hellseherischen Wahrnehmung des fernen Orts. Das ermöglichte es dem Seher, die Zukunft, die im Labor beschrieben worden war, einfach auszuleben. Wir bevorzugten diese spezielle Versuchsanordnung, weil sie so viele Kontaktkanäle wie möglich öffnete und dem Seher die größte Erfolgschance gab.«

Dr. Targ führte am *Stanford Research Institute* mehr als ein Jahrzehnt lang derartige parapsychische Experimente im Distanzsehen durch. Seine überaus positiven Ergebnisse, die von anderen Forschungsteams an der Princeton-Universität und der *Mind Science Foundation* sowie in der Sowjetunion wiederholt wurden, erbrachten den Beweis, daß außersinnliche Wahrnehmung über große Entfernung ein »echtes, wiederholbares« Phänomen ist. Der Geist von Menschen kann parapsychisch in der Raumzeit Informationen austauschen, was in klarem Widerspruch zu Einsteins Theorien steht.

Targs Distanzexperimente beweisen tatsächlich schlüssig, daß »Gedankenwellen« qualitativ verschieden sind von elektromagnetischen Wellen, aus denen die physikalische Welt besteht. Die Physiker bringen die Wissenschaft voran, indem sie »einschränkende Bedingungen« für Naturphänomene aufstellen und untersuchen. Wie sich zeigte, vollziehen sich alle physikalischen Prozesse, so auch die der elektromagnetischen Wellen, nur innerhalb bestimmter Grenzen. Doch nach einem Jahrzehnt parapsychischer Forschung zogen Targ und seine Kollegen am SRI den Schluß, daß die von der Physik klargestellten Einschränkungen die Fähigkeit des Geistes nicht behindern können, parapsychisch Informationen auszusenden und zu empfangen. Selbst wenn man bei den Distanzexperimenten die Versuchspersonen in ein U-Boot setzte und dieses 170 Meter unter den Meeresspiegel tauchte, eine Abschirmung, die sogar die niedrigsten elektromagnetischen Frequenzen beeinträchtigt, arbeitete ihre Fähigkeit der außersinnlichen Wahrnehmung willkürlich ausgewählter Zielobjekte einwandfrei. In dieser Hinsicht scheinen »Gedankenwellen« den Quantenwellenfunktionen zu ähneln, die Wissen über ein System darstellen und nicht über spezifische physikalische Prozesse wie Licht oder Ton.[73]

Zu den verblüffendsten Entdeckungen in Targs Distanzexperimenten, die

alle unter wissenschaftlich strengkontrollierten Bedingungen durchgeführt
wurden, zählt die, daß die außersinnliche Wahrnehmung die Zeitschranken
genauso überwinden kann wie die Raumschranken. Bei einem interkonti-
nentalen Experiment, das Targ 1984 in Zusammenarbeit mit sowjetischen
Wissenschaftlern durchführte, stellte ein russischer Hellseher und Heiler ein
Karussell in San Francisco bildlich richtig dar, obwohl das Zielobjekt wegen
der Zeitzonenunterschiede erst vier Stunden später durch ein Zufallsverfah-
ren ausgewählt wurde! Targ hat den Eindruck, daß »präkognitive« Wahrnehmung der Zukunft leichter ist als Hellsehen räumlich sehr weit entfernter Zielobjekte. In einem im *Brain/Mind Bulletin* 1986 zitierten Interview
erklärte er: »Die Menschen versuchen, die Gegenwart zu analysieren. Ein
zukünftiges Ereignis, das willkürlich bestimmt werden soll, verunmöglicht
jede denkbare analytische Strategie.«[74]

Mit dieser Aussage weist Dr. Targ auf einen der grundlegenden Aspekte
parapsychischer Kommunikation hin, nämlich ihre nichtanalytische Natur.
Wie jedermann bestätigen kann, der sich in verändertem Bewußtseinszustand erlebt hat, sind logische Verbindungen und Interessen dann unwichtig. Die innere Wahrnehmung des Geistes vollzieht sich weit eher über Bilder und Verbindungen von Psyche zu Psyche als über intellektuelle Begriffe.
Diese Tatsache war einer der größten einschränkenden Faktoren beim Sammeln analysierbarer und vergleichbarer Daten bei der Erforschung sowohl
vergangener wie auch künftiger Leben. Fragen, die dem rationalen Verstand
als vernünftig erscheinen, rufen im Zustand des »träumenden Geistes« oft
kaum Interesse und bisweilen sogar Widerstand hervor. Der Geist ist, wie
Mystiker seit Jahrtausenden bezeugen, im Zustand der Hinwendung nach
innen der Raumzeit völlig enthoben und schwebt gleichsam in nichtmate-
rieller Seligkeit jenseits materieller und raumzeitlicher Beschränkungen.

Unsere intuitiven und imaginativen Fähigkeiten sind es, die uns Menschen über die Grenzen des Einsteinschen Universums gelangen und die
multidimensionale Realität von »All-dem-was-ist« erfahren lassen. Materialistisch orientierte Wissenschaftler haben uns dahingehend indoktriniert,
daß wir etwas als »veränderte Zustände« des Bewußtseins bezeichnen, von
dem sich jetzt immer deutlicher erweist, daß es unseren wahren, erweckten
Seinszustand widerspiegelt, unsere Verbindung mit der Ganzheit der Erfahrung, die über intellektuelle linearzeitliche Unterscheidungen wie Vergangenheit, Gegenwart und Zukunft hinausgeht.

Wenn nun Informationen, wie ALAIN ASPECTS physikalische und RUSSELL
TARGS parapsychische Forschungen annehmen lassen, über die von der Relativitätstheorie definierten Grenzen hinaus übertragbar sind — in welcher
Relation stehen solche Phänomene dann zu unserem Raumzeituniversum
und seinen Gesetzen? Der Physiker DAVID BOHM von der Universität London und andere angesehene Wissenschaftler wie KARL H. PRIBRAM und ILYA
PRIGOGINE behaupten, daß wir Teil eines dynamischen, holistischen Prozesses sind, der sich über das physikalische Raumzeituniversum hinaus er-

streckt und mit uns durch implizites, intuitives Wissen sowie durch Kreativität verbunden sein könnte. Die Vorstellung dieser Wissenschaftler stützt die revolutionäre Theorie des britischen Biologen RUPERT SHELDRAKE, daß evolutionäre Veränderungen über ungreifbare »morphogenetische Felder« erfolgen, die aus vergangenen Gewohnheiten künftige Formen entwickeln.

Einer der profiliertesten Sprecher für diese sich neu abzeichnende Weltsicht, die den holistischen, einem Organismus vergleichbaren Charakter unseres Universums betont, ist Dr. DAVID BOHM. Er behauptet, daß sich hinter den scheinbaren Unbestimmtheiten, die in das Verhalten auf Quantenebene eingebaut sind, eine implizite Ordnung oder universelle Ganzeit verbirgt. Obwohl subatomare Teilchen sich scheinbar diskontinuierlich verhalten, wenn man sie als getrennte individuelle Einheiten beobachtet, zeigen sie eine verborgene oder »eingefaltete« Ganzheit, die in der Quantenwellenfunktion zum Ausdruck kommt. Diese Funktion ist, wie bereits erörtert, ein mathematischer Ausdruck von Wissen. Sie beschreibt einen grundlegenden, unteilbaren Wirklichkeitsaspekt, der nicht wahrgenommen oder gemessen werden kann wie Raumzeitereignisse, sondern dessen Existenz durch die Stabilität der Beziehungen innerhalb der Raumzeit impliziert wird. Letztendlich ist, so erklärt Bohm, das ganze Universum, von Protonen und Quasaren bis zu lebenden, atmenden Menschenwesen, ein einziges einheitliches System, das nicht zerlegt und getrennt analysiert werden kann, ohne seine essentielle Ganzheit und dynamische Qualität zu verlieren.[75]

Wenn die ganzheitliche Ordnung in der Raumzeit auch nicht direkt untersucht werden kann, so sind doch überall in der Natur Beispiele ihrer grundlegenden Eigenschaften vorhanden. Bohm zufolge läßt sich das Universum nicht mit einem Computer vergleichen, der eine Maschine ist und bleibt. Das Universum habe mehr Ähnlichkeit mit dem Hologramm, einem projizierten dreidimensionalen Bild, in dem jeder Teil eine echte Darstellung des gesamten Bildes ist. Laut Bohm leben wir in einem holographischen Universum oder »Holoversum«.

Was ist nun ein Hologramm? Hologramme sind mittels Laser hergestellte dreidimensionale Fotografien. Die mathematische Theorie für die holographische Darstellung von Objekten im Raum wurde in den vierziger Jahren von DENNIS GABOR entwickelt, der dafür den Nobelpreis für Physik erhielt. Es dauerte jedoch zwanzig Jahre, bis andere Physiker, darunter RUSSELL TARG, Vorrichtungen zu entwickeln vermochten, mit denen sich die Darstellungen sichtbar machen ließen. Dies war erst mit Hilfe der Lasertechnik möglich.

Eine der wichtigsten Eigenschaften eines Hologramms besteht nun darin, daß jedes seiner Fragmente, wenn man es zerlegt, das ganze Bild widerspiegelt und nicht nur eine Teilansicht. Jeder Teil enthält die Information des Ganzen. Und wenn unser Universum wie ein Hologramm funktioniert, dann senden ALAIN ASPECTS Protonen und RUSSELL TARGS Seher in Wirklichkeit keine Botschaften durch die Linearzeit hin und her, weil sie das Gesamtwissen widerspiegeln, das alle Teile unseres unteilbaren, holographischen Raumzeitsystems vereinigt. Auf dieser verhüllten, impliziten Ebene der Realität besteht kein Unterschied zwischen dem, was wir als »hier« und »dort« (Ort im Raum) und »dann« und »jetzt« (Ort in der Zeit) wahrnehmen. Vergangene, gegenwärtige und zukünftige Ereignisse sind allesamt Teil des gleichen Hologramms und koexistieren deshalb gleichzeitig. Wir nehmen sie nur als voneinander getrennt wahr, weil auch wir in dem gleichen holographischen Universum existieren. Aus einem ganz anderen Blickwinkel heraus bezeichnet also DAVID BOHM genau wie ALBERT EINSTEIN die Linearzeit als Illusion.

Wenn DAVID BOHM recht hat, bewohnen wir ein »Holoversum«, das aus einem komplexen System einander gegenseitig beeinflussender Schwingungen besteht. Und wenn es eine der Haupteigenschaften von Hologrammen ist, daß jeder Teil die Information des Ganzen enthält, haben wir dann etwas, das uns erlaubt, die chaotischen, scheinbar zufälligen Ereignisse der Raumzeit »aufzulösen«? Gemäß KARL H. PRIBRAM von der Stanford University lautet die Antwort ja. Wir verfügen in unseren Gehirnen über ein holographisches Modell. Das Gehirn wirkt als fotografische Platte, auf der die Schwingungen aufgezeichnet werden, die wir empfangen; unser Geist sortiert und vergleicht sie dann mit Hilfe des Gedächtnisses. Schließlich präsentiert unser Gehirn uns das kohärente Bild, das wir als Bild der »äußeren Wirklichkeit« wahrnehmen. Dies legte der Neurophysiologe in seinem Buch *Languages of the Brain* ausführlich dar.[76]

DAVID BOHMS »Holoversum« stellt, in Verbindung mit KARL H. PRIBRAMS holographischem Gehirn, einen Meilenstein in dem Bemühen dar, unsere menschliche Beziehung zum Kosmos zu verstehen. Es verbindet uns sowohl mit der infinitesimal kleinen Welt der Quanten als auch mit den unvorstellbar weiten Entfernungen zu den Sternen. Doch bleibt der holographische Vergleich im wesentlichen statisch. Ein Bild ist schließlich eine fixierte Darstellung, auch wenn man durch Aneinanderreihung leicht unterschiedlicher Bilder und deren Projektion einen Filmstreifen erhält. Was wird aus dem dynamischen Lebensprozeß der Evolution und der Veränderung?

Die theoretische Analyse des belgischen Chemikers ILYA PRIGOGINE, für die er 1977 mit dem Nobelpreis ausgezeichnet wurde, führt uns einen Schritt weiter. Er erarbeitete eine Reihe mathematischer Gleichungen, die beweisen, daß sogar Systeme sogenannter inerter Materie in einer Wechselbeziehung mit ihrer lokalen natürlichen Umgebung stehen, genau wie ein lebender Organismus. Dadurch können sie als Katalysator für die Schaffung neuer Grundlagen einer komplexeren Ordnung fungieren, was in direktem Widerspruch zum zweiten Hauptsatz der Thermodynamik steht.

Dr. Prigogine bezeichnete solche örtlichen Katalysatoren als »dissipative Strukturen«, weil sie verfügbare Energie rascher verzehren als in der Nähe befindliche stagnierende Systeme. Oberflächlich betrachtet sieht es oft so aus, als trieben sie ihre ganze etablierte Ordnung auf die Vernichtung zu.

Tatsächlich jedoch zwingt ihre Störung des Status quo ihrer Umgebung eine sinnvolle Veränderung auf. Die gesamte Umgebung der dissipativen Struktur ist unter Umständen gezwungen, sich kreativ auf komplexere Weise neu zu strukturieren, um den Forderungen des Katalysators gerecht zu werden.[77]

Des weiteren demonstrierte Prigogine, daß eine solche positive Veränderung nicht das Ergebnis langsamen, stetigen Wachstums ist, sondern in eben jenem Augenblick plötzlich stattfindet, in dem das Chaos die alte Ordnung zu überwältigen droht. Das ursprüngliche System muß sich zu einer effektiveren Struktur reorganisieren, um zu überleben. Als Menschen sind wir dynamische, lebende Systeme, die mit ihrer materiellen Umgebung physikalische Eigenschaften gemein haben, und wir sind auch originelles, schöpferisches Bewußtsein. Wenn wir uns in der Raumzeit entwickeln, kommt ein Augenblick, in dem auch wir innerhalb ihres Gefüges »dissipative Strukturen« werden. Zunehmender sozialer und ökologischer Streß treiben also unser gesamtes Universum auf einen Krisenpunkt zu, an dem wir in eine größere, komplexere Realität hinaufspringen können. Nach Prigogines Überzeugung entwickelt sich unser gesamtes Universum zusammen mit uns.

ILYA PRIGOGINES großartiges Modell eines lebenden, evolutionären Universums bewog das Nobelpreis-Komitee, ihn als den »Dichter der Thermodynamik« zu bezeichnen. Seine Weltsicht, in der er Mensch und Natur ganz offen als gleichwertige Partner in einen universellen »Biotanz« sich gegenseitig beeinflussender Energien stellt, hilft uns, unsere Alpträume von einer etwaigen Apokalypse mit den notwendigen, positiven Zertrümmerungen in Einklang zu bringen, die uns auf eine hellere Zukunft zutreiben. Sie hilft uns zu begreifen, daß das holographische Gehirn mehr tut, als lediglich vergangene Erfahrungen zu katalogisieren und zu ordnen. Tatsächlich erzeugt es in Verbindung mit unserem Geist und in Zusammenarbeit mit der gesamten Natur den Fortschritt.

Eine Komplementärtheorie stellte der britische Biologe RUPERT SHELDRAKE auf. Sie ist bekannt als Hypothese der »formativen Ursachenbildung« oder »formbildenden Verursachung« und bietet eine nichtmaterielle Erklärung von Vererbung, Evolution und Gedächtnis in organischen wie anorganischen Systemen. Für Sheldrake sind immaterielle »morphogenetische Felder« (M-Felder) der katalysierende Faktor, der zu struktureller Vererbung und Evolutionsfortschritten führt. In lebenden Organismen entschlüsseln und deuten diese Felder während der Entstehung der einzelnen Zellen die genetischen Codes in der DNS und stellen sicher, daß die »richtigen« Merkmale der Spezies erscheinen. In anorganischem Material überbrücken sie die Lücke zwischen subatomarer Quantenunschärfe und der regelmäßigen Stabilität größerer Strukturen wie Atomen und Molekülen. Diese »M-Felder« durchdringen unser Universum. Möglicherweise erzeugen sie die grundlegenden Wellenschwingungen, die in Wechselwirkung miteinander das Raumzeit-»Holoversum« selbst formen.[78]

Sheldrake zufolge entwickeln sich Strukturen, indem sie Muster wiederholen und nicht indem sie unveränderlichen Gesetzen folgen. Spezifische Gewohnheitsmuster werden über Raum und Zeit hinweg übermittelt, von der Vergangenheit in die Gegenwart, und zwar über immaterielle, allgegenwärtige M-Felder. Diese Felder, die elektromagnetischen und Gravitationsfeldern ähneln, sind höchst spezifisch (jede Spezies hat ihr eigenes M-Feld, möglicherweise sogar jedes Einzelwesen) und enthalten Informationen. Sie fungieren als eine Art Verhaltensmatrizen und beeinflussen in subtiler Weise aufgrund »morphischer Resonanz« oder der Anziehung von gleich und gleich die strukturelle Entwicklung auf allen Existenzebenen. Sheldrakes Theorie ein Stück weitergeführt, erschaffen wir uns, wie wir heute sind, indem wir über morphogenetische Felder in Resonanz mit unseren vergangenen Gewohnheiten treten, weil die Anziehung von gleich und gleich zwischen uns und unseren eigenen Identitäten am stärksten ist.

Wenn sich ein einzelner Organismus durch erfolgreiche Anpassung an seine Umgebung weiterentwickelt hat, werden seine neuerworbenen Eigenschaften seinem M-Feld und dem M-Feld seiner Spezies übermittelt. Wiederholen genügend Einzelwesen die Anpassung und demonstrieren damit deren Effektivität, wird dieser neue Zustand sofort vom M-Feld der Spezies auf alle ähnlichen Organismen übertragen und wird zu dem, was wir als »vererbbare Merkmale« der ganzen Spezies bezeichnen. Auf diese Weise stabilisieren die M-Felder des Universums die Entwicklung und erlauben gleichzeitig eine positive Veränderung.

Rupert Sheldrakes Theorie über die Existenz immaterieller, mit unserer Raumzeitrealität in Wechselbeziehung stehender morphogenetischer Felder ergänzt David Bohms Theorien über die holographische Natur unseres Universums und seine verborgene Ganzheit, die eine augenblickliche Kommunikation zwischen subatomaren Teilchen und dem menschlichen Geist erlaubt. Seine Theorie bietet möglicherweise einen Blick auf die grundlegenden Wellenschwingungsprozesse, die sich vereinigen, um das zu erschaffen, was wir dann als Ereignisse in Raum und Zeit erleben. Außerdem bietet diese Theorie auch ein plausibles Modell für das menschliche Gedächtnis, in dem vergangene Erfahrungen auf der Ebene der morphogenetischen Felder gespeichert werden, wodurch es sich erübrigt, daß eine körperliche oder genetische Verbindung besteht, damit sie wieder im menschlichen Bewußtsein auftauchen. Dank ihr verstehen wir den geistigen Prozeß leichter, durch den Karl H. Pribrams holographisches Gehirn unscharfe Schwingungsmuster in sinnvolle Ereignisse in der Raumzeitwirklichkeit auflöst.

Obwohl Dr. Rupert Sheldrake in seinen veröffentlichten Schriften nachdrücklich betont, daß sich seine Forschung nur mit physikalischen Konsequenzen und nicht mit spirituellen Prinzipien befaßt, wirft seine Theorie natürlich ein neues Licht auf die Hypothesen über das Weiterleben nach dem körperlichen Tod und die Reinkarnation. Sheldrakes Vorstellung von einer morphischen Resonanz könnte erklären, wie ausgeprägte Gefühls- und Verhaltensmuster von einer Lebenszeit auf die nächste übertragen werden, denn es ist logisch, anzunehmen, daß das Prinzip der Anziehung von gleich und gleich in den verschiedenen Leben eines Selbst am stärksten zur Geltung käme. Könnten unsere Seelen vielleicht vibrierende Formen von Energiewellen sein und morphogenetische Felder erzeugen, die von unseren Sinnen Informationen empfangen, solange wir körperlich am Leben sind, sie speichern und filtern, aus diesen Erfahrungen lernen und dann die entsprechenden Informationen wieder in die Raumzeit projizieren, in einen anderen menschlichen Körper? Eine derartige Hypothese könnte erklären, wie sich »Erinnerungen« aus vergangenen Leben während veränderter Bewußtseinszustände anzapfen lassen.

Einen Schritt weitergeführt könnten die hier erörterten Theorien uns außerdem verstehen helfen, welche Interaktion zwischen Vergangenheit, Gegenwart und Zukunft das entstehen läßt, was wir als das »Jetzt« erfahren. Wir haben gesehen, daß der Quantenmechanik zufolge unsere materielle Realität bloß auf Wahrscheinlichkeiten beruht, daß individuelles Verhalten unbestimmt ist und nur Gruppenprozesse relativ feststehen. Die Relativitätstheorie beweist, daß Raumzeitereignisse nur wegen unserer Mitwirkung im Raumzeituniversum in linearzeitlichen Beziehungen stattfinden scheinen. Wenn unser Universum, wie DAVID BOHM und andere Wissenschaftler behaupten, in ein größeres, unteilbares »Ganzes« eingefaltet ist, dann ist dort alle Zeit eins, und auch Zeit und Raum sind eins — ohne Vergangenheit, Gegenwart und Zukunft — im umfassenden Jetzt des höheren Ganzen.

Angesichts all der erörterten Theorien und Hypothesen ist noch zu sagen: Wir Menschen sind mehr als nur unser rationales Bewußtsein, mehr als nur analytischer Geist. Als holographische Teile eines größeren verbundenen »Ganzen« verfügen wir über die implizierten Informationen des gesamten Systems, einschließlich solcher über die Zukunft. Wo sind sie uns zuteil? Im Unbewußten natürlich. Deshalb können wir, entweder wenn wir uns in Zuständen veränderten Bewußtseins befinden, wie dies durch Meditation, Selbst- oder Fremdhypnose oder in Träumen möglich ist, oder einfach intuitiv oder gezielt durch die Aktivierung unserer außersinnlichen Wahrnehmung (wie dies Dr. Targ bei seinen Distanzexperimenten demonstrierte), flüchtige Blicke auf künftige Ereignisse erhaschen, die in den von RUPERT SHELDRAKE postulierten morphogenetischen Feldern bereits festgelegt sind. Gewöhnlich kommen uns solche flüchtigen Einblicke nicht einmal zu Bewußtsein. Wenn Sheldrakes Theorie stimmt, dann wäre die richtige Wahrnehmung der Zukunft seitens einer Versuchsperson oder eines »Mediums« sowohl eine Ursache als auch eine Wirkung der Resonanz der morphogenetischen Felder im Unbewußten aller Mitwirkenden. Unrichtige Wahrnehmung könnte auf die zu Verzerrung führende Einwirkung des Bewußtseins der Versuchsperson selbst oder auf eine Beeinflussung der an einem derartigen Experiment Beteiligten zurückzuführen sein. Doch dieses

Problem der Verzerrung und Verfälschung innerer Wahrnehmungen durch »Interventionen« des rationalen Verstandes ist jedem erfahrenen Parapsychologen bestens bekannt. Indem die Versuchsperson in einen hypnotisch induzierten Trancezustand versetzt wird, kann eben diese Gefahr ausgeschaltet oder zumindest herabgesetzt werden.

Daß im übrigen die Fähigkeit der außersinnlichen Wahrnehmung (ASW), die grundsätzlich in jedem Menschen schlummert, durch geeignete Methoden aktiviert und trainiert werden kann, wurde bereits in Kapitel 4 erörtert. An diese Fähigkeit des Menschen knüpft sich meiner Ansicht nach auch unsere größte Hoffnung, daß wir uns »in eine höhere Ordnung retten« können, wie der Chemiker Ilya Prigogine darlegte. Die Spannungen und Unausgewogenheiten unserer gegenwärtigen ökologischen und sozioökonomischen Systeme treiben uns zweifellos gravierenden Krisen zu, wie sie von Sensitiven und auch von den Teilnehmern an unseren Workshops über künftige Leben vorausgesehen wurden. Es bedarf fraglos einer konzertierten kollektiven Anstrengung spirituellen Erwachens und geistiger Erneuerung, wenn die Zukunft der Menschheit und der Erde besser ausfallen soll, als es unsere Versuchspersonen für die Zeit um 2100 n. Chr. vorhersahen.

Staunend und fasziniert beginnen wir Menschen heute zu begreifen, was uns die Physik und andere Zweige der Naturwissenschaften klargemacht haben: Das Universum läßt sich mit einer lebenden Zelle in einem menschlichen Körper vergleichen. Wir können zwar jede Zelle getrennt als unabhängig (ein Teilchen) unterscheiden, dennoch aber hängt ihr Leben (ihre Quantenwellenfunktion) von ihrer Interaktion mit allen anderen Zellen des Körpers ab. Jede Zelle ist Teil einer lebenden Seinskette. Auch enthält jede lebende Zelle eine vollkommene Darstellung des gesamten Organismus, der, ausgehend von einer einzigen seiner Zellen, reproduziert werden kann. Jede Zelle trägt daher bewußtes Wissen über ihre gesamte Stammform in sich. Und wie jede Zelle, so ist auch das Universum ein ganzheitlicher, lebendiger, evolvierender Organismus. Das erinnert uns an die bekannte Maxime zeitloser Weisheit: »Wie oben, so unten; wie innen, so außen.«

Steven Weinberg, der 1979 den Nobelpreis für Physik erhielt, erklärte in einer Erörterung darüber, wie Menschen mit den Entdeckungen der zeitgenössischen Physik fertigwerden: »Elektromagnetismus ist ein Triller in der fünften Dimension. Da wir die elektromagnetische Aktivität im Gehirn über den Geist kontrollieren können, muß der Geist komplexere Dimensionen als die fünfte umfassen. Die fünfte Dimension ist die letzte, die in Raum und Zeit gemessen werden kann. Die Großhirnrinde verfolgt Raum und Zeit. Wenn Sie sich geistig konzentrieren und die elektromagnetische Aktivität Ihres Gehirns stabilisieren, dann können Sie sich mit anderen Dimensionen der Realität zu identifizieren beginnen, mit dem Bereich, den die Physiker ›Hyperraum‹ nennen. In diesem Raum können Raumzeitinformationen transzendiert werden, können Distanzsehen, außerkörperliche Erlebnisse und vergangene Leben erfahren werden. Und flüchtig können uns auch Visionen von der Zukunft und von ›anderen Häusern‹ zuteil werden.«

Die neue Physik und zeitlose Weisheit sind sich also einig: Vermöge der bislang nur wenig genutzten Kräfte unseres intuitiven, imaginativen und schöpferischen Geistes haben wir Verbindung mit den größeren Ordnungen der Realität.

10
Raumschiff Erde — das Ufo-Phänomen und Erlebnisse außerkörperlicher Erfahrung

»Wir sind nicht allein im Universum. Vor ein paar Jahren schien diese Meinung weit hergeholt; heute nehmen die meisten Wissenschaftler die Existenz außerirdischer Intelligenz als gegeben an.«

So begann LAMBROS D. CALLIMAHOS, ein hochqualifizierter Geheimdienstexperte des amerikanischen Verteidigungsministeriums, im September 1965 seine Eröffnungsworte auf einer militärischen Elektronikkonferenz, die unter der Schirmherrschaft des US-Luftwaffenamtes für wissenschaftliche Forschung stattfand. Anschließend erklärte er, daß den Schätzungen so angesehener zeitgenössischer Astronomen wie Sir BERNARD LOVELL unsere Galaxis mehr als eine Million Sternsysteme umfasse, zu denen auch Planeten zählen, auf denen aller Wahrscheinlichkeit nach irgendeine Form organischen Lebens möglich sei. Weil unsere Galaxis aber nur eine von mehr als einer Milliarde im bekannten Raumzeituniversum verstreuter Galaxien sei, gebe es eine immense Zahl Sonnensysteme, die potentielle Lebensträger seien. Diesen Überlegungen zufolge sei die Existenz anderen intelligenten Lebens in unserer Galaxis fast eine Gewißheit.[80]

Die Astronomen sind jedoch nicht allein der Überzeugung, daß irgendwo in der unendlichen Weite des interstellaren Raums Wissenschaftler und Philosophen anderer intelligenter Spezies darum ringen, die Geheimnisse der Natur und den Sinn des Lebens zu ergründen. Die Suche des Menschen nach außerirdischem Leben und die Möglichkeit, daß bereits jetzt Superzivilisationen Fühler ausstrecken, um Kontakt mit der Menschheit aufzunehmen, zählen zu den aktuellen Themen der letzten Jahrzehnte. Der außergewöhnliche Erfolg von STEVEN SPIELBERGS Film *E. T. — Der Außerirdische* und GENE RODDENBERRYS futuristischer Fernsehserie *Star Trek* sowie überhaupt von Werken der Science-fiction beweist das Interesse der Allgemeinheit an dieser Möglichkeit.

Erstaunlich viele Zeitgenossen glauben sogar, daß ein visueller, psychischer oder physischer Kontakt zwischen lebenden Menschen und unirdischen Geschöpfen, die sich an Bord »fliegender Untertassen« oder »unidentifizierter Flugobjekte« (Ufos) befinden, bereits stattgefunden hat und laufend weiter stattfindet. Öffentliche Meinungsumfragen in den siebziger Jahren erbrachten, daß mindestens 51 Prozent der erwachsenen Amerikaner an die Echtheit des Ufo-Phänomens glauben und daß verblüffende fünfzehn Millionen amerikanischer Bürger überzeugt sind, eine fliegende Untertasse gesehen zu haben. Bis zur Mitte der siebziger Jahre wurden mehr als zweitausend physische Kontakte aus jüngster Zeit berichtet, dazu rund siebenhundert Ufo-Landungen, die sichtbare Spuren hinterließen. Heute wären diese Zahlen noch höher.[81]

In den Jahrzehnten, die seit den ersten Berichten über Ufo-Kontakte vergangen sind, hat sich die Einstellung der Allgemeinheit zu diesem Phänomen deutlich geändert. Die Vorstellung, daß technisch überlegene, intelligente fremde Wesen ungehindert um unseren Planeten schwirrten, nach Belieben erschienen und verschwanden, von Zeit zu Zeit mit den Menschen Kontakt aufnahmen und sie sogar für ihre Zwecke »entführten«, lieferte in den fünfziger Jahren noch Stoff für viele Horrorgeschichten und -filme. Das massierte Auftauchen von Ufos in den USA verursachte damals an mehreren Orten Schrecken und Panik, obwohl die Regierung wiederholt versicherte, alle diese Ereignisse hätten natürliche Ursachen, und obwohl die Zeugen, auch die glaubhaften, beschwichtigt und zum Schweigen gebracht oder verlacht wurden.

Dem angesehenen Ufo-Forscher RAYMOND E. FOWLER zufolge hat die mangelnde Bereitschaft der US-Regierung, sich offen mit dem Ufo-Phänomen zu befassen, unnötige Verwirrung verursacht und ernsthafte Bemühungen um ein Verständnis dessen, was sich hinter Ufos verbirgt, weitgehend verhindert. Aus begreiflicher Besorgnis über die verbreiteten Schilderungen von Verletzungen des amerikanischen Luftraums durch Überschall-»Untertassen« entwarfen die Air Force und die Central Intelligence Agency offenbar eine Zweifachstrategie für den Umgang mit Ufo-Berichten. Ende 1947 eröffneten die militärischen Führer eine geheimgehaltene Untersuchung, um sicherzustellen, daß keine direkte Bedrohung seitens einer feindlichen Macht (vor allem der Sowjetunion) vorlag. Die Untersuchung, ursprünglich als »Project Sign« bezeichnet, wurde 1952 umbenannt in »Project Blue Book«. Bis zum offiziellen Abschluß des »Blaubuchs« im Dezember 1969 sammelten die Stützpunkte der US-Luftwaffe weltweit Daten über alle bekannten Beobachtungen von Ufos, besonders seitens Flugzeugbesatzungen, und schickten sie an einen zentralen Ausschuß, dessen Vorsitz der angesehene Astronom Dr. J. ALLEN HYNEK innehatte. Konnten solche Beobachtungen aufgrund einleuchtender Alternativen erklärt werden, beeilte sich die Luftwaffe, dies öffentlich zu tun. Dokumente über unerklärliche Fälle dagegen verschwanden »im Interesse der nationalen Sicherheit« meist in Geheimakten.[82]

Gleichzeitig lancierte die CIA, sobald sie sich weitgehend sicher war, daß die Sowjets mit den Ufos nichts zu tun hatten, bei den Medien eine »Enthüllungskampagne«, um die Öffentlichkeit zu überzeugen, daß es sich bei dem Phänomen um nichts anderes handle als um wilde Spekulationen einiger irregeführter Zeitgenossen. Offenbar geschah dies, um die Aufmerksamkeit von der Unfähigkeit der Regierung abzulenken, Ufo-Zwischenfälle zu erklären oder zu verhindern. Während der ganzen fünfziger und sechziger Jahre setzten die Regierungsexperten die erwähnte Kampagne fort. Auf diese Weise trugen sie dazu bei, daß die Augenzeugen von Ufos in der Öffentlichkeit dastanden als »großäugige Kultbegeisterte, drei Schritte hinter sich die kräftigen Männer in den weißen Kitteln«, oder als »kleine alte Damen frisch aus der guten Stube eines Mediums«. So formulierte es der verstorbene DON ELKINS, ein ehemaliger Pilot der Verkehrsluftfahrt, der mehr als drei Jahrzehnte lang das Ufo-Phänomen studierte. Wie bei jedem publik werdenden Geheimnis erwiesen sich natürlich auch viele Schilderungen über Ufos als unfundiert oder prahlerisch. Andere jedoch, darunter etwa zehn Prozent der im Blaubuch-Projekt der Luftwaffe untersuchten Berichte kompetenter Zeugen, konnten nach wissenschaftlichen Prinzipien nie hinlänglich erklärt werden.[83]

In den siebziger Jahren dann, nachdem fast dreißig Jahre einer weltweiten Ufo-Beobachtung und mehrere tausend Berichte von Augenzeugen keinerlei Hinweis auf einen außerirdischen Invasionsplan oder eine drohende Massenlandung erbracht hatten, nahm die Öffentlichkeit eine abwartende Haltung ein, zumal auch keine offiziellen Enthüllungen erschienen waren, die alle Zweifel an dem Phänomen ausgeräumt hätten. Selbst als JIMMY CARTER, immerhin US-Präsident und ehemaliger Marineoffizier, öffentlich bekannte, einmal ein Ufo gesehen zu haben, zuckte niemand zusammen oder bezweifelte seine Befähigung für sein hohes politisches Amt. An die Stelle früherer Angst oder Ablehnung war allgemeine Gleichgültigkeit getreten.

Von den Menschen, die bislang wegen der Möglichkeit von Ufo-Landungen beunruhigt gewesen waren, entwickelten viele nun Interesse an der Frage, ob sie vielleicht selbst genetisch andersartige »Sternenmenschen« sein könnten, entfernte Abkömmlinge fremder Astronauten oder außerirdischer »Unterwanderer« unserer Gesellschaft, hochentwickelter spiritueller Wesen, die freiwillig menschliche Gestalt annehmen, um die Entwicklung der Menschheit zu fördern.

Während wir uns jedoch in einer ziemlich traurigen Welt, deren politische Führer die schwerwiegenden ökonomischen, demographischen und ökologischen Probleme der Menschheit offenbar nicht zu lösen vermögen, dem Ende dieses Jahrtausends nähern, findet erneut eine Änderung der Einstellung zum Ufo-Phänomen statt. Unzählige Männer und Frauen auf der ganzen Erde suchen heute geradezu nach übermenschlicher Intervention und Hilfe, damit wir die schweren Zeiten überstehen, die uns den Vorhersagen zahlreicher Wissenschaftler und Sensitiver zufolge in naher Zukunft bevorstehen. Die Wende in der öffentlichen Einstellung binnen einer Generation hielt ein scharfsichtiger Karikaturist der achtziger Jahre fest. Er zeichnete zwei identische Szenen einer Ufo-Landung: nebeneinander, aber zeitlich dreißig Jahre getrennt. Auf der ersten Karikatur, betitelt »1953«, flieht eine entsetzte Menge vor der Untertasse und ruft im Weglaufen: »Rettet uns! Rettet uns!« Auf der zweiten Karikatur, betitelt »1983«, hat dieselbe erregte Menge kehrtgemacht, läuft zu dem Raumfahrzeug hin und ruft der Besatzung zu: »Rettet uns! Rettet uns!«[84]

Diese neue Einstellung ist teilweise auf die zunehmende Veränderung der

Art berichteter Ufo-Kontakte zurückzuführen. In den letzten Jahren mehrten sich auffallend die Berichte über die Übermittlung medialer Botschaften seitens »intelligenter, wohlwollender Fremdlinge«. Solche Botschaften beinhalten fast immer eine bestimmte Verheißung und eine Warnung im Hinblick auf die Zukunft der Welt. Seit immer mehr Menschen das sogenannte Phänomen des Channeling — seien die Botschaften nun Dramatisierungen des Unbewußten oder seien sie wirklich Manifestationen der Fremdlinge, die sich durch das Medium kundgeben — akzeptieren, ist auch das Ufo-Phänomen alltäglicher geworden.

Was aber sind eigentlich diese »unidentifizierten Flugobjekte«, die Millionen angeblich rational denkender Menschen in der ganzen Welt sichteten oder mit deren Besatzung sie in körperlicher oder telepathischer Verbindung standen? Woher kommen sie? Warum erscheinen sie an diesem Punkt der menschlichen Geschichte?

Ein generelles Mißverständnis in bezug auf Ufos ist die Meinung, daß man derartige Erscheinungen für ein ausschließlich zeitgenössisches Phänomen hält. Die Ufo-Diskussionen begannen tatsächlich erst mit dem 24. Juni 1947, jenem Tag, an dem KENNETH ARNOLD neun silbrige, scheibenförmige Luftfahrzeuge in einer linearen Flugformation mit einer geschätzten Geschwindigkeit von 2700 Stundenkilometern über den berühmten Mount Rainier im Staate Washington hinwegschießen sah. Dieses unglaubliche Ereignis beobachtete Arnold, ein erfahrener Gebirgspilot, am hellichten Tag von seiner Privatmaschine aus. Schockiert berichtete er sein Erlebnis nach der Landung einigen Flugplatzbeamten. Dabei verglich er die grotesken runden Fahrzeuge mit »Untertassen«, die man gleich flachen Steinen über das glatte Wasser eines Sees hüpfen läßt. Der Ausdruck »fliegende Untertasse« erregte sofort die Aufmerksamkeit der Medien, und die Geschichte verbreitete sich wie ein Lauffeuer. Binnen weniger Tage überschwemmten buchstäblich Hunderte ähnlicher Berichte die Zeitungsredaktionen, in denen erregte Bürger Ufos schilderten, die sie am Firmament gesehen hatten. Bald schon meldeten auch Angehörige der US-Luftwaffe, darunter geschulte Piloten, seltsame Zwischenfälle: Lautlose, glühende Fahrzeuge erschienen plötzlich am Himmel, vollführten einige Flugkunststücke, die nach bekannten physikalischen Gesetzen nicht möglich waren, und verschwanden in rasendem Tempo außer Sicht, wenn sie verfolgt wurden. Damit war ein zeitgenössisches Massenphänomen geboren.[85]

Doch trotz der vorherrschenden Meinung erschienen die Ufos Ende der vierziger Jahre nicht einfach »aus heiterem Himmel«. In der einen oder anderen Variante gehören sie seit jeher zur Bilderwelt der menschlichen Geschichte. Weil wir bis vor kurzem nicht fliegen konnten, fehlte uns ein adäquater Bezugsrahmen für ihre Einordnung. Deshalb schrieb man Ufo-Phänomenen vergleichbare Vorkommnisse entweder göttlicher Intervention oder okkulten beziehungsweise diabolischen Kräften zu. Unter diesem Aspekt gingen sie in mündlich überlieferte Sagen und Legenden ein. Solche alten Sagen faszinieren uns heute noch, trotz offensichtlicher Verbesserungen oder Verzerrungen seitens späterer Geschichtenschreiber. Wäre dem nicht so, hätten beispielsweise ERICH VON DÄNIKENS Behauptungen, daß Ufos bereits die alten Kulturen besuchten, nie derartig heftige Kontroversen ausgelöst.

Im Lauf der menschlichen Geschichte begegnen wir vier grundlegend verschiedenen, aber einander verwandten Arten von Ufo-Erscheinungen: 1) Am dramatischsten sind die Kontakte, die Dr. J. ALLEN HYNEK als »Begegnungen der dritten Art« bezeichnete; dabei haben Männer und Frauen ein Erlebnis, das sie als tatsächliches körperliches Zusammentreffen mit fremden Wesen empfinden und in dem sie sich oft sogar an Bord eines fremden Raumschiffs sahen. 2) Bei den medialen Kontakten kommt es nicht zu einer Begegnung von Angesicht zu Angesicht oder zum Besuch eines Ufos. Es melden sich vielmehr Wesenheiten, die als Herkunftsorte andere Planeten oder Sonnensysteme angeben, und es finden Erlebnisse außerkörperlicher Erfahrung mit solchen Wesen statt. 3) Andere, die sich mitunter als »Sternmenschen« bezeichnen, haben das Gefühl, daß sie irgendwie genetisch mit Außerirdischen verbunden seien, die vor langer Zeit Ehen mit Menschen eingingen, oder daß ihre Vorfahren in alter Zeit fremden Astronauten bei deren früheren Besuchen auf der Erde in irgendeiner Weise halfen (»Sternenhelfer«). 4) Schließlich gibt es Menschen, die glauben, daß zwar ihre leiblichen Körper irdisch seien, daß aber ihr ursprünglicher Geist oder ihre ursprüngliche Seele Platz gemacht habe für die Seele eines hochentwickelten Wesens, das von einem anderen Gestirn oder aus einer höherdimensionalen Realität komme.

Bei den meisten berichteten Ufo-Erlebnissen verbinden sich zwei oder mehrere Merkmale der vorgenannten vier Vorstellungen. So hatten beispielsweise manche Medien, durch die sich fremde Wesenheiten kundgeben, vielleicht ein Erlebnis außerkörperlicher Erfahrung, in dem sie das Wesen sahen, sich aber daran nicht erinnern, weil es vom Bewußtsein abgeblockt wird. Andere, die »Begegnungen der dritten Art« hatten, glaubten, daß ihr Kontakt kein Zufall sei, weil sie an sich physische Merkmale oder psychische Eigenarten zu entdecken meinten, die auf mögliche außerirdische Ursprünge hindeuten. Mit den berichteten Ufo-Kontakten geht häufig, aber nicht immer, die telepathische Übermittlung einer Botschaft einher, entweder einer persönlichen oder einer an die Menschheit gerichteten. Oft sind auch Erinnerungsblockierungen die Folge solcher Erlebnisse, was nicht wenige der Betroffenen geistig-seelisch beunruhigt.

Glücklicherweise können solche geistig-seelischen Blockaden mittels Hypnose verhältnismäßig leicht beseitigt werden. Dr. R. LEO SPRINKLE half in seiner psychologischen Praxis in Laramie, Wyoming, zahlreichen von Ufo-Erlebnissen verwirrten Menschen, die wegen Gedächtnisverlustes im Grunde nicht wußten, wie ihnen geschehen war. Er hat im Lauf der letzten fünfundzwanzig Jahre persönlich mit mehr als dreihundert von solchen Erfahrungen belasteten Personen gearbeitet und zählt heute zu den namhaftesten wissenschaftlichen Erforschern des Ufo-Phänomens in den USA.

Als Ergebnis seiner Forschungen und, wie er es humorvoll ausdrückte, »langer Stunden neurotischer Kontemplation« gelangte Dr. Sprinkle zu dem Schluß, daß die »Ufo-Aktivität« in mehreren Erfahrungswelten der Wirklichkeit stattfindet. Nach seiner Ansicht, der viele Ufo-Forscher beipflichten, sind solche Erlebnisse Beispiele gemeinsamer Erfahrungen von Menschen, die in der Raumzeit leben, und von Wesenheiten, die wir uns als Reisende durch den Raum und durch die Zeit vorstellen können. Da in anderen, in multidimensionalen Realitäten auch Wesenheiten »wirklich« sind, können ihre Manifestationen in unserem Universum als erfahrene Wirklichkeit bezeichnet werden oder auch im Rahmen des holographischen Bildes, das wir als materielle Wirklichkeit erfahren, psychisch projiziert sein.[86]

Natürlich erinnert uns diese Erklärung des Phänomens — wie auch so manche Trancekundgaben Sensitiver, die Botschaften fremder, oft sogar außerplanetarischer Wesenheiten formulieren — auch an das Phänomen der außerkörperlichen Erfahrung (AKE). Was versteht man unter diesem Phänomen? Ein Mensch erlebt nicht nur seine Präsenz an einem anderen, einem zweiten Ort, vielleicht tausende Kilometer entfernt von seinem Wohnort auf dieser Erde oder sogar auf einem anderen Planeten, sondern er kann auch wahrnehmen, was an diesem entfernten Ort geschieht. In der vorwissenschaftlichen Strömung des Spiritismus wurden derartige Erfahrungen »Astralwanderungen« oder »Seelenexkursionen« genannt. Die wissenschaftliche Parapsychologie bezeichnet das Phänomen als »außerkörperliche Erfahrung« (AKE). Nach in dieser Wissenschaft vorherrschender Meinung, zum Beispiel auch der von Prof. Dr. MILAN RÝZL vertretenen These zufolge, handelt es sich dabei um eine — nur vom Erlebnisgefühl des Sensitiven her unterschiedliche — Form der außersinnlichen Wahrnehmung (ASW). In der parapsychologischen Fachliteratur wird diese Variante der ASW auch als »reisendes Hellsehen« bezeichnet. Demnach reist also keineswegs unser menschlicher Körper im Luftraum der Erde oder im milliardenfach von Planeten »bevölkerten« Weltraum herum, sondern vielmehr unser Geist, das Bewußtsein des mit außersinnlicher Wahrnehmung begabten Menschen. Dieses Forschungsergebnis wissenschaftlicher Parapsychologie dürfen wir als gesichert annehmen.[87]

Wenn wir unter den gleichen Aspekten wissenschaftlicher Forschung die von Millionen bezeugten und von vielen berichteten Ufo-Erlebnisse betrachten, dann sind für uns zweifellos die berichteten körperlich-materiellen Begegnungen weniger relevant und auch weniger interessant; interessant und aufschlußreich sind hingegen die von den Menschen, die derartige Erlebnisse hatten, wahrgenommenen Botschaften.

So empfing zum Beispiel Ida K. (die anonym bleiben möchte), eine Hausfrau mittleren Alters aus Oregon, die sich auch in Dr. R. LEO SPRINKLES psychotherapeutische Behandlung begab, Botschaften einer Wesenheit namens

»Hweig«, die sie als körperlich präsenten Insassen eines Ufos erlebte.[88] Hweig ließ sie wissen, daß er zukünftige Ereignisse auf unserer Erde als »Möglichkeiten« und nicht als zwingend voraussehe, aber »von seinem günstigen Standpunkt aus« könne er eine »weiträumige Gegenwart« überblicken, die sich in unserer Linearzeit weiter erstreckt, als das Wahrnehmungsvermögen unseres Wachbewußtseins reicht. Hweig sah für die Menschheit dieser Erde in den nächsten Jahrzehnten gewaltige Herausforderungen voraus. Zu diesen zählen bedeutende geophysikalische Veränderungen und auch soziale Umwälzungen, weil, so erklärte er, überholte Strukturen zusammenbrechen. »Und dies rückt schneller in den Mittelpunkt, als wir für möglich halten. Die Menschen müssen stark sein ... Das Alte zerbröckelt ... das Neue muß von einer stärkeren, vielleicht weiseren Quelle eingeführt werden.«

In einem an mich gerichteten persönlichen Brief äußerte sich Ida K. ausführlicher über Hweigs Zukunftssicht. Der Brief ist es wert, daß ich ihn zumindest auszugsweise zitiere. »Es wird keine einzelne weltweite Katastrophe geben wie beispielsweise die, daß die gute alte Erde sich und uns alle in den Abgrund stürzt. Es wird viele örtlich begrenzte Katastrophen geben wie Erdbeben, Hungersnöte, Vulkanausbrüche, Überschwemmungen, Kriege, wie wir solche schon in jüngster Zeit erlebt haben. Diese werden in der unmittelbaren Zukunft alarmierend zunehmen. Doch wird es keinen Atomkrieg, keinen Dritten Weltkrieg geben. Die ›Schlacht von Armageddon‹ ist seit mehreren Jahrzehnten schon im Gange, der ›kalte Krieg‹ war Teil derselben. Der große Krieg wird im Geist der Menschen ausgefochten. Der Gezeitenstrom hat sich aber bereits dem Frieden zugewendet. Doch es wird weitere Jahrzehnte dauern, bevor der Friede Wirklichkeit oder auch nur deutlich sichtbar werden wird. Die Faktoren, die den Frieden schaffen« sind an Ort und Stelle, es wird einfach Zeit brauchen, bis sie sich zeigen.«

Vergleichbare Botschaften stammen von THELMA TERRELL, einer jungen Mutter, die jetzt in Utah lebt. Sie schreibt unter dem Namen Tuella. Ihre Trancepersönlichkeit ist Ashtar, extraterrestrisches Mitglied des »Rats der sieben Lichter«. Er gibt über Tuella kund, daß sich die Erde und die Menschheit *jetzt* in einer kritischen Phase ihrer Geschichte befinden, in der »Mitternachtsstunde«. Es stehe eine drastische »Säuberung des Planeten« durch eine »Serie von Naturkatastrophen und Unglücksereignissen« bevor, die auf das Konto der Menschen gehen, beispielsweise infolge der Atomtests. Die Säuberung erfolge als Vorbereitung auf »eine materielle Erneuerung der Erde und der Menschheit« aufgrund des Erwachens jener Menschen, die spirituell entwickelt seien, um an der »höheren intergalaktischen Zivilisation« teilzuhaben. Die lange menschliche Geschichte des Egoismus und der Gewalt, verbunden mit der rein materialistischen Nutzung moderner Technologie, habe das Schwingungsfeld der Erde aus dem Gleichgewicht gebracht. Die verschmutzte Atmosphäre unseres Planeten, das Magnetfeld und die Erdkruste, die immer wieder von unterirdischen Atomex-

plosionen beeinträchtigt werden, hätten ihr natürliches Gleichgewicht verloren. So werde die Menschheit also mit Erdbeben, Vulkanausbrüchen und
Wetterstörungen leben müssen, die zu verbreiteten Überschwemmungen,
Dürreperioden, Hungersnöten führen und andere Naturkatastrophen beschleunigen. Drastische Verluste an Menschenleben seien unvermeidlich,
weil sich »Mutter Erde von einem Teil ihrer unerträglichen menschlichen
Last zu befreien versucht«. Verschlimmert werde das noch durch Kriege und
Revolutionen, weil »die Menschen sich voller Egoismus um die immer
knapper werdenden Rohstoffe raufen«.[89]

Berichte über Erlebnisse außerkörperlicher Erfahrung zählen übrigens zur
ältesten erhaltenen Literatur der Menschheit. Die Geschichte vom spirituellen Flug des alten Ägypters Una zu den Sternen während eines Initiationsri-
tus ist mehr als 4300 Jahre alt. Die Initiationsmysterien der Hochkulturen
Ägyptens und Griechenlands postulierten immer die Fähigkeit der Seele,
materielle Grenzen zu überwinden und auf diese Weise von anderen Realitätswelten entscheidendes, heiliges Wissen zu erlangen. Für unsere Altvor-
fahren war das Leben ein Kontinuum vom Materiellen zum Spirituellen, ein
nicht abreißender Faden, der All-das-was-ist in allen Realitäten verband.
Solches Wissen wurde jedoch meist geheimgehalten und von Tempelprie-
stern und Eingeweihten gehütet.

Heute, nach einer langen Unterbrechung, in welcher der kartesianische
Dualismus und Newtons mechanistische Weltsicht die materielle und die
geistige Welt streng voneinander trennten, haben Quantenmechanik, Parapsychologie und Energiefeldtheorien das wissenschaftliche Interesse an den
Grenzmarken der Realität von Körper, Geist und Seele neu belebt. Die jetzt
nicht mehr von dogmatischer religiöser und orthodoxer schulwissenschaftli-
cher Doktrin behinderten wissenschaftlichen Forschungen der Physik, der
Biologie, der Medizin und der Parapsychologie werfen neues Licht auf unser
Sein als Individuen und als Spezies und auf mögliche Verflechtungen unseres geistig-seelischen Seins im Netzwerk multidimensionaler Realitäten jenseits von Zeit und Raum.

Aufgrund der Forschungsergebnisse dieser Wissenszweige müssen wir erkennen: Die wahre Krise in naher Zukunft ist nicht materieller, sondern gei-
stig-spiritueller Natur. Die Öffnung des menschlichen Bewußtseins führt
uns zur Entdeckung der multidimensionalen Verflochtenheit unseres Seins
in den Wirklichkeiten jenseits bloß unserer materiellen Erscheinungswelt
und zu erhöhter Kreativität kraft neuer Energien. Doch wie der Fortschritt
in Wissenschaft und Technologie, der uns sowohl die Nuklearmedizin als
auch die Wasserstoffbomben beschert hat, beweist, ist Energie als solche
neutral. Ob sie sich zum guten oder zum schlechten auswirkt, hängt ganz
davon ab, wie wir Menschen sie nutzen.

Die wirkliche Krise findet also in jedem von uns statt, der heute lebt. Indem wir »in uns gehen« und uns auf unsere tiefsten menschlichen Werte einstimmen, die uns beispielhaft vorgeführt werden von den großen spirituel-

len Lehrern der Menschheit, deren Lehren uns stets zu Liebe, Friedlichkeit und Brüderlichkeit unter Menschen aufriefen, können wir unsere Energien zum gemeinsamen Wohl einsetzen. Tief in uns *wissen wir* in allen Lebenslagen, in die wir geraten, was »recht« und was »unrecht« ist, wie tief wir dieses Wissen auch immer verdrängt haben. Ich weiß es, und Sie wissen es auch!

Es ist nicht leicht, einen solchen »inneren Frühjahrsputz« durchzuführen; die große Mehrheit von uns hat viel Zeit und Energie darauf verwandt, allerlei illusorische Gedanken, Ängste und Vorurteile zu erzeugen. Wie Jesus sagte, ist es viel leichter, den Splitter im Auge eines anderen zu sehen, als den Balken zu bemerken, der einem selbst die Sicht verdeckt. Doch die Erforscher des äußeren und des inneren Raums sind sich darin einig, daß es *jetzt* höchste Zeit ist, aufzuwachen und das eigene spirituelle Haus zu bestellen, damit wir dem entgegentreten können, was morgen auf uns zukommt, wie immer es geartet sein mag.

11
»In seiner Gegenwart«

»Jetzt möchte ich, daß du ausgiebig, herzhaft gähnst ... So ist es gut ... Entspanne dich und erlaube dir, dich geistig ganz auf meine Worte zu konzentrieren ... Deine Augen sind geschlossen, und du empfindest es als angenehm, die Augen geschlossen zu haben ... Deine Gesichtsmuskeln entspannen sich jetzt, und dein Atem ist leicht und regelmäßig ...«

Einmal mehr ließ ich Helens* vertraute, leicht heiser klingende, beruhigende Hypnosestimme in meinen Ohren nachhallen. Ich lehnte mich in das weiche Kissen auf ihrem Bett zurück, mein Bewußtsein treiben lassend. Es war Anfang Dezember 1984, und ich begab mich mit Hilfe meiner Freundin auf eine neuerliche Reise zur Erforschung der Zukunft. Dieses Mal wollten wir auskundschaften, ob ich in dem kritischen einundzwanzigsten Jahrhundert eine weitere Lebenszeit auf der Erde zubringen werde.

Vorausgegangene Sitzungen hatten gezeigt, daß ich den Körper von Chet Snow während der ersten Jahrzehnte des nächsten Jahrhunderts bereits verlassen haben und nicht zu den Menschen gehören werde, denen es bestimmt ist, in eine der beiden im Zuge unserer Gruppen-Workshops untersuchten Zukunftsperioden (2100 und 2300 n. Chr.) zurückzukehren. Tatsächlich hatte ich, als ich mich am Schluß einer denkwürdigen Progressionssitzung ins zweiundzwanzigste Jahrhundert versetzt sah, sofort gewußt, daß ich nicht in einem irdischen Körper weilte. Ich war mir eines Gefühls der Befreiung und zugleich eines Zustands großer »Nachdenklichkeit und Distanziertheit« bewußt gewesen, wie aus meinen im Anschluß an die Sitzung gemachten Notizen hervorging. Mit einer gemessenen, emotionslosen Stimme, die ich im Zustand leichter Trance kaum als meine eigene erkannte, hatte ich Helen mitgeteilt, daß mich »die Eroberung des Weltraums in einem leiblichen Körper« nicht sonderlich interessiere und ich deshalb nicht vorhabe, während dieser Phase der menschlichen Entwicklung präsent zu sein.

Ich hatte den Eindruck gewonnen, mich später für die Rückkehr auf die Erde entscheiden zu können, wenn ich das wollte, um »einiges in bezug auf die menschlichen Beziehungen zu überprüfen«. Wirklich notwendig erschien mir die Rückkehr jedoch nicht. Wenn ich wollte, konnte ich diese letzte irdische Inkarnation auslassen und direkt an einen Ort gehen, den ich nur als »Raum Sieben« zu identifizieren vermochte. Für mein Bewußtsein ergab diese Orts- oder Raumbezeichnung keinen Sinn, aber für die innere Persön-

---

* Dr. HELEN WAMBACH, mit der, wie Dr. CHET B. SNOW in der Einleitung schilderte, er befreundet war.

lichkeit, die sich in gemessenem, sachlichem Ton äußerte, schien sie völlig klar zu sein. Was immer ich in dem nichtphysischen Zustand sein mochte, ich erkannte, daß das »Ich« noch immer sehr lebendig war. Gemäß dem Eindruck, den ich empfing, war ich Teil eines großräumigen psychischen Netzwerks ähnlich gearteter schöpferischer Energien, die in natürlicher, ihnen offenbar seit jeher innewohnender Harmonie tanzten, vibrierten und sich wechselseitig beeinflußten — einer Harmonie jenseits aller Worte und Gefühle.

In unseren bisherigen gemeinsamen Sitzungen über vergangenes und zukünftiges Leben hatte ich noch nie eine solche Losgelöstheit empfunden. Es gibt keine Worte zur Schilderung meiner Erfahrung dieser inneren Persönlichkeit. Mit meinen Äußerungen war keinerlei Werturteil, keinerlei Überlegenheitsgefühl verbunden. Ich fühlte mich im Hinblick auf meine Zukunftsaussichten weder glücklich noch traurig. Alles war einfach ruhig und gesammelt, hatte eine Atmosphäre des »So-ist-es«. In jener Wirklichkeitswelt galt, was immer ist, das »ist« einfach, Punktum.

Doch bevor ich diese Welt raumzeitloser Realität verließ, die wir am Ende einer langen Sitzung über meine in Kapitel 1 beschriebene »Reise« nach Kanada 2002 n. Chr. erstmals aufgespürt hatten, gewann ich den deutlichen Eindruck, daß ich in demselben Jahrhundert noch eine weitere Lebenszeit absolvieren müsse. Ich verstand sie als Erfüllung einer Verheißung, die vor langer Zeit gemacht worden war — nach historischer, menschlicher Zeitrechnung.

Nachdem Helen und ich unseren ersten Versuch gewagt hatten, das Projekt der Zukunftserforschung gemeinsam durchzuziehen, beschlossen wir konsequenterweise, es auch fortzusetzen. Daß diese Progressionssitzung aber unsere letzte sein würde, wußte Helen und wußte ich nicht. Ich lauschte an diesem Dezembernachmittag in Helens Wohnung in Pinole, Kalifornien, da einfach ihrer beruhigenden Stimme, die meine äußeren Sinne einlullte, und konzentrierte mich auf ihre Suggestionen. Sie begann Jahreszahlen für meine potentielle nächste Inkarnation zu nennen: 2015 ... Nein, zu früh — war Chet da überhaupt schon tot? fragte ich mich. 2025 ... Näher, aber immer noch kein Signal. 2035 n. Chr. — ja, das schien es zu sein! Ich bewegte mich auf dem Bett, und das Wort »ja« kam aus meinem Mund, noch bevor Helen die Jahreszahl ganz ausgesprochen hatte.

Ich spürte, wie mein Bewußtsein übergangslos in den Körper eines Babys glitt. Wie ich später notierte, verursachte es mir »ein komisches, seltsames Gefühl, in dieses kleine Bündel Protoplasma gequetscht zu werden, dessen Hauptsorge seinem Magen und den sich daraus ergebenden Folgen galt«. Ich bemerkte eine Art weiße Leere an der »Decke« meiner Umwelt; offenbar lag ich in einem Kinderbett, das mit einem gazeartigen Stoff abgedeckt war. Dabei fühlte ich mich warm und geborgen. Was für ein Unterschied zu der Kälte und Feuchtigkeit, die ich zuvor, Ende 1998, als Chet Snow auf der Ranch in Arizona verspürt hatte!

Helen, nicht sonderlich interessiert an meinen Erfahrungen als Krippen-
kind, führte mich rasch vorwärts, bis etwa in das Alter von vier Jahren. Ich
spürte, wie mein Körper wuchs, sich streckte gleich einem geschmeidigen
jungen Tier, das stolz war auf seine gesunden Glieder und Körperfunktionen, während seine Muskeln und Nerven in seiner noch immer kleinen
Hauthülle bebten. Ein sinnliches, ein gutes Gefühl! Auch war ich mir bereits
meiner Persönlichkeit bewußt und empfand Gemeinsamkeit mit den Menschen in meiner Umgebung.

»Ich stehe in einer flachen Badewanne, in dem Gebäude, wo wir wohnen«, sagte ich als Antwort auf Helens Frage, wo ich mich befände. »Außer
mir sind noch sechs andere Kinder ungefähr in meinem Alter da. Einige sind
weiß, andere haben eine braune, sonnengebräunte Haut. Zwei freundliche,
rundliche Frauen slawischen Typs lachen und scherzen, während wir baden.
Es ist eine Art Gemeinschaftskinderkrippe, glaube ich, denn keine der beiden ist meine Mutter. Nach meinem Eindruck leben wir in Familieneinhei-
ten in einer Gemeinde mit Gemeinschaftseinrichtungen. Sie ist jedoch relativ klein, umfaßt vielleicht fünfzehn bis zwanzig Familien.«

Aufgefordert, im Badewasser mein Spiegelbild zu betrachten, konstatierte ich: »O ja, ich bin ein kleiner Junge und habe eine hellbraune Haut. Ich
sehe ein bißchen aus, als käme ich aus Nordindien oder Pakistan, wegen der
feinen Gesichtszüge, einer geraden Nase und des dunklen Haars. Und ich
habe ganz ungewöhnliche Augen, Helen; sie sind groß, und die Iris scheint
dunkelviolett zu sein. Ich habe noch nie solche Augen gesehen! Sie sind verblüffend, aber schön. Und mein Name ist Mark.«

Nachdem Helen auf diese Weise meine zukünftige Identität ermittelt hatte, lenkte sie mich auf dem Strom der Linearzeit rasch in die Zeit meiner Pu-
bertätsjahre (um 2050). Dieses Mal trug ich meinen Feststellungen zufolge
eine Art weiche, locker sitzende Tunika und Hosen, auf der Hüfte von einer
Kordel gehalten. Das Gewand erinnerte mich an die Judoanzüge mit den
Velcro-Verschlüssen, dank denen sie wie Einteiler aussehen. Die Kleidung
war locker und bequem. Offenbar gab es sie in verschiedenen Farben. Jedenfalls stellte ich fest, daß meine in blassem Violett schimmerte, während
andere Halbwüchsige in meiner Gruppe ähnliche Anzüge in Rosa, Grün
und Blau trugen.

»Wir sind etwa zwanzig hier draußen auf einem Freizeitfeld in einem Gelände, das ein Stück von unserem Wohnkomplex entfernt ist. Die meisten
sind Jugendliche meines Alters, auch einige Erwachsene sind da, jedoch
nicht viele. Ich habe das Gefühl, daß ich noch bei meinen Eltern lebe, aber
den größten Teil meiner Zeit mit dieser Gruppe in der Schule verbringe. Obwohl ich nicht bei meinen Eltern bin, kenne ich ihre Aktivitäten und spüre
ihre Liebe. Sie vermitteln mir ein Gefühl der Sicherheit und Geborgenheit.«

Als ich diese Worte sprach, erschienen für kurze Momente klare Bilder
meiner Mutter und meines Vaters vor mir. Meine Mutter war klein, dunkel
und schlank, eine schöne Inderin. Ich sah sie einmal in einen hellfarbigen

Sari gekleidet, ein andermal in ein langes, elfenbeinfarbenes Gewand mit einem Gurt um die Taille. Ich bemerkte eine weiße Strähne in ihrem kohl-
schwarzen Haar. Während sie umhereilte, erinnerte sie mich an einen hübschen kleinen Vogel, dessen viele Juwelenfarben in der Sonne funkeln. Sie
summte bei ihrer Hausarbeit ständig eine helle, trillernde Melodie. So zier-
lich war sie, dabei so tüchtig und verantwortungsbewußt. Ihre dunklen Augen blitzten vor Klugheit und Zuneigung. Ich liebte sie zutiefst.

Mein Vater war ganz anders. In dem großen, hellhäutigen, blonden
Mann, der für mich wie ein Russe aussah, verbanden sich die Gestalt und
das Verhalten eines Wikingers mit einem ausgeprägten Sinn für Humor und
einer sanften Schüchternheit, die ihn gewissermaßen abseits rückte, wenn er
nicht über seine Arbeit sprach. Ich glaube, er war Ingenieur oder Mathematiker. Sein scharfer, forschender Verstand und seine starken, geschickten
Hände flößten mir liebevollen Respekt ein. Ich wußte, daß ich mich auf ihn
verlassen konnte, was auch immer geschah. Ein beruhigender Gedanke.

Nachdem Helen diesen »Familienerinnerungen« ein Weilchen zugehört
hatte, holte sie mich in meine unmittelbare künftige Umgebung zurück, indem sie mich nach der Landschaft fragte. Gab es in der Nähe Bäume?

»Mir kommt es vor wie ein frischer Frühlingsmorgen, aber es ist ziemlich
trocken«, antwortete ich. »Ja, Bäume gibt es, vor allem Eukalyptus, außerdem Wacholder und Kiefern verschiedener Arten. Komisch, jetzt, da du die
Bäume erwähnst«, fügte ich hinzu, »scheint mir, daß sie alle in den letzten
zwanzig bis fünfundzwanzig Jahren gepflanzt wurden. Ich weiß irgendwie,
daß ursprünglich hier keine Bäume wuchsen, und ich sehe auch keine wirklich großen oder alten. Es gibt ein paar junge Eichen; wir halten sie für besonders wertvoll, für einen Schatz der Gesellschaft.«

Während ich Helens Fragen beantwortete, wurde mir klar, daß dort, wo
sich diese Gemeinschaft befand, an welchem Ort auch immer, vor ein paar
Jahren einschneidende Veränderungen des Klimas und der Pflanzenwelt
stattgefunden hatten. Viele Menschen hatten gelitten, aber die Erde hatte
überlebt. Meine Einstellung zur Vergangenheit war seltsam neutral. Was
sich auch zugetragen haben mochte, es kam mir als alte Geschichte vor ohne irgendeinen direkten Einfluß auf mich. Offenbar waren sogar meine Eltern kurz nach der »Veränderung« geboren. Wir akzeptierten Vergangenes
als Bestandteil eines größeren Plans. Das Leben kostete Mühe, aber wir waren stark und gut organisiert. Ich fand, es sei eine gute Zeit, um am Leben
zu sein. Ich war mir besonders unseres tiefen Gemeinschaftsgefühls bewußt,
jeder schien sich ständig in jeden hineinversetzen zu können.

»Du hast erwähnt, daß du beim Schulsport mit einigen anderen Jugendli-
chen beisammen bist.« Helens warme, beharrliche Stimme drängte sich in
meine Gedanken. »Ich möchte jetzt, daß du dich vorwärts bewegst zu einem
Punkt, an dem du als Mark etwas lernst. Was tust du? Wo bist du?«

Ihre Fragen holten mich einmal mehr in meine unmittelbare Umgebung
zurück. »Ich sehe in der Nähe einige aneinandergrenzende pyramidenähnli-

che Gebäude«, antwortete ich. »Ich glaube, es sind Klassenzimmer. Es sind Klassenzimmer, ich weiß es. Wir lernen, unsere telepathischen Kommunikationsfähigkeiten zu verbessern. Wir sind nicht nur hier miteinander in Kontakt, das kommt mir natürlich vor, sondern auch mit anderen, weiter entfernten Gruppen. Wir senden und empfangen spezifische Botschaften. Etwas an der Form dieser Gebäude und ihren Kupferdächern hilft uns, unsere Gedanken zu konzentrieren; es erleichtert uns die Kommunikation.

Ja, ich habe den Gedanken jetzt aufgefangen. Ich lebe in einer Art wissenschaftlichem Zentrum, das Freiwillige für ein Projekt telepathischer Kommunikation auswählt und schult. Die Besten von uns sind noch in jugendlichem Alter, aber es gibt auch einige ältere Männer und Frauen außergewöhnlicher Begabung. Nicht alle haben diese Fähigkeit in gleichem Maß. Deshalb besteht ein Teil des Projekts darin, Methoden zu finden, wie die Fähigkeit gesteigert werden kann. Ich glaube, meine Eltern und ich sind neben den anderen hier Geborenen daran beteiligt. Wir halten das Ganze für sehr wichtig, als seien wir Mitwirkende an einem Spezialprojekt, das sowohl spirituelle als auch wissenschaftliche Bedeutung hat. Wir befinden uns in einer wissenschaftlich und gleichzeitig spirituell orientierten Gemeinschaft.«

An diesem Punkt beschloß Helen, mich in mein Alter als junger Erwachsener weiterzuführen, um mich erkunden zu lassen, wie meine Arbeit voranging. Offenbar war sie eine Fortsetzung dessen, was ich mich als Chet Snow in den späten neunziger Jahren hatte beginnen sehen. Weil wir vor einiger Zeit erörtert hatten, daß ich im künftigen Leben vielleicht wieder mit meiner »Zwillingsseele« vereint sein würde, stellte Helen mir dann eine Frage, die mich fast aus meiner Trance riß, denn sie brachte mich in einen Zwiespalt, aus dem heraus ich nicht wußte, wie ich antworten sollte.

Das Unterbewußtsein nimmt alles wörtlich, und wenn nicht eine einzige Antwort aufgrund dessen, was es gespeichert hat, möglich ist, dann ist die Versuchsperson irritiert. Darum muß jeder Hypnotherapeut bei seinen Suggestionen oder Fragen äußerst sorgfältig und genau in der Wahl der Worte sein, die er in einem Dialog mit einer in Trance befindlichen Person gebraucht. Deshalb lassen Trancemedien Fragen Dritter oft durch einen vertrauenswürdigen Freund oder Partner »filtern« und richtig formulieren. Helen war in dieser Hinsicht gewöhnlich sehr behutsam, aber diesmal konnte sie meine Reaktion, die auch mich überraschte, nicht voraussehen. Sie hatte gefragt: »Werde dir lebhaft deiner Zwillingsseele bewußt ... Ist diese Seele jetzt physisch bei dir dort, wo du bist, und wenn ja, in welcher Beziehung stehst du zu dieser Seele?«

Als ich Helens Worte vernahm, wußte ich (dem Ergebnis einer Regressionssitzung zufolge) sofort, daß sie sich auf jemanden bezogen, den ich in einem vergangenen Leben (um 1900) als »Louise« gekannt und der ich versprochen hatte, auch in künftigen Leben mit ihr vereint zu bleiben. Bewußt hatte ich mit dieser Vorstellung nie Schwierigkeiten gehabt. Jetzt jedoch, und darin lag das Problem, sagte mein Unterbewußtsein mir als Mark, ich sei mit einer anderen Seele durch ein Band »verzwillingt«. Einen Moment lang war ich völlig überwältigt vor Freude. Was kann man Schöneres empfinden als »Seelenvereinigung«! Gleich dann aber machte sich ein Konflikt zwischen meinen Gefühlen und meinen bewußten Überzeugungen geltend. Ich erschrak. Helen gewahrte meine Bedrängnis, denn mir lief eine Träne über die Wange. Sie suggerierte mir, daß ich mich lebhaft an alles erinnern würde, was mir ins Bewußtsein geschossen sei, und daß im nächsten Augenblick alles »kristallklar« sein würde.

In dem Moment begriff ich: Diese »Zwillingsseele« war Christus. Das »wissenschaftliche und spirituelle Projekt«, an dem ich als Mark und meine Gemeinschaft arbeiteten, stand in seinem Zeichen. Wir lebten täglich »in seiner Gegenwart« und sandten Energiewellen der Liebe und des Lichts telepathisch rund um den Planeten an alle, die sie empfangen konnten und wollten!

Zu meinem Bedauern muß ich sagen, daß die »linkshirnige« Logik meines Bewußtdenkens mein Erleben der Gegenwart Christi in dem künftigen Leben nicht darzustellen vermag. Als Mark »sah« ich nie irgendeinen Mann oder eine Frau unter uns, von dem oder von der ich hätte sagen können, das sei Christus. Dennoch: Christus *war* da. Doch wie wir keineswegs eine auserwählte Gruppe »privilegierter« Menschen waren, so war auch Christus nicht etwa ein jüdischer oder christlicher Messias, und er war auch nicht männlich oder weiblich. Christus war universell.

Für mich als Mark meines künftigen Lebens bestand kein Zweifel an dieser Universalität. Die Gegenwart Christi empfing offenbar jeder von uns auf seine eigene, einmalige Weise, dennoch war sie auch überall gleich. Sprachlich muß ich Christus trotz seiner geschlechtsfreien Universalität als männlich darstellen — und vielleicht auch, weil für mich als Mark diese Gegenwart männlich war und die Erfahrung Christi ihres menschlichen Charakters nicht entkleidet werden sollte. Viele, die dann leben, werden in ihm Jesus sehen, andere Buddha, Krischna, Mahdi oder eine oder die »Göttin«. Doch sie alle werden sich in Christi Gegenwart befinden — außer denen, die mit dem persönlichen Recht der Wahl die Anerkennung seiner Gegenwart ablehnen. Christus kann also auch 2050 n. Chr. nur jenen erscheinen, die darauf vorbereitet sind, ihn voll Freude zu empfangen.

Ich habe bereits angedeutet, daß Worte und normale Logik unzulänglich sind, um darzustellen, was mich überflutete, als meine liebe Freundin und Mentorin Dr. HELEN WAMBACH mir suggerierte, meine Gedanken und Gefühle würden »kristallklar«. EDGAR CAYCE hat immer wieder behauptet, der einzige Wert zur Lösung des Problems der Menschheit und der Erde bestehe darin, daß sich jeder Mensch das Ideal der Liebe und des Friedens zu eigen mache. Dieses Ideal ist Christus, ganz gleich wie wir ihn darstellen. In diesem Christusideal verdeutlichen wir Gottes Einssein und unser Einssein mit ihm und der Natur. Die Christusidee hat alle religiösen, ethnischen und historischen Unterscheidungen überwunden.

Nachdem Helen mir versichert hatte, daß ich mich genau an meine Gefühle über den emotionalen Zwischenfall erinnern würde (ich war in dem Augenblick der Progressionssitzung nicht fähig, die Christusgegenwart zu beschreiben), lenkte sie mich weiter durch Marks Lebenszeit im einundzwanzigsten Jahrhundert. Sie forderte mich auf, zu irgendeinem Erlebnis mit »einem hellen, strahlenden Licht« zu gehen, das bedeutsam zu sein schien. Sofort bewegte ich mich vorwärts in ein Jahr, das ich als 2067 n. Chr. ausmachte.

»Ich stehe mit mehr als hundert anderen Menschen auf einem großen Feld; nach meinem Empfinden ist es die größte Menschenmenge, die ich je gesehen habe. Die Sache ist aufregend, aber alle um mich herum sind ruhig und sehen glücklich aus. Gedämpfte Spannung herrscht, als erwarteten wir, daß etwas geschieht. Nun taucht am Himmel ein helles Licht auf. Es kommt mit ungeheurer Geschwindigkeit, aber völlig lautlos näher. Ich glaube, es wird hier landen.«

»Jetzt ist das Luftfahrzeug gelandet, und du kannst es dir genauer ansehen. Wie schaut es aus? Was passiert?«

»Es berührt den Boden eigentlich nicht, sondern schwebt ein paar Zoll über dem flachgelegten Gras, ohne daß irgendeine Kraftquelle zu erkennen wäre. Zweifellos ist es ein sehr fortschrittliches Raumschiff. Seine Form ähnelt einer plattgedrückten Acht oder zwei miteinander verbundenen Ellipsen. Es ist nicht sehr groß, vielleicht vierzig Meter lang und halb so breit ... Jetzt öffnet sich eine Luke, und Gestalten erscheinen. Sie sehen genauso aus wie wir, und die Kleider, die sie tragen, sind silbern schimmernde Overalls. Es sind Menschen!«

An dem Punkt schaltete sich Helen mit weiteren Instruktionen ein: »Bewege dich jetzt so lange vorwärts, bis die Menschen aus dem Schiff die deiner Gruppe begegnen. Was sagen sie?«

Ich brauchte eine Sekunde, um die Mitteilung aufzufangen, dann lachte ich laut. »Sie sagen: ›Herzlichen Glückwunsch ... Willkommen im Menschengeschlecht!‹«

Nach einer kurzen Pause beschrieb ich die Szene: »Anscheinend handelt es sich nur um ein kleines Aufklärungsschiff, denn an Bord sind bloß ein halbes Dutzend Leute. Sie sagen, daß sie von einem Sternsystem kommen, das nach ihren Karten die Bezeichnung ›D-629‹ trägt. Ich weiß nicht, welches es von der Erde aus ist. Nach meinem Gefühl gehört es zu einer anderen Galaxis, vielleicht zur Andromeda. Irgendwie können sie durch die Raumzeit ›schlüpfen‹. Sie kommen, um einige der Gebiete auf dem Planeten zu säubern, auf denen während der früheren ›Verlagerung‹ gefährliche Radioaktivität freigesetzt worden ist. Einige unserer Wissenschaftler scheinen besonders daran interessiert zu sein, sich an dieser Säuberung zu beteiligen.

Ein paar von ihnen wollen mit ihnen zurück in ihr Heimatsystem fahren. Da kommt mir plötzlich wieder Christus in den Sinn, seine Gegenwart. Ich

glaube, daß nur die von uns, die seine Gegenwart hier wahrnehmen, die
Menschen vom Raumschiff überhaupt sehen können. Es ist faszinierend,
aber ich weiß, daß ich nicht mitgehe, weil ich meine telepathische Kommu-
nikationsarbeit hier auf der Erde weiterführen muß. Ich empfange das Gefühl, daß dies ein unglaublicher Moment ist, einer, auf den die Seelen seit
Äonen hingearbeitet haben. Es ist eine Feier des Lebens!«

»Gut, jetzt möchte ich, daß du dich wieder vorwärtsbewegst in deinem
Leben als Mark ... Geh zu einer anderen besonders wichtigen Zeit, zu irgend etwas, das dir bedeutungsvoll erscheint.« Helens ruhige Stimme holte
mich aus der glücklichen Schar um das Raumschiff weg, und ich spürte, wie
ich nach einem weiteren Schlüsselerlebnis suchte. Erneut hatte ich das Gefühl, wie bei einem auf »schnell vorwärts« geschalteten Videorecorder ein
Kaleidoskop von Bildern rasch vor meinen Augen abrollen zu sehen. Das
Bild von Louise blitzte auf, meine andere Zwillingsseele. In diesem Leben erschien sie mir als Eurasierin mit hohen Wangenknochen, dunklen, funkelnden Augen und langem, schwarzem Haar. Helen fragte nicht nach ihrem
Namen, aber das spielte keine Rolle. Unsere Vereinigung hatte sich in dem
größeren Einssein seiner Gegenwart vollendet, die unser Leben erfüllte. Ich
wußte, daß wir drei Kinder hatten, zwei Mädchen und einen Jungen. Alle
schauten gesund und klug aus. Ich sah eines der Kinder als Teenager, die
anderen beiden etwas jünger.

»Der Weltraum ist ihr Schicksal«, flüsterte ich vor mich hin, während die
Szene wechselte. Irgendwie wußte ich in dem Augenblick, daß ich die Kinder nicht heranwachsen sehen würde. Ein Gedanke des Bedauerns schoß
mir durch den Kopf, doch sofort dachte ich auch, daß es unsere gemeinsame Entscheidung sei. Wir alle waren Seelen, die viele Lebenszeiten miteinander geteilt hatten. Unsere Liebe und Verbundenheit waren weit größer als
bloßes körperliches Zusammensein. Die »bindenden Bande« zwischen kon-
genialen Seelen sind viel haltbarer, als rationales menschliches Verständnis
sich je vorstellen kann.

Während weitere Szenen vorbeiblitzten, erkannte ich plötzlich, daß zweifellos *jeder* Augenblick des Lebens ein wichtiger Augenblick ist. Jeden Augenblick »in seiner Gegenwart« zu leben bedeutete, Bekümmernisse aus der
Vergangenheit und Ängste vor der Zukunft abzulegen, ganz in der Gegenwart aufzugehen in dem, was die Philosophen das »Jetzt« nennen, aber ein
Jetzt in seiner Gegenwart ist voll uneingeschränkter Zuversicht und Liebe.

Nachdem ich weitere Szenen abrollen gesehen hatte, die mir auch einige
Höhepunkte im Familienleben vor Augen führten, wie den Tag, an dem
meine jüngste Tochter eine Botschaft von einem Satellitenrelais ausgesandt
und um die halbe Welt zu anderen Forschergruppen befördert hatte, wurde
mir klar, daß dieses künftige Leben für Mark bald enden würde. Ich sagte
zu Helen, daß es keine weiteren kritischen Augenblicke gebe, die man jetzt
noch untersuchen müsse.

»Gut, ich möchte nun, daß du zu dem Tag gehst, an dem du in diesem

Leben stirbst. Du wirst keine Schmerzen spüren und keine Angst haben. Geh jetzt dorthin!« Helens Anweisungen waren klar und leicht zu befolgen.

Ich fand mich als noch immer bemerkenswert jung aussehender Mark, der sich auf »den Übergang«, wie der Tod in unserer Gemeinschaft genannt wurde, ganz bewußt vorbereitete. Jedes Mitglied unserer Gemeinde wußte, daß das Leben nach einer Phase menschlicher Existenz weitergeht und daß Trennung von Einssein mit dem Göttlichen eine ebensolche Illusion ist wie die Raumzeit unserer Erscheinungswelt. Nichts konnte jene trennen, die beschlossen hatten, im Christusideal vereint zu sein. Meine Arbeit in Marks Körper war vollendet; ich wußte, daß meine Liebste noch eine Weile bleiben würde, bis die Kinder alle aus dem Haus waren, und daß sie dies beschlossen hatte. Ich war bereit zu gehen.

»Es ist faszinierend«, sagte ich und begann Helen das Ereignis zu schildern: »Wir haben einen schönen eingeglasten Garten, er ist unser innerer Erholungsort, und dort finden auch die Übergänge statt. Das Ganze ist geplant und wird als eine Art Feier betrachtet. Gewöhnlich geht immer nur ein Mensch, doch manchmal beschließen Paare oder Gruppen, gemeinsam zu gehen. In jedem Fall handelt es sich um eine rein persönliche Entscheidung. Jetzt ist es für mich Zeit. Ich bin mit einem weichen weißen Gewand bekleidet und sitze auf einer gemeißelten Steinbank. Ich habe mich bereits von allen verabschiedet, die früher für mich wichtig waren. Natürlich ist Christus noch bei mir oder in mir oder rundum. Ich meine, er lächelt und nickt, fast komplizenhaft, als wir zusammen einen letzten Atemzug tun. Und das ist es auch schon. Mein Körper zerfällt zu einem ziemlich kleinen Häufchen, und ich bin frei. Ich empfinde kurzes Erstaunen darüber, daß mein Körper zu einer so geringen Menge Staub wird, und verspüre ein bißchen Neugier darauf, was meine Kinder erreichen werden, doch das ist alles. Eingehüllt in warmes, helles Licht, weiß ich, daß ich ›in seiner Gegenwart‹ bleibe, wo immer ich bin.«

Als Helen wußte, daß ich Marks Körper verlassen hatte, richtete sie eine Aufforderung an mich wie an alle ihre Forschungsversuchspersonen: »Schau auf die Erde hinunter und laß den Namen des Orts, an dem du diese Lebenszeit verbracht hast, in dein Bewußtsein treten.« Und: »Welches Jahr ist dein Todesjahr?«

Sofort schoß mir die Zahl »2091« durch den Kopf, und ich wußte, dies war das Jahr, in dem Mark seinen Übergang vollziehen würde. Die geographische »Festlegung« dauerte etwas länger. Ich sah eine große, blaugrüne Kugel unter mir schweben und wußte, daß es die Erde war. Während ich zuschaute, wie sie sich langsam drehte, erschien die »Spitze« der Welt, das Nördliche Eismeer, umgeben von Kanada und Sibirien. Zunächst zeigte sie sich mir größtenteils weiß, mit einer Eiskappe und von Wolken bedeckt. Dann nahm das Meer allmählich ein tiefes Blau an, und die sibirische Landmasse wurde gesprenkelt grün-braun sichtbar, während sich die Erdkugel weiterdrehte. Ich erkannte, daß ich die vorhergesagte »Polverlagerung« beobachtete. Inseln erschienen vor der russischen Nordküste, und ich vernahm, mit fremdem Akzent gesprochen, den mir völlig unbekannten Ort »Nowaja Semlja«, an dem Mark gelebt hatte oder, wie man auch sagen könnte, leben würde.

Sobald ich den Ortsnamen wiederholt hatte, leitete Helen den Vorgang ein, mit dem sie mein Bewußtsein wieder ganz in die Wirklichkeit des »Hier und Jetzt« holte, zurück nach Pinole in Kalifornien und in den Dezember 1984. Wie bei unseren früheren Progressionen in künftiges Leben suggerierte sie mir auch diesmal, meine Erfahrung werde wie ein »lebhafter Traum« sein, der mich emotional nicht belaste. Dieses Leben war natürlich viel angenehmer und erfüllender gewesen als diejenigen, die ich im Zuge früherer Progressionssitzungen durchlebt hatte. Deshalb war ich fast euphorisch, als ich mich wieder voll im Wachbewußtsein befand.

Einer meiner ersten Gedanken war jedoch, daß ich in einem Geographielexikon den seltsamen Namen nachschlagen müsse, den ich am Ende der Sitzung so deutlich vernommen hatte. Was ich fand, »haute mich schier um«, wie es so schön heißt. Nowaja Semlja (oder Novaja Zeml'a) ist ein Archipel aus zwei Haupt- und mehreren kleinen Inseln (rund 83 000 Quadratkilometer) im Nordpolarmeer vor der Nordküste der Sowjetunion, zu der es gehört. Heute ist der Archipel weitgehend gefrorene Tundra, und die Russen führen dort die meisten ihrer unterirdischen Atomtests durch!

Soll das heißen, dachte ich, daß ich verdonnert bin, in der Zukunft auf dem Dach eines ehemaligen Kernwaffengeländes zu leben? Könnte das die wissenschaftliche Orientierung unserer Gemeinde erklären, ihr relativ unversehrtes Überstehen der »Verlagerung« und die ungewöhnliche Mischung eurasischer Rassen, die ich dort beobachtet habe? Aber ein spirituelles Zentrum in Sibirien und die Gegenwart Christi in einem ehemaligen Atomwaffendepot? Versuchte man dieser Möglichkeit auf den Grund zu gehen, erwiesen sich konventionelles Wissen und die rationale Logik einmal mehr als unzulänglich. Kein Wunder, daß den Wissenschaftlern in »Marks Gemeinde« so daran gelegen war, den Planeten von seinem nuklearen Abfall zu säubern, wie es die Ufo-Astronauten vorschlugen!

Dieser Aspekt der Erfahrung verwirrt mich noch immer, doch ich kann nur berichten, was ich im Zuge der Sitzung »sah« und »hörte«. Ganz sicher bin ich mir, daß »Nowaja Semlja« meinem Bewußtsein bis zu jenem Tag im Dezember 1984 nichts sagte. Welche Bedeutung es letztendlich für mich — es könnte ja nur eine nächste irdische Inkarnation sein — haben wird, kann nur die Zukunft erweisen.

Unabhängig von meinen gemischten Gefühlen wegen meiner vorausgesehenen Zukunft, die sich möglicherweise auf einem ehemaligen unterirdischen Atomtestgelände abspielen wird, regte mich diese Erfahrung natürlich zum Nachdenken an. Als ich die Notizen, die ich vor mehreren Jahren über die Sitzung gemacht hatte, jetzt noch einmal durchging, erkannte ich, daß sich sogar in kleinen Details das Hauptthema der von uns, wie beschrieben, in Workshops ermittelten Massenträume abzeichnet. Und dieses Thema lautet »Wahl« beziehungsweise »Entscheidung«.

Wie ich schon an anderer Stelle in diesem Buch erwähnt habe, sind Naturkräfte als solche, beispielsweise die Atomspaltung, völlig wertfrei. Sie sind lediglich Aspekte der schöpferischen Kraft, die wir als »Gott«, »kosmisches Bewußtsein«, »All-eines« oder »All-das-was-ist« kennen. Allein unsere individuelle und kollektive menschliche Entscheidung bestimmt, ob sich die Atomspaltung in thermonuklearen Bomben oder in Kernkraftwerken, die gefährlichen Abfall produzieren, entladen wird oder ob sie in radioaktiven Isotopen erfolgt, die Krebszellen zerstören. Unsere menschlichen Entscheidungen sind es, die solche technologischen Errungenschaften einem guten oder einem ethisch nicht verantwortbaren schlechten Zweck zuführen. Und genauso könnte es sein, daß irgendwann in der Zukunft eben jene wissenschaftlichen Errungenschaften und eben jene geographische Lage der Isolation, die Nowaja Semlja zu einem Atomtestzentrum machten, der Menschheit nutzen werden, statt sie mit Massenvernichtung zu bedrohen.

Als Menschen leben und bewegen wir uns in einem Raumzeituniversum, das uns zweifellos Möglichkeiten der Wahl bietet. Die neue Physik der Quantenmechanik demonstriert, daß jeder Vorgang der materiellen Welt, indem wir ihn beobachten, die grundlegende Natur der von uns erlebten Wirklichkeit beeinflußt. Die Psychologie lehrt uns, daß die im Gegensatz zum Instinkt stehende Wahl oder Entscheidung ein ausschließlich menschliches Charakteristikum darstellt. Zu wählen ist ein Willensakt. Philosophie und Religion ordnen unsere Willensakte der Wahl moralischer Verantwortlichkeit und entweder »guten« oder »schlechten« Konsequenzen zu. Wenn wir in einer Welt leben, die uns — zu Recht — für das, was wir wählen und tun, zur Rechenschaft fordert, dann müssen wir erkennen, daß wir für alles, was wir falsch machen, irgendwann, irgendwie, irgendwo bezahlen müssen. Solange wir in dieser Raumzeit leben, läßt sich nicht vermeiden, daß wir Entscheidungen treffen und die Konsequenzen tragen.

Und uns ist heute auch klar, daß wir uns jetzt in einer Zeit besonders kritischer Entscheidungen befinden, deren Folgen einen umfassenden, nachhaltigen Einfluß auf die menschliche Geschichte haben werden. Die kollektiven psychischen Energien, die auf Veränderungen drängen, sind bereits überall spürbar. Wie ein Fetus, dessen Zeit reif wird, spüren wir in unserem tiefsten Selbst die nahenden Geburtswehen, obwohl wir noch im warmen, vertrauten Schoß unserer Gewohnheiten festsitzen. Es spielt kaum eine Rolle, ob wir die kommenden Veränderungen auf ökologische Unausgewogenheiten, sozioökonomische Ungerechtigkeiten, astrologische Zyklen oder den Willen Gottes zurückführen; wichtig ist allein die Erkenntnis, daß die ersten Wehen einer Neugeburt bereits eingesetzt haben.

Abzuwarten bleibt, wie diese auf Veränderung ausgerichtete Dynamik kanalisiert wird und welche Veränderungen erfolgen werden. Die in den Ka-

piteln 5 bis 8 geschilderten Progressionen in künftige Leben bieten eine
Übersicht über die vorherrschenden Zivilisations- und Gesellschaftsformen
unserer Zukunft. Diese Berichte, die zumindest größtenteils dem Unterbewußtsein der Workshop-Teilnehmer entstammen, veranschaulichen den
Rahmen der allgemeinen, bereits tief ins kollektive Unbewußte der heutigen
Menschen eingebetteten Erwartungen. Sie bestätigen unsere innere Überzeugung, daß es in Bälde zu einschneidenden Veränderungen kommen
wird. Und sie bestätigen weitgehend auch alte und zeitgenössische Prophezeiungen, denen zufolge sich in allernächster Zeit verbreitete Naturkatastrophen und von uns Menschen verursachte Desaster ereignen werden.
Doch die geschilderten zeitgenössischen Zukunftsvisionen — einschließlich meiner eigenen — versichern uns auch, daß es trotz allem ein Überleben
für die Menschheit geben wird und daß nicht die vielbeschworene atomare
Bedrohung als vielmehr die fortgesetzte weltweite ökologische Verantwor-
tungslosigkeit unsere Zivilisation zerstören wird. Die Zukunftsvisionen enthalten außerdem die Verheißung, daß die Menschheit trotz schwerer Verluste das »Raumschiff Erde« wiederherstellen kann und daß sie schließlich ihr
Erbe bei den Sternen einfordern wird.
Die Quellen solcher archetypischer Visionen sind zahlreich und vielfältig.
In unser Unterbewußtsein gelangten sie über religiöse Schriften und prophetische Überlieferungen, aus einem gemeinsamen genetischen Erbe als Abkömmlinge der Überlebenden einer prähistorischen Katastrophe, die wir
Sintflut nennen, und über reinkarnationsbedingte Erinnerungen an frühere
Lebenszeiten wie auch über Nahtodeserfahrungen. Viele der heute Lebenden tragen die qualvolle Angst der Tragödie des untergegangenen Atlantis
noch immer in ihrem Unterbewußtsein. Alle diese Quellen machen sich in
den Alpträumen und Zukunftsvisionen der Menschen geltend.
Heute sehen wir uns zwei grundlegenden Modellen der bevorstehenden
Veränderungen gegenüber, die an so vielen Orten und von so vielen Menschen vorausgesehen wurden, daß ihnen bereits eine ungeheure Eigendyna-
mik psychischer Energie innewohnt. Für beide Modelle gilt, daß das zukünftige Geschehen weitgehend von unserem gegenwärtigen Denken und
Handeln bestimmt wird. Unsere individuellen und kollektiven Entscheidungen im Lauf der nächsten paar Jahre werden in hohem Maße bestimmen,
welches der beiden grundlegenden Modelle sich im bevorstehenden Neuen
Zeitalter, astrologisch dem Zeitalter des Wassermanns, durchsetzen wird.
Das eine dieser Modelle wird gemeinhin als Apokalypse bezeichnet. Sie
ist das überlieferte revolutionierende Urmodell menschlicher Angst und ein-
gestandener Schuld. Sie wird von vielen Propheten aller Zeiten für das Ende
dieses zwanzigsten Jahrhunderts vorhergesagt. Ein charakteristisches Merkmal der jüdisch-christlich-moslemischen Version ist, daß die Apokalypse
das endgültige »Aus« menschlicher Geschichte bedeuten soll. Andere Kulturen haben die Apokalypse, so etwa die hinduistische im Zeitalter der Kali,
ausgehend von zyklischer Zeit, als notwendige periodische Reinigungen

oder Erneuerungen dargestellt. Begreiflicherweise ruft diese Vorstellung weniger Angst hervor als das Modell einer »einmaligen«, endgültig vernichtenden Katastrophe.

Das apokalyptische Urmodell beinhaltet ein Zusammenspiel von Kraft, Widerstand, Konflikt und Zerstörung. Wenn die Kraft besonders dynamisch und der Widerstand besonders verbreitet ist, dann ist der Konflikt zwangsläufig um so größer, und es kommt zu einer ungeheuren Zerstörung. Dieses Modell ist besonders gewaltverhaftet, weil es eine einmalige, endgültige »Wegsäuberung« aller menschlichen Mängel beschwört, ausgelöst von der mächtigsten und höchsten dynamischen Kraft, der Allmacht Gottes. Auch die Implikationen dieser Apokalypse sind besonders gravierend, denn vorausgesagt wird nichts anderes als der endgültige Sieg des Guten über das Böse.

Diese Auffassung der Apokalypse als einer radikalen Veränderung des »Alles oder nichts« hat zudem im kollektiven Unbewußten der Menschen des Abendlandes zusätzliche psychische Gravität erlangt, weil diese Veränderung bereits seit Jahrtausenden von Propheten aufeinanderfolgender Generationen für die nahe Zukunft angekündigt und dann immer wieder zeitlich neu festgelegt wurde. Deshalb überrascht es kaum, daß uns die Apokalypse gleichermaßen fasziniert und mit Schrecken erfüllt. Das ist besonders heute der Fall, weil jetzt mehrere natürliche und kulturelle Zyklen gleichzeitig auf einen Kulminationspunkt zuzusteuern scheinen. Das Zeitalter der Fische, zwei Jahrtausende im Zeichen des Christentums, geht in das Zeitalter des Wassermanns über (2011 n. Chr.). Auf das Ende des gegenwärtigen Zyklus verweist die geometrische Analyse der Cheopspyramide (2010 n. Chr.), und die »Morgendämmerung« des hinduistischen Kali-Yuga (1939 n. Chr. plus oder minus fünfzig Jahre), der aztekische sowie der Maya-Zyklus und die »große Läuterung« der Hopi künden es an. Hinzufügen sollte man dem vielleicht noch NOSTRADAMUS' Prophezeiung einer großen Katastrophe für 1999 und EDGAR CAYCES Voraussage einer möglichen Polverlagerung um die Wende dieses Jahrtausends.

Wir neigen zwar dazu, uns »kulturell hypnotisieren« zu lassen von der Vorstellung einer Apokalypse mit ihrer ungeheuren Triebkraft aus Angst und Faszination; aber dieses Modell stellt nicht die einzige Vision unserer planetaren Zukunft dar. Ein anderes Modell beruht auf dem uralten Menschheitstraum von einer gesamtmenschlichen Zusammenarbeit im Zeichen der Liebe und des Friedens. Man kann in dieser Idee die Ausbreitung des Christusgeistes auf dem Planeten sehen, als deren Folge selbst die Erde die Rolle einer planetaren Wesenheit annähme.

Große Weisheitslehrer und Künder echter Menschenliebe haben im Lauf der Geschichte immer wieder darauf hingewiesen, daß trotz scheinbarer Verschiedenheiten im Äußerlichen alle Menschen der Schöpfung einer einzigen gemeinsamen Quelle entstammen. Das höhere Endziel unserer Existenz in diesem unserem Raumzeituniversum ist die vollkommene Vereinigung

unseres Selbst mit der Schöpferkraft dieses Universums, mit dem kosmischen Bewußtsein — mit Gott. Die ewige Verheißung zeitloser Weisheit bedeutet uns daher auch, daß diese Vereinigung nicht nur stattfinden muß,
sondern auch stattfinden wird, weil sie, in Wirklichkeitswelten jenseits der
materiellen Raumzeitrealität, bereits stattgefunden hat. Das größere allumfassende Ganze, das All-eine, ist ewig eins und unteilbar, und an ihm haben
wir kraft Geistes Anteil.

Daran ändert auch die Tatsache nichts, daß wir, aus welchen Gründen
auch immer, die derzeit offensichtlich bestehende Trennung vom kosmischen Bewußtsein, in einer Art kosmischer Amnesie, vorzuziehen scheinen.
Erleuchtung besteht darin, daß wir unser Selbst in jedem Menschen und in
allem, was ist, erkennen. Wie und wann wir uns schließlich unserer multidimensionalen Wesensnatur erinnern, liegt an uns. Es hängt von unserem freien Willen und unserer Entscheidung ab. Die Einstimmung unseres freien
Willens auf das größere Ganze oder All-das-was-ist beschert uns die Freude
bringende Fähigkeit zu bedingungsloser Liebe. Denn wie EDGAR CAYCE oft
zu jenen sagte, die seine Hilfe suchten: »Gleich und gleich gesellt sich gern.«
Wenn Sie geliebt werden wollen, müssen Sie zuerst liebevoll gegenüber anderen und sich selbst handeln. Und wenn wir weltweite Zusammenarbeit
und Frieden statt Wettstreit und Gewalt haben wollen, müssen wir diese Tugenden zuerst selbst verinnerlichen und in unseren Beziehungen dort, wo wir
uns heute befinden, entsprechend handeln.

Einer der großen Weisheitslehrer und Künder christlicher Menschenliebe
ist Dr. JOSEPH MURPHY. Der 1981 verstorbene dreifache Doktor (der Religionswissenschaften, der Philosophie und beider Rechte) hat in seinem lebenslangen Wirken und durch sein Schrifttum Abermillionen Menschen von
der Macht des Unterbewußtseins und der Notwendigkeit positiven Denkens überzeugt. Dieser Wegbereiter neuen Denkens und Weltbürger des
Geistes vermag zu begeistern. Und begeisternd ist auch seine Botschaft: »Indem Sie sich das Schöne und Gute im Einklang mit den universell gültigen
Prinzipien und Wahrheiten vergegenwärtigen und in freudiger Erwartung
dieses für Sie Guten leben«, so sagt er uns, »bringen Sie in Ihr Leben Freude
und Fülle. Denn der Mensch ist, was er tagtäglich denkt, und zwar wie er
›im innersten Herzen denkt‹. Was Sie täglich denken, glauben, fühlen, prägt
Ihr Unterbewußtsein und kommt unfehlbar in Ihrer Persönlichkeit und Ihrem Leben zum Ausdruck. Liebe, Freude und Fülle sind göttliche Ideen, und
Sie können diese kraft Geistes — des Göttlichen in jedem Menschen — verwirklichen. Der Inhalt Ihres Denkens und Glaubens prägt Ihre Persönlichkeit, gestaltet Ihr Leben, bestimmt Ihre Zukunft.« JOSEPH MURPHYS Hauptwerk ist sein Buch innerer und äußerer Entfaltung, *Die Macht Ihres Unterbewußtseins*. Die darin aufgezeigten Methoden — es sind Suggestionsformeln,
Meditationshilfen, Gebete — sind für jeden Menschen von größtem Nutzen.[90]
CATHERINE ANN LAKE, eine Erforscherin des innerpsychischen Raums,

schildert in einem ergreifenden Bericht, wie sie mit ihrem höheren Selbst in Verbindung trat und wie gleichgesinnte Suchende ihr Leben verwandelten. Die besonderen Empfehlungen in ihrem Buch *Linking up: How the People in Your Life are Roadsigns to Self-Discovery* können Ihnen helfen, Ihre spirituelle Selbsterforschung zu fördern.[91] Es ist wichtig, daß wir wieder mit dem Gefühl des Staunens und der Liebe vertraut werden, das wir in unserem »inneren Kind« empfinden. Nur so erlangen wir Zugang zum wahren Geist ewigen Lebens, der uns hier und jetzt umgibt, würden wir ihn nur erkennen. Zu diesem Geist und zur Mobilisierung unserer körperlichen und geistigen Energien ruft uns auch die Heilerin CHRIS GRISCOM in ihrem Buch *Die Frequenz der Ekstase* auf. Von diesem Geist ist der Geist, der in jeder menschlichen Seele Christus anerkennt.[92]

Eine wichtige Veranstaltung ist in meinen Augen die Planetary Commission, jene Ad-hoc-Versammlung von Millionen Menschen rund um die Erde, die sich an jedem 31. Dezember in der Stunde zwischen 12 und 13 Uhr mittags Greenwich-Zeit (GMT) im Gebet und in der Meditation für die Idee des Weltfriedens und der Heilung der Menschheit und der Erde geistig vereinen. Die im Dezember 1986 entstandene Bewegung hat sich zum Ziel gesetzt, das bioenergetische Schwingungsfeld der Erde anzuheben, und dies ist ein enormes Potential, wenn genügend Menschen aller Rassen, Volkszugehörigkeiten und Glaubensüberzeugungen es fertigbringen, ihre Differenzen wenigstens für diese eine Stunde beiseitezuschieben und sich darauf zu konzentrieren, unsere Erde im Bild eines gesunden, friedlichen Ganzen erstehen zu lassen. Der jährliche Weltheilungstag am 31. Dezember läßt hoffen, daß wir noch Zeit haben, uns von unseren argwöhnischen, einengenden, egozentrischen Glaubenssystemen zu lösen und eine Apokalypse zu verhindern, die aus dem kollektiven Unbewußten der Menschheit bereits drohend am Horizont aufgetaucht ist.[93]

Unter den vielen in jüngster Zeit bekannt gewordenen Trancebotschaften Sensitiver, die uns mahnen, unsere Ichschranken zu öffnen und unser wahres vertrauens- und liebevolles menschliches Wesen hervorzukehren, ragen die des ehemaligen Postbeamten KEN CAREY hervor, weil sie von ausgeprägter poetischer Schönheit sind und zu weltweiter brüderlich-friedlicher Zusammenarbeit aufrufen. In seinem Buch *The Starseed Transmission* bietet Carey — heute, wie er von sich sagt, ein »New-Age-Farmer« — einen Überblick über die menschliche Entwicklung. Er sagt, wir würden ständig von zukünftigen Entwicklungen beeinflußt werden und in heutigen menschlichen Gemeinschaften würden sich bereits »Inseln der Liebe und Harmonie« als vorweggenommene Zukunft bilden. Die Leitsterne der Liebe und Zusammenarbeit tragen ihm zufolge zur Überwindung der destruktiven Angst- und Haßgefühle der großen Mehrheit bei. Vorhergesagt wird von ihm eine »göttlich inspirierte« Übergangsperiode, die ihren Kulminationspunkt etwa um 2011 n. Chr. erreichen werde.

Während der kritischen Jahrzehnte werden die meisten Menschen bisher nicht angezapftes schöpferisches Potential entdecken. Wir werden unseren Status als lebende Zellen des einen göttlichen Körpers erkennen und begreifen, daß die individuellen Unterschiede in diesem Licht gesehen und verstanden werden müssen. Jede Zelle enthält die Lebensessenz des Ganzen, aber alle Zellen arbeiten zusammen. Und obwohl die einzelnen Zellen sterben und ersetzt werden, ändern sich die Identität und das Schicksal des Gesamtwesens nicht.

Nach Careys Ansicht wird sich das Panorama menschlicher Wandlung in drei Phasen entfalten. Derzeit durchleben wir die »Periode individuellen Erwachens«, wie er es nennt, oder das Umschalten von Wettstreit und Angst auf Zusammenarbeit und Liebe. Die Umschaltung ist notwendig für unsere Anpassung an die sich verändernden Energien der Erde. Nur wer sich auf die künftigen höheren Schwingungen einzustellen vermag, wird fähig sein, hier weiterzuleben. Als zweite Phase folgt eine langwährende »Periode des planetaren Erwachens«, die weltweit im Zeichen eines neuen Christusbewußtseins stehen werde. Nachdem der Planet selbst verwandelt ist, werden die Menschen schließlich in der dritten Phase ein »Zeitalter der Entdeckung« erleben, in dem sie sich über die Sterne aussäen.[94]

Die sich verändernde Welt der Zukunft kommt auf uns zu. Ist es die Apokalypse? Oder kann die Menschheit sie vermeiden durch spirituelles Erwachen und geistige Erneuerung? Es hängt von der Wahl ab, die wir heute treffen. Erinnern Sie sich an EDGAR CAYCES mahnenden Hinweis »Der Geist ist der Erbauer« und Dr. JOSEPH MURPHYS Quintessenz seiner Lehre: Wir werden, was wir tagtäglich denken und glauben, wovon wir überzeugt sind! Die in unserer Kultur derzeit vorherrschenden Überzeugungen steuern uns auf die apokalyptische »Lösung« der Probleme unserer Welt zu. Daher gilt es, individuell und kollektiv diese Überzeugungen zu ändern. Nachdem alle Zukunftsvorhersagen — und so natürlich auch die in Einzel- und Workshop-Progressionen ermittelten Zukunftsvisionen unserer Versuchspersonen — immer nur Wahrscheinlichkeiten aufzeigen, die sich in dieser Wirklichkeitswelt oder in einer anderen Realität oder gar nicht realisieren, ist das unsere einzige, doch auch eine echte Chance: Wir haben die Wahl!

Literatur- und Sachhinweise

1. Helen Wambach, *Reliving Past Lives*, Harper & Row, New York 1978, deutsch: *Seelenwanderung. Wiedergeburt durch Hypnose*. Goldmann Verlag TB, München 1987; *Life Before Life*. Bantam Books, New York 1979, deutsch: *Leben vor dem Leben*, Heyne Verlag TB, München 1980, 1989.
2. William K. Stevens, »Life in the Stone Age: New Findings Point to Complex Societies«, in *The New York Times*, 20. 12. 1988.
3. Viola Petitt Neal und Shafica Karagulla, *Through the Curtain*, De Vorss & Co., Marina Del Rey, Kalif., 1983, S. 275—276. Zitat mit Erlaubnis des Verlages.
4. Ken Carey, *The Starseed Transmissions*, Uni Sun, Kansas City 1982.
5. David Wallechinsky, Ann Wallace und Irving Wallace, *The Book of Predictions*, William Morrow, New York 1980, S. 381—382; auch Renée Paule Guillot, »Les Oracles de l'Antiquité«, S. 28—33, *Historia*, Nr. 397 b, Paris 1979.
6. Michael Damien und Charles Hirsch, *La Crainte de l'An 2000*, Editions Seghers, Paris 1979, S. 206.
7. John Mitchell, *The New View Over Atlantis*, Harper & Row, San Francisco 1983, S. 127—131.
8. Manly P. Hall, *The Secret Teachings of all Ages*, The Philosophical Research Society, Los Angeles 1977, S. 53—56 (Originalausgabe 1928).
9. André Barbault, *Petit Manuel d'Astrologie*, Editions du Seuil, Paris 1972, S. 8—14.
10. Dane Rudhyar, *Occult Preparations for a New Age*, The Theosophical Publishing House, Wheaton, III., 1975, S. 131, 280—282.
11. Manly P. Hall, op. cit. (siehe 8), S. 55—56.
12. Norman Lockyear, *The Dawn of Astronomy*, Macmillan, New York/London 1894, S. 146; William R. Fix, *Star Maps*, Octopus Books, London 1979, S. 61 f.
13. Dane Rudhyar, op. cit. (siehe 10), S. 132; Hades, *L'Astrologie et le Destin de l'Occident*, Editions Robert Laffont, Paris 1971; Daniel Ruzo, *Les Derniers Jours de l'Apocalypse*, Editions Payot, Paris 1973, S. 210; persönliches Gespräch mit Pierre Lassalle, dem französischen Astrologen und Autor (*L'Astrologie Holistique*, Paris 1987), im Juni 1988.
14. Peter Lemesurier, *Geheimcode Cheops*, Bauer Verlag, Freiburg 1988.
15. Greta Woodrew, *On a Slide of Light*, Macmillan Publishing Co., New York 1981, S. 87—88; auch Charles Berlitz, *Weltuntergang 1999*, Zsolnay Verlag, Wien 1981.
16. Frank Waters, *Das Buch der Hopi*, Diederichs Verlag, Köln 1980.
17. Viola Petitt Neal und Shafica Karagulla, op. cit. (siehe 3), S. 273—276.
18. Sun Bear, Wabun und der Bear Tribe, *The Bear Tribe's Self Reliance Book*, Bear Tribe Publishing, Spokane, Wash., 1977.
19. Frank Waters, op. cit. (siehe 16).
20. Page Bryant, *The Earth Changes Survival Handbook*, Sun Books, Santa Fe, N.M., 1983, S. 226—236.
21. Frank Waters, op. cit. (siehe 16); Sun Bear, Wabun und der Bear Tribe, op. cit. (siehe 18); auch Maurice Chatelain, *La Fin du Monde*, Editions du Rocher, Monaco 1961, S. 22.
22. Henry H. Halley, *Halley's Bible Handbook*, Zondervan Publishing House, Grand Rapids, Mich., 1965, S. 75—80 (Erstveröffentlichung 1927).
23. Zecharia Sitchin, *The Twelfth Planet*, Avon Books, New York 1978, S. 401; auch R. W. Fairbridge, »The Changing Level of the Sea«, in *Scientific American*, Bd. 202, Nr. 5/1980.

24. Zecharia Sitchin, op. cit. (siehe 23), S. 21 ff.
25. Zecharia Sitchin, *The Earth Chronicles* (Trilogie), Avon Books, New York 1976—1985.
26. Zecharia Sitchin, op. cit. (siehe 23), S. 400 (Hervorhebung vom Autor) und S. 390—397.
27. Zecharia Sitchin, op. cit. (siehe 23), S. 248—253, und Zecharia Sitchin, *The Wars of Gods and Men*, Avon Books, New York 1985, S. 33—35; auch Henry H. Halley, op. cit. (siehe 22), S. 71—72.
28. Die in diesem Buch zitierten Bibelstellen stammen aus *Die Bibel oder die ganze Heilige Schrift*, Privileg. Württembergische Bibelanstalt, Stuttgart, und *Die Bibel,* Herder Verlag, Freiburg/Basel/Wien 1965.
29. Zecharia Sitchin, op. cit. (siehe 23), S. 170—172.
30. Zecharia Sitchin, op. cit. (siehe 23), S. 395—396.
31. Henry Halley, op. cit. (siehe 22), S. 75; auch Charles Berlitz, *Weltuntergang 1999,* Zsolnay Verlag, Wien 1981.
32. Zecharia Sitchin, op. cit. (siehe 23), S. 402, 409.
33. »Uranus is Perturbed«, *Discover,* September 1987, S. 16.
34. David M. Raup, *The Nemesis Affair: A Story of the Death of Dinosaurs and the Ways of Science,* W. W. Norton & Co., New York 1987.
35. John White, *Pole Shift,* A.R.E. Press, Virginia Beach, Va., 1983.
36. Roland Benevides, *Dramatic Prophecies of the Great Pyramid,* Editores Mexicanos Unidos, Mexico 1969; David Wallechinsky et al., op. cit. (siehe 5), S. 340 f.
37. Peter Lemesurier, op. cit. (siehe 14).
38. Der Forschungsbericht der schwedischen Wissenschaftler N. A. Morner, J. P. Laespers und J. Hospers erschien in *The New Scientist,* 6. 1. 1972.
39. Raymond Moody, *Leben nach dem Tod,* Rowohlt Verlag, Reinbek 1977.
40 Karliss Osis und E. Haraldson, *At The Hour of Death,* Avon Books, New York 1977; Kenneth Ring, *Heading Towards Omega,* Morrow & Co., New York 1984, S. 90.
41. Jon Klimo, *Channeling,* Jeremy P. Tarcher, Los Angeles 1987, S. 3.
42. Jon Klimo, op. cit. (siehe 41).
43. Alice A. Bailey, *Prophecies by D. K.,* zusammengestellt von Aart Jurriaanse, World Unity & Service, Craighall, Südafrika, 1977.
44. M. Scott Peck, *Der wunderbare Weg. Eine neue Psychologie der Liebe und spirituellen Wachstums,* Bertelsmann Verlag, Gütersloh 1986.
45. Jane Roberts, *Das Seth-Material. Ein Standardwerk esoterischen Wissens,* Ariston Verlag, Genf/München 1986 (Originalausgabe 1970); *Die Natur der persönlichen Realität. Ein neues Bewußtsein als Quelle der Kreativität,* Ariston Verlag, Genf/München 1985 (Originalausgabe 1974).
46. Jane Roberts, *Gespräche mit Seth. Von der ewigen Gültigkeit der Seele,* Ariston Verlag, Genf/München 1979.
47. Jess Stearn, *Der schlafende Prophet. Prophezeiungen in Trance 1911 bis 1998,* Ariston Verlag, Genf/München 1969.
48. Lytle W. Robinson, *Is It True What They Say About Edgar Cayce?,* Vulcan Books, Seattle 1979; auch Thomas Sugrue, *Edgar Cayce,* Knaur TB 1983 (Originalausgabe New York 1942).
49. Jeffrey Goodman, *We Are the Earthquake Generation,* Berkeley Books, New York 1979.
50. Jess Stearn, op. cit. (siehe 47); Mary Ellen Carter, *Das Neue Zeitalter. Authentische Visionen des Edgar Cayce,* Ariston Verlag, Genf/München 1971.
51. Mark A. Thurston, *Visions and Prophecies for a New Age,* A.R.E Press, Virginia Beach, Va., 1981, S. 12—13.

52. Milan Rýzl, *ASW-Training. Methoden zur Weckung und Aktivierung des sechsten Sinnes*, Ariston Verlag, Genf/München 1975.

53. *The Journal of Regression Therapy*, Bd. I, Nr. 1, Frühling 1986.

54. World Resources Institute/International Institute for Environment and Development, *World Resources 1986*, Basic Books, New York 1986.

55. George Gedda, »U.S. Space Station«, Associated Press Release, Washington, D.C., 30. 9. 1988.

56. Informationen über Dr. Verna Yaters Zentrum sind erhältlich über: Blue Mountain Center, 2250 Little Turkey Creek Road, Colorado Springs, CO 80919.

57. World Commission on Environment and Development, *Our Common Future*, Oxford University Press, Oxford, England/New York 1987.

58. Zitiert in »Greenhouse Peril in the 1990's«, *The San Francisco Chronicle*, 18. 10. 1983; siehe auch »The Heat is on«, *Time*, 19. 10. 1987; und Philip Shabecoff, »Major Greenhouse Impact Is Unavoidable, Experts say«, *The New York Times*, 19. 7. 1988.

59. Janine Delaunay, *Halte à la Croissance?*, Editions Fayard, Paris 1974.

60. Raymond Moody, op. cit. (siehe 39); Elisabeth Kübler-Ross, *Über den Tod und das Leben danach*, Verlag Silberschnur, Melsbach 1984.

61. Jeffrey Goodman, op. cit. (siehe 49), S. 191.

62. Aus Stanley Krippners Anthologie *Galaxies of Life*, zitiert in Sheila Ostrander/Lynn Schroeder, *The E.S.P. Papers*, Bantam Books, New York 1976, S. 174—175.

63. Jeffrey Goodman, op. cit. (siehe 49), S. 243—249.

64. Eine gründliche, für Laien verständliche Erörterung des Hintergrunds der »neuen Physik« bieten Fred Alan Wolf, *Taking the Quantum Leap*, Harper & Row, New York 1981, und Paul Davies, *Other Worlds*, Simon & Schuster, New York 1980. Ich bin ihnen zu persönlichem Dank verpflichtet für ihre hervorragenden Erklärungen.

65. M. Jammer, *The Conceptual Development of Quantum Mechanics*, McGraw Hill Book Co., New York 1966, S. 329.

66. Aus einem 1955 geschriebenen persönlichen Brief, zitiert in Larry Dossey, *Die Medizin von Raum und Zeit*, Rowohlt Verlag TB, Reinbek 1987.

67. John S. Spong (Herausgeber), *Consciousness and Survival: An Interdisciplinary Inquiry Into the Possibility of Life Beyond Biological Death*, Institute of Noetic Sciences, 1987, S. 111 ff. Abdruck mit freundlicher Erlaubnis des Institute of Noetic Sciences, Sausalito, CA.

68. John S. Spong, op. cit. (siehe 67), S. 112—113.

69. John A. Wheeler in *Proceedings of the NATO Advanced Study Institute Workshop on Frontiers of Nonequilibrum Physics*, Plenum, 1984, zitiert in John S. Spong, op. cit. (siehe 67), S. 112.

70. Stephen W. Hawking, *Eine kurze Geschichte der Zeit: Die Suche nach der Urkraft des Universums*, Rowohlt Verlag, Reinbek 1988, S. 157.

71. Stephen W. Hawking, op. cit. (siehe 70), S. 156 f.; auch John Boslough, *Stephen Hawking's Universe*, Quill Books, New York 1986.

72. Judith R. Skutch, »Interview with Russell Targ«, *New Realities*, Bd. 5, Nr. 6, Dezember 1983, S. 85.

73. Judith R. Skutch, op. cit. (siehe 72), S. 85—87.

74. Russell Targ: »Remote Viewing of future may be easier«, *Brain/Mind Bulletin*, 3. 3. 1986; das sowjetische Experiment wurde im *Brain/Mind Bulletin* vom 31. 12. 1984 erörtert.

75. David Bohm, *Die implizite Ordnung: Grundlagen eines dynamischen Holismus*, Verlag Trianus Trikont, München 1985.

76. Karl H. Pribram, *Languages of the Brain*, Prentice Hall, Inc., Englewood Cliffs, N.J., 1971.
77. Larry Dossey, op. cit. (siehe 66), S. 125—145; siehe auch »Prigogine's latest model: an evolving universe«, *Brain/Mind Bulletin*, Bd. 11, Nr. 15, 8. 9. 1986, S. 1.
78. Rupert Sheldrake, *Das schöpferische Universum — Die Theorie des morphogenetischen Feldes*, Goldmann Verlag, München 1989; auch Daniel Drasin, »Interview with Rupert Sheldrake«, *New Realities*, Bd. 5, Nr. 5, Dezember 1983, S. 8—15.
79. Jean Millay, »Chakra Associations: A guide for the guide«, unveröffentlichtes Manuskript, datiert 1986.
80. *IEE Spectrum*, »Communication with Extraterrestrial Intelligence«, März 1966, S. 153—163, zitiert in Raymond E. Fowler, *UFOs, Extraplanetary Visitors*, Prentice Hall, Inc., Englewood Cliffs, N.J., 1977, S. 267—275.
81. Raymond E. Fowler, op. cit. (siehe 80), S. 306; Don Elkins und Carla Rueckert, *Secrets of the UFO*, L. & L. Research, Louisville, Ky., 1977, S. 8.
82. Raymond E. Fowler, op. cit. (siehe 80), S. 228--230.
83. Don Elkins und Carla Rueckert, op. cit. (siehe 81), S. 8; auch J. Allen Hynek, »Twentyone Years of UFO Reports«, in *UFOs, A Scientific Debate*, Hrsg. Carl Sagan und Thornton Page, W. W. Norton, New York 1972.
84. Die Karikatur ist erschienen in der Zeitschrift der International Association for Near Death Studies (IANDS) *Vital Signs*, Bd. 3, Nr. 2, September 1983.
85. Es gibt Hunderte von Ufo-Büchern. Zu den seriösesten zählen: Raymond E. Fowler, op. cit. (siehe 80); J. Allen Hynek, *The UFO Experience: A Scientific Inquiry*, Henry Regnery, Inc., Chicago 1972. Der verstorbene Dr. Hynek, ehemals Vorsteher der Astronomie-Abteilung der Northwestern University, wirkte von 1947 bis 1969 als Berater des *Project Blue Book* der US-Luftwaffe.
86. R. Leo Sprinkle, »The Possible Relationship Between Reincarnation and the UFO Experience«, unveröffentlichtes Manuskript, präsentiert bei »Psi Expo: Advances in Psychical Research«, Denver 1984; auch Harvey D. Rutledge, *Project Identification: the first scientific field study of the UFO phenomena*, Prentice Hall, Inc., Englewood Cliffs, N.J., 1981.
87. Milan Rýzl, *Parapsychologie. Tatsachen und Ausblicke*, Ariston Verlag, Genf/München 1970, S. 107; auch Milan Rýzl, op. cit. (siehe 52), S. 69 f.
88. Ida K.s. Geschichte ist einem unveröffentlichten, undatierten Manuskript mit dem Titel »The Night of the Flaming Moon« entnommen worden, das sie schrieb und dem Autor dieses Buches am 30. 12. 1984 schickte. Zitate mit Erlaubnis der Autorin.
89. Tuella (Thelma Terrell), *Project: World Evacuation*, Guardian Action Publications, Deming, N.M., 1982.
90. Joseph Murphy, *Die Macht Ihres Unterbewußtseins. Das große Buch innerer und äußerer Entfaltung*, Ariston Verlag, Genf/München 1991 (Erstausgabe 1968).
91. Catherine Ann Lake, *Linking up: How the People in Your Life are Roadsigns to Self-Discovery*, The Donning Company, Norfolk, Va., 1988.
92. Chris Griscom, *Die Frequenz der Ekstase. Bewußtseinsentwicklung durch die Kraft des Lichts*, Goldmann Verlag, München 1988.
93. Nähere Informationen über die Planetary Commission und darüber, wie Sie an den jährlichen Veranstaltungen am 31. Dezember teilnehmen können, erhalten Sie bei der Quartus Foundation, P.O. Box 1768, Boerne, TX 78006-6768.
94. Ken Carey, op. cit. (siehe 4).

Namen- und Sachregister

A

Abel 80
Acton, Lord John Dalberg 72
Adam 80
Adamenko, Victor 200
Afrika 137, 173, 179, 194
–, Hungersnot 144
Ägypten 102, 177, 179, 232
Ägypter 67, 77, 79, 85
Aids (Immunschwäche) 13, 40
Akasha-Chronik 93, 98
Alaska 32, 179, 189
Alberta 29
»All-das-was-ist« 92 ff., 217, 232,
  247
»allumfassende Realität« siehe
  »All-das-was-ist«
Alpha Centaur 209 f.
American Medical Association 98
Amerika 101
Anden 119 f., 125, 180
Anderson, John 84
Androgynie 109 f., 118, 181
Andromeda(nebel) 240
Antarktis 83 f., 85, 137
anthropisches Prinzip 213 f.
Anthropologie 77
Apokalypse 40 f., 87, 91, 97, 108,
  220, 245 f., 249
apokalyptischer Geist siehe
  Apokalypse
Äquinoktialpunkt siehe Tagund-
  nachtgleiche
Araber 23 f.
Ararat 83
Archäologie 76 f., 78
Architektur (in zukünftigen Leben)
  2002: 35 f.

2100—2200: 117, 119 f., 122 f.,
  124, 127, 129, 132, 134 f., 138,
  141
2300 und später: 157, 161 ff.,
  167, 171, 173 f., 181 f., 185 f.,
  187 f., 191, 193, 195
Argentinien 175, 180
Arizona 15 ff., 30, 32 ff., 42, 51,
  54, 72, 84, 131, 133, 137, 235
–, Naturkatastrophen 16, 33, 52,
  76
Armageddon 41, 108, 231
Armstrong, Neil 75
Arnold, Kenneth 238
Asien 28, 175
Aspect, Alain 211, 215, 217 f.
Association for Past Life Research
  and Therapy 13
Association for Research and
  Enlightenment 98
»Astral-(»Seelen-«)wanderungen«
  230
Astronomie 84, 86, 103, 205,
  225
astronomische Astrologie 61, 63 f.,
  66 f., 71, 79, 86, 88, 97, 139
Atlantis 78, 87, 102, 177, 179, 185,
  189, 245
Ätna 101
Atom 207 f., 220
-bombe 76
-kern 208
-krieg 137, 142, 145
-spaltung 244
-tests 243
–, Quantenmodell 208 f.
–, Sub- 207, 212, 221
Atra-Hasis (Utnapischtim) 82
Aura, menschliche 58 f., 199

W

Y

Z

SACHBÜCHER AKTUELLER ESOTERIK

DAS SETH-MATERIAL –
EIN STANDARDWERK ESOTERISCHEN WISSENS
Von Jane Roberts

Das Seth-Material, das erste von Jane Roberts' »Seth-Büchern«, zeigt den Weg auf, den eine Intellektuelle über Ärzte, Psychologen und Parapsychologen bis zur freien Entfaltung ihrer psychischen Gaben und deren Anerkennung ging. R. van Over, Professor für Parapsychologie an der New York University, erklärte: »Seth ist die Trancepersönlichkeit einer zuhöchst ASW-begabten Sensitiven.« Und das US »Library Journal« schrieb: »Seth vermittelt faszinierende Wissenserfahrung und philosophische Erkenntnis ... höchst lesenswert.« Dieses Buch ist eine Fundgrube esoterischen Wissens und innerer Erfahrung über Gesundheit und Krankheit, über Bewußtsein, Träume, die Seele, die multidimensionale Persönlichkeit und höherdimensionale Wirklichkeiten. 448 Seiten, geb., ISBN 3-7205-1339-4.

INDIVIDUUM UND MASSENSCHICKSAL
DER MENSCH ALS URHEBER ALLEN UMWELTGESCHEHENS
Von Jane Roberts

Die insbesondere von Wissenschaft und Religion suggerierten, zu Glaubenssätzen verdichteten Überzeugungen, die das Individuum hegt und gefühlsbeladen mit ganzen Gruppen, ja ganzen Massen teilt, verursachen alles Umweltgeschehen, sogar alles materielle Geschehen in unserer Welt. Die grundlegende These »Ihr selbst gestaltet eure Wirklichkeit und die eurer Erfahrungswelt« wird anhand kennzeichnender Beispiele erklärt, wie etwa dem ersten großen Kernkraftunglück von Three Mile Island, dem Massenselbstmord religiöser Eiferer von Jonestown, aber auch anhand historischer Tatsachen. »Es gibt keinen für noch so gut gehaltenen Zweck, der jedes Mittel rechtfertigt. Du sollst nicht töten – um keinen Preis.« Das gilt für Wissenschaft, Religion, Politik wie auch im Alltag. Dieses Buch stellt klar, wie wir im Alltag – fernab von fanatischen Überzeugungen – im Einklang mit der Natur und allen Lebewesen unser Leben und die Welt, in der wir leben, zum Besseren verändern können. 368 Seiten, geb., ISBN 3-7205-1511-7.